税务会计与筹划

微课版

◎ 盖地 编著

Tax Accounting and Planning

ACCOUNTING

人民邮电出版社

北京

图书在版编目（CIP）数据

税务会计与筹划：微课版 / 盖地编著. -- 北京：人民邮电出版社，2021.1（2021.6重印）
会计名校名师新形态精品教材
ISBN 978-7-115-54488-9

Ⅰ．①税… Ⅱ．①盖… Ⅲ．①税收会计—高等学校—教材②税收筹划—高等学校—教材 Ⅳ．①F810.42

中国版本图书馆CIP数据核字(2020)第127287号

内 容 提 要

本书以我国现行税收法规和相关会计准则（制度）为法规依据，基于税务会计与财务会计适度分离的原则，简述了税务会计的理论结构和纳税基础；以增值税会计、所得税会计为重点，分述了符合税法要求的各税种会计的确认、计量与申报；在会计记录环节，以税务会计与财务会计混合模式进行阐述。为了更好地实现税务会计目标，争取税后收益最大化，本书在最后两章简要阐述了税务筹划的理论和实务。

本书既可作为普通高等院校和职业院校会计学、财务管理学等专业相关课程的教材，也可作为企业会计人员、会计师、税务师，以及税务师事务所等中介机构专业人员的学习用书。

◆ 编　著　盖　地
　　责任编辑　武恩玉
　　责任印制　周昇亮

◆ 人民邮电出版社出版发行　北京市丰台区成寿寺路11号
　　邮编　100164　电子邮件　315@ptpress.com.cn
　　网址　https://www.ptpress.com.cn
　　北京隆昌伟业印刷有限公司印刷

◆ 开本：787×1092　1/16
　　印张：16.25　　　　　　　　2021年1月第1版
　　字数：470千字　　　　　　　2021年6月北京第2次印刷

定价：54.00元

读者服务热线：(010)81055256　印装质量热线：(010)81055316
反盗版热线：(010)81055315
广告经营许可证：京东市监广登字 20170147 号

前 言 Foreword

在现代企业制度下，财务会计、税务会计与管理会计提供的三类会计信息在经济界被广泛使用，不可或缺，而税务会计与财务会计的密切程度要远远高于两者与管理会计的密切程度，但是，在会计理论与实务界，仍然有人将会计工作岗位分工混同于会计学科划分，认为财务会计可以处理涉税事项、税务会计没必要独立设置。这里要重点说明，涉税事项不等于纳税事项，涉税事项的会计处理不等于税务会计的纳税事项处理。涉税事项的会计处理属于财务会计范畴，是为了填报财务报表（报告），其处理依据是会计准则、制度；税务会计根据税收法规规定处理纳税人的纳税事项，进而提供纳税申报表——税务会计报表，两者联系密切但又分属不同的会计信息处理系统。

税务会计有两个基本目标：一是履行纳税义务；二是追求税收利益。通过税务会计追求税收利益，实际上就是"税务筹划"。鉴于有的学校未单独设置"税务筹划"课程，本书在比较系统地阐述税务会计确认、计量、记录和申报的基础上，单设"税务筹划原理"和"税务筹划实务"两章。

本书章节结构及其主要内容如下。

第一章为税务会计概论。本章简述税务会计基本理论，包括税务会计的概念、目标、原则、基本前提和税务会计要素等，从而构成税务会计概念框架。

第二章为纳税基础。本章简述纳税的基本知识，包括对税收的基本认知、税收实体法的主要构成要素、纳税申报和税款缴纳等基本内容，并且为了体现课程"思政"教育，还特设了"诚信纳税与纳税信用"。诚信纳税是社会普遍存在的相互信任关系在税务领域的具体体现，是根据法律规定履行税收给付义务。纳税人应不断提高税法遵从度，努力提升纳税信用等级，以期获得较高的商业信用和更多的商机。税务会计人员要做到"诚信为本，操守为重"。

第三章至第九章，分别对七个主要税种分章阐述其税务会计，其中又以第三章"增值税会计"和第七章"企业所得税会计"为本书核心内容。

第三章为增值税会计。目前，包括我国在内的各国增值税会计处理都是遵循财税合一模式（即对涉税、纳税事项的会计处理，均以税收法规规定为准），即按增值税法规的规定进行会计确认、计量、记录和纳税申报。财政部颁布的《增值税会计处理规定》（财会〔2016〕22号），我认为实质上遵循的是财税合一模式，即主要服务于增值税的纳税申报，而对编报财务报表意义并不大。

第七章为企业所得税会计。因《企业会计准则第18号——所得税》与企业所得税法采取财税分离模式[1]，本章第一节至第四节阐述

---

[1] 执行《小企业会计准则》的企业，则是财税合一模式。

税务会计中的"所得税会计（Income Taxes Accounting）"，即以企业所得税法为确认、计量、记录依据，按税法规定进行纳税申报。

本章第五节属于财务会计中的所得税会计处理（Accounting for Income Taxes），以企业会计准则为依据，主要阐述资产负债表债务法的企业所得税会计处理方法，不包括企业各种涉及企业所得税的会计事项（应在《财务会计》中阐述），仅是为了便于分析比较两种会计的区别与联系。因为在"一套账"的账簿体系下，在会计记录环节，两者密不可分。当然，如果在财务会计课程中读者已经比较完整系统地学习过这节的内容或者因课时所限，教师可以选择不讲或者让读者自学。

第八章为个人所得税会计。本章的会计主体包括以下两类：一是根据个人所得税法规定，承担预扣预缴居民个人所得税、代扣代缴非居民个人所得税扣缴义务的企业单位；二是缴纳个人所得税的居民企业。前者作为预扣预缴/代扣代缴的法定扣缴义务人，根据税法的规定，确认计量被扣缴人的"综合所得"和其他各项应税所得、计算其应交税额，并做相应的会计处理；后者则是个人所得税纳税人对其经营所得进行确认计量、会计记录和纳税申报。

第四章、第五章、第六章和第九章，分别阐述消费税会计、关税会计、资源税会计和土地增值税会计，这几个税种都遵循财税合一模式进行会计处理。

第十章为其他税会计。本章选择企业比较普遍、经常涉及的六个税种，简述其确认、计量、记录和纳税申报，这几个税种也遵循财税合一模式进行会计处理。

第十一章为税务筹划原理。简述税务筹划的概念和意义、动因和目标、原则和特点、基本手段和方法等基本原理，为税务筹划实务奠定理论基础。

第十二章为税务筹划实务。因本书不是专门的《税务筹划》教材，不可能系统阐述税务筹划实务，仅是分别从增值税、企业所得税等主要税种和企业经营、筹资、投资活动两个角度，简要阐述其筹划思路和方法，并以相关案例予以说明。

各章内容均以本书出版截止日前出台的税收和相关会计法律、法规为依据。

在体例上，每章章首设置了"学习目标"和"本章导言"两个栏目，每章章末设置了"本章重点与难点""思考题"等栏目。

本书中的重要知识点配有微课，读者扫描书中的二维码即可观看视频。

本书与张孝光副教授编写的《税务会计实训教程》配套，以提高读者的实际业务操作能力。

税收已经成为会计实务新的增长点，企业不仅需要高水平的财务会计师，同样需要高水平的税务会计师。

税收、会计法规制度变动频繁，书中所涉法规制度，如理解有误，应以法规为准；如有新变化，应以新法规制度为准。变化总在发生，唯有变化是永恒的，让我们适应变化、享受变化，并努力追踪变化。

盖地

2020年11月于天津财经大学

教学目标与安排

一、教学目标

本书适用于因课时所限，不单独开设"税务筹划"课程的学校，即将"税务会计"与"税务筹划"合并为"税务会计与（税务）筹划"一门课。并且，本课程应在"（中级）财务会计"课程之后开设。读者在掌握财务会计专业知识的基础上，通过比较系统地学习我国现行税收法规，尤其是税收实体法的税制要素，可以理解并掌握主要税种的税务会计确认、计量、记录和申报的程序及处理方法，正确界定税务会计与财务会计的协同效应关系。同时，为了充分发挥会计的理财功能，读者在掌握税务会计知识的基础上，通过对税务筹划基本原理和税务筹划主要实务的学习，能够掌握税务筹划的基本理论、基本思路和手段、方法，以及主要税种的筹划实务，充分理解税务筹划与财务管理的密切联系，综合应用税收、会计与财务专业知识。

二、教学安排

本书为配合学期课教学，根据大多数院校每学期 20 教学周（授课 18 周，复习、考试 2 周）、每周 4 课时的安排，制订如下"课时分配表"，供用书教师参考。从总课时 80 节课中扣除总复习 8 节课后，按 72 节课在课堂讲授与实训操作分配课时，其中，讲授 58.5 课时，占 81%；实训 13.5 课时，占 19%。

如果所在学校本课程的教学周、周课时以及课堂讲授与实训操作要求与此有所不同，可以酌情调整。

课时分配表（参考）

章序	总计课时 （1）=（2）+（3）	讲授课时 （2）	实训课时 （3）
第一章　税务会计概论	4	4	-
第二章　纳税基础	4	4	-
第三章　增值税会计	14	10	4
第四章　消费税会计	4	3.5	0.5
第五章　关税会计	2	2	-
第六章　资源税会计	2	2	-
第七章　企业所得税会计	12	9	3
第八章　个人所得税会计	8	6	2
第九章　土地增值税会计	4	3.5	0.5
第十章　其他税会计	4	3.5	0.5
第十一章　税务筹划原理	7	6	1
第十二章　税务筹划实务	7	5	2
合计	72	58.5	13.5
复习、考试（第19周、第20周）	8		
总计	80		

目录 Contents

第一章 税务会计概论

第一节 税务会计的产生与发展 / 1
第二节 税务会计的对象与目标 / 3
第三节 税务会计基本前提 / 5
第四节 税务会计原则 / 6
第五节 税务会计要素 / 8
本章重点与难点 / 10
思考题 / 10

第二章 纳税基础

第一节 税收概述 / 11
第二节 税收实体法及其构成要素 / 12
第三节 纳税申报与税款缴纳 / 16
第四节 诚信纳税与纳税信用 / 19
本章重点与难点 / 23
思考题 / 23

第三章 增值税会计

第一节 增值税的税制要素 / 24
第二节 增值税纳税义务及应纳税额的确认计量 / 32
第三节 增值税进项税额及其转出的会计处理 / 40
第四节 增值税销项税额的会计处理 / 49
第五节 增值税减免和缴纳的会计处理 / 59
第六节 增值税的纳税申报 / 65
本章重点与难点 / 69
思考题 / 69
技能题 / 69

第四章 消费税会计

第一节 消费税的税制要素 / 71
第二节 消费税的确认计量 / 73
第三节 消费税的会计处理 / 79
第四节 消费税的纳税申报 / 84
本章重点与难点 / 86
思考题 / 86

技能题 / 86

第五章　关税会计

第一节　关税的税制要素 / 88
第二节　关税的确认计量 / 92
第三节　关税的会计处理 / 97
第四节　关税的纳税申报 / 100
本章重点与难点 / 101
思考题 / 101
技能题 / 102

第六章　资源税会计

第一节　资源税的税制要素 / 103
第二节　资源税的确认计量 / 106
第三节　资源税的会计处理 / 109
第四节　资源税的纳税申报 / 110
本章重点与难点 / 111
思考题 / 111
技能题 / 111

第七章　企业所得税会计

第一节　企业所得税的税制要素 / 112
第二节　企业所得税的确认计量 / 120
第三节　企业所得税的会计处理 / 140
第四节　企业所得税的纳税申报 / 145
第五节　财务会计中的所得税会计方法 / 151
本章重点与难点 / 160
思考题 / 160
技能题 / 160

第八章　个人所得税会计

第一节　个人所得税的税制要素 / 162
第二节　个人所得税的确认计量 / 166
第三节　个人所得税的会计处理 / 173
第四节　个人所得税的缴纳与申报 / 178
本章重点与难点 / 183
思考题 / 183
技能题 / 183

第九章　土地增值税会计

第一节　土地增值税的税制要素 / 185
第二节　土地增值税的确认计量 / 186
第三节　土地增值税的会计处理 / 189
第四节　土地增值税的纳税申报 / 191
本章重点与难点 / 194
思考题 / 194
技能题 / 194

第十章　其他税会计

第一节　城市维护建设税会计 / 196
第二节　房产税会计 / 198
第三节　车船税会计 / 200
第四节　印花税会计 / 203
第五节　契税会计 / 207
第六节　车辆购置税会计 / 210
本章重点与难点 / 213
思考题 / 213
技能题 / 213

第十一章　税务筹划原理

第一节　税务筹划的概念、意义与风险 / 215
第二节　税务筹划的动因和目标 / 219
第三节　税务筹划的原则和特点 / 220
第四节　税务筹划的基本手段和方法 / 222
本章重点与难点 / 228
思考题 / 228
技能题 / 228

第十二章　税务筹划实务

第一节　主要税种的税务筹划 / 230
第二节　企业经营活动的税务筹划 / 244
本章重点与难点 / 249
思考题 / 249
技能题 / 249

参考文献

税务会计概论 第一章

学习目标

1. 了解税务会计的产生及其发展。
2. 理解税务会计的目标和基本前提。
3. 掌握税务会计原则、要素及其关系。

本章导言

在学习财务会计时,总会出现"税金"这个"干扰项"。根据会计准则能够确认计量税金负债(应交税金)吗?当然不能。税金负债的确认计量必须依据国家现行税收法规制度,但会计记录一般是"一套账",这就要求正确处理财务会计与税务会计的关系——是两者分离,还是两者合一?哪些税种分离?哪些税种合一?财务会计不能取代税务会计,同样,税务会计也不能代替财务会计,两者和合为美。

第一节 税务会计的产生与发展

一、税务会计的产生

税务会计的产生及概念

从国家开始征税后,税款的缴纳者像关心自己的生产耗费那样,也必然会关心自己的税收负担,自然会产生纳税计量和记录的要求。但在一个相当长的历史阶段里,各国的税制远未走向法制化。在这种纳税环境下,纳税计量和记录不可能形成规范的体系。随着19世纪末20世纪初现代所得税的产生,各国税收逐步走上法制化的轨道,社会也从自给自足的自然经济(农业经济)逐步走向工业经济,税务会计(纳税会计)的产生也就逐步具备了经济、法律等基础。美国著名会计学家E.S.亨德里克森在其《会计理论》一书中写道,很多小型企业会计人员的主要工作是填制所得税申报表,他们在报税以前都不记账。甚至在大公司,收益的纳税也是会计师们的一个主要工作。因此,所得税法规对建立会计的通用程序具有一定的影响也就不足为奇了。这些程序同样也会有助于会计理论的形成。

在税务会计的产生和发展过程中,现代所得税法的诞生和不断完善对其影响最大,因为企业所得税涉及企业经营、投资和筹资等各环节、各方面,涉及收入、收益、成本、费用等会计核算的全过程。增值税的产生和不断完善,也对税务会计的发展起到了重要的促进作用,因为它对企业会计提出了更高的要求,迫使企业在会计凭证、会计账簿的设置、记载上分别反映收入的形成、物化劳动的转移价值及转移价值中所包含的已纳税金,这样才能正确核算其增值额,进而正确计算企业应纳增值税税额。为了适应纳税人的需要,或者说,纳税人为了适应纳税的需要,有必要将税务会计从财务会计中分离出来,以充分发挥现代会计的多重功能。现在,越来越多的人认为,税务会计、财务会计、管理会计为会计学科的三大分支。

二、税务会计的概念

税务会计亦称纳税会计,它是以所涉税境的现行税收法规为准绳,运用会计学的理论、方法和程序,对企业经营过程中的纳税事项进行计算、调整和税款缴纳、退补等,即对企业纳税事项进行确认、计量、记录和申报(报告),以实现企业最大税收利益的一门专业会计。税务会计是社会经济发展到一定阶段(社会成熟到能够把征税、纳税作为社会自我施加的约束,财务会计已不能满足税务会计信息使用者的要求等)后,从财务会计中分离出来的。它是介于税收学与会计学之间的一门新兴的边缘学科,是集国家税收法规和会计记录为一体的一种特种专业会计,可以说是税务中的会计、会计中的税务。

税务会计一般并不要求企业在财务会计的凭证、账簿、报表之外再设一套会计账表(纳税报表及其附表除外)。各企业均应设置专职税务会计人员(办税员),大企业还应设置专门的税务管理部门及税务总监或税务经理等职位。

三、税务会计与财务会计的联系和区别

(一)税务会计与财务会计的联系

会计法规制度对会计工作的影响是方向性的。税收对会计的影响往往与法律对会计的影响分不开,税收通过法律发挥作用,法律保障税收的执行,但它们对会计产生影响的着重点不同。法律规定会计"能做什么"和"不能做什么",税收则引导企业及其会计"怎样做",从而影响企业及其会计的具体行为。例如,当税务会计与财务会计在实务中允许存在合理差异时,会计计量模式的选择必须遵循分别反映的原则,否则,两者之间量的差异将无法揭示出来。因此,税收对会计的影响是调节性的。企业决策者则被要求在国家法律、制度许可的范围内进行某些会计政策选择,如选择会计原则、会计程序、会计方法等。但会计的规范、计量方法、处理方法等也会反作用于法律、税收和企业决策者。

税务会计与财务会计的区别

税务会计与财务会计具有互调性。对财务会计根据会计准则确认、计量和记录的事项及其结果,只要与税法规定不悖,税务会计就可以直接采用。只有对与税法规定有差异或者不符合税法规定的事项,才进行纳税调整,即进行税务会计处理,使之符合税法的要求。根据成本效益原则,对小税种的会计处理,财务会计一般都是直接接受税务会计的处理结果,"没有差异"也就不必进行纳税调整。由此可见,两者互相依赖、互相借鉴,共同承担企业会计的重任,税务会计向政府提供纳税申报表,财务会计向投资人、债务人提供财务报表(报告)。与管理会计相比,税务会计与财务会计的关系更为密切。

(二)税务会计与财务会计的区别

两者除了对象不同、目标不同外,主要还有以下区别。

1. 核算基础、处理依据不同

税收制度是收付实现制与权责发生制的结合,因为计算应税所得是要确定纳税人立即支付货币资金的能力、管理上的方便性和征收当期收入的必要性,这与财务会计所依据的持续经营假定(假设)是相矛盾的,这便是纳税年度自身存在独立性的倾向。财务会计只是遵循财务会计准则、制度

处理各种经济业务。不同会计人员对某些相同的经济业务可能会有不同的表述、得出不同的会计结果。这应该被认为是正常情况。税务会计要遵循税务会计的一般原则，也要遵循与税收法规不相矛盾的那些财务会计的一般原则（质量要求）。

2. 计算损益的程序不同

税务会计坚持历史成本原则，不考虑货币时间价值的变动，更重视可以预见的事项，而财务会计却可以有某些不同。各国都在力图减少财务会计与税务会计间的差异，但两者间的差异不可能消失，因为两者目标不同。此外，承认税务会计与财务会计的区别，实际上是承认政府有权对纳税人的非营业收益等进行确认和征税。抹杀两者的区别，可能对征纳双方都是无益的。因此，既不必要求对方适应自己，又不必"削足"去适应对方。应该各自遵循本身的规律和规范，在理论上不断发展自己，在方法上不断完善自己，更好地体现各自的具体目标，共同服务于企业的整体目标。

第二节 税务会计的对象与目标

一、税务会计对象

税务会计对象是税务会计客体。企业发生的涉税事项（应税行为）都是税务会计对象。具体而言，就是因企业发生的涉税事项（应税行为）而产生的应缴税款（税金负债）的形成、计算、缴纳、补退、罚款等经济活动以货币表现的资金运动。

（一）计税额、计税依据

1. 流转额（金额、数额）

流转额是税务会计按税法规定确认、计量、记录的销售（购进）额、销售（购进）量等，是各种流转税的计税依据，也是计算企业所得税的基础。

2. 成本费用额

成本费用额是企业在生产经营过程中的耗费和支出。它包括生产过程中的生产费用和流通过程中的流通费用。成本费用主要反映企业资金的垫支和耗费，是企业资金补偿的尺度。一定会计期间的成本费用总额与同期收入总额相配比，可以反映企业的生产经营成果。税务会计按税法规定确认、计量的税前扣除额，是计算企业所得税的基础。

3. 所得额

所得额是税务会计在财务会计核算的经营利润、投资收益等基础上，按税法规定调整、确认的应纳税所得（利润、收益）额。

4. 财产额

财产额是税务会计按税法规定，对车船税、房产税、契税等所涉应税财产确认、计量的计税依据，如计税单位、基准税额、房产原值、成交（交换、市场）价格等。

5. 计税额

对行为税（如印花税、车辆购置税等），税务会计按税法规定确认、记录计税额（计税依据），如应税（成交）金额、计税价格等。

（二）税款的计算与核算

按税法规定，企业应在正确确认应缴税种计税依据的基础上，计算应缴税金，并做相应的会计记录。

（三）税款的缴纳、退补与减免

由于各种税的计税依据和缴纳方法不尽相同，企业应按税法规定，正确进行税款缴纳的会计记录。对企业多缴税款、应退税款或应补缴的税款，要进行相应的会计处理。减税、免税体现税收政策的灵活性和税收杠杆的调节作用，企业应正确进行减免税的会计处理。

（四）税收滞纳金与罚款、罚金

企业因逾期缴纳税款或违反税法规定而支付的各项税收滞纳金、罚款、罚金，也应如实进行会计记录。

从总体上讲，财务会计的各项会计要素都与纳税有关，但并非各会计要素的每一经济事项都与纳税有关。税务会计对象与财务会计对象虽然总体范围一致，但在具体内容上，税务会计对象要小于财务会计对象。

二、税务会计目标

税务会计的基本目标是税法遵从，即合法和不违法，以最大限度地降低税务风险；具体目标是向税务会计信息使用者提供有助于其进行税务决策的会计信息。

税务会计目标、任务

税务会计信息的使用者首先是各级税务机关，各级税务机关可以凭税务会计信息进行税款征收、监督、检查，并将其作为税收立法的主要依据；其次是企业经营者、投资人、债权人等，他们可以从中了解企业纳税义务的履行情况和税收负担，并为进行经营决策、投融资决策等获取涉税因素的会计信息，以最大限度地争取企业的税收利益。对纳税主体来说，税务会计的目标就是实现企业税收利益最大化或税后收益最大化。

三、税务会计任务

税务会计作为会计的一个重要分支，既要以国家税法为准绳，认真履行纳税义务，又要在国家税法的允许范围内寻求企业税收利益。税务会计的任务主要包括以下几个方面。

（1）反映和监督企业对国家税收法规制度的贯彻执行情况，使其认真履行纳税义务，正确处理企业与国家的关系。

（2）按照国家现行税法所规定的税种、计税依据、纳税环节、税目、税率等，正确计算企业在纳税期内的各种应缴税款，并进行相应的会计记录。

（3）根据税务机关的规定，及时、足额地缴纳各种税金，并进行相应的会计记录。

（4）正确编制、及时报送税务会计报表（纳税申报表），认真执行税务机关的检查意见。

（5）及时进行税务分析，提高涉税核算和税务管理水平，控制税务风险，降低纳税成本。

（6）充分利用税收法规制度赋予企业的权利，积极进行税务筹划，努力降低企业税收负担，争取企业税收利益。

第三节 税务会计基本前提

企业错综复杂的经济业务导致企业会计实务中存在种种不确定因素。企业要正确进行确认计量，就必须明确税务会计的基本前提（假设）。由于税务会计以财务会计为基础，故财务会计中的基本前提（假设）有些也适用于税务会计，如会计分期、货币计量等，但因税务会计具有法定性等特点，因此税务会计的基本前提也有其特殊性和特定性。

一、税务会计主体（实体）

税务会计主体亦称税务会计实体，即税法规定的直接负有纳税义务并享有纳税人权利的实体，包括单位和个人（法人和自然人）。正确界定税务会计主体，要求每个税务会计主体与其他税务会计主体分开，保持符合税法要求的会计记录并填报纳税申报表。一般情况下，纳税主体就是税务会计主体；但在特定情况下，纳税主体不一定就是税务会计主体。例如，对工资薪金、劳务报酬征纳个人所得税时，纳税人是纳税主体，但并非税务会计主体，作为扣缴义务人的企业单位才是这一纳税事项的会计主体即税务会计主体。

财务会计主体是财务会计为其服务的特定单位或组织，会计处理的数据和提供的财务信息被严格限制在一个特定独立的或相对独立的经营单位内，典型的财务会计主体是企业。在一般情况下，财务会计主体也是税务会计主体；但在特殊或特定情况下，财务会计主体不一定就是税务会计主体。

二、持续经营

持续经营意味着该企业个体将继续存在足够长的时间以实现其现在的承诺，如预期所得税在将来被继续课征。这是所得税款递延、亏损前溯或后转以及暂时性差异能够存在并且能够使用纳税影响会计法进行所得税跨期摊配的理论依据。以折旧为例，它意味着在缺乏相反证据的时候，人们总是假定该企业将在足够长的时间内为转回暂时性的纳税利益而经营并获得收益。

三、货币时间价值

货币（资金）在其运行过程中具有增值能力。即使不考虑通货膨胀因素，今天的1元钱也比若干年后收到（或付出）的1元钱的价值要大得多，即同样一笔资金在不同时间具有不同的价值。随着时间的推移，投入周转使用的资金价值将会发生增值。这种增值的能力或数额就是货币的时间价值。这一基本前提已成为税收立法、税收征管的基点，因此，各个税种都明确规定了纳税义务的确认原则、纳税期限、税金缴纳期等。它深刻地揭示了纳税人进行税务筹划的目标之一——纳税最晚，也说明了所得税会计中采用纳税影响会计法进行纳税调整的必要性。

四、税务会计期间

税务会计期间是指纳税人按照税法的规定选定的纳税年度期间。因此，税务会计期间亦称纳税年度。应税实体必须以年度为基础报告其经营成果，确定其纳税年度，即所有应税实体都必须选择一个年度会计期间，向政府报告其经营成果。我国的税务会计期间统一规定为日历年度，并非由纳税人自己选择。

虽然也可将税务会计期间划分为月、季，但强调的是年度应税收益，尤其是所得税。税务会计期间不等同于纳税期限，如增值税、消费税的纳税期限是日、月、季或半年。如果纳税人在一个纳税年度的中间开业，或者由于改组、合并、破产、清算等原因，使该纳税年度的实际经营期限不足12个月，则应当以其实际经营期限为一个纳税年度。进行纳税人清算时，应当以清算期间为一个纳税年度。

五、年度会计核算

年度会计核算是税务会计最基本的前提，各国税制都是建立在年度会计核算基础上的，而不是建立在某一特定业务基础上的。课税时只针对某一特定纳税期间发生的全部事项的净结果，而不考虑当期事项在后续年度中的可能结果，后续事项将在其发生的年度内予以考虑。例如，在"所得税跨期摊配"中应用递延法时，由于强调原始差异对税额的影响，而不强调转回差异对税额的影响，因此，它与未来税率没有关联性。当暂时性差异转回时，按暂时性差异产生时递延的同一数额调整所得税费用，从而使税务会计数据具有更强的可稽核性，以揭示税款分配的影响金额。

第四节 税务会计原则

为了切实有效地对纳税人稽征税款，在税收原则指导下，通过税法逐步形成了税收核算原则。如果站在纳税人的角度，税收核算（税款稽征）原则就是税务会计原则。税务会计虽然要遵循财务会计的一般程序和方法，但它必须以税法为导向。本书认为，包括我国在内的世界各国，其税务会计原则都隐含在税法中。它在明确性、公认性①方面，虽然远不如财务会计原则，但其刚性却明显高于财务会计原则，纳税人一旦违反，就会受到税法等相关法律的惩处。

《企业会计准则——基本准则》第二章"会计信息质量要求"，提出了真实性原则、相关性原则、清晰性原则、可比性原则、实质重于形式原则、重要性原则、谨慎性原则、及时性原则共八项原则。财务会计的会计信息质量要求原则（特征）、会计要素的确认与计量原则、确认与计量的修正原则的基本精神大多也适用于税务会计，但因税务会计与税法间的特定联系，税收原则理论和税收立法原则会非常明显地影响甚至主导税务会计原则。此外，还应体现税务会计主体的税收利益，逐步形成税务会计原则。本书认为，税务会计原则主要包括以下几个。

税务会计原则

一、税法导向原则

税法导向原则亦称税法遵从原则。税务会计应以税法为准绳，在财务会计确认、计量的基础上，以税法为判断标准（或以税务筹划为目标）进行重新确认和计量，在遵从或不违反税法的前提下，履行纳税义务，寻求税收利益。该原则体现的是"税法至上"，税法优先于会计法规等其他普通法规。

二、以财务会计核算为基础原则

此项原则适用于税务会计与财务会计混合的会计模式。某一交易事项按会计准则、制度在财务

---

① 尽管各国（财务）会计原则并不完全相同，但相差不多；我国的会计原则属于（财务）会计法规体系的组成部分，不仅具有公认性，而且具有强制性。

会计报告日确认以后,才能确认该交易事项按税法规定确认的应课税款;依据会计准则、制度在财务报告日尚未确认的交易事项可能会影响当日已确认的其他交易事项的最终应课税款,但只有在根据会计准则、制度确认导致征税效应的交易事项之后,才能确认这些征税效应。其基本含义是:①已在财务会计报表中确认的全部交易事项的当期或递延税款,应确认为当期或递延所得税负债或资产;②根据现行税法的规定计量某一交易事项的当期或递延应纳税款,以确定当期或未来年份应付或应退还的所得税金额;③为确认和计量递延所得税负债或资产,不预期未来年份赚取的收益或发生的费用的应纳税款或已颁布税法、税率变更的未来执行情况。

三、应计制原则与实现制原则

收付实现制不符合财务会计要素的确认、计量原则,不能用于财务会计报告目的①。为了更多地借助于财务会计记录,降低税收征管成本,目前大多数国家的税法都原则上接受应计制原则,但在将其用于税务会计时,其与财务会计的应计制还是存在明显差异的。第一,应该考虑税款支付能力原则,使得纳税人在最有能力支付时支付税款。第二,确定性的需要,要求收入和费用的实际实现具有确定性。例如,在收入的确认上,应计制的税务会计由于在一定程度上被支付能力原则所覆盖而包含着一定的收付实现制的方法;在费用的扣除上,财务会计依据稳健原则列入的某些估计、预计费用,在税务会计中是不能够接受的,后者强调"该经济行为已经发生"(在费用发生时而不是实际支付时确认扣除)的限制条件,从而可达到保护政府税收收入的目的。第三,保护政府税收收入。由此可见,税务会计(实质上是税法)是有条件地接受应计制原则,体现的是税收实用主义。

各国早期的税法都按收付实现原则计税,因为它体现了现金流动原则(具体化为公平负税和支付能力原则)。该原则是确保纳税人有能力支付应纳税款而使政府获取财政收入的基础。目前,实现制原则一般只适用于小企业、非营利组织和个人的纳税申报。如果税法明确规定某些涉税事项采用收付实现制原则,税务会计则应以实际收付现金为标准确认、计量应税收入与可扣除成本、费用。

四、历史(实际)成本计价原则

按历史(实际)成本计价原则进行会计记录,既有利于对资产、负债、所有者权益的存量计量,又有利于对收入、费用、利润的流量计量,因而能够客观、真实地反映企业的财务状况和财务成果。在财务会计中,该原则有一定的局限性。为弥补其不足,可以根据判断标准对资产计提减值准备等,从而对历史(实际)成本计价原则进行修正。但在税务会计中,除税法另有规定者外,纳税人必须遵循历史(实际)成本计价原则,因为它具有确定性与可验证性。正如诺贝尔经济学奖获得者萨缪尔森所言:"会计人员之所以使用历史成本,是因为它反映的是客观的评价,并且容易被证实。"

五、相关性原则

与财务会计中的相关性原则的含义不同,税务会计中的相关性原则体现在所得税负债的计算上,是指纳税人当期可扣除的费用从性质和根源上必须与其取得的收入、收益相关。

---

① 现金流量表将以应计制为基础的财务会计信息转换为以实现制为基础的会计信息。

六、配比原则

配比原则是指财务会计中对某一会计期间的收入与其相关的费用进行配比，以正确计算当期损益并据以进行收益分配。税务会计中的配比原则是指在进行所得税负债计算时，应按税法确定收入（法定收入）并界定同期可扣除费用，即纳税人发生的费用应在费用应配比或应分配的当期申报扣除。

七、确定性原则

确定性原则是指在所得税会计记录过程中，按所得税税法的规定，在应税收入与可扣除费用的实际实现上应具有确定性，即纳税人可扣除的费用不论何时支付，其金额必须是确定的。该原则适用于所得税的税前扣除，凡税前扣除的费用，如财产损失等，必须是真实发生的，且其金额必须是可确定的。

八、税款支付能力原则

税款支付能力与纳税能力有所不同。纳税能力是指纳税人应以合理的标准确定计税基数（税基），同等计税基数的纳税人应负担同一税种的同等税款。因此，纳税能力体现的是合理负税原则。与企业的其他费用支出有所不同，税款支出必须全部是现金支出，因此，在考虑纳税能力的同时，也应考虑税款的支付能力。税务会计在确认、计量、记录收入、收益、成本、费用时，应尽可能选择保证税款支付能力的会计记录方法（包括销售方式、结算方式、结算工具的选择等）。

九、合理性原则

合理性原则是指纳税人可扣除费用的计算与分配方法应符合一般的经营常规和会计惯例。该原则属于定性原则，而非定量原则，具有较大的弹性空间。对同一交易事项的认定和会计记录，征纳双方角度不同、利益不同，对"合理"会有不同的解释。税务会计信息应该具有"合理性"的充分说服力。

第五节 税务会计要素

税务会计要素是对税务会计对象的进一步分类，其分类既要服从于税务会计目标，又要受税务会计环境影响。税务会计环境决定了税务会计主体的具体涉税事项及其特点，按涉税事项的特点和税务会计信息使用者的要求进行分类，即形成税务会计要素。它同时也是税务会计报表（纳税申报表）要素。税务会计要素主要包括以下几个。

税务会计要素

一、计税依据

计税依据是税法中规定的计算应纳税额的根据，在税收理论中称为税基。纳税人的各种应缴税款是各税种的计税依据与其适用税率相乘之积。不同税种的计税依据不同，有收入额、销售额（量）、增值额（率）、所得额等。

二、应税收入

应税收入是企业销售商品、提供劳务等应税行为所取得的收入,即税法所认定的收入,也可称之为法定收入。应税收入与财务会计收入(以下简称"会计收入")密切联系,但不一定等同。确认应税收入的原则如下。一是与应税行为相联系,即发生应税行为才能产生应税收入;换言之,如果纳税人发生非应税行为或免税行为,其所取得的收入就不是应税收入,而只是会计收入。二是与某一具体税种相关。纳税人取得的一项收入如果是应税收入,那必然与某一具体税种相关,即是某一特定税种的应税收入,而非其他税种的应税收入。

对应税收入的确认和计量,一般也按财务会计的原则和标准。但在具体掌握上,税法又有例外,如对权责发生制的修正,税法对某些应税行为按收付实现制确认应税收入。

三、扣除费用

扣除费用是指企业因发生应税收入而必须支付的相关成本、费用、税金、损失,即税法认可的允许在计税时扣除项目的金额,亦称法定扣除项目金额。属于扣除项目的成本、费用、税金、损失在财务会计确认、计量、记录的基础上,分不同情况确认:一是按其与应税收入的发生是否为因果关系,如为因果关系,则可按比例扣除;二是在受益期内,按税法允许的会计方法进行折旧、摊销;三是对财务会计中已经确认、计量、记录的某些项目,凡超过税法规定扣除标准的,一律将税法规定的限额作为"扣除费用"。由此可见,财务会计确认、计量、记录的成本、费用、支出与法定扣除项目金额间虽然有密切关系,但两者并不等同。

四、应税所得

在经济学、财务会计学与税务会计学中,"所得"的含义有所不同。财务会计学中的"所得"是指账面利润或会计利润。税务会计学中的"所得"是指应税所得,或称应纳税所得额,它是应税收入与法定扣除项目金额(扣除费用)的差额,是所得税的计税依据[①]。在税务会计实务中,企业在财务会计提供的账面利润的基础上,按现行税法与财务会计的差异及其选定的企业所得税会计方法(详见本书第七章)确认应税所得,进而计算应纳税额。如果"应税所得"是负数,则为"应税亏损"。

五、应纳税额

应纳税额亦称应缴税款,是计税依据与其适用税率或(和)单位税额相乘之积。应纳税额是税务会计中特有的一个会计要素。影响应纳税额的因素有计税依据、税率、单位税额和减免税规定。计税依据体现征税的广度,每个税种都要明确规定其计税依据。除附加税外,各个税种均有独立的计税依据。税率体现征税的深度,各个税种一般都有其特定的税率。如果对税基进行减免,则减免税体现在计税依据中;如果对应纳税额进行减免,减免税则是一个单独的要素。

六、税务会计等式

在我国财务会计的六个会计要素中,资产、负债和所有者权益构成资产负债表,收入、费用和

[①] 应税所得是计税依据,但计税依据并非都是应税所得。

利润构成利润表。这两张主要报表，分别体现了静态、动态会计要素之间的关系。在混合模式下，当财务会计要素的确认与税务会计一致时，按财务会计记录；当两者不一致时，按税法要求进行调整，调整后再融入财务会计中。税务会计要素是税制构成要素在税务会计中的具体体现，它们之间的关系可通过以下两个会计等式体现：

$$应税收入-扣除费用=应税所得$$

$$计税依据×适用税率（或单位税额）=应纳税额$$

前者仅适用于所得税，后者适用于包括所得税在内的所有税种。

本章重点与难点

税务会计的一般原则（信息质量特征）、税务会计要素、税务会计的基本前提，与财务会计基本假设（前提）的区别与联系。

思考题

1. 试述税务会计的产生及其概念。
2. 税务会计与财务会计有何联系与区别？
3. 简述税务会计的目标和任务。
4. 简述税务会计的基本前提。
5. 简述税务会计的一般原则（质量特征）。
6. 简述税务会计要素及其关系。

第二章 纳税基础

学习目标

1. 了解税收的特点和作用。
2. 理解纳税申报与税款缴纳的程序和方法。
3. 掌握税收实体法的基本要素。

本章导言

本杰明·富兰克林曾经说过:"在这个世界上,任何人都逃脱不掉死亡和纳税。"既然纳税无法避免,为何不去主动了解和掌握税法呢?正确计税、报税是企业的财务与会计人员的基本职责。为此,财务与会计人员必须要掌握纳税的基础知识。

第一节 税收概述

一、税收的产生

税收的故事神秘古老,税收的设计智慧精巧;税收是国之血脉,税收是公共需要。古今中外,税收都是遵循"无商无税、无税无国"的运行轨迹而变化和发展的,它深刻地揭示了税收同经济、税收同国家的内在辩证关系。归根结底,税收是为了适应人类社会经济发展的需要,特别是国家的需要而存在和发展的,同时,它又被作为执行国家职能必不可少的重要经济杠杆。随着经济全球化和贸易一体化的发展,税收也由一国一制趋向国际协调。

税收的产生必须具备两个前提条件:一是国家的产生和存在;二是私有财产制度的存在和发展。只有同时具备了这两个条件,税收才会产生。因此,税收是国家和私有财产制度并存这样一种特定历史条件下的产物。

二、税收的特征

税收自产生以来,一直是国家取得财政收入的主要形式。与其他财政收入形式相比,税收具有以下基本特征。

(一)强制性

税法是国家法律的重要组成部分,任何纳税人都必须依法纳税,否则就会受到法律的制裁。因此,税收具有强制性,是国家取得财政收入最普遍和最可靠的形式。

（二）无偿性[①]

税收是国家对纳税人的无偿征收。征收的税款作为国家的财政收入，不给付任何报酬，也不再直接偿还给纳税人。正如列宁在1921年所说的："所谓赋税，就是国家不付任何报酬而向居民取得东西"。[②]税收的这种无偿性，与债权收入存在着根本的区别。

（三）固定性

税收是以法律形式存在的。在征税以前，税法预先对纳税人、纳税对象、税目、税率、应纳税额、纳税期限等做了具体规定。税收有一个比较稳定的适用期间，是一种固定的连续性收入。税收的这种固定性，使征纳双方都有法可依。但税收也并非一成不变，国家依据政治、经济环境的变化，可以修改现行税法，调整税收的有关规定。

税收的上述特征是相互联系、不可分离的，使其与利润、信贷、利息、折旧、罚没、规费、摊派等分配形式有明显的区别，成为一种特殊的分配范畴。税收的三个特征也是区别税与非税的根本标志。

第二节 税收实体法及其构成要素

税收实体法[③]是关于税收法律关系主体实体权利和义务的法律规范总称。税收实体法直接关系到征纳双方权力和责任（权利和义务）的界定，是税法的核心内容。如果没有税收实体法，政府就没有权力向纳税人征税，纳税人就没有纳税义务，也就没有税法体系。由于国家设置各税种的特定目的不同，因此，一般按照每个税种立法，即一个税种一部税收实体法（一税一法）。但各税种的构成要素（基本要素）具有统一性，一般包括纳税人、课税对象（纳税对象）、税目、税率、计税依据等。

一、纳税权利义务人

纳税权利义务人简称纳税人，纳税人可以是自然人，也可以是法人。

自然人是依法享有民事权利，并承担民事义务的公民。在税收上，自然人依法对国家负有纳税义务并享有纳税权利。法人是依法成立，能够独立支配财产并能以其名义享受民事权利、承担民事义务的社会组织。法人负有依法向国家纳税的义务和相应的权利。在纳税实务中，与纳税人相关的概念如下。

纳税人与负税人

（一）负税人

负税人是最终承担税收负担的人。某种税的纳税人可能同时是其负税人，但也可能不承担税负或承担部分税负。因此，两者可能是统一的，也可能是完全分离或部分分离的，关键要看税负能否转嫁，而税负能否转嫁取决于市场环境和供求关系。一般情况下，间接的税负是可以分离的，即供求双方都会承担一定的税收负担。税务会计主体是纳税人，而非负税人。因此，本书之后不再涉及负税人概念。

（二）预扣/代扣代缴义务人

预扣/代扣代缴义务人，亦称扣缴义务人，即税收法律、行政法规明确规定负有扣缴义务的单位

---

① 有人对此有异议，认为应是整体补偿性或不对应补偿性。
② 列宁. 列宁全集. 北京：人民出版社，1959.
③ 相对于税收实体法的是税收程序法，即规范税务机关和税务行政相对人在行政程序中权力和责任的法规总称。它可以保障税收实体法的有效实施，弥补其不足；维护纳税人的权益，规范和制约征税权的行使，提高执法水平和执法效率。

和个人。扣缴义务人在支付或收取款项时，代税务机关向负有纳税义务的单位和个人扣留或收取并解缴（缴纳）税款。

二、征税/纳税对象

站在征税方的角度，纳税对象称为征税对象，亦称课税对象、征税客体；站在纳税人的角度，称为纳税对象。它是征税的目的物，也是缴纳税款的客体。纳税对象的计量标准是计税依据，即课税依据。以纳税对象的价值单位进行计算时，其计税依据为从价计税；以纳税对象的数量单位进行计算时，其计税依据为从量计税。既以价值又以数量为计税依据时，为复合计税。税法中规定的计算应纳税额的依据在理论上称为税基，纳税人的应交税款就是根据计税依据乘以税率（或单位税额）计算出来的。各税种的计税依据不同，有的以收入额为计税依据，有的以所得额为计税依据，有的以销售量为计税依据……如果计税依据是价值形态，则纳税对象与计税依据一致；如果计税依据是实物形态，以纳税对象的数量、重量等为计税依据，则纳税对象与计税依据一般不一致。例如，车船税的纳税对象是各种车辆、船舶，其计税依据则是车船的辆数、吨数、米数等。

三、税目

税目是纳税对象的具体化，反映具体的征税范围，体现每个税种的征收广度。不是所有的税种都规定税目，对于那些纳税对象简单明确的税种，如增值税、房产税等，不必另行规定税目。对于纳税对象比较复杂的税种（如消费税），在税种内部需要对不同纳税对象采取不同的税率档次进行调节时，就需要对该税种的纳税对象做进一步划分，其划分类别就是税目。

四、税率

税率是应纳税额与计税依据之间的关系或比例，是计算应纳税额的尺度，体现课税的深度。税率高低直接关系到国家财政收入的多少和纳税人税收负担的轻重。因此，税率是税制的基本要素。税率可以从不同的角度进行分类。

（一）按照税率的经济意义划分

按照经济意义划分，税率可以分为名义税率和实际税率两种。名义税率就是税法上规定的税率，实际税率就是纳税人实际缴纳的税额与其全部收益额的比例（比重）。在一般情况下，同一种税的实际税率可能低于其名义税率。

（二）按照税率的表现形式划分

按照表现形式划分，税率可以分为以绝对数表示的税率和以百分比表示的税率。我国目前主要有以下几种税率。

1. 定额税率

定额税率是指按纳税对象的一定计量单位规定固定的税额，而不是规定纳税比例，因此又称之为固定税额。它是税率的一种特殊形式，一般适用于从量征收的某些税种、税目。在具体运用上，定额税率又分为地区差别定额税率、幅度定额税率、分类分级定额税率等不同形式。

2. 比例税率

使用比例税率时，对同一纳税对象，不论金额大小，都按同一比例纳税，税额与纳税对象之间的比例是固定的。比例税率在具体运用上又可分为产品比例税率、行业比例税率、地区差别比例税率、幅度比例税率等多种形式。

比例税率的优点是：同一纳税对象的不同纳税人税收负担相同，有利于企业在大体相同的条件下展开竞争，促进企业加强管理，提高经济效益；计算方便，便于税收稽征管理。比例税率的主要缺点是：不分纳税人的环境、条件差异及收入、所得的多少等，都按同一税率征税，这与纳税人的实际负担能力不完全相符，在调节企业利润水平方面有一定的局限性。

3. 累进税率

使用累进税率，按照纳税对象数额的大小，实行等级递增的税率，即把纳税对象按一定的标准划分为若干等级，从低到高分别规定逐级递增的税率。这种税率制度既可适应纳税人的负担能力，又便于充分发挥调节纳税人收入水平的作用，适应性强，灵活度高，一般适用于对所得和财产的征税。按结构的不同，累进税率又可分为以下几种。

（1）全额累进税率。使用全额累进税率时，对纳税对象的全部数额，均按与之相适应的等级的累进税率计算纳税。当纳税对象提高到一个新的等级时，对其全额使用一级新的与之相适应的税率计算纳税。它的累进幅度较大，对纳税人的应税所得具有较强的调节作用，计算方法简单，但存在税负不尽合理的弊端。

（2）超额累进税率。使用超额累进税率时，把纳税对象按数额大小划分为若干等级，从低到高对各等级分别规定相应的税率。一定数额的纳税对象可以同时适用几个等级的税率，每超过一级，超过部分按提高一级的税率计税，这样分别计算税额，各等级应纳税额之和就是纳税人的应纳税额。它的累进程度比较缓和，纳税人的税负比全额累进税率要轻一些，但在计算上比较复杂。

（3）超率累进税率。它与超额累进税率在原理上是相同的，但税率累进的依据不是绝对数，而是相对数，如我国现行的土地增值税采用的就是超率累进税率。

五、纳税环节

纳税环节是指处于不断运动中的纳税对象应该缴纳税款的环节。税法对每一种税都确定了纳税环节，有的税种纳税环节单一，有的税种则需要在许多流转环节中选择和确定纳税环节。从对流转额的纳税来看，由于产品从生产到消费中间要经过工业生产、商业批发、商业零售等环节，故可以选择在产品的生产环节或第一次批发环节纳税，对其他环节不纳税，即实行一次课征制，如资源税；也可以在产品出厂销售时缴纳一次工业环节的税，在商业零售环节再缴纳一次税，而在商业批发等中间环节不纳税，即实行两次课征制；还可以在工业品的产制、批发和零售环节都纳税，即实行多次课征制（如增值税）。

六、税额计算

税额计算是指根据纳税人的生产经营或其他具体情况，对其应税事项，按照国家规定的税率，采取一定的计算方法，计算出纳税人的应纳税额。每种税都明确规定了应纳税额的具体计算公式，其基本计算方法相同，即：

应纳税额=计税依据×适用税率（或单位税额）

公式中的"计税依据"在具体运用时，涉及以下两个概念。

一是计税单位，亦称计税标准、课税单位。它是课税对象的计量单位和缴纳标准，是课税对象的量化。计税单位分为从价计税、从量计税和混合计税三种。

二是计税价格。对于从价计征的税种，税率一经确定，应纳税额的多少就只取决于计税价格。

按计税价格是否包含税款，计税价格又分为含税计税价格和不含税计税价格两种。

七、税负调整

纳税人税负的轻重可通过一定措施来调整。税率主要体现税负的统一性，而税负调整则体现税负的灵活性。税负调整分为减轻税负（税收减免）和加重税负（税收加征）两种情况。

（一）税收减免

1. 税收减免的概念及其要求

税收减免是减税与免税的合称。税收减免是国家对特定纳税人或征税对象给予减轻或者免除税收负担的一种税收优惠措施，包括税基式减免、税率式减免和税额式减免，但不包括出口退税和财政部门办理的减免税。税收减免体现出税收政策在原则性基础上的灵活性，但也存在扭曲资源配置的可能性。

纳税人同时从事减税、免税项目与非减免税项目的，应分别确认计量。纳税人依法可以享受减免税待遇，但因故未享受而多缴税款的，可以在税收征管法规定期限内申请减免税，要求退还多缴税款。

税务机关应当遵循依法、公开、公正、高效、便利原则，规范减免税管理，及时受理和核准纳税人申请的减免税事项。税务机关应当结合税收风险管理，将享受减免税的纳税人履行纳税义务的情况纳入风险管理，加强监督检查。

2. 税收减免的类型

（1）核准类减免税。纳税人应在规定期限内，向税务机关提出书面申请，并按要求提交相应材料，经税务机关核准确认后执行。未按规定申请或虽申请但未经税务机关核准确认的，纳税人不得享受减免税。

（2）备案类减免税。纳税人享受备案类减免税时，应向税务机关提请备案，经税务机关登记备案后，自登记备案之日起执行。

（3）自行判别、申报享受、相关资料留存备查方式。企业应根据经营情况以及相关税收规定自行判断是否符合优惠事项规定的条件，符合条件的，应按规定时间自行计算减免税额，并填报纳税申报表主表和附表。

3. 税收减免的形式

除减税（对纳税人涉税事项的税基、税率或应纳税额打一定折扣或予以降低而少征部分税款）、免税（对纳税人的应税行为免予征税）基本形式外，税收减免的形式还有以下几种。

起征点与免征额

（1）起征点。它是税法规定的对纳税对象开始征税的临界点。纳税对象未达到起征点的不征税；达到或超过起征点的，就其全部金额征税，而不是仅就超过部分征税。起征点的设置有利于小微企业的生存和发展，但当起征点较高时，容易诱发纳税人避税。

（2）免征额。它是税法规定的对课税对象免予征税的临界点。它是按税法规定的数额从计税依据总额中预先减除的部分。免征额部分不纳税，只对超过免征额的部分征税。免征额是一种普惠制，有利于保证纳税人的基本所得，如个人所得税中计算居民个人综合所得时的"减除费用"。

（二）税收加征

（1）地方附加，简称附加，是指地方政府按照国家规定的比例，随同正税一起征收的作为地方财政收入的款项。附加是对税种的附加，适用于该税种的所有纳税人。

（2）加成征收，是指在按法定税率计算出应纳税额后，再加征一定成数的税额。一成是税额的10%，以此类推，一般最高为十成。加成实际上是税率的延伸，是对税率的补充规定。

（3）加倍征收，是指在按法定税率计算出税额后，再加征一定倍数的税额。加倍征税是累进税率的一种特别补充，其延伸程度远远大于加成征税。因为加成征税最大的加成幅度才是一倍，而加倍征税则最少是一倍，因此，其调控幅度大。加成征收与加倍征收是针对特定纳税人或特定应税行为的，是对累进税率的一种特别补充，仅适用于直接税。

第三节 纳税申报与税款缴纳

一、纳税申报制度

纳税申报制度是纳税人在发生纳税义务后，按国家有关法律、行政法规的规定和税务机关的具体要求，向主管税务机关如实申报有关纳税事项及应缴税款时，应履行法定手续的制度。纳税申报不仅是征纳双方核定应纳税额、开具纳税凭证的主要依据，也是税务机关研究经济信息，加强税源管理的重要手段。纳税申报制度可以促使纳税人增强纳税意识，提高税款计算的正确性，有利于税务机关依法征收税款，查处税务违法事件，保证税款及时、足额入库。

（一）纳税申报方式

目前，我国采用的纳税申报方式主要有两种。

1. 直接申报

纳税人、扣缴义务人直接到主管税务机关办理纳税申报或扣缴税款的报告。

2. 数据电文申报

纳税人、扣缴义务人经税务机关批准，可采用电子、光学或其他类似手段生成、储存或传递纳税申报或扣缴税款的报告。这些手段包括电子数据交换、电子邮件、电报、电传、传真等。

（二）纳税申报的范围

凡是有纳税义务的单位和个人，不论当期是否有应纳税款，都应办理纳税申报。此外，下列单位和个人也应办理纳税申报。

（1）经税务机关批准，实行"自行核税、自行开票、自行缴库"的纳税人，应定期向税务机关提交纳税申报，接受税务机关的监督。

（2）定期定额缴纳税款的纳税人，按评估核定的销售额、营业额、所得额等分月计算缴纳税款，并定期办理纳税申报，以反映其实际经营情况，以便税务机关检查原先核定的税款定额是否合理。

（3）经税务机关批准减免税的纳税人，须定期申报减免税款的发生结果，以真实地反映减免税的成效。

（4）扣缴义务人须定期办理纳税申报，以防止不扣或少扣等情况发生。

（三）纳税义务的发生时间与纳税期限

（1）纳税义务发生时间即纳税人应税行为的发生时间，是纳税期限的起始点。在各税收实体法中，都明确规定了纳税义务发生时间。与会计准则有所不同，纳税义务发生时间的确认有的基于权责发生制，有的基于收付实现制。

(2) 纳税期限。纳税期限是纳税人依法向国家缴纳税款的期限。纳税义务发生后不可能立即缴纳税款,因此,在各税收实体法中都规定了具体的间隔时间,即纳税期限。纳税期限有按日、按月、按季之分,不能按固定期限纳税的,应按次纳税。例如,纳税人以月、季或半年为一个纳税期间的,自期满之日起15日内申报纳税;以10日或者15日为一个计税期间的,自期满之日起5日内预缴税款,于次月1日起15日内申报纳税并结清上月应纳税款。

(3) 缴税(缴库)期限。缴税(缴库)期限为纳税期满后,应缴税款实际缴纳的期限,即应于纳税期满之日起,多少天内申报纳税,超过期限即为欠税。此外,有的税种还规定了预缴税款期限和结清(清缴)期限。纳税人、扣缴义务人、纳税担保人应缴纳的欠税及滞纳金,可先行缴纳欠税,再依法缴纳滞纳金。企业破产应依法缴纳新产生的应纳税款。

(4) 延期申报。纳税申报在两种情况下可以延期。

一是法定延期。纳税期限的最后一天为法定节假日的,可顺延至节假日后的第1个工作日;纳税申报期若遇3日(含)以上法定节假日的,可按节假日天数顺延。例如,某企业增值税、消费税是以每月期满后15日内为申报纳税期限,当年2月15日为星期六,则2月申报纳税期限顺延至2月17日;10月1日(星期四)至7日放假7天,则10月申报纳税期限顺延至10月22日(星期四)。

二是核准延期。纳税人、扣缴义务人不能按期办理纳税申报时,经税务机关核准,可以延期申报,但应按上期实际缴纳的税款或税务机关核定的税款预缴,并在核准的延期内办理税款结算。

(四)纳税申报表的填报及附报资料

纳税人、扣缴义务人在填写纳税申报表时,应将税种、税目、计税依据、适用税率或单位税额、应纳税额、预扣/代扣代缴税额、税款所属期限、计算机代码、单位名称等填写清楚,并加盖有关印章。

纳税人无论有无应税收入、所得和其他应税项目,也无论是否在减免税期间,都必须依照《中华人民共和国税收征收管理法》的规定,向主管税务机关报送同期财务会计报表及其他附列资料。

为了进一步深化税务系统"放管服"改革,简化企业纳税申报资料报送,减轻企业办税负担,国家税务总局颁布了"相关事项"公告:纳税人向税务机关申报扣除资产损失时不再报送相关资料,而由企业留存备查。这虽然降低了相关企业的办税负担和向税务机关申报资料的难度,但从另一个角度看,对企业的税务合规与内控制度提出了更高的要求。不再报送的相关资料并不意味着不重要,企业应完整保存资产损失相关资料,保证资料的真实性、合法性,否则要承担相应的法律责任。

二、税款缴纳制度

税款缴纳制度是指纳税人根据国家有关法律、行政法规的规定按一定程序缴纳税款的制度。税务机关不得违反法律、法规的规定开征、停征、多征、少征、提前征收、延缓征收或摊派税款。

(一)税款缴纳方式

纳税人在进行纳税申报后,应按主管税务机关认定的如下税款缴纳方式,在规定期限内将应缴税款解缴入库。

1. 自核自缴(查账征收)

该方式适用于财务制度健全,会计核算正确,能够主动、自觉依法纳税的企业。经主管税务机关批准,企业自行计算应纳税款,自行填写纳税申报表并按规定办理纳税申报(包括附报资料),自行填写税收缴款书并及时缴纳税款。

2. 核实缴纳(查定征收)

该方式适用于财务制度基本健全,会计核算比较正确,能够依法计算应纳税款的企业。纳税人自行填写纳税申报表,并按规定办理纳税申报(包括附报资料),经主管税务机关审核并填开税收缴款书后，在规定期限内缴纳税款。

3. 查定缴纳（查验征收）

该方式适用于财务制度不够健全，凭证账簿不大完备的企业。纳税人应如实向主管税务机关办理纳税申报，并提供其生产经营情况等资料，经税务机关审查测定或实地查验后，填开税收缴款书或完税凭证，纳税人据以在规定期限内缴纳税款。

4. 定额（核定）缴纳

生产经营规模较小，无力建账或账证不全，不能提供准确纳税资料的企业，按照税务机关核定的销售额（收入额）和税率、征收率计算应交税款，并应在规定期限内申报缴纳。当纳税人每期的实际销售额与税务机关核定的定额间的差异幅度超过20%时，经税务机关核实，可对定额予以调整。适用核定应税所得率缴纳企业所得税的纳税人，其应纳税所得额按税法规定的公式计算，详见本书第七章第二节。

（二）税款缴纳凭证——税收票证

1. 税收票证的含义

税收票证是指税务机关、扣缴义务人依照规定，代征人、代售人按照委托协议，在征收税款、基金、费、滞纳金、罚没款等（以下统称税款）的过程中开具的收款、退款和缴库凭证。税收票证是纳税人实际缴纳税款或者收取退还税款的法定证明。

税收票证有纸质和数据电文两种形式。数据电文税收票证是指通过横向联网电子缴税系统办理税款的征收缴库、退库时，向银行、国库发送的电子缴款、退款信息。

税收票证的基本要素包括税收票证号码、征收单位名称、开具日期、纳税人名称、纳税人识别号、税种（费、基金、罚没款）、金额、所属时期等。

2. 税收票证的种类

税收票证包括税收缴款书、税收收入退还书、出口货物服务专用税收票证、印花税专用税收票证、税收完税证明以及国家税务总局规定的其他税收票证。

（1）税收缴款书

税收缴款书是纳税人据以缴纳税款，税务机关、扣缴义务人及代征、代售人据以征收、汇总税款的税收票证，具体包括以下几项。

① 税收缴款书（银行经收专用）。其为纳税人，税务机关，扣缴义务人，代征、代售人向银行传递，通过银行划缴税款（出口货物增值税、消费税除外）到国库时使用的纸质税收票证。其适用范围是：纳税人自行填开或税务机关开具，纳税人据以在银行柜面办理缴税（转账或现金），由银行将税款缴入国库；税务机关收取现金税款，扣缴义务人扣缴税款，代征、代售人代征税款后开具，据以在银行柜面办理税款汇总缴入国库；税务机关开具，据以办理"待缴库税款"账户款项缴入国库。

② 税收缴款书（税务收现专用）。其为纳税人通过现金、刷卡（未通过横向联网电子缴税系统）方式向税务机关缴纳税款时，由税务机关开具并交付纳税人的纸质税收票证。代征人代征税款时，也应开具本缴款书并交付纳税人。

③ 税收缴款书（预扣/代扣专用）。其为扣缴义务人依法履行税款预扣/代扣代缴义务时开具并交付纳税人的纸质税收票证。扣缴义务人预扣/代扣税款后，已经向纳税人开具了税法规定或国家税务总局认可的记载完税情况其他凭证的，可不再开具本缴款书。

④ 税收电子缴款书。其为税务机关将纳税人，扣缴义务人，代征、代售人的电子缴款信息通过横向联网电子缴税系统发送给银行，银行据以划缴税款到国库时，由税收征管系统生成的数据电文形式的税收票证。

(2) 税收收入退还书

税收收入退还书是税务机关依法为纳税人从国库办理退税时使用的税收票证，具体如下。

① 税收收入退还书。其为税务机关向国库传递，依法为纳税人从国库办理退税时使用的纸质税收票证。

② 税收收入电子退还书。其为税务机关通过横向联网电子缴税系统依法为纳税人从国库办理退税时，由税收征管系统生成的数据电文形式的税收票证。

税收收入退还书应当由县以上税务机关税收会计开具并向国库传递或发送。

(3) 出口货物专用税收票证

出口货物专用税收票证是由税务机关开具的，专门用于纳税人缴纳出口货物增值税、消费税或者证明该纳税人再销售给其他出口企业的货物已缴纳增值税、消费税的纸质税收票证。

(4) 印花税专用税收票证

印花税专用税收票证是税务机关或印花税票代售人在征收印花税时向纳税人交付、开具的纸质税收票证。

(5) 税收完税证明

税收完税证明是税务机关为证明纳税人已经缴纳税款或者已经退还纳税人税款而开具的纸质税收票证。

第四节 诚信纳税与纳税信用

一、诚信纳税及其意义

（一）诚信及诚信纳税

诚信即诚实守信，一诺千金，言而有信。日裔美籍学者法兰西斯·福山（Francis Fukuyama）在分析诚信的经济效益时指出，当代社会分信任社会和低信任社会。在信任社会，人与人之间相互信任，有良好的合作意识和公益精神，信用度高，社会交往成本较低；在低信任社会，人与人之间关系紧张，相互提防，相互间在培养信任关系方面有较大的难度和风险，社会交往的成本很高。由此可见，诚信是最根本的社会关系，是整个社会赖以生存和发展的基础，不讲诚信，正常的社会关系就难以维系，市场经济也难以发展和完善。

诚信纳税

诚信原则是现代民法的基本原则。诚信原则既具备一般条款的强制性效力，又蕴含伦理道德标准，将道德规范的自律性提升至强制性规范的他律性，实现了道德诚信的法律化。诚信原则的基本内涵是民事主体在民商事活动中应当恪守承诺，不仅应承担契约规定义务，还应当承担诚实、善意的一般义务，即在追求各自利益的同时，不损害他人及社会利益。诚信原则包含市场经济的基本道德要求，体现公平、正义等价值取向。

将诚信原则应用于税法关系中，是对税收法定原则的有益和必要的补充。诚信原则施于征税人是诚信征税，施于纳税人则是诚信纳税。

税收诚信原则蕴含高度道德价值。在税法中，其内在的"诚实善意"对征纳双方都有要求。①征税方在履行职责时，要明确纳税人的合法权益，坚持诚信推定、无过错推定；保护纳税人的善意期待，保证已做出的行政行为的效力稳定；及时行使征税权，超出合理期限则可能是违法行政或丧失追诉权；坚持"取之有度，用之有效"的税收伦理等。②纳税人应诚信纳税，及时足额缴纳税款,积极主动地配合征税机关履行职责。

诚信纳税是在现代市场经济条件下,社会普遍存在的相互信任关系在税务领域的具体体现。纳税人将诚信规范体现在履行纳税义务上。诚信纳税是指按照法律规定自觉、准确、及时地履行税收给付义务与各种作为义务,是表现和反映征纳双方相互之间信任程度的标准,是由规矩、诚实的征纳行为所形成的税收道德规范。

法不可违,信不可失。我们只有守信用、讲品德、重责任,才能树立企业的良好形象,在现代法治社会才会有长久立足之地。

(二)诚信纳税的意义

1. 诚信纳税有利于促进市场经济健康发展

市场经济是竞争经济,这种竞争是一种公平有序的竞争;市场经济也是一种法制经济,它通过将一切市场行为纳入法律体系以确保市场经济秩序有法可依与有法必依。可见,健全的法制和公平的竞争环境是保障市场经济健康发展的要件。实施诚信纳税,以财力保障政府行使其职能,为市场经济的健康发展提供了保证;诚信纳税还可以促使纳税人公平参与市场竞争,可以营造良好的税收法制与公平的纳税环境,这是市场经济健康发展所不可或缺的条件。

2. 诚信纳税利国利民

诚信纳税可以保证政府有稳定、充足的财政收入,增强国家实力,如此,政府就可以为社会提供更多更好的公共物品和服务,满足人民日益增长的美好生活需要。诚信纳税与国家和人民的利益息息相关,诚信纳税利国利民。国家富强,民族振兴,人民幸福才有坚实的基础。

3. 诚信纳税可以降低征收成本

纳税人讲诚信,纳税遵从度高,税务部门就可以给依法纳税人以较高的自由度,取消或简化一些不必要的管理程序和要求,提高征管效率,降低征收成本。

4. 诚信纳税有利于维护企业的商誉

在市场经济条件下,纳税人的商誉不仅包括其在生产经营活动及商业交易中的诚信度,还包括其诚信纳税情况——纳税信用等级。

(三)涉税服务人员个人信用记录

为加快个人诚信记录建设,我国对从事涉税服务人员(会计从业人员、注册会计师、注册税务师、律师等)实行个人信用记录,及时归集有关人员在相关活动中形成的诚信信息,以实现"守信激励、失信惩戒"。根据《从事涉税服务人员个人信用积分指标体系及积分记录规则》,"个人信用指标"包括基本信息、执业记录、不良记录、纳税记录四类一级指标。其中,执业记录部分采取累加计分规则,从事涉税服务人员为多个委托人提供同项涉税业务都会获得累加计分;不良记录部分采取累计扣分规则,从事涉税服务人员每发生一次违法违规情形都会被扣去相应分值,情节较重或情节严重的,则被纳入涉税服务失信名录。从事涉税服务人员只有通过电子税务局,办理"纳税申报代理"和"其他税务事项代理"业务方能加分。因此,应尽可能在线上办理,提高办理效率,降低征纳成本。

二、纳税信用管理与评价

纳税信用是指纳税人依法履行纳税义务,并被社会所普遍认可的一种信用,是社会信用体系建设的重要内容。

纳税信用管理是指税务机关对纳税人的纳税信用信息开展的采集、评价、确

纳税信用

定、发布和应用等活动,纳税信用管理遵循"客观公正""标准统一""分类分级""动态调整"的原则。国家税务总局推行纳税信用管理工作信息化,规范统一纳税信用管理。税务机关积极参与社会信用体系建设,与相关部门建立信用信息共建共享机制,推动纳税信用与其他社会信用联动管理。

纳税信用评价采取年度评价指标得分和直接判级方式。评价指标包括税务内部信息和外部评价信息。年度评价指标得分采取扣分方式。在评价年度内,纳税人经常性指标和非经常性指标信息齐全的,从 100 分起评;非经常性指标缺失的,从 90 分起评。直接判级适用于有严重失信行为的纳税人。

纳税信用级别设 A、B、C、D、M 五级,未发生失信行为的下列企业适用 M 级纳税信用。
(1)新设立的企业(根据《中华人民共和国企业破产法》重整后的企业,也按新设立企业评价)。
(2)评价年度内无生产经营业务收入且年度评价指标得分 70 分以上的企业。

对纳税信用等级为 M 级的企业,税务机关实行下列激励措施。
(1)取消增值税专用发票认证。
(2)税务机关适时进行税收政策和管理规定的辅导。

A 级纳税信用为年度评价指标得分 90 分以上的;B 级纳税信用为年度评价指标得分 70 分以上不满 90 分的;C 级纳税信用为年度评价指标得分 40 分以上不满 70 分的;D 级纳税信用为年度评价指标得分不满 40 分或者直接判级确定的。

税务机关按照"守信激励""失信惩戒"的原则,对不同信用级别的纳税人实施分类服务和管理。对税收违法失信行为当事人,实行"一处失信""处处受限"的联合惩戒措施,将被惩戒当事人分为向社会公布和不向社会公布的两类。对不向社会公布的当事人,实施纳税信用级别降为 D 级的惩戒措施。对 D 级纳税信用企业,严格限制发票领用量,严控每次领取数,并要预缴 3% 的税额,必须到办税服务厅排队验票、比对认证等,鼓励纳税人主动纠正税收违法失信行为,建立信用修复制度。对纳税信用等级为 A 级的纳税人,税务机关予以下列激励措施。
(1)主动向社会公告年度 A 级纳税人名单。
(2)一般纳税人可单次领取 3 个月的增值税发票,需要调整增值税发票用量时即时办理。
(3)普通发票按需领用。
(4)连续 3 年被评为 A 级信用级别的纳税人,除享受以上措施外,还可以享受税务机关提供的绿色通道或专门人员帮助办理涉税事项。
(5)税务机关与相关部门实施的联合激励措施。企业不仅可以在发票领用、认证、出口退税和日常办税多方面享受便利,而且在不动产登记、申请贷款和政府招投标等方面享受审批优先待遇。

三、纳税信用的溢出效应及其等级提高

(一)纳税信用的溢出效应

溢出效应(Spillover Effect)是指一个组织在进行某项活动时,不仅会产生活动所预期的效果,而且会对组织之外的人或社会产生影响,即某项活动具有外部收益。

纳税信用数据(信息)有较高的客观性、真实性和准确性,是优质的"第三方数据"。"税银(银税)互动"可以产生三方共赢的溢出效应。随着社会信用体系建设不断深入,纳税信用应用逐步拓展。在银行信贷、政府招投标、企业上市和评优争先等方面,纳税信用情况已成为重要的考量因素。

对银行贷款授信审批部门来说,与企业的财务报表数据相比,税务机关提供的纳税信用信息具有更强的真实性、权威性、可量化性,是难得的高质量参考依据,可以在很大程度上消除银行与企业之间的信息不对称问题,消除银行的信息搜集盲区。银行可以借此综合分析企业的应税收入、进项税额抵扣、入库税款和税款缴纳速度等关键性指标来为企业"画像",由大数据自动确定是否放款、

放多少款。原先烦琐的贷款审批流程可以大幅简化,甚至可以实现全流程网上审批,加速审批速度,降低审批成本和不良贷款率,银行还能获得优质客户资源。

(二)努力提高纳税信用等级

A级纳税信用企业不仅可以在发票领用、认证、出口退税和日常办税多方面享受便利,而且在不动产登记、申请贷款和政府招投标等方面享受审批优先待遇。对企业来说,提高纳税信用等级,除可以直接降低纳税成本外,还可以降低融资成本,扩大融资规模。企业的纳税信用等级越高,得到的贷款就越多,贷款期限就越长。

纳税人应重视自身的纳税信用,提高税务会计核算水平,加强税务会计管理,日常积累纳税信用,努力提高纳税信用等级。具体而言,主要应做到以下六个方面。

(1)按规定正确进行纳税申报,及时进行抄报税等。
(2)按规定要求报送企业会计制度和会计处理方法。
(3)归集并留存享受税收优惠政策的相关备查资料。
(4)如实向税务机关提供与关联企业业务往来中的价格、费用标准等信息。
(5)及时响应税务机关的风险提醒,按规定及时解除非正常户。
(6)及时、如实向税务机关备案银行账户。

四、严重违法失信会计人员黑名单管理

在从事会计核算、实行会计监督等会计工作过程中,违反会计法有关规定,受到刑事或行政处罚的会计人员[①]为严重违法失信人员。会计人员因下列严重违法失信行为受到刑事处罚或行政处罚的,应列入会计人员黑名单。

(1)提供虚假财务会计报告。
(2)伪造、变造会计凭证、会计账簿,编制虚假财务会计报告。
(3)隐匿或故意销毁依法应当保存的会计凭证、会计账簿、财务会计报告。
(4)授意、指使、强令会计机构、会计人员及其他人员伪造、变造会计凭证、会计账簿,编制虚假财务会计报告或者隐匿、故意销毁依法应当保存的会计凭证、会计账簿、财务会计报告。
(5)贪污、挪用公款、职务侵占等与会计职务有关的违法行为。

认定部门以刑事、行政处罚等处理结果为依据,将符合上述规定的违法情形的当事人列入会计人员黑名单。

五、纳税信用修复和纳税信用复评

纳税信用修复适用于纳税人发生了情节轻微或未造成严重社会影响的失信行为后,在规定期限内,主动纠正、消除不良影响后向税务机关申请恢复其纳税信用的情况。纳税信用修复的前提是纳税人对税务机关做出的年度评价结果无异议,如有异议,应先进行纳税信用复评后再申请纳税信用修复。

纳税信用复评适用于纳税人对纳税信用评价结果有异议,认为部分纳税信用指标扣分或直接判级有误或属于非自身原因导致,而采取的一种维护自身权益的行为。

---

① 是指符合《会计人员管理办法》规定的会计人员,在会计师事务所、代理记账机构中从事代理记账业务的人员,属于会计人员。

本章重点与难点

我国税收实体法的基本构成要素,纳税申报与税款缴纳的程序与方法。诚信纳税的意义,纳税信用评价及其溢出效应。

思考题

1. 简述税目与税率的关系。我国现行税率有哪些形式?
2. 纳税人与负税人有何联系与区别?
3. 税负调整有哪些形式?它与税收优惠是什么关系?
4. 简述纳税申报制度与税款缴纳制度的内容。
5. 纳税人因计算错误,多缴税款是否可以申请退税?
6. 简述诚信纳税的意义?如何提高企业纳税信用等级?
7. 为什么要对从事涉税服务人员实行个人信用记录?如何保持个人信用的优良记录?
8. 简述纳税信用修复机制的意义,以及失信行为纳税人如何进行纳税信用修复。

第三章 增值税会计

学习目标

1. 了解增值税的特点及其要素。
2. 理解增值税会计的确认与计量。
3. 掌握增值税的会计处理与申报。

本章导言

自1954年法国正式开征增值税以来，短短几十年间，世界上就有170多个国家和地区开始征收增值税。这不能不说是世界税收史上的一个奇迹。增值税怎么会有这么大的魅力呢？国际货币基金组织（IMF）的文件中称"增值税是20世纪下半叶世界税制改革中的最重大事件之一"。实行税款抵扣机制的增值税会计也是税务会计中最为复杂的内容。

第一节 增值税的税制要素

一、增值税的基本含义

（一）增值税的概念

从计税原理上说，增值税（Value Added Tax）是对商品生产流通、服务中各个环节的新增价值或商品的附加值征收的一种流转税。但因商品新增价值或商品附加值在商品生产和流通过程中难以准确确认计量，征纳双方容易产生分歧，因此，世界各国一般采用税额抵扣的办法，即根据货物、服务的销售额，按规定税率计算出销项税额，再从中扣除上一环节已纳增值税税款，其差额即为纳税人应缴纳的增值税税额。这体现了按增值额计税的基本原理。

根据我国现行增值税税法，增值税是指在我国境内销售、进口货物以及提供应税服务的单位和个人，就其取得的货物销售额、进口货物金额、应税服务额计算税款，并实行税款抵扣制的一种流转税。

（二）增值税的特点

（1）税款抵扣机制。增值税的魅力源于增值税的抵扣机制（层层抵扣、环环征税）。税款抵扣机制是增值税区别于其他流转税的本质特征，是增值税的灵魂和内核。一个抵扣不完全的增值税税制不是真正的增值税，或者说不是一个完全符合增值税理论的规范的增值税制。只有实现了完全抵扣，才能真正体现以增值额为计税依据，才能做到既环环征税，又不重复征税。

增值税的特点

但因各国采用的增值税类型不同以及增值税制中还存在多档税率和征收率等因素，因此，在实务中不能实现完全抵扣，因而也就不能完全消除重复征税的问题，难以充分体现税收中性原则。

（2）若同种产品最终售价相同，则其总体税负相同。在增值税条件下，对于同一种产品（商品），不论其经过多少流转环节，只要其最终售价相同，其总体税负就相同。

二、增值税的纳税人及其分类

（一）增值税的纳税人

在我国境内销售和进口货物、提供应税服务、转让无形资产和不动产的单位和个人为增值税纳税人。境内销售货物、提供应税服务是指销售货物的起运地、所在地在境内，提供的应税服务发生在境内。

（二）增值税纳税人的分类

为了便于增值税的征收管理并简化计税，我国将增值税纳税人划分为小规模纳税人和一般纳税人。

1. 小规模纳税人

小规模纳税人是指年应税销售额在规定标准以下，不能按规定报送有关纳税资料的纳税人。年应税销售额是纳税人在连续不超过12个月或四个季度的经营期内累计应征增值税销售额，包括纳税申报销售额[①]、稽查查补销售额、纳税评估调整销售额。

增值税小规模纳税人的标准为年应税销售额[②]在500万元及以下。已登记为增值税一般纳税人的单位和个人，在当年12月31日前，可转登记为小规模纳税人，其未抵扣的进项税额做转出处理。

2. 一般纳税人

年应税销售额超过小规模纳税人规定标准的，应向主管税务机关办理一般纳税人登记（选择按小规模纳税人纳税的和其他个人除外）。纳税人应根据《增值税一般纳税人登记管理办法》，填报"增值税一般纳税人登记表"。纳税人兼有应税货物、应税行为（销售服务、无形资产、不动产）的，应税货物销售额与应税行为销售额分别计算，分别适用增值税一般纳税人登记标准，其中有一项销售额超过了规定标准，就应按规定办理增值税一般纳税人登记相关手续。

年应税销售额未超过规定标准以及新开业的纳税人，若符合规定条件（有固定经营场所，能够准确提供税务核算资料），小规模纳税人会计核算健全（按照国家统一会计制度的规定设置账簿，根据合法、有效的会计凭证进行会计核算），也可到主管税务机关办理一般纳税人资格登记。

三、增值税的纳税范围

（一）纳税范围的一般规定

在我国境内销售货物、服务[③]、无形资产、不动产和金融商品，以及起运地在境外、目的地在境内的进口货物等应税交易，均属增值税的纳税范围。境内应税交易是指起运地、所在地在境内，销售方在境内，境内消费，境内发生（发行）等。

下列项目视为非应税交易，不征收增值税。

（1）员工为受雇单位或者雇主提供取得工资薪金的服务。

（2）行政单位收缴的行政事业性收费、政府性基金。

（3）因征收征用而取得补偿。

（4）存款利息收入。

[①] 纳税人自行申报的全部应征增值税销售额，其中包括免税销售额和税务机关代开发票销售额。
[②] 小规模纳税人偶然发生的转让不动产的销售额，不计入应税行为年应税销售额。
[③] 销售服务包括提供交通运输服务、邮政服务、电信服务、建筑服务、现代服务和生活服务。

（5）国务院财政、税务主管部门规定的其他情形。

（二）纳税范围的特别规定

1. 视同应税交易

视同应税交易是指在财务会计中一般不确认销售收入[①]，但按税法规定属于应税行为，应确认收入并计算缴纳税款的转移行为。站在税制设计和税收征管的角度，将无偿赠送和有偿销售货物，无偿和有偿提供服务，无偿和有偿转让无形资产、不动产同等对待，均纳入征税范围，既可体现税收的公平原则，又可堵塞漏洞，防止纳税人逃避缴纳税款。同时，又将以公益活动为目的或以社会公众为对象的无偿赠送（转让）货物、无偿提供服务排除在视同销售之外，有利于促进社会公益事业的发展。

下列行为视同应税交易，应依法缴纳增值税。
（1）单位和个体工商户将自产或者委托加工的货物用于集体福利或者个人消费。
（2）单位和个体工商户无偿赠送货物（用于公益事业的除外）。
（3）单位和个人无偿赠送无形资产、不动产或者金融商品（用于公益事业的除外）。
（4）单位和个人无偿服务（用于公益事业、以社会公众为对象的除外）。
（5）国务院财政、税务主管部门规定的其他情况。

2. 兼营

兼营与混合销售

一般纳税人兼营销售货物、服务、无形资产、不动产适用不同税率或者征收率的，应当分别核算适用不同税率或征收率的销售额，未分别核算销售额的，从高适用税率、征收率。

一般纳税人兼营免税、减税项目的，应当分别核算免税、减税项目的销售额；未分别核算的，不得免税、减税。

一般纳税人销售自产机器设备，同时提供安装服务的，应分别核算机器设备和安装服务销售额，一般纳税人销售外购机器设备的同时提供安装服务，如果已按兼营的有关规定，分别核算机器设备和安装服务的销售额，安装服务可按甲供工程选择适用简易计税方法计税。

3. 混合销售

一项销售行为如果既涉及货物又涉及服务，则为混合销售。从事货物生产、批发或零售的单位和个体工商户的混合销售行为，则按照销售货物缴纳增值税；其他单位和个体工商户的混合销售行为，按照销售服务缴纳增值税。

四、增值税的税率、征收率

（一）增值税税率

1. 基本税率 13%

一般纳税人销售货物、进口货物，提供加工修理修配、有形动产租赁服务。

2. 低税率

（1）9%。一般纳税人销售、进口农产品（含粮食）、食用植物油、食用盐、自来水、石油液化气、天然气、煤气、农机、化肥农药、饲料、书报杂志、音像制品、电子出版物等，提供交通运输服务、邮政服务、基础电信服务和建筑服务，转让土地使用权，销售不动产和提供不动产租赁服务。购进农产品时，扣除率为9%。

[①] 不符合会计准则规定的收入确认条件。

（2）6%。销售（转让）土地使用权之外的其他无形资产，提供增值电信服务、金融服务、生活服务[①]以及除租赁服务之外的各项现代服务。

3. 零税率

（1）出口货物税率为零（国务院另有规定的除外）。出口货物税率为零不等于出口货物免税。出口货物免税仅指在出口环节不征收增值税，而零税率是指对出口货物除了在出口环节免征增值税外，还要对产品在出口前已经缴纳的增值税退税或抵扣，以使出口产品在出口时完全不含增值税税款，以无税产品进入国际市场[②]。

（2）跨境应税行为为税率为零。境内单位和个人提供的国际运输服务、航天运输，向境外单位提供的研发服务和设计服务，以及境内单位和个人提供的往返香港、澳门、台湾地区的交通运输服务与在香港、澳门、台湾提供的交通运输服务，适用增值税零税率；国际服务外包，实行增值税零税率或免税。境内单位和个人提供期租、程租和湿租服务时，如果租赁的交通运输工具用于国际运输服务和港澳台地区运输服务，则不适用增值税零税率，由承租方按规定申请适用零税率。

（3）境内单位和个人提供适用零税率的应税服务时，若属于适用增值税一般计税方法的，则实行免抵退税办法，退税率为其按照规定适用的增值税税率；如果属于适用简易计税方法的，则实行免征增值税办法。外贸企业兼营适用零税率应税服务的，统一实行免退税办法。

（4）纳税人提供的应税服务同时适用免税和零税率的，可选择适用零税率或者免税。

（二）增值税征收率

（1）3%的征收率。

小规模纳税人以及选择简易计税方法的一般纳税人销售货物、无形资产，提供应税服务，有形动产租赁，资管产品运营收益等。

（2）5%的征收率。

小规模纳税人以及选择简易计税方法的一般纳税人销售不动产（不含自建），符合条件的不动产融资租赁、经营租赁（转让土地使用权），提供劳务派遣服务、人力资源外包服务等。

五、增值税的减免

（一）增值税的免税

增值税免税是指对销售货物、服务在本环节的应纳税额予以免征，但对以前各环节缴纳的增值税不得抵扣（不予退还）。因此，纳税人仍然要承担一定的增值税税负。对学历教育、医疗服务、养老服务[③]、图书销售等社会基本服务免征增值税。此外，具体项目主要还有以下内容。

（1）从事农业（种植业、养殖业、林业、牧业、水产业）生产的单位和个人销售的自产初级农产品，有机肥产品。

（2）批发、零售环节销售蔬菜（包括经过挑选、清洗、切分、晾晒、包装、脱水、冷藏、冷冻等工序加工的蔬菜，但不包括各种蔬菜类罐头），销售鲜活肉蛋产品。

（3）纳税人采取转包、出租、互换、转让、入股等方式将承包地流转给农业生产者用于农业生产。

（4）提供技术转让、技术开发和与之相关的技术咨询、技术服务。

（5）直接用于科学研究、科学试验和教学的进口仪器、设备。

[①] 其中的餐饮服务包括外卖收入和现场消费收入。

[②] 但在实务中，并非全部出口产品都完全实行零税率。政府基于宏观经济调控政策规定出口产品的不同出口退税率，大部分出口产品实行零税率，小部分出口产品未实行零税率。

[③] 为老年人提供集中居住和照料服务的各类养老机构，免缴增值税。

（6）金融机构同业往来利息收入。同业往来利息收入包括金融机构与央行发生的资金往来业务，银行联行往来业务，金融机构之间的资金往来业务，金融机构之间开展的同业存款、同业借款、同业代付、买断式买入返售金融商品、持有金融债券、同业存单等。免税范围的扩大，意味着不得抵扣进项税额或进项税额转出的增加，纳税人应该权衡其中的得与失。

（7）保险公司一年期以上人身保险产品取得的保费收入。

（8）向社会收购的古书和旧书。

（9）外国政府、国际组织无偿援助的进口物资和设备。

（10）跨境应税行为。国际运输、港澳台运输、出口服务和无形资产，以及财政部和国家税务总局规定的其他服务；境内保险公司向境外保险公司提供的完全在境外消费的再保险服务。

境内单位和个人销售适用增值税零税率的服务或无形资产的，可以放弃适用增值税零税率，选择增值税免税；适用简易计税方法的，实行免征增值税。

（11）对境外机构投资中国国债和地方政府债，所获利息和转让价差，免征增值税和所得税。

（二）增值税的即征即退、先征后退

（1）销售软件产品。增值税一般纳税人销售其自行开发生产的软件产品（含电子出版物）[1]，或将进口软件进行转换等本地化改造（重新设计、改进、转换等，不含单纯进行汉化处理）后对外销售时，按13%的税率缴纳增值税后，对其增值税实际税负[2]超过3%的部分，实行增值税即征即退。即征即退税额的计算公式如下：

即征即退税额=当期软件产品增值税应纳税额−当期软件产品销售额×3%

（2）一般纳税人提供管道运输服务时，对其增值税实际税负超过3%的部分，实行增值税即征即退。

（3）经中国人民银行、银监会或商务部批准，从事融资租赁业务的试点纳税人中的一般纳税人，提供有形动产融资租赁服务和有形动产融资性售后回租服务时，对其增值税实际税负超过3%的部分，实行增值税即征即退。

（4）属于增值税一般纳税人的动漫企业销售其自主开发生产的动漫软件，对其增值税实际税负超过3%的部分，实行增值税即征即退。

（5）资源综合利用产品。增值税一般纳税人销售自产的资源综合利用产品符合相关规定时，可享受一定比例的增值税即征即退政策。

（6）安置残疾人的单位和个体工商户。由税务机关按纳税人安置残疾人人数[3]，实行限额即征即退增值税办法。安置一位残疾人每月可退还增值税的具体限额，由县级以上税务机关根据纳税人所在区县适用的经省级政府批准的月最低工资标准的4倍确定。

纳税人本期已缴增值税税额小于本期应退税额不足退还的，可在本年度内以前纳税期已缴增值税税额扣除已退增值税税额的余额中退还，仍不足退还的，可结转本年度内以后纳税期退还。年度已缴增值税税额小于或等于年度应退税额的，退税额为年度已缴增值税税额；年度已缴增值税税额大于年度应退税额的，退税额为年度应退税额。年度已缴增值税税额不足退还的，不得结转以后年度退还。

符合增值税即征即退规定的纳税人，可以先行申请退税，再进行纳税评估。享受即征即退政策

---

[1] 是指同时符合以下两个条件的软件产品：一是取得省级软件产业主管部门认可的软件检测机构出具的检测证明材料；二是取得软件产业主管部门颁发的"软件产品登记证书"或著作权行政管理部门颁发的"计算机软件著作权登记证书"。

[2] 增值税实际税负是指纳税人当期提供应税服务实际缴纳的增值税税额占纳税人当期提供应税服务取得的全部价款和价外费用的比例（下同）。

[3] 盲人按摩机构月平均安置的残疾人占在职职工人数的比例不低于25%（含25%），且安置的残疾人人数不少于5人（含5人）；其他纳税人月平均安置的残疾人占在职职工人数的比例不低于25%（含25%），且安置的残疾人人数不少于10人（含10人）。安置是指依法与安置的每位残疾人签订了1年以上（含1年）的劳动合同或服务协议。

的纳税人，如果认为会出现转出进项税额大于应退回的即征即退金额的情况，可以放弃该项免税，但在放弃后的 36 个月内不得再申请。

（7）符合相关法规规定的特定图书、报纸和期刊，增值税先征后退 50%或 100%。

（三）增值税的减征

（1）小规模纳税人销售自己使用过的固定资产，纳税人销售旧货①（不含二手车），减按 2%的征收率征收。自 2020 年 5 月 1 日至 2023 年 12 月 31 日，从事二手车经销的纳税人销售其收购的二手车，减按 0.5%征收增值税；纳税人应当开具二手车销售统一发票，购买方索取增值税专用发票的，应当再开具征收率为 0.5%的增值税专用发票。销售额计算公式如下。

销售额=含税销售额÷（1+0.5%）

（2）一般纳税人销售自己使用过的特定固定资产（在财务会计中已经计提折旧）时，按简易计税方法依 3%征收率减按 2%计缴增值税。

① 购进或自制固定资产时为小规模纳税人，认定为一般纳税人后，销售该固定资产。

② 适用一般计税方法的增值税一般纳税人，销售其按规定不得抵扣且未抵扣进项税额的固定资产。

③ 一般纳税人发生按简易计税方法计缴增值税的应税行为，销售其按规定不得抵扣且未抵扣进项税额的固定资产。

（四）增值税减免的放弃

纳税人销售货物，提供应税服务，适用免税、减税规定的，可以放弃免税或减税。要求放弃减免税权时，应当以书面形式提交放弃减免税权声明，报主管税务机关备案。一旦放弃减免税权，其生产销售、提供的全部增值税应税货物、服务均应按照适用税率缴税，不得选择某一减免税项目放弃减免税权，也不得根据不同的销售对象选择部分货物、服务放弃减免税权，而且在 36 个月内不得再申请减免税。

纳税人也可以放弃适用零税率。放弃适用零税率后，36 个月内不得再申请适用零税率。

（五）增值税的起征点

按期纳税的，为月销售额 5 000～20 000 元（含本数，下同）；按次纳税的，为每次（日）销售额 300～500 元，低于起征点的，免缴增值税；超过起征点的，按金额计税。

小微企业、个体工商户和其他个人的小规模纳税人，合计月销售额（除本期销售不动产的销售额）未超过 10 万元或季度销售额未超过 30 万元的，免缴增值税。

六、增值税发票管理

（一）增值税发票

增值税发票是增值税纳税人销售货物，提供应税服务而给受票方开具的发票。增值税发票有增值税专用发票、增值税普通发票、增值税电子普通发票和机动车销售统一发票。

增值税专用发票不仅具有商事凭证的作用，还具有完税凭证的作用，是兼具销货方纳税义务和购货方进项税额抵扣权利的证明。增值税专用发票由基本联次或基本联次附加其他联次构成，基本联次有发票联、抵扣联和记账联三联。发票联为购货方核算采购成本和增值税进项税额的记账凭证，抵扣联为购货方报送主管税务机关认证和留存备查的凭证，记账联为销货方核算销售收入和增值税销项税额的记账凭证。其他联次的用途由一般纳税人自行确定。

---

① "旧货"是指进入二次流通的具有部分使用价值的货物，但不包括自己使用过的物品。

增值税专用发票像链条一样，把各个环节的纳税人连接在一起，形成了增值税自身的制约机制，即购销双方利用发票进行交叉审计的机制。由于增值税专用发票具有这一特殊作用，所以许多征收增值税的国家把这种发票称为税务发票。

增值税防伪普通发票由不同颜色的五联构成（但没有抵扣联），主要适用于生活服务业纳税人的普通发票（卷票）则为单联票。增值税专用发票上不仅包括增值税普通发票所记载的内容，而且要记录购销双方的税务登记号、地址、电话、银行账户和税额等；增值税普通发票上的价款是含税价，增值税专用发票上是税款与价格分开填列。

增值税电子普通发票（以下简称"电子发票"）是指在经济活动中，开具或取得的以电子方式存储、有法定效力的收付款凭证。电子发票不需要纸质载体，没有印制、打印、存储和邮寄等成本，企业可以节约相关费用。需要纸质发票的，可以自行打印电子发票的版式文件，其法律效力、基本用途、基本使用规定等与税务机关监制的增值税普通发票相同。财会人员应加强对电子发票的审核或抽查，以防范重复打印、重复报销或修改金额的风险。

（二）增值税发票的领取

纳税人凭发票领取簿、经办人身份证明等领取增值税发票。纳税人有下列情形之一的，不得领取、开具增值税专用发票。

（1）会计核算不健全，不能向税务机关准确提供增值税销项税额、进项税额、应纳税额数据及其他有关增值税税务资料的。

（2）有《中华人民共和国税收征收管理法》规定的税收违法行为，拒不接受税务机关处理的。

（三）增值税专用发票的开具

1. 开具主体

一般纳税人可以使用同一套增值税防伪税控系统开具增值税专用发票、增值税普通发票等。一般纳税人销售货物，提供应税服务时，应向付款方开具增值税专用发票。特殊情况下，由付款方向收款方开具发票。特殊情况是指：①收购单位和扣缴义务人支付个人款项时；②国家税务总局认为其他需要由付款方向收款方开具发票的情况。

增值税小规模纳税人（其他个人除外）发生增值税应税行为，需要开具增值税专用发票的，可以自愿使用增值税发票管理系统自行开具。自愿选择自行开具增值税专用发票的小规模纳税人，发生增值税应税行为（包括销售其取得的不动产），需要开具增值税专用发票的，税务机关不再为其代开。

2. 开具要求

（1）一般纳税人销售货物、提供应税服务时，可汇总开具增值税专用发票，并须同时使用增值税发票管理新系统开具"销售货物或者提供应税服务清单"。

（2）按照现行规定适用差额征税办法缴纳增值税，且不得全额开具增值税发票的（另有规定的除外），纳税人自行开具或税务机关代开增值税发票时，通过新系统中的差额征税开票功能，录入含税销售额（或含税评估额）和扣除额，系统自动计算税额和不含税金额，备注栏自动打印"差额征税"字样，发票开具时不应与其他应税行为混开。

（3）提供建筑服务。纳税人自行开具或者税务机关代开增值税发票时，应在发票的备注栏中注明建筑服务发生地县（市、区）名称及项目名称。

（4）提供货物运输服务，在开具增值税专用发票时，应将起运地、到达地、车种车号及货物运输信息填写在发票备注栏中，如内容较多，可另附清单（铁路运输企业受托代征的印花税款信息，也要填写在发票备注栏中）。

（5）销售不动产。纳税人自行开具或税务机关代开增值税发票时，应在发票"货物或应税劳务、服务名称"栏中填写不动产名称及房屋产权证书号码（无房屋产权证书的可不填写），"单位"栏中填写面积单位，备注栏中注明不动产的详细地址。

（6）出租不动产。纳税人自行开具或者税务机关代开增值税发票时，应在备注栏中注明不动产的详细地址。

3. 不得开具增值税专用发票的情况

不得开具增值税专用发票的情况有：①向消费者个人销售应税项目；②一般纳税人零售烟酒、服装、鞋帽（不含劳保专用品）、化妆品等最终消费品；③销售货物，提供应税劳务、应税服务，适用免税规定的；④接受方是本单位的视同销售货物；⑤销售旧货。

4. 红字发票的开具

一般纳税人开具增值税专用发票后，发生销货退回、开票有误、应税服务中止以及发票抵扣联、发票联均无法认证等情形但不符合作废条件，或者因销货部分退回及发生销售折让，需要开具红字专用发票的，暂按以下方法处理。

（1）专用发票已交付购买方的，购买方可在增值税发票系统升级版中填开并上传开具红字增值税专用发票信息表（以下简称"信息表"）。专用发票尚未交付购买方或者购买方拒收的，销售方应于专用发票认证期限内在增值税发票系统升级版中填开并上传信息表。

（2）主管税务机关通过网络接收纳税人上传的信息表，系统自动校验通过后，生成带有红字发票信息表编号的信息表，并将信息同步至纳税人端系统。

（3）销售方凭税务机关系统校验通过的信息表开具红字专用发票，在增值税发票系统升级版中以销项负数开具。

（4）纳税人也可凭信息表电子信息或纸质资料到税务机关对信息表内容进行系统校验。

（5）税务机关为小规模纳税人代开专用发票需要开具红字专用发票的，按照一般纳税人开具红字专用发票的方法处理。

纳税人需要开具红字增值税普通发票的，可以在所对应的蓝字发票金额范围内开具多份红字发票。红字机动车销售统一发票需与原蓝字机动车销售统一发票一一对应。

（四）增值税普通发票的开具

销售方为被视为企业的购买方开具增值税普通发票时，应在"购买方纳税人识别号"栏填写购买方的纳税人识别号或统一社会信用代码。不符合规定的发票，不得作为税收凭证用于办理涉税业务，如计税、退税、抵免等。开具发票时，应如实开具与实际经营业务相符的发票。购买方索取发票时，不得要求变更品名和金额。

金融机构开展贴现、转贴现业务需要就贴现利息开具发票的，由贴现机构按照票据贴现利息全额向贴现人开具增值税普通发票，转贴现机构按照转贴现利息全额向贴现机构开具增值税普通发票。

（五）增值税发票的确认

一般纳税人取得增值税专用发票后，可以自愿使用增值税发票选择确认平台查询、选择用于申报抵扣、出口退税或者代办退税的增值税发票信息。

增值税发票选择确认平台的登录地址由国家税务总局各省、自治区、直辖市和计划单列市税务局确定并公布。

增值税小规模纳税人没有进项税额抵扣的问题，不需要取得增值税专用发票和进行发票认证。红字增值税专用发票不需要认证。纳税人初次购买增值税税控设备，按规定可以全额抵减应纳税额，不需要进行认证。

第二节 增值税纳税义务及应纳税额的确认计量

一、增值税纳税义务的确认

（一）纳税义务确认的基本原则

纳税义务确认的基本原则为：纳税人发生应税行为并收讫销售款项或者取得索取销售款项凭据的当天；先开具发票的，为开具发票的当天。取得索取销售款项凭据的当天是指书面合同确定的付款日期；未签订书面合同或书面合同未确定付款日期的，为资产转让、提供服务完成当天或不动产权属变更当天。

（二）纳税义务确认的特殊原则

纳税义务确认的特殊原则为：以先发生者为准。对以下情况，哪一个发生在先，就以哪个时点确认纳税义务。

（1）开具增值税发票的时间。
（2）实际收款的时间。
（3）合同约定的收款日期。

增值税纳税义务的发生并不必然导致开票行为的发生，但开票行为的发生必然导致增值税纳税义务的发生。

（三）纳税义务时点的确认

实务中，还应根据销售服务内容、收款方式、发票开具等因素确认纳税义务。

（1）直接收款方式。一般采用"提货制"或"送货制"，即已将货物移送给对方，货款结算大多采用现金或支票结算方式，纳税义务确认时点为收款或开票的当天。

（2）托收承付和委托银行收款方式。销售方根据合同发货或提供服务后，委托银行向异地付款单位收取价款，付款单位根据合同核对单证后，向银行承认付款，或收款人委托银行向异地付款人收取款项。其纳税义务确认时点为发出货物或提供服务并办理托收或委托收款手续的当天。

（3）分期收款方式。纳税义务确认时点为书面合同约定的收款日期当天，无书面合同或者书面合同未约定收款日期的，为货物发出当天。

（4）预收款方式。确认收入主要看应税行为是否发生，一旦应税行为发生就要确认收入。具体分为以下几种情况。

① 先开具发票的，为开具发票当天。一旦开具了发票，取得发票的一方就可以抵扣进项税额，还可以在税前列支成本费用。因此，先开具发票的，开具方应确认应税收入。

② 先收款后开票的，为纳税人发生应税行为并收讫销售款的当天。在此情况下，应税行为与收讫销售款项同时发生。例如，提供租赁服务采取预收款方式的，其纳税义务发生时间为收到预收款的当天；而建筑服务在预收款时不确认纳税义务，无须开具发票，但应根据付款凭证及合同预缴税款[①]，其纳税义务在项目完工结算、全额开具发票时确认。

③ 未收款也未开票的，为纳税人发生应税行为并取得索取销售款项凭据的当天。在发生销售行

[①] 提供建筑服务的预收款与销售不动产的预收款明显不同：一是不普遍，且一般金额不大；二是与工程结算间隔期较短。建筑企业先不预缴增值税，待日后开具发票（确认纳税义务）时再缴。

为但未收到销售款项时,应先确认应税行为,然后考虑是否签订了书面合同;签订了书面合同的,为合同确定的付款日期;未签订书面合同或书面合同未确定付款日期的,为销售完成当天或不动产权属变更当天。

(5) 销售预付卡。售卡企业销售预付卡时,不得向购卡人、充值人开具增值税专用发票,可开具增值税普通发票,不确认增值税收入,在实际发出商品、提供服务时确认增值税收入。

(6) 委托其他纳税人代销货物时,为收到代销单位的代销清单或者收到全部或者部分货款的当天。未收到代销清单及货款的,纳税义务确认时点为发出代销货物满规定期限当天。

(7) 纳税人从事金融商品转让的,纳税义务确认时点为金融商品所有权转移当天。

(8) 纳税人发生税法规定的视同销售货物的行为(不包括委托和受托代销行为)时,纳税义务确认时点为货物移送当天;其他视同销售行为,纳税义务确认时点为服务、无形资产转让完成当天或不动产权属变更当天。

(9) 进口货物时为报关进口当天。

(10) 扣缴义务发生时间为纳税人纳税义务发生当天。

二、增值税销项税额的确认计量

(一) 销售额的确认计量

1. 一般销售额的确认计量

(1) 销售额。销售额是指纳税人发生应税交易取得的与之相关的对价,包括全部货币或者非货币形式的经济利益,不包括按照一般计税方法计算的销项税额和按照简易计税方法计算的应纳税额。视同发生应税交易以及销售额为非货币形式的,按照市场公允价格确定销售额。

(2) 销售额以人民币计算。纳税人以人民币以外的货币结算销售额的,应当折合成人民币,折合率可以选择销售额发生当天或者当月1日的人民币汇率中间价。纳税人应事先确定采用何种折合率,确定后12个月内不得变更。

(3) 纳税人发生的应税行为价格明显偏低或者偏高且不具有合理商业目的的,或者发生视同销售行为而无销售额的,主管税务机关有权按下列顺序确定销售额。

① 按照纳税人最近时期销售同类货物、服务、无形资产或者不动产的平均价格确定。

② 按照其他纳税人最近时期销售同类货物、服务、无形资产或者不动产的平均价格确定。

③ 按组成计税价格确定。组成计税价格的公式如下:

组成计税价格=成本×(1+成本利润率)

若同时属于应征消费税的货物,其组成计税价格中应加计消费税税额。公式中的成本,属销售自产货物的,应为实际生产成本;属销售外购货物的,应为实际采购成本。成本利润率由国家税务总局确定,如果同时属于从价定率征收消费税的货物,其成本利润率应为消费税中规定的成本利润率。

(4) 纳税人采取折扣方式销售货物时,如果销售额和折扣额是在同一张发票的"金额"栏中分别注明的,可按折扣后的销售额计缴增值税;如果仅在发票的"备注"栏中注明折扣额,或者将折扣额另开发票,则不论其在财务会计上如何处理,均不得从销售额中减去折扣额。

2. 特定销售额的确认计量

(1) 贷款服务,以提供贷款服务取得的全部利息及利息性质的收入为销售额。金融机构开展贴现、转贴现业务时,以其实际持有票据期间取得的利息收入为贷款服务销售额计算缴纳增值税。

(2) 直接收费金融服务,以提供直接收费金融服务收取的手续费、佣金、酬金、管理费、服务费、经手费、开户费、过户费、结算费、转托管费等各类费用为销售额。

（3）金融商品转让，以卖出价扣除买入价后的余额为销售额。转让金融商品出现的正负差，以盈亏相抵后的余额为销售额。若相抵后出现负差，可结转下一纳税期与下期转让金融商品销售额相抵；若年末仍为负差，则不得转入下一个会计年度。

金融商品的买入价，可以选择按加权平均法或移动加权平均法进行核算，选择后36个月内不得变更。金融商品转让不得开具增值税专用发票。

（4）经纪代理服务，以取得的全部价款和价外费用，扣除向委托方收取并代为支付的政府性基金或者行政事业性收费后的余额为销售额。向委托方收取的政府性基金或者行政事业性收费，不得开具增值税专用发票。

（5）融资租赁和融资性售后回租业务。

经中国人民银行、中国银行保险监督管理委员会（以下简称"银保监会"）或中华人民共和国商务部批准从事融资租赁业务的纳税人，提供融资租赁服务，以取得的全部价款和价外费用，扣除支付的借款利息（含外汇借款利息和人民币借款利息，下同）、发行债券利息和车辆购置税后的余额为销售额；提供的融资性售后回租服务，以取得的全部价款和价外费用（不含本金），扣除对外支付的借款利息、发行债券利息后的余额为销售额。

（6）航空运输企业的销售额，不包括代收的机场建设费和代售其他航空运输企业客票而代收转付的价款。

（7）一般纳税人提供客运场站服务，以其取得的全部价款和价外费用，扣除支付给承运方运费后的余额为销售额。

（8）提供旅游服务，可以选择以取得的全部价款和价外费用，扣除向旅游服务购买方收取并支付给其他单位或者个人的住宿费、餐饮费、交通费、签证费、门票费和支付给其他接团旅游企业的旅游费用（不得开具专用发票）后的余额为销售额。

（9）纳税人按上述规定从全部价款和价外费用中扣除的价款，应当取得符合法律、行政法规和国家税务总局规定的有效凭证（属于增值税扣税凭证的，其进项税额不得从销项税额中抵扣）；否则，不得扣除。

（二）含税销售额的换算

增值税是以不含增值税税款的销售额为计税销售额，即实行价外计税。小规模纳税人销售货物、提供应税服务时一般采用销售额和应纳税额合并定价的方法，一般纳税人也有可能采用合并定价的方法。如果不将含税销售额换算为不含税销售额而直接计税，会造成计税环节上的重复纳税现象。因此，应将含税销售额换算为不含税销售额后再计算增值税税额。换算公式如下：

$$不含税销售额 = \frac{含税销售额}{1+增值税税率或征收率}$$

房地产开发企业中的一般纳税人销售自行开发的房地产项目适用一般计税方法计税，其销售额的计算公式如下：

$$销售额 =（全部价款和价外费用 - 当期允许扣除的土地价款）÷（1+9\%）$$

其中，$$当期允许扣除的土地价款 = \frac{当期销售房地产项目建筑面积}{房地产项目可供销售建筑面积} × 支付的土地价款$$

当期销售房地产项目建筑面积是指当期进行纳税申报销售额对应的建筑面积；房地产项目可供销售建筑面积是指房地产项目可出售的总建筑面积，不包括销售房地产项目时未单独作价结算的配套公共设施的建筑面积；支付的土地价款是指向政府、土地管理部门或受政府委托收取土地价款的单位直接支付的土地价款。

（三）销项税额及其计算

销项税额是指纳税人发生应税交易后，按销售额和增值税税率计算并收取的增值税税额。销项税额的计算公式如下：

$$销项税额=销售额×税率$$

【例3-1】某运输企业系增值税一般纳税人，除提供运输服务外，还提供装卸搬运服务。装卸搬运服务可以选择简易计税方法按照3%的征收率计算缴纳增值税。某月与客户签订了运输合同，运费与装卸搬运费合并计价，合同金额2万元。

增值税销项税额=20 000÷（1+9%）×9%=1 651.38（元）

如果合同分别计价、分别开票，合同总金额不变，假定运费占70%，装卸搬运费占30%，则增值税计算如下：

运费销项税额=20 000×70%÷（1+9%）×9%=1 155.96（元）

装卸搬运费应交增值税=20 000×30%÷（1+3%）×3%=174.76（元）

增值税合计1 330.72元，比合并计价节税320.66元，同时还会相应减少应交城市维护建设税和教育费附加。

三、增值税进项税额的确认计量

（一）进项税额的含义

进项税额是指增值税一般纳税人购进的与应税交易相关的货物、服务、无形资产、不动产和金融商品支付或负担的增值税税额。进项税额实际上是购货方通过销货方向政府支付的税额；对销货方来说，则是在价外收取的应交增值税。

（二）准予抵扣进项税额的确认

（1）从销售方取得的增值税专用发票上注明的税额。一般纳税人在取得增值税专用发票后，应在规定期限内进行认证，并在通过认证后，向主管税务机关申报抵扣进项税额。纳税人购进货物、应税服务，只有在所支付款项的单位，与开具抵扣凭证的销货单位或提供服务的单位一致时，方能申报抵扣进项税额，否则不予抵扣。

（2）从海关取得的增值税专用缴款书上注明的税额。一般纳税人真实进口货物，从海关取得进口增值税专用缴款书，可按规定抵扣增值税税款。专用缴款书实行"先比对后抵扣"办法。税务机关将进口货物取得的进口增值税专用缴款书信息与海关采集的缴款信息进行稽核比对。稽核比对结果相符的，专用缴款书上注明的增值税税额作为进项税额可以抵扣。若不相符，所列税额不得抵扣，待核查确认海关进口增值税专用缴款书票面信息与纳税人实际进口业务一致后，方可作为进项税额在销项税额中抵扣。

（3）购进农产品进项税额的抵扣。除取得增值税专用发票和海关取得进口增值税专用缴款书外，纳税人应按农产品收购或销售发票上注明的买价[①]和扣除率计算准予抵扣的进项税额。纳税人购进用于生产销售或委托加工9%税率的农产品，按9%的扣除率计算进项税额。购进用于生产销售或委托加工13%税率的农产品，按10%的扣除率计算进项税额（购进当月按9%计算抵扣进项税额，在领用月份加计抵扣1%的进项税额）。

纳税人从批发、零售环节购进适用免征增值税政策的蔬菜、部分鲜活肉蛋而取得的普通发票，不得作为计算抵扣进项税额的凭证。

（4）纳税人支付的道路通行费，按照收费公路通行费增值税电子普通发票上注明的增值税税额

---

① 在烟叶税纳税人收购烟叶的"买价"中，还包括其按规定缴纳的烟叶税。

抵扣进项税额；纳税人支付的桥、闸通行费，暂凭取得的通行费发票上注明的收费金额，按下式计算可抵扣进项税额：

桥、闸通行费可抵扣进项税额=通行费发票上注明的金额÷（1+5%）×5%

（5）纳税人取得固定资产的进项税额，可一次性全额抵扣。

（6）纳税人购进国内旅客运输服务，其进项税额允许从销项税额中抵扣。未取得增值税专用发票的，暂按以下规定确定进项税额。

① 取得增值税电子普通发票的，为发票上注明的税额；

② 取得注明旅客身份信息的航空运输电子客票行程单的，按下式计算进项税额：

航空旅客运输进项税额=（票价+燃油附加费）÷（1+9%）×9%

③ 取得注明旅客身份信息的铁路车票的，按下式计算进项税额：

铁路旅客运输进项税额=票面金额÷（1+9%）×9%

④ 取得注明旅客身份信息的公路、水路等其他客票的，按下式计算进项税额：

公路、水路等其他旅客运输进项税额=票面金额÷（1+3%）×3%

（7）自2019年4月1日至2021年12月31日，允许生产、生活性服务业纳税人[①]按照当期可抵扣进项税额加计10%抵减应纳税额（即"加计抵减"）；对从事生活性服务业[②]纳税人，从2019年10月1日起，按当期可抵扣进项税额加计15%，抵减应纳税额。

【例3-2】两年前成立的某教育服务机构为一般纳税人，其销售收入全部属于生活性服务业收入，符合加计抵减政策适用条件。今年10月，该机构取得教育服务免税收入1 000万元，取得不符合免税条件的教育服务应税收入1 400万元，取得用于应税服务项目并勾选确认抵扣的进项税额56万元，当月没有发生进项税额转出；9月期末留抵税额为0元，未抵减完结转10月继续抵减的加计抵减额余额为1.1万元。当月有关计算如下。

应交增值税=1 400×6%-56=28（万元）

加计抵减额=56×15%=8.4（万元）

可抵减加计抵减额=1.1+8.4-0=9.5（万元）

实际缴纳增值税=28-9.5=18.5（万元）

（8）纳税人租入固定资产、不动产，既用于一般计税方法计税项目，又用于简易计税方法计税项目、免征增值税项目、集体福利或者个人消费的，其进项税额准予从销项税额中全额抵扣。

（三）准予抵扣进项税额的申报

（1）增值税一般纳税人在取得增值税抵扣凭证后，应自开具之日起360日内认证或登录增值税发票选择确认平台进行确认，并在规定的纳税申报期内向主管税务机关申报抵扣进项税额。

（2）增值税一般纳税人在取得海关进口增值税专用缴款书后，应自开具之日起360日内向主管税务机关报送"海关完税凭证抵扣清单"，申请稽核比对。

（3）一般纳税人接受应税服务时，必须在服务费支付后才能申报抵扣进项税额；对接受应税劳务但尚未支付款项的，其进项税额不得作为当期进项税额抵扣。

（4）对企业接受投资、捐赠和分配的货物，以收到增值税专用发票的时间为申报抵扣进项税额的时限。

（5）一般纳税人发生真实交易但由于客观原因造成增值税扣税凭证逾期的，经主管税务机关审核、逐级上报，由国家税务总局认证、稽核比对后，对比对相符的增值税扣税凭证，允许纳税人继

[①] 是指提供邮政服务、电信服务、现代服务、生活服务（即"四项服务"）取得的销售额占全部销售额的比重超过50%的纳税人。

[②] 生活服务是指为满足城乡居民日常生活需求提供的各类服务活动，包括文化体育服务、教育医疗服务、旅游娱乐服务、餐饮住宿服务、居民日常服务和其他生活服务。

续抵扣其进项税额。

（四）不得抵扣的进项税额

纳税人凭完税凭证抵扣进项税额的，应当具备书面合同、付款证明和境外单位的对账单或者发票。纳税人取得的增值税扣税凭证不符合有关规定或资料不全的，其进项税额不得从销项税额中抵扣。下列项目对应的进项税额不得从销项税额中抵扣。

（1）用简易计税方法计税项目、免征增值税项目、集体福利及个人消费的购进货物、服务、无形资产和不动产，其中涉及的固定资产①、无形资产、不动产和金融商品，仅指专用于上述项目的固定资产、无形资产（不包括其他权益性无形资产）和不动产。交际应酬消费也是一种个人消费（业务招待中消费的各类物品），属于生活性消费活动，不是生产经营中的投入和支出。

（2）非正常损失②的购进货物及相关的交通运输服务。

（3）非正常损失的在产品、产成品耗用的购进货物（不含固定资产）及相关的交通运输服务。

（4）非正常损失的不动产，以及该不动产所耗用的购进货物、设计服务和建筑服务。

（5）非正常损失的不动产在建工程③所耗用的购进货物、设计服务和建筑服务。

（6）购进贷款服务，购进并直接用于餐饮服务、居民日常服务和娱乐服务。

（五）不得抵扣进项税额的分类

不得从销项税额中抵扣的进项税额可分为以下两种类型。

一类是进项税额直接计入相关成本费用，包括：①采用简易计税方法的纳税人；②采用一般计税方法的纳税人，在涉税行为发生时就能明确是用于免税项目、集体福利、个人消费，即使取得的是专用发票，其进项税额也应计入相关成本费用。

另一类是进项税额抵扣后用于不得抵扣项目，或计税方法改为简易计税方法，原已抵扣的进项税额应予转出。

（六）不得抵扣进项税额的转出

（1）已抵扣进项税额的不动产，发生非正常损失，或者改变用途，专用于简易计税方法计税项目、免征增值税项目、集体福利或者个人消费的，按照下列公式计算不得抵扣的进项税额，并从当期进项税额中扣减：

不得抵扣的进项税额＝已抵扣进项税额×不动产净值率

其中，不动产净值率＝（不动产净值÷不动产原值）×100%

（2）一般纳税人销售自行开发的房地产项目，兼有一般计税方法计税、简易计税方法计税、免征增值税的房地产项目而无法划分不得抵扣进项税额的，应以"建筑工程施工许可证"中注明的"建设规模"为依据进行划分。计算公式如下：

$$\text{不得抵扣的进项税额} = \text{当期无法划分的全部进项税额} \times \frac{\text{简易计税方法计税、免征增值税房地产项目建设规模}}{\text{房地产项目总建设规模}}$$

适用一般计税方法的纳税人，兼营简易计税方法计税项目、免征增值税项目而无法划分进项税额的，不得抵扣进项税额按以下方法计算：

$$\text{不得抵扣的进项税额} = \text{当期无法划分的全部进项税额} \times \frac{\text{当期简易计税方法计税销售额}+\text{免征增值税项目销售额}}{\text{当期全部销售额}}$$

---

① 增值税中的固定资产仅指有形动产，属于货物范畴；而财务会计中的固定资产是指有形资产，除有形动产外，还包括房屋、建筑物（即增值税中的不动产）。

② 是指因管理不善造成被盗、丢失、霉烂变质，以及因违反法律法规造成货物或不动产被依法没收、销毁、拆除的情形。

③ 纳税人新建、改建、扩建、修缮、装饰不动产，均属于不动产在建工程。

【例3-3】某建筑企业当月有A、B、C三个施工项目，其中，A项目采用简易计税方法，B项目、C项目采用一般计税方法。当月购进原材料900万元（不含税），其中，B项目专用350万元，A项目、C项目原材料无法准确划分；当月A项目收入400万元，B项目收入450万元，C项目收入500万元（均含税）。计算当月不得抵扣进项税额。

不含税收入的换算：
A项目不含税收入=400÷（1+3%）=388.35（万元）
B项目不含税收入=450÷（1+9%）=412.84（万元）
C项目不含税收入=500÷（1+9%）=458.72（万元）
不得抵扣进项税额的计算：
不得抵扣进项税额=（900-350）×13%×388.35÷（388.35+458.72）
　　　　　　　　=550×13%×388.35÷847.07=32.78（万元）

（七）允许抵扣进项税额的转入

根据规定不得抵扣进项税额的不动产，发生用途改变，用于允许抵扣进项税额项目的，按下列公式在改变用途的次月计算可抵扣进项税额：

可抵扣进项税额=增值税扣税凭证注明或计算的进项税额×不动产净值率

进项税额转入

四、增值税应纳税额的计算

增值税应纳税额的计算方法有一般计税方法和简易计税方法两种基本方法。一般纳税人选择简易计税方法的，选择后36个月内不得变更。

（一）一般计税方法应纳税额的计算

在一般计税方法下，当期销项税额减去同期准予抵扣进项税额后的余额即为应纳税额。这是这种方法的基本表述，但在持续经营情况下，应纳税额的具体计算公式如下：

应抵扣税额=进项税额+上期留抵税额-进项税额转出-免抵退应退税额+纳税检查应补缴税额
应纳税额=销项税额-实际抵扣税额

如果销项税额大于应抵扣税额，实际抵扣税额就是应抵扣税额；如果销项税额小于应抵扣税额，实际抵扣税额就是销项税额，当期销项税额与同期应抵扣税额的差额为本期留抵税额，留抵税额可予以退还或者结转下期继续抵扣，直至抵扣完。企业若有增值税欠税，则以期末留抵税额抵减。其公式如下：

应纳税额合计=应纳税额+简易计税方法应纳税额-减免税额

【例3-4】某电信集团某分公司系一般纳税人。8月利用固网、移动网、卫星、互联网提供语音通话服务，取得价税合计收入3 330万元；出租带宽、波长等网络元素取得价税合计服务收入832.5万元；出售带宽、波长等网络元素取得价税合计服务收入1 332万元。分公司在提供以上电信业服务时，还附带赠送用户识别卡、电信终端等货物或者电信业服务，给客户提供基础电信服务价税合计499.5万元。当月认证增值税专用发票进项税额300万元，符合进项税额抵扣规定。该分公司8月应交增值税计算如下。

应交增值税=（3 330+832.5+1 332+499.5）÷1.09×9%-300=194.92（万元）

（二）简易计税方法应纳税额的计算

（1）小规模纳税人采用简易计税方法。

(2) 符合条件的一般纳税人也可选择适用简易计税方法，如公共交通运输服务[①]、销售或出租不动产等。使用简易计税方法时的应纳税额是按销售额和征收率计算的增值税税额，不得抵扣进项税额。应纳税额计算公式如下：

　　　　应纳税额=销售额×征收率

(3) 建筑工程总承包单位为房屋建筑的地基与基础、主体结构提供工程服务，建设单位自行采购全部或部分钢材、混凝土、砌体材料、预制构件的，适用简易计税方法计税。

(4) 资管产品管理人在运营资管产品过程中发生的增值税应税行为，暂适用简易计税方法。管理人应分别核算资管产品运营业务和其他业务的销售额、增值税应纳税额；未分别核算的，资管产品运营业务不得适用简易计税方法。

【例3-5】天通公司系增值税一般纳税人，8月8日销售其"营改增"前购进的办公楼，销售额为5 120万元，当初购买价为2 600万元，采用简易计税方法计税。应交增值税计算如下。

　　　　销售额=（5 120-2 600）÷（1+5%）=2 400（万元）
　　　　应交增值税=2 400×5%=120（万元）

（三）预缴增值税的计算

1. 增值税的预缴

(1) 房地产开发企业采用预收款方式销售其自行开发的房地产项目时，对预收款应预缴增值税。但按规定，其纳税义务在交房或办理产权转移时方予确认。因预缴的时点早于纳税义务发生时点，故预缴时尚未形成销项税额，其留抵税额不能抵扣预缴增值税。因此，企业在预收房款时，原则上不能开具发票。如果开具发票，则应按适用税率或征收率缴纳增值税。

(2) 提供建筑服务。根据建筑施工合同约定，在开工前收到发包方预先支付的工程款（预付备料款）——预收款后，虽未发生纳税义务（未开具发票），但有预缴税款义务。纳税人应以取得的预收款扣除支付的分包款后的余额，按预征率计算预缴增值税。

在按合同约定的预收款抵扣工程进度款（建筑项目结算）时，确认预收款纳税义务的发生，按项目全额开具发票。

(3) 其他企业异地转让不动产、异地提供不动产租赁服务、异地提供建筑服务，应在异地纳税义务发生时预缴增值税。

(4) 建立预缴税款台账。为了加强对异地预缴税款的管理，企业应按事项发生地和服务项目，逐笔登记与预缴税款有关的内容，留存备查。

(5) 预缴增值税的申报抵减。异地预缴增值税应在机构所在地进行纳税申报。企业预缴的增值税可从本期应缴税款中抵减；本期抵减不完的，可结转下期继续抵减，直至抵完。抵减时不需要区分计税方法，可直接抵减应交税款。相关公式如下：

　　　　本期应补（退）税额=应交增值税合计-预缴税款-出口开具专用缴款书预缴税款

(6) 填报"增值税预缴税款表"，提供发包方与总包方合同复印件（加盖公章）等资料。

2. 预缴增值税的计算方法

(1) 房地产开发企业（一般纳税人）预缴增值税的计算。

房地产开发企业采取预收款方式销售所开发的房地产项目，在实际收到预收款（全部价款和价外费用）时，按3%的预征率计算应预缴增值税，其计算公式如下：

　　　　预缴税款（一般计税）=预收款÷（1+9%）×3%
　　　　预缴税款（简易计税）=预收款÷（1+5%）×3%

[①] 即使年销售额超过500万元，也可选择按简易计税方法纳税。

(2) 异地出租不动产预缴增值税的计算。

预缴税款（一般计税）=含税销售额÷（1+9%）×3%

预缴税款（简易计税）=含税销售额÷（1+5%）×5%

(3) 异地转让自建不动产预缴增值税的计算。

预缴税款=全部价款和价外费用÷（1+5%）×5%

(4) 建筑服务预缴增值税的计算。

预缴税款（一般计税）=（预收款-支付的分包款）÷（1+9%）×2%

预缴税款（简易计税）=（预收款-支付的分包款）÷（1+3%）×3%

【例3-6】9月，天海房地产开发公司简易计税方法计税项目预收房款4 000万元，定金400万元；一般计税方法计税项目收取预收款9 000万元；当月公司有留抵税额90万元。

(1) 9月预缴增值税计算如下。

简易计税方法计税项目预缴税款=（4 000+400）÷（1+5%）×3%=125.71（万元）

一般计税方法计税项目预缴税款=9 000÷（1+9%）×3%=247.71（万元）

当月应预缴增值税合计=125.71+247.71=373.42（万元）

(2) 一年后，简易计税方法计税房地产项目交付业主；两年后，一般计税方法计税房地产项目交付业主。交付当月公司可抵扣进项税额（含留抵税额）合计为280万元。简易计税方法计税项目和一般计税方法计税项目合计缴纳土地款5 000万元；合计可售建筑面积1.4万平方米，其中简易计税方法计税项目可售建筑面积4 000平方米，一般计税方法计税项目可售建筑面积1万平方米。

① 简易计税方法计税房地产项目交房后应交增值税计算。

应交增值税=（4 000+400）÷（1+5%）×5%=209.52（万元）

该公司此前已预缴税款373.42万元，当月无须缴纳增值税，可抵减的预缴增值税还有163.9（373.42-209.52）万元。

② 一般计税方法计税房地产项目交房后应交增值税计算。

当期销售房地产项目对应的土地价款=5 000×1÷1.4=3 571.43（万元）

销售额=（9 000-3 571.43）÷（1+9%）=4 980.34（万元）

销项税额=销售额×税率=4 980.34×9%=448.23（万元）

应交增值税=448.23-280=168.23（万元）

应补缴增值税=应交增值税-可抵减预缴增值税=168.23-163.9=4.33（万元）

第三节 增值税进项税额及其转出的会计处理

一、增值税会计账户的设置

应交增值税

（一）一般纳税人增值税会计账户的设置

1．"应交税费（或应交税金，下同）"下设二级账户

（1）应交增值税

该账户的借方发生额为购进和进口货物、固定资产、无形资产以及接受应税劳务、服务支付的

进项税额、缴纳的增值税等；贷方发生额为销售货物，转让无形资产、不动产，提供应税劳务、服务等应缴增值税、出口货物退税、进项税额转出等。期末贷方余额反映企业尚未缴纳的增值税税额，借方余额反映企业尚未抵扣的、多缴的增值税税额。

（2）未交增值税

月终，记录从"应交增值税""预交增值税"明细账户转入当月应交未交、多交或预缴的增值税税额，以及当月缴纳以前期间未交的增值税税额。其借方发生额反映上交以前月份未交增值税和期末转入多交增值税，贷方发生额记录转入当月未交增值税；期末借方余额为企业多交增值税，贷方余额为未交增值税。

（3）预缴增值税

记录纳税人转让不动产、提供不动产租赁服务、提供建筑服务、采用预收款方式销售自行开发的房地产项目等按规定应预缴的增值税税额。

（4）待认证进项税额

记录纳税人因未经税务机关认证而不得从当期销项税额中抵扣的进项税额。其包括纳税人已取得增值税扣税凭证，按规定准予从销项税额中抵扣，但尚未认证的进项税额；纳税人取得的货物等已入账，但因尚未收到相关增值税扣税凭证而不得从当期销项税额中抵扣的进项税额。

（5）待抵扣进项税额

记录纳税人已取得增值税扣税凭证并已经过认证，按规定准予从后期销项税额中抵扣的进项税额。其包括实行纳税辅导期管理的一般纳税人取得的尚未交叉稽核比对的增值税扣税凭证上注明或计算的进项税额；企业取得的海关进口增值税专用缴款书实行"先稽核比对，后抵扣"方式的进项税额；"营改增"后，当企业取得不动产分期抵扣进项税额时，留待下次（以后）抵扣的进项税额以及进项税额的转入额。对不同不动产和不动产在建工程，纳税人应分别核算其待抵扣进项税额。

（6）待转销项税额

纳税人销售货物、无形资产及不动产，提供服务时，财务会计根据会计制度的规定先确认相关收入及相应增值税税额，在期末填制资产负债表时，需要重分类至"其他流动负债"或"其他非流动负债"。税务会计根据税法的规定，对尚未发生增值税纳税义务的事项不予确认销项税额。

（7）转让金融商品应交增值税

记录纳税人转让金融商品时，以盈亏相抵后的余额作为销售额计征的增值税。月末，结转金融商品转让损失的应抵扣税额及实际缴纳增值税时，借记本账户；结转金融商品转让收益应纳税额时，贷记本账户。

（8）代扣代缴增值税

记录纳税人购进在境内未设经营机构的境外单位或个人在境内的应税行为时代扣代缴的增值税。

（9）增值税留抵税额

对纳税人而言，当本期可抵扣进项税额大于同期销项税额时，其差额（期末"应交增值税"为借方余额）为留抵税额，即留待后期抵扣的税额，不必单设会计账户处理。企业实际收到税务机关退还的留抵税额时，借记"银行存款"，贷记"应交税费——应交增值税（进项税额转出）"。

（10）增值税检查调整

记录企业在增值税检查中查出的以前各期应补、应退增值税税额，借方记调减的销项税额和调增的进项税额，贷方记调增的销项税额、调减的进项税额、调增的进项税转出额。全部调整事项入账后，应结出本账户余额，并对余额进行账务处理。

（11）简易计税

记录一般纳税人采用简易计税方法时增值税的计提、扣减、预缴、缴纳、抵减、减免等事项。其既核算纳税人适用简易计税方法应纳税额的计提，又核算差额计税的扣减、特定情形的预缴及申报后的缴纳。

2. "应交税费——应交增值税"下设三级明细账户

企业一般应设置进项税额、待抵扣进项税额、进项税额转出、销项税额、销项税额抵减、已交税金、减免税款、出口退税、出口退税抵减应纳税额、转出未交增值税、转出多交增值税等三级明细账户。

（1）进项税额

记录企业购入和进口货物、固定资产、不动产、无形资产，接受应税劳务、服务而支付的、准予从销项税额中抵扣的增值税税额；若发生购货退回或折让，应以红字记入，以示冲销进项税额。

（2）进项税额转出

企业已经抵扣的进项税额不再符合抵扣条件时，应将确认的已经抵扣的进项税额在会计上做转出处理，贷记该明细账户，表示对借记"进项税额"冲减。

（3）销项税额

记录企业销售货物、固定资产、不动产，提供应税劳务、服务应收取的增值税税额。若发生销货退回或销售折让，应以红字记入，以示冲减销项税额。一般纳税人采用简易计税方法计算的应交增值税税额，也应在此明细账户中反映，但也可通过专设明细账户记录。

（4）销项税额抵减

记录一般纳税人中适用全额开票、差额计税政策时（如房地产企业），因按规定抵减销售额而减少的销项税额。

（5）已交税金

记录企业当月缴纳本月应交增值税税额；收到退回的多交增值税税额时，以红字记入。

（6）减免税款

记录企业按规定直接减免、用于指定用途的或未规定专门用途的、准予从销项税额中抵扣的增值税税额。

（7）出口退税

记录企业向海关办理报关出口手续后，凭出口报关单等有关单证，向主管出口退税的税务机关申报办理出口退税而确认的应予退回的税款及应免抵税款。若办理退税后又发生退货或退关而补缴已退增值税，则用红字记入。

（8）出口退税抵减应纳税额

如果生产企业在发生出口业务的同期有内销业务发生，就会产生"内销产品应纳税额"，在办理免抵退时，可以从中抵减。但在一般贸易出口、进料加工复出口业务中，即使没有发生内销业务，也会产生"应纳税额"的问题，依照免抵退税办法，也可以从中抵减。因此，将"出口抵减内销产品应纳税额"改为"出口退税抵减应纳税额"更为贴切。企业货物出口后，按规定计算的应免抵税额，借记"出口退税抵减应纳税额"明细账户，贷记"应交税费——应交增值税（出口退税）"明细账户。

（9）转出未交增值税

记录企业月（季）终当月发生的应交未交增值税转出额。转至"未交增值税"账户后，"应交增值税"的期末余额不包括当期应交未交税额。

（10）转出多交增值税

记录企业月（季）终当月多交税额的转出额。转至"未交增值税"账户后，"应交增值税"的期末余额不含当期多交税额。

如果企业不设"未交增值税"二级账户，在"应交增值税"三级明细账户中也就没有必要设置"转出未交增值税"和"转出多交增值税"明细账户。从事"四项服务"的纳税人，可在"应交税费——应交增值税"下增设"加计抵减额"明细项目。

（二）小规模纳税人增值税会计账户的设置

小规模纳税人应在"应交税费"账户下设置"应交增值税"二级账户，并可根据需要设置"转让金融商品应交增值税""代扣代缴增值税"明细账户，一般无须再设其他明细账户。贷方记应交的增值税税额，借方记实际上交的增值税税额；期末贷方余额反映企业尚未上交或欠交的增值税税额，借方余额则反映多交的增值税税额。此外，根据需要，还可以设置"增值税检查调整"二级账户，其核算内容与一般纳税人相同。

二、增值税进项税额的会计处理

一般纳税人（采用一般计税方法，下同）购进货物、无形资产和不动产，接受劳务、服务时，按应计成本费用的金额，借记"在途物资""原材料""库存商品""生产成本""无形资产""固定资产""管理费用""应交税费——应交增值税（进项税额）""应交税费——待认证进项税额"等；按应付或实际支付金额，贷记"应付账款""应付票据""银行存款"等。认证后，借记"应交税费——应交增值税（进项税额）"，贷记"应交税费——待认证进项税额"。

退货时，若原增值税专用发票未做认证，则应将专用发票退回并做冲账的会计分录；若原增值税专用发票已做认证，则根据红字增值税专用发票做冲账的会计分录。

一般纳税人在"营改增"后取得的并按固定资产核算的不动产、不动产在建工程，其进项税额按现行规定自取得之日起分2年从销项税额中抵扣的，应按取得成本借记"固定资产""在建工程"等，按当期可抵扣增值税税额，借记"应交税费——应交增值税（进项税额）"。对后期可抵扣的增值税税额，借记"应交税费——待抵扣进项税额"，贷记"应付账款""应付票据""银行存款"等。尚未抵扣的进项税额在后期允许抵扣时，按允许抵扣的金额借记"应交税费——应交增值税（进项税额）"，贷记"应交税费——待抵扣进项税额"。

（一）购进货物进项税额的会计处理

企业外购应税货物时，应按货物的实际采购成本借记"在途物资""原材料""库存商品"等，按应预缴或垫支的增值税税额借记"应交税费——应交增值税（进项税额）"，按货物的实际成本和增值税进项税额之和贷记"银行存款""应付票据""应付账款"等。

1. 购进原材料进项税额的会计处理

【例3-7】天华工厂于9月6日收到银行转来的购买光明工厂丙材料的"托收承付结算凭证"及发票，数量为5 000千克，价格为11元/千克，增值税进项税额为7 150元。

企业购进货物并取得增值税专用发票后，在未认证时，应通过"待认证进项税额"账户过渡，做会计分录如下。

借：在途物资（光明工厂）　　　　　　　　　　　　　55 000
　　应交税费——待认证进项税额　　　　　　　　　　7 150
　　　贷：银行存款　　　　　　　　　　　　　　　　　　62 150

材料验收入库时，做如下会计分录。

借：原材料——丙材料　　　　　　　　　　　　　　　55 000
　　　贷：在途物资（光明工厂）　　　　　　　　　　　　55 000

企业在规定时间内进行比对认证并获得通过后，做如下会计分录。

借：应交税费——应交增值税（进项税额）　　　　　　7 150
　　　贷：应交税费——待认证进项税额　　　　　　　　　7 150

如果在规定时间内进行认证但未获通过，或超过规定时间未进行认证，则做如下会计分录。

借：原材料——丙材料　　　　　　　　　　　　　　　　　　　　7 150
　　贷：应交税费——待认证进项税额　　　　　　　　　　　　　　7 150

2. 购进商品进项税额的会计处理

零售企业在商品验收入库时，以商品售价（含税）金额借记"库存商品"账户，以商品进价（不含税）金额贷记"在途物资"，以商品含税售价大于不含税进价的差额贷记"商品进销差价"。"商品进销差价"账户是商品零售企业用来核算商品售价（含税）与进价（不含税）之间差额（毛利+销项税额）的专门账户，其借方反映取得商品进价大于零售价的差额，月终分摊商品进销差价和进行商品售价调整时调低售价的差额，贷方反映取得商品零售价大于进价的差额和库存商品售价调整时调高售价的差额；贷方余额反映库存商品进价小于售价的差额，借方余额则反映库存商品进价大于售价的差额，余额一般在贷方。

【例3-8】某零售商业企业向本市某无线电厂购入VCD150台，价格为1 000元/台，增值税专用发票上注明价款150 000元、税额19 500（150 000×13%）元。

企业付款时，做如下会计分录。

借：在途物资——××无线电厂　　　　　　　　　　　　　　　150 000
　　应交税费——应交增值税（待认证进项税额）　　　　　　　　19 500
　　贷：银行存款　　　　　　　　　　　　　　　　　　　　　169 500

商品验收入库（设每台VCD含税售价1 560元）时，做如下会计分录。

借：库存商品——××VCD　　　　　　　　　　　　　　　　　234 000
　　贷：在途物资——××无线电厂　　　　　　　　　　　　　　150 000
　　　　商品进销差价　　　　　　　　　　　　　　　　　　　　84 000

3. 购进农产品进项税额的会计处理

购进农产品时，增值税扣除率为9%；纳税人购进用于生产销售、委托加工13%税率货物的农产品，在生产领用时，可加计抵扣1%的进项税额。

【例3-9】某企业为一般纳税人，4月15日自某农民专业合作社购入对方自产苗木一批，取得对方开具的增值税普通发票1张，金额30万元，税额为0，款项已支付，苗木已用于开发项目绿化工程。做如下会计分录。

借：开发成本[300 000÷（1+9%）]　　　　　　　　　　　　　　275 229
　　应交税费——应交增值税（进项税额）　　　　　　　　　　　24 771
　　贷：银行存款　　　　　　　　　　　　　　　　　　　　　300 000

【例3-10】某餐厅为一般纳税人，9月5日从小规模纳税人处采购农产品一批，取得对方代开的专用发票1张，金额15万元，税额0.45万元，款项已经支付。

（1）支付货款并通过认证抵扣时，做如下会计分录。

借：原材料　　　　　　　　　　　　　　　　　　　　　　　　150 000
　　应交税费——应交增值税（进项税额）　　　　　　　　　　　4 500
　　贷：银行存款　　　　　　　　　　　　　　　　　　　　　154 500

（2）转出进项税额时，做如下会计分录。

借：原材料　　　　　　　　　　　　　　　　　　　　　　　　4 500
　　贷：应交税费——应交增值税（进项税额转出）　　　　　　　4 500

（3）原材料加工时，做如下会计分录。

计提进项税额=150 000×9%=13 500（元）

加计抵扣进项税额=150 000×1%=1 500（元）

借：应交税费——应交增值税（进项税额）　　　　　　　　　　15 000
　　贷：原材料　　　　　　　　　　　　　　　　　　　　　　　　15 000

4. 进口货物进项税额的会计处理

纳税人在取得海关进口增值税缴款书后，先借记"应交税费——待认证进项税额"，贷记相关对应账户；稽核比对相符允许抵扣时，借记"应交税费——应交增值税（进项税额）"，贷记"应交税费——待认证进项税额"。对不得抵扣的进项税额，借记相关对应账户，贷记"应交税费——待认证进项税额"。

【例3-11】天华厂从国外进口一批材料（材料已验收入库），海关审定的关税完税价格为1 000 000元，应纳关税150 000元、消费税50 000元。

增值税计算如下。

进项税额=（1 000 000+150 000+50 000）×13%=156 000（元）

做如下会计分录。

借：原材料　　　　　　　　　　　　　　　　　　　　　　　　1 200 000
　　应交税费——待认证进项税额　　　　　　　　　　　　　　　　156 000
　　贷：银行存款　　　　　　　　　　　　　　　　　　　　　　1 356 000

（二）支付水电费进项税额的会计处理

企业支付水电费时，可以根据增值税专用发票上注明的增值税税额进行税款抵扣。

【例3-12】天华厂10月收到电力公司开来的电力增值税专用发票，因该厂生产经营用电和职工生活用电是一个电度表，所以增值税专用发票上的增值税税额中有属于职工个人消费的部分。10月该厂用电总计20 000元，其中：生产用电18 000元，职工生活用电2 000元。电力公司开来的增值税专用发票上显示电价20 000元，税额2 600元，价税合计22 600元。该厂对职工个人用电的价税计算到人，在发工资时扣回。做如下会计分录。

借：制造费用　　　　　　　　　　　　　　　　　　　　　　　　18 000
　　应交税费——应交增值税（进项税额）　　　　　　　　　　　　2 340
　　应付职工薪酬　　　　　　　　　　　　　　　　　　　　　　　2 260
　　贷：银行存款　　　　　　　　　　　　　　　　　　　　　　　22 600

（三）接受应税服务进项税额的会计处理

企业接受应税服务时，根据取得的增值税专用发票，通过认证可以抵扣进项税额。如果对方是非法人单位，接受方在根据合同或协议付款时，应代扣代缴增值税。

企业接受应税服务时，按照增值税专用发票上注明的增值税税额，借记"应交税费——应交增值税（进项税额）"账户；按增值税专用发票上记载的服务费用，借记"其他业务成本""制造费用""委托加工物资""管理费用"等；按应付或实际支付金额，贷记"应付账款""银行存款"等。

【例3-13】某生产企业与中介公司签订了委托销售合同，通过中介公司居间销售自产产品。9月份，中介公司销售生产企业自产产品100万元，企业按合同规定支付佣金6万元。中介公司向生产企业开具增值税专用发票，注明价款6万元，增值税税额3 600元，价税合计63 600元。生产企业所做会计处理如下。

借：销售费用——手续费及佣金　　　　　　　　　　　　　　　　60 000
　　应交税费——应交增值税（待认证进项税额）　　　　　　　　　3 600
　　贷：银行存款　　　　　　　　　　　　　　　　　　　　　　　63 600

【例3-14】天冀房地产公司聘请某国外著名建筑设计师为其开发的花园别墅进行整体规划设计,合同价款(含税)总计106万元。公司在支付服务费时做如下会计分录。

借:开发成本——××别墅　　　　　　　　　　　　　　　1 000 000
　　应交税费——应交增值税(待认证进项税额)　　　　　　 60 000
　　贷:银行存款　　　　　　　　　　　　　　　　　　　 1 060 000

(四)购入固定资产进项税额的会计处理

企业购买、自制固定资产时,取得增值税专用发票并支付进项税额,其会计处理方法与增加存货基本相同。外购时,借记"应交税费——应交增值税(进项税额)",按专用发票上记载的应计入固定资产价值的金额借记"固定资产"等,按应付或实际支付的金额贷记"应付账款""应付票据""银行存款""长期应付款"等。

【例3-15】天利公司系增值税一般纳税人,8月购进仓库一栋,购入价为1 000万元(含税)。进项税额的计算如下。

进项税额=1 000÷(1+9%)×9%=82.568 8(万元)

做如下会计分录。

借:固定资产——××仓库　　　　　　　　　　　　　　　9 174 312
　　应交税费——应交增值税(进项税额)　　　　　　　　　 825 688
　　贷:银行存款/应付账款　　　　　　　　　　　　　　　10 000 000

(五)小规模纳税人购进货物的会计处理

小规模纳税人不实行税款抵扣制,因此,不论收到增值税普通发票还是专用发票,其所付税款均不应单独反映,可直接计入采购成本,按应付或实际支付的价款和进项税额,借记"材料采购或商品采购""原材料或库存商品""管理费用"等,贷记"应付账款""银行存款""库存现金"等。

【例3-16】天明厂系小规模纳税人,3月购入原材料一批,增值税专用发票上注明材料价款8 800元、税额1 408元;购入包装物一批,普通发票上所列价款为2 500元。已付款并验收入库。做如下会计分录。

借:原材料　　　　　　　　　　　　　　　　　　　　　　 10 208
　　包装物　　　　　　　　　　　　　　　　　　　　　　　2 500
　　贷:银行存款　　　　　　　　　　　　　　　　　　　　12 708

三、增值税进项税额转出的会计处理

当企业购进货物用于免征增值税项目、集体福利、个人消费或者发生非正常损失时,应做进项税额转出或将其视同销项税额处理,从本期的进项税额中抵减,借记有关账户,贷记"应交税费——应交增值税(进项税额转出)"等。出口货物的进项税额与出口退税额的差额,也应做"进项税额转出"的会计处理(见本书第六章)。

进项税额转出

(一)直接用于或改用于集体福利、个人消费进项税额转出的会计处理

企业购进的货物、不动产,如果直接用于或者改用于集体福利、个人消费,对其已抵扣的进项税额,应做"进项税额转出"处理。

【例3-17】某企业系增值税一般纳税人,3月发生涉及进项税额转出的四笔业务(见表3-1)。

表3-1 3月购进货物（部分）明细表

货物名称	数量	单位	单价	金额（不含税）	税额	价税合计	用途
大米	3 600	千克	4.5	14 336.28	1 863.72	16 200	职工食堂
食用油	1 500	千克	22.6	30 000	3 900	33 900	职工食堂
燃气灶具	套	2	14 100	24 955.75	3 244.25	28 200	职工食堂
应酬消费	—	—	—	31 858.41	4 141.59	36 000	业务
合计				101 150.44	13 149.56	114 300	—

相关会计处理如下。

（1）取得发票并支付货款时，做如下会计分录。

借：应付职工薪酬——职工福利费　　　　　　　　　　　　44 336.28
　　管理费用——业务费　　　　　　　　　　　　　　　　　31 858.41
　　固定资产——燃气灶具　　　　　　　　　　　　　　　　24 955.75
　　应交税费——待认证进项税额　　　　　　　　　　　　　13 149.56
　　贷：银行存款　　　　　　　　　　　　　　　　　　　114 300.00

（2）对上述发票进行认证后，做如下会计分录。

借：应交税费——应交增值税（进项税额）　　　　　　　　13 149.56
　　贷：应交税费——待认证进项税额　　　　　　　　　　13 149.56

（3）因上述税额不得抵扣销项税额，故做进项税额转出处理。

借：应付职工薪酬——职工福利费　　　　　　　　　　　　5 763.72
　　管理费用——业务费　　　　　　　　　　　　　　　　　4 141.59
　　固定资产——燃气灶具　　　　　　　　　　　　　　　　3 244.25
　　贷：应交税费——应交增值税（进项税额转出）　　　　13 149.56

4月在填报上期增值税纳税申报表时，在附表二"本期认证相符且本期申报抵扣"栏填列本期认证相符的进项税额，同时将上述不得抵扣金额在该表第二部分"进项税额转出额"下的"集体福利、个人消费"明细项目填列其"税额"。

（二）用于免税项目进项税额转出的会计处理

企业购进的货物如果既用于应税项目又用于免税项目，而进项税额又不能单独核算时，月末应按免税项目销售额与应税免税项目销售额合计之比计算免税项目不予抵扣的进项税额，然后做"进项税额转出"的会计处理。如果企业生产的产品全部是免税项目，其购进货物的进项税额应计入采购成本，因而就不存在进项税额转出的问题了。

【例3-18】某超市为增值税一般纳税人，其中经营当地蔬菜、水果等农产品。上年12月末增值税纳税申报表的"期末留抵税额"中蔬菜、水果金额共计88 000元。按有关规定，从当年1月起，蔬菜、水果分别属于免税货物和应税货物。该超市当年1月销售蔬菜240 000元、水果160 000元，因销售上述业务共发生（分摊）电费8 000元、运输费6 000元，均取得符合规定的抵扣凭据，但无法在水果与蔬菜之间进行划分。

期初留抵税额中的转出数=88 000×240 000÷（240 000+160 000）=52 800（元）

当月电费和运输费用可抵扣进项税额=8 000×13%+6 000×9%=1 580（元）

当月免税项目进项税额转出数=1 580×240 000÷400 000=948（元）

进项税额转出合计=52 800+948=53 748（元）

做如下会计分录。

借：主营业务成本——蔬菜　　　　　　　　　　　　　　　53 748
　　贷：应交税费——应交增值税（进项税额转出）　　　　53 748

【例3-19】某宾馆系增值税一般纳税人,在新冠肺炎疫情发生期间被市政府确定为新冠肺炎接触人员隔离医学观察点。该期间为隔离观察人员提供食宿服务,还无偿为街道办事处在辖区内居民小区设置的疫情防控卡点工作人员提供每日三餐盒饭。2月宾馆取得隔离观察人员含税餐费收入16.5万元,已知其对应的进项税额为0.55万元(未考虑住宿费);为防控卡点工作人员提供盒饭的成本为0.98万元,其含税售价为1.25万元。

(1)为隔离观察人员提供餐饮服务,属于免征增值税项目,其对应进项税额不得抵扣,应做进项税额转出处理。

借:银行存款　　　　　　　　　　　　　　　　　　　　　　165 000
　　贷:主营业务收入　　　　　　　　　　　　　　　　　　　　165 000

同时,
借:主营业务成本　　　　　　　　　　　　　　　　　　　　　5 500
　　贷:应交税费——应交增值税(进项税额转出)　　　　　　　5 500

(2)为疫情防控人员无偿提供餐饮服务是"用于公益事业"的服务,不视同销售,属于"不征收增值税项目",其对应的进项税额可以抵扣,无须做进项税额转出处理。因此,应:

借:营业外支出　　　　　　　　　　　　　　　　　　　　　　9 800
　　贷:主营业务成本　　　　　　　　　　　　　　　　　　　　9 800

(三)非正常损失货物进项税额转出的会计处理

一般纳税人在生产经营过程中,若因管理不善造成存货被盗、霉烂变质等损失。按照税法的规定,非正常损失购进货物的进项税额和非正常损失的在产品、产成品所耗用的购进货物或应税劳务的进项税额,不得从销项税额中抵扣。

购进货物发生非正常损失后,其税负不能再往后转嫁。因此,对发生损失的企业(视为应税货物的最终消费者)应征收该货物的增值税。若当初进货时支付的增值税税额已作为"进项税额"进行了抵扣,发生损失后应将其转出,由企业承担该项税负,即转作待处理财产损失的增值税应与遭受损失的存货成本一并处理。企业应根据税法的规定,正确界定正常损失①与非正常损失。非正常损失存货有不含运费的原材料、含运费的原材料及产成品、半成品等情况,企业应分别情况,正确进行会计处理。

对非正常损失存货进行会计处理的关键是正确计算其涉及的不得从销项税额中抵扣的进项税额。非正常损失发生后,一般很难核实所损失的货物是在何时购进的,其原始进价和进项税额也无法准确核定,因此,可按货物的实际成本计算不得抵扣的进项税额。损失的在产品、产成品中耗用外购货物或应税劳务的实际成本,还需要参照企业近期的成本资料加以计算。存货损失还涉及企业所得税,其税前扣除的内容见第七章。

【例3-20】某酒厂为增值税一般纳税人,本月外购食用酒精150吨,每吨不含税价为7 600元。取得的增值税专用发票上注明金额1 140 000元、税额148 200元,取得的增值税专用发票上注明的不含税运费金额为45 000元,取得的增值税专用发票上注明的不含税装卸费金额为25 000元。月末盘存时发现,因管理不善当月购进的酒精被盗5吨,经主管税务机关确认作为损失转营业外支出处理。

被盗食用酒精成本=5×7 600+45 000÷150×5+25 000÷150×5
　　　　　　　　=38 000+1 500+833=40 333(元)

应转出进项税额=38 000×13%+1 500×9%+833×6%
　　　　　　　=4 940+135+50=5 125(元)

---

① 正常损失额确认后,可计入"管理费用"或"销售费用",不做"进项税额转出"。

（1）反映被盗发生时，做会计分录如下。

借：待处理财产损溢——待处理流动资产损溢　　　　　　　　45 458
　　贷：原材料——食用酒精　　　　　　　　　　　　　　　　40 333
　　　　应交税费——应交增值税（进项税额转出）　　　　　　5 125

（2）报经批准后，做会计分录如下。

借：营业外支出——非正常损失　　　　　　　　　　　　　　45 458
　　贷：待处理财产损溢——待处理流动资产损溢　　　　　　　45 458

（四）进项税额转入的会计处理

对允许抵扣的进项税额，应借记"应交税费——应交增值税（进项税额）""应交税费——待抵扣进项税额"，企业也可在"应交增值税"下增设"进项税额转入"明细账户。

【例3-21】 天科公司（一般纳税人）于今年6月购买了一栋房屋用作员工食堂，取得的增值税专用发票上注明税款为54万元，价款600万元，折旧年限20年，无残值，7月勾选确认并做了进项税额转出处理。今年9月因经营需要将该房屋改作生产车间。

（1）可抵扣进项税额（进项税额转入额）计算如下。

不动产净值=600-[600÷（20×12）]×3=592.5（万元）

不动产净值率=592.5÷600×100%=98.75%

可抵扣进项税额=54×98.75%=53.325（万元）

（2）做会计分录如下。

改变用途转入进项税额时：

借：应交税费——应交增值税（进项税额）　　　　　　　　　533 250
　　贷：固定资产　　　　　　　　　　　　　　　　　　　　533 250

第四节　增值税销项税额的会计处理

企业销售货物、无形资产、不动产，提供服务时，借记"应收账款""银行存款"等，贷记"主营业务收入""固定资产清理""工程结算"等，贷记"应交税费——应交增值税（销项税额）"。

若按会计准则确认收入或利得的时点早于按照税法规定确认的增值税纳税义务发生时点，则应先将相关销项税额计入"应交税费——待转销项税额"，待实际发生纳税义务时再转入"应交税费——应交增值税（销项税额）"。如果前者确认的时点晚于后者确认的时点，则应按应纳增值税税额借记"应收账款"，贷记"应交税费——应交增值税（销项税额）"，待按会计准则确认收入或利得时，按扣除增值税销项税额后的金额确认收入。

企业发生视同销售行为时，按计算的销项税额借记"应付职工薪酬""利润分配"等，贷记"应交税费——应交增值税（销项税额）"。

一、现销方式销售货物销项税额的会计处理

（一）产品销售销项税额的会计处理

现销方式销售货物即以直接收款方式销售货物，按收入确认的原则和条件，不论货物是否发出，均应以收到货款或取得索取销货款凭据、销货发票交给购货方的当日，确认销售成立并发生纳税义

务。即使为不完全符合收入确认条件的销售业务,只要已向对方开出专用发票,也应确认销项税额。企业应根据销售结算凭证和银行存款进账单等,借记"银行存款""应收账款"等;按专用发票上所列增值税税额或普通发票上所列货款按征收率折算的增值税税额,贷记"应交税费——应交增值税(销项税额)";按销售额,贷记"主营业务收入"。

(1) 采用支票、汇兑、银行本票、银行汇票结算方式(工具)销售产品的会计处理。

其属于直接收款方式销售货物,不论货物是否发出,均为收到货款或取得索取销货款的凭据,应于提货单交给购货方的当天,确认销售成立并发生纳税义务。企业应根据销售结算凭证和银行存款进账单,借记"银行存款""应收账款""应收票据";按增值税专用发票上所列税额或按普通发票上所列货款乘以征收率所折算的增值税税额,贷记"应交税费——应交增值税(销项税额)";按实际销货额,贷记"主营业务收入"。

【例3-22】天华厂采用汇兑结算方式向光明厂销售甲产品360件,价格为600元/件,计价款216 000元、税额28 080元(360件×600元/件×13%),开出转账支票代垫运杂费1 000元,货款尚未收到。

借:应收账款——光明厂　　　　　　　　　　　　　　　245 080
　　贷:主营业务收入　　　　　　　　　　　　　　　　　216 000
　　　　应交税费——应交增值税(销项税额)　　　　　　　 28 080
　　　　银行存款　　　　　　　　　　　　　　　　　　　 1 000

(2) 采用商业汇票结算方式销售产品的会计处理。

当收到购货方交来的商业汇票时,销售收入实现并发生纳税义务。

【例3-23】天华厂向永兴厂销售甲产品100件,价格为600元/件,计价款60 000元、税额7 800元(100件×600元/件×13%),已收到购货单位交来的承兑期为4个月的银行承兑汇票。做如下会计分录。

借:应收票据——银行承兑汇票　　　　　　　　　　　　 67 800
　　贷:应交税费——应交增值税(销项税额)　　　　　　　 7 800
　　　　主营业务收入　　　　　　　　　　　　　　　　　 60 000

(3) 采用委托收款、托收承付结算方式销售产品的会计处理。

尽管委托收款与托收承付的结算程序不同,但按增值税法的规定,均应于发出商品并向银行办妥托收手续的当天确认销售实现并发生纳税义务。企业应根据委托收款或托收承付结算凭证和发票,借记"应收账款",贷记"应交税费——应交增值税(销项税额)""主营业务收入"。对不完全符合收入确认条件的销售业务,只要开出并转交专用发票,也应确认纳税义务的发生。

【例3-24】天华厂向外地胜利厂发出乙产品200件,价格为460元/件,计价款92 000元、税额11 960(200×460×13%)元,代垫运杂费2 000元。根据发货票和铁路运单等,已向银行办妥委托收款手续。做如下会计分录。

借:应收账款——胜利厂　　　　　　　　　　　　　　　105 960
　　贷:应交税费——应交增值税(销项税额)　　　　　　　11 960
　　　　主营业务收入　　　　　　　　　　　　　　　　　 92 000
　　　　银行存款　　　　　　　　　　　　　　　　　　　 2 000

(二)商品销售销项税额的会计处理

一般采用提货制或送货制,货款结算大多采用现金或支票结算方式。批发企业根据增值税专用发票的记账联和银行结算凭证,借记"银行存款",贷记"主营业务收入""应交税费——应交增值税(销项税额)";零售企业应在每日营业终了时,由销售部门填制销货日报表,连同销货款一并送交财会部门，倒算出销售额，借记"银行存款"，贷记"主营业务收入""应交税费——应交增值税（销项税额）"。

【例3-25】 某商业零售企业9月8日各营业柜组交来销货款现金8 775元，货款已由财会部门集中送存银行。

销售给消费者个人的商品，实行价税合并收取，因此应换算销售额。

销售额=含税销售额÷（1+税率）=8 775÷（1+13%）=7 765.49（元）

销项税额=销售额×适用税率=7 765.49×13%=1 009.51（元）

对于该项业务，财会部门根据各柜组的内部缴款单，填制销货日报表、进账单等凭证，并做如下会计分录。

借：银行存款　　　　　　　　　　　　　　　　　　　　　　8 775
　　贷：主营业务收入　　　　　　　　　　　　　　　　　　　　7 765.49
　　　　应交税费——应交增值税（销项税额）　　　　　　　　　1 009.51

上述做法需要每天或每次计算销项税额，工作量大，也会出现误差。为此，对采用售价金额核算、实物负责制的企业，按实收销货款（含税），借记"银行存款"，贷记"主营业务收入"；同时按售价金额结转成本，借记"主营业务成本"，贷记"库存商品"。按月末差价表结转实际成本，借记"商品进销差价"（差价+销项税额），贷记"主营业务成本"（含税），调整"主营业务成本"账户为实际的商品销售成本。

仍以本例为例，每天收到销货款时，做如下会计分录。

借：银行存款　　　　　　　　　　　　　　　　　　　　　　8 775
　　贷：主营业务收入　　　　　　　　　　　　　　　　　　　　8 775
借：主营业务成本　　　　　　　　　　　　　　　　　　　　8 775
　　贷：库存商品　　　　　　　　　　　　　　　　　　　　　　8 775

假设本月全店的含税销售收入总额为50 000元，销项税额为5 752.21元[50 000÷（1+13%）×13%]，做如下会计分录。

借：主营业务收入　　　　　　　　　　　　　　　　　　　　5 752.21
　　贷：应交税费——应交增值税（销项税额）　　　　　　　　　5 752.21

按月末商品进销差价表结转实际成本。假设商品进销差价表上所列商品进销差价总额为14 500元（含税），做如下会计分录。

借：商品进销差价　　　　　　　　　　　　　　　　　　　　14 500
　　贷：主营业务成本　　　　　　　　　　　　　　　　　　　　14 500

月末实现的毛利=本期含税毛利-销项税额=14 500-5 752.21=8 747.79（元）

二、分期收款方式销售货物销项税额的会计处理

企业采用分期收款方式销售货物时，其纳税义务发生时间为合同约定的收款日期当天，即不论在合同约定的收款日当天是否收到或如数收到货款，均应确认纳税义务发生，并在规定时间内缴纳增值税。发出商品时，借记"长期应收款"，贷记"主营业务收入"；同时，结转销售成本。按合同约定的收款日期开具发票，借记"银行存款""应收账款"等，贷记"长期应收款""应交税费——应交增值税（销项税额）"。而按会计准则的规定，如果收款期较短（通常在3年以下），以合同金额确认收入，其会计处理与税法的规定基本相同。如果收款期较长（通常在3年以上），实质上是具有融资性质的商品销售。此时，按应收合同或协议价款，借记"长期应收款"账户；按应收合同或协议价款的公允价值（未来现金流量现值），贷记"主营业务收入"；按专用发票上注明的增值税税额，

贷记"应交税费——应交增值税（销项税额）"；按其差额，贷记"未实现融资收益"。未实现融资收益在收款期内按实际利率法摊销，摊销结果与直线法相差不大时，也可以采用直线法摊销。

【例3-26】大华工厂按销售合同向N公司销售A产品300件，不含税售价1 000元/件，产品成本800元/件，增值税税率为13%。按合同规定付款期限为18个月，货款分3次平均支付。4月30日为第1期产品销售实现月，开出增值税专用发票——价款100 000元、增值税税额13 000元，价税已收到（假定不计息）。

（1）确认销售时，做如下会计分录。

借：长期应收款　　　　　　　　　　　　　　　　　　　339 000
　　贷：主营业务收入　　　　　　　　　　　　　　　　　300 000
　　　　应交税费——待转销项税额　　　　　　　　　　　 39 000
借：主营业务成本　　　　　　　　　　　　　　　　　　 240 000
　　贷：库存商品　　　　　　　　　　　　　　　　　　　240 000

（2）4月30日，在约定收款日收到款项时，做如下会计分录。

借：银行存款　　　　　　　　　　　　　　　　　　　　113 000
　　贷：长期应收款　　　　　　　　　　　　　　　　　　113 000
借：应交税费——待转销项税额　　　　　　　　　　　　　13 000
　　贷：应交税费——应交增值税（销项税额）　　　　　　 13 000

三、销货退回及折让、折扣销项税额的会计处理

一般纳税人销售货物，提供应税劳务、服务并开具增值税专用发票后，在发生销售货物退回、折让时，应按规定开具红字专用发票，退还给购买方的增值税税额可从发生销货退回、折让当期的销项税额中扣减。未按规定开具红字专用发票的，不得冲减当期销项税额。

（一）销货退回销项税额的会计处理

（1）已开发票未入账退货的会计处理。当销货方收到退回发票时，可对原蓝字发票进行作废处理，一般不做账务处理。产品退回时发生的相关费用，借记"销售费用"，贷记"银行存款""其他应付款"（购货方代垫）等。

（2）无退货条件且已入账的会计处理。如未确认收入，则企业应按已计入"发出商品"账户的商品成本金额，借记"库存商品"等，贷记"发出商品"。采用计划成本或售价核算的，应按计划成本或售价计入"库存商品"，同时计算产品成本差异或商品进销差价。

（3）如已确认收入，则销货方在购货方提供"进货退出或索取折让通知单"后，开具红字专用发票。红字贷记"主营业务收入""应交税费——应交增值税（销项税额）"，红字借记（或蓝字贷记）"应收账款""银行存款""财务费用"等；同时，借记"库存商品"，贷记"主营业务成本"。

（4）对于附有销售退回条款的销售，企业应当在客户取得相关商品控制权时，按照因向客户转让商品而预期有权收取的对价金额（不含预期因销售退回而可能退还的金额）确认收入，按照预期因销售退回而可能退还的金额确认负债；同时，按预期将退回商品转让时的账面价值扣除收回该商品预计发生的成本（包括退回商品的价值减损）后的余额，确认为一项资产；按商品转让时的账面价值，扣除上述资产成本的净额结转成本。在资产负债表日，应重新估计未来销售退回情况。如有变化，应当作为会计估计变更进行会计处理。

（5）税务会计应在销售时全部确认销项税额，在实际发生退货时开具红字发票冲减当期的销项税额和销售收入等；财务会计只对有控制权的不会退回部分确认收入，由此产生的暂时性差异需要

进行递延所得税的会计处理。

【例3-27】 某公司系增值税一般纳税人，10月18日销售一批商品给乙公司，取得收入102万元（不含税，增值税税率13%）。发出商品后，该公司按正常情况已确认收入，并结转成本85万元。11月，该笔货款已经如数收到。12月19日，因产品质量问题，该批商品被退回。该公司执行《小企业会计准则》，企业已经确认销售商品收入的售出商品发生的销售退回，不论是否属于本年度，均应在发生时冲减当期销售收入。

对退回商品，做如下会计分录。

贷：主营业务收入   1 020 000①
　　应交税费——应交增值税（销项税额）   132 600
　　　贷：银行存款   1 152 600
借：库存商品   850 000
　　贷：主营业务成本   850 000

（二）销售折让销项税额的会计处理

销售折让是指货物销售后，因品种、规格、质量等原因，购货方未予退货，而由销货方给予购货方的一种价格上的减让。对销售折让，可在实际发生时直接从当期实现的销售收入中抵减，即以折让后的货款为销售额来计算缴纳增值税。具体处理应分为以下不同情况。

（1）购货方尚未进行账务处理，也未付款。销货方应在收到购货方转来的原开增值税专用发票的发票联和抵扣联上注明"作废"字样。

如属当月销售，销货方尚未进行账务处理，则不需要进行冲销当月产品销售收入和销项税额的账务处理，只需根据双方协商的扣除折让后的价款和增值税税额重新开具增值税专用发票，并进行账务处理。

（2）购货方已进行账务处理，发票联和抵扣联已无法退还。这时，销货方一般也已进行了账务处理，应根据购货方转来的通知单，按折让金额（价款和税额）开具红字增值税专用发票，作为冲销当期主营业务收入和销项税额的凭据。

如销售发生在以前月份，销货方已进行账务处理，则应根据折让后的价款和增值税税额重新开具增值税专用发票，按原开增值税专用发票的发票联和抵扣联与新开的增值税专用发票的记账联的差额，冲销当月主营业务收入和当月销项税额，红字借记"应收账款"，红字贷记"主营业务收入""应交税费——应交增值税（销项税额）"。

【例3-28】 天华厂上月销售给耀华厂丙产品40件，由于质量不符合要求，双方协商折让20%。耀华厂转来的证明单上列明：折让价款20 000元，折让税额2 600元。根据证明单开出红字增值税专用发票，并通过银行汇出款项。做如下会计分录。

借：主营业务收入——丙产品   20 000
　　应交税费——应交增值税（销项税额）   2 600
　　　贷：银行存款   22 600

实际入账时，"主营业务收入——丙产品""应交税费——应交增值税（销项税额）"账户应以红字记入贷方发生额。

（三）折扣销售销项税额的会计处理

在财务会计中，销售折扣分为商业折扣和现金折扣两种形式；而在税务会计（税法）中，折扣销售方式分为折扣销售和销售折扣两种方式。

---
① 方框表示红字冲账。

1. 折扣销售销项税额的会计处理

折扣销售即财务会计中的商业折扣,是指销货方在销售货物时,因购货方购货数量较大或与销货方有特殊关系等原因而给予对方价格折扣和实惠折扣[①]。纳税人采取折扣方式销售货物时,如果价格额和实物折扣额在同一张发票上的"金额"栏中分别注明,则可按折扣后的销售额征收增值税;未在同一张发票上的"金额"栏中注明折扣额,仅在发票的"备注"栏中注明折扣额的,折扣额不得从销售额中扣除。如果将折扣额另开发票,则不论其在财务会计上如何处理,也不得从销售额中扣除折扣额,即要按折扣前的销售额全额作为计算销项税额的依据。

折扣销售与销售折扣

折扣销售仅限于货物价格的折扣,如果销货方将自产、委托加工和购买的货物用于实物折扣,则该实物价款不能从货物销售额中减除,且该实物应按"视同销售货物"中的"将自产、委托加工或者购进的货物无偿赠送其他单位或个人"的行为计算缴纳增值税。

【例3-29】某企业9月8日销售给某商场一批货物,该货物的正常销售价格为220 000元(不含税)。鉴于商场购货额较大,该企业给予商场5%的价格折扣优惠。在货物发出时,该企业开具增值税专用发票,将销售额和折扣额在同一张发票上分别注明,货款于当月15日由当地银行转来。会计处理如下。

折扣后的销售额=220 000×(1-5%)=209 000(元)

销项税额=209 000×13%=27 170(元)

借:银行存款　　　　　　　　　　　　　　　　　　　　　　236 170
　　贷:主营业务收入　　　　　　　　　　　　　　　　　　　209 000
　　　　应交税费——应交增值税(销项税额)　　　　　　　　 27 170

税法强调销售额与折扣额必须在同一张发票上的"金额"栏中注明,主要是出于保证增值税征管的需要(征税、扣税相一致)。如果允许对销售额开一张销货发票,对折扣额再开一张退款的增值税负数(红字)发票,就可能产生销售方按减去折扣额后的销售额计算销项税额,而购货方按未减去折扣额的销售额及其进项税额进行抵扣的问题,导致增值税逃税现象的发生。

2. 销售折扣销项税额的会计处理

销售折扣即财务会计中的现金折扣,是指销货方在销售货物后,为了鼓励购货方早日偿还货款而许诺给予一定比率的折扣优惠。折扣条件一般用"2/10,1/20,n/30"等表示,其含义是:10天内付款给予2%的折扣,20天内付款给予1%的折扣,30天内付款全价付款,没有折扣。

纳税人销售货物时,确认纳税义务,开具专用发票,折扣额不得从销售额中减除,即按销售额全额计算销项税额。

在财务会计中,对附有现金折扣条件的商品赊销时,可将销售额扣除估计的极有可能发生的现金折扣后的余额记入"应收账款",将销售额(不含税交易总价)扣除现金折扣后的余额贷记"主营业务收入"。资产负债表日,应重新估计可能收到的对价,按其差额调整"主营业务收入"。

【例3-30】8月8日,天创公司销售一批产品给B客户,合同规定现金折扣条件为"2/10,1/20,n/30",按销售价款计算现金折扣。当日开具专用发票,价款200 000元,税额26 000元。根据B客户此前付款情况等综合考虑,估计一般在11天至20天可以支付全部货款,即可能获得2 000元(200 000×1%)现金折扣。天创公司会计处理如下。

(1)产品发出并办理完托收手续时,做如下会计分录。

借:应收账款　　　　　　　　　　　　　　　　　　　　　　224 000
　　贷:主营业务收入(200 000-2 000)　　　　　　　　　　 198 000
　　　　应交税费——应交增值税(销项税额)　　　　　　　　 26 000

---

① 实物折扣按视同销售中"无偿捐赠"处理。

（2）如果客户在11~20日付清货款，根据扣除现金折扣后的收款额，做如下会计分录。

借：银行存款　　　　　　　　　　　　　　　　　　　　　　　　224 000
　　贷：应收账款　　　　　　　　　　　　　　　　　　　　　　　　224 000

（3）如果客户超过20日付款，不能获得现金折扣，应将估计现金折扣贷记收入。

借：应收账款　　　　　　　　　　　　　　　　　　　　　　　　　2 000
　　贷：主营业务收入　　　　　　　　　　　　　　　　　　　　　　2 000

3. 代金券消费的会计处理

售（发）卡企业销售单用途卡或接受单用途卡持卡人充值取得的预收款，不属于增值税征税范围，不需缴纳增值税，也不涉及企业所得税。售（发）卡方可按规定向购卡人、充值人开具增值税普通发票，不得开具增值税专用发票。销售方与售卡方不是同一个纳税人的，销售方在收到售卡方结算的销售款时，应向售卡方开具增值税普通发票，并在备注栏中注明"收到预付卡结算款"，不得开具增值税专用发票。售卡方从销售方处取得的增值税普通发票，作为其销售单用途卡或接受单用途卡充值取得预收资金不缴纳增值税的凭证，留存备查。

【例3-31】天乐超市为推动消费者下载使用其客户端，提出首次下载并安装其客户端的注册客户可以享受50元购入100元代金券的优惠。代金券的性质与预付卡相同，即以50元购入100元预付卡，购物结算时以代金券所注金额100元抵减部分价款（但不能退款）。超市销售代金券时，不能向客户开具增值税专用发票，可开具增值税普通发票，并需使用"未发生销售行为的不征税项目"编码中的601"预付卡销售和充值"开具，发票税率栏应填写"不征税"。虽然代金券金额为100元，但实际收款50元，故应按50元开具普通发票（不在增值税申报表中体现）。当月超市向某客户售卡两张，做如下会计分录。

借：银行存款　　　　　　　　　　　　　　　　　　　　　　　　　　100
　　贷：其他应付款——代金券（100元抵200元）　　　　　　　　　　100

客户持代金券到超市购买商品时，代金券所注金额与当初销售代金券的差额系对客户的销售折扣，应按折扣后的金额确认收入，超市仅对客户补付价款部分开具发票。如果不需补付价款，则不应向客户开具发票。

假设客户到超市购买了一件价格为351元的衣服，使用了2张50元抵100元的代金券，实际支付现金151元，做如下会计分录。

借：银行存款　　　　　　　　　　　　　　　　　　　　　　　　　　151
　　其他应付款——代金券（100元抵200元）　　　　　　　　　　　　100
　　贷：主营业务收入（251÷1.13）　　　　　　　　　　　　　　　222.12
　　　　应交税费——应交增值税（销项税额）（222.12×13%）　　　　28.88

四、视同销售销项税额的会计处理

视同销售是指没有直接现金流入的"销售"。根据税法的要求，所有视同销售行为都应正常计税，但在财务会计中，视同销售一般不符合收入确认原则。对视同销售行为进行会计处理的关键，在于是否应通过收入账户进行核算。有两种观点（两种做法）：一种是与正常的、真正的销售核算相同，即按销售额贷记"主营业务收入"并相应计提销项税额，然后结转"主营业务成本"；另一种是不通过"主营业务收入"账户核算，直接按成本结转，同时按市价或公允价值计提销项税额，期末要进行所得税纳税调整。前者是财务会计与税务会计不分离的做法，即会

视同销售

计准则与税法规定保持一致（财税合一）；后者是两种会计分离的做法。对视同销售行为的会计处理，一般应遵循如下原则。

（1）视同销售行为是否会使企业获得收益。如果能获得收益，就应按销售收入处理；否则，按其成本进行结转。

（2）对视同销售行为计算的应交增值税，与一般的"进项税额转出"意义不同，税务会计应将其作为"销项税额"处理。

（3）视同销售行为的价格（计税依据）应按税法的规定确定（税务部门认定）。

（4）财务会计不作为收入的视同销售的会计处理。企业将自产货物用于业务招待、宣传、捐赠、赞助等，不属于两个会计主体之间的利益交换。这类会计事项不符合会计准则收入确认标准（条件），因为不产生经济利益流入，主要风险和报酬也没有转移到另一个会计主体上。因此，不作为收入处理，直接结转产品成本，但按税法规定，应按公允价值确认计量其销项税额。

（5）作为收入的视同销售的会计处理。企业将自产或外购货物用于债务重组、奖励、职工福利、利润分配等，税务会计与财务会计均视同销售处理，即企业应交增值税、所得税要视同销售进行处理，财务会计也同步确认收入。这类会计事项符合会计准则的收入确认条件。虽然没有产生直接的现金流入，但它减少了企业的负债或提升了企业形象，促进了商品销售，提高了潜在盈利能力。

【例3-32】某制造企业当年将一批自产产品用于市场推广。该批产品的账面成本为85万元，同类商品不含税市场售价为100万元。假设企业当年发生的广告和业务宣传费未超标，仅考虑增值税，不考虑其他税费和经营业务。该企业有以下两种编制会计分录的方法。

（1）第一种方法：不确认收入。

借：销售费用　　　　　　　　　　　　　　　　　　　　　　　　980 000
　　贷：库存商品　　　　　　　　　　　　　　　　　　　　　　850 000
　　　　应交税费——应交增值税（销项税额）　　　　　　　　130 000

（2）第二种方法：视同销售收入。

借：销售费用　　　　　　　　　　　　　　　　　　　　　　　1 130 000
　　贷：主营业务收入　　　　　　　　　　　　　　　　　　　1 000 000
　　　　应交税费——应交增值税（销项税额）　　　　　　　　130 000

同时，做如下会计分录。

借：主营业务成本　　　　　　　　　　　　　　　　　　　　　850 000
　　贷：库存商品　　　　　　　　　　　　　　　　　　　　　850 000

【例3-33】天华公司系增值税一般纳税人，适用增值税税率为13%。10月将一批自产产品通过政府部门向灾区捐赠，成本为500万元，市场不含增值税价650万元；将一批外购产品通过政府部门向灾区捐赠，外购价格为400万元。会计处理（仅反映增值税，其他税费略）如下。

（1）自产产品对外捐赠。

视同销售收入：650万元；视同销售成本：500万元。

借：营业外支出——捐赠　　　　　　　　　　　　　　　　　5 845 000
　　贷：库存商品　　　　　　　　　　　　　　　　　　　　5 000 000
　　　　应交税费——应交增值税（销项税额）　　　　　　　845 000

（2）外购产品对外捐赠。

视同销售收入：400万元；视同销售成本：400万元。

借：营业外支出——捐赠　　　　　　　　　　　　　　　　　4 520 000
　　贷：库存商品　　　　　　　　　　　　　　　　　　　　4 000 000
　　　　应交税费——应交增值税（销项税额）　　　　　　　520 000

五、销售固定资产（有形动产、不动产）和无形资产销项税额的会计处理

（一）销售有形动产应交增值税的会计处理

企业销售（转让）已使用过的、可抵扣增值税的固定资产时，因该项固定资产在原来取得时，其增值税进项税额已计入"应交税费——应交增值税（进项税额）"，故销售时按计算的增值税销项税额借记"固定资产清理"，贷记"应交税费——应交增值税（销项税额）"。如果是在增值税转型之前购入的机器设备，因当初购入时进项税额已计入资产成本，现在出售时应按简易计税方法，依3%征收率减按2%计算缴纳增值税；将固定资产转让损益计入"资产处置损益"。

【例3-34】 某企业出售一台已经使用过的生产设备，含税价为113万元，已提折旧10万元，但未计提资产减值准备。该固定资产取得时，其进项税额13万元已计入"应交税费——应交增值税（进项税额）"，出售时收到价款80万元，不考虑城市维护建设税及附加税费。

（1）转入清理时，做如下会计分录。

借：固定资产清理　　　　　　　　　　　　　　　　　　900 000
　　累计折旧　　　　　　　　　　　　　　　　　　　　100 000
　　贷：固定资产　　　　　　　　　　　　　　　　　　　　　　1 000 000

（2）出售时，做如下会计分录。

固定资产清理=800 000÷1.13=707 964.6（元）

借：银行存款　　　　　　　　　　　　　　　　　　　　800 000
　　贷：固定资产清理　　　　　　　　　　　　　　　　　　　　707 964.6
　　　　应交税费——应交增值税（销项税额）　　　　　　　　　92 035.4

借：资产处置损益　　　　　　　　　　　　　　　　　　192 035.4
　　贷：固定资产清理　　　　　　　　　　　　　　　　　　　　192 035.4

如果该设备是在"营改增"前购入的，且采用简易计税方法进行会计处理。

（1）转入清理时，做如下会计分录。

借：固定资产清理　　　　　　　　　　　　　　　　　　1 030 000
　　累计折旧　　　　　　　　　　　　　　　　　　　　100 000
　　贷：固定资产　　　　　　　　　　　　　　　　　　　　　　1 130 000

（2）取得处置收入时，做如下会计分录。

借：银行存款　　　　　　　　　　　　　　　　　　　　800 000
　　贷：固定资产清理　　　　　　　　　　　　　　　　　　　　800 000

（3）计算应交增值税。

应交增值税=800 000÷（1+3%）×2%=776 699×2%=15 534（元）

借：固定资产清理　　　　　　　　　　　　　　　　　　15 534
　　贷：应交税费——简易计税　　　　　　　　　　　　　　　　15 534

（4）转销固定资产转让损益时，做如下会计分录。

固定资产转让净收益=800 000-（1 030 000+15 534）=-245 534（元）

借：资产处置损益　　　　　　　　　　　　　　　　　　245 534
　　贷：固定资产清理　　　　　　　　　　　　　　　　　　　　245 534

（二）销售不动产应交增值税的会计处理

房地产开发企业中的一般纳税人销售自行开发的房地产项目适用一般计税方法计税，按照取得的全部价款和价外费用，扣除当期销售房地产项目对应的土地价款后的余额计算销售额。当期允许扣除的土地价款=（当期销售房地产项目建筑面积÷房地产项目可供销售建筑面积）×支付的土地价款。采取预收款方式销售自行开发的房地产项目时，应在收到预收款时按照3%的预征率预缴增值税。以当期销售额和9%的适用税率计算当期应纳税额，抵减已预缴税款后，向主管税务机关申报纳税。

【例3-35】天星房地产公司系增值税一般纳税人，去年4月获得土地时支付价款1.1亿元，今年8月取得商品房销售收入（含税）5.5亿元。

（1）支付土地价款时，做如下会计分录。

增值税税额=1.1÷（1+9%）×9%=0.090 825 688（亿元）

借：开发成本　　　　　　　　　　　　　　　　　　　100 917 431.2
　　应交税费——应交增值税（销项税额抵减）　　　　　9 082 568.8
　　贷：银行存款　　　　　　　　　　　　　　　　　110 000 000

（2）实现销售收入时，做如下会计分录。

增值税税额=5.5÷（1+9%）×9%=0.45 412 844（亿元）

借：银行存款　　　　　　　　　　　　　　　　　　　550 000 000
　　贷：主营业务收入　　　　　　　　　　　　　　　504 587 156
　　　　应交税费——应交增值税（销项税额）　　　　　45 412 844

（3）实际缴纳增值税时，做如下会计分录。

借：应交税费——应交增值税（销项税额）　　　　　　36 330 275.2
　　贷：银行存款　　　　　　　　　　　　　　　　　36 330 275.2

（三）转让无形资产应交增值税的会计处理

【例3-36】某企业8月将某产品的商标权以1 060 000元的价格（含税）转让给另一家企业，按6%的增值税税率计算应交增值税60 000元。该商标权的账面余额为700 000元，已计提减值准备80 000元，做如下会计分录。

借：银行存款　　　　　　　　　　　　　　　　　　　1 060 000
　　无形资产减值准备　　　　　　　　　　　　　　　　80 000
　　贷：无形资产　　　　　　　　　　　　　　　　　700 000
　　　　应交税费——应交增值税（销项税额）　　　　　60 000
　　　　资产处置损益　　　　　　　　　　　　　　　380 000

（四）出租不动产应交增值税的会计处理

【例3-37】天宇公司为从事货物生产销售的增值税一般纳税人。8月将"营改增"后购置的异地房产出租，按一般计税方法计税，年租金198万元，租赁期限为2年，租金按年收取。8月30日收到第1年租金，租期从9月1日开始计算。

应预缴增值税=198÷（1+9%）×3%=5.449 541（万元）

应缴增值税=198÷（1+9%）×9%=16.348 624（万元）

应申报缴纳增值税=16.348 624-5.449 541=10.899 083（万元）

（1）收到房屋租金时，做如下会计分录。

借：银行存款　　　　　　　　　　　　　　　1 980 000
　　贷：预收账款　　　　　　　　　　　　　　　　1 816 513.76
　　　　应交税费——应交增值税（销项税额）　　　　163 486.24

（2）异地预交增值税时，做如下会计分录。

借：应交税费——预交增值税　　　　　　　　54 495.41
　　贷：银行存款　　　　　　　　　　　　　　　　54 495.41

（3）期末结转预交增值税时，做如下会计分录。

借：应交税费——未交增值税　　　　　　　　54 495.41
　　贷：应交税费——预交增值税　　　　　　　　　54 495.41

（4）在机构所在地缴税时，做如下会计分录。

借：应交税费——未交增值税　　　　　　　　108 990.83
　　贷：银行存款　　　　　　　　　　　　　　　　108 990.83

（5）每月确认收入时，做如下会计分录。

借：预收账款　　　　　　　　　　　　　　　150 000
　　贷：其他业务收入（180万元÷12）　　　　　　　150 000

（五）从事生产、生活性服务纳税人缴纳增值税的会计处理

从事生产、生活性服务的纳税人在实际缴纳增值税时，按应纳税额借记"应交税费——未交增值税"等，按实际缴纳金额贷记"银行存款"，按加计抵免金额贷记"其他收益"。

第五节　增值税减免和缴纳的会计处理

一、增值税简易计税方法的会计处理

增值税简易计税方法适用于小规模纳税人和一般纳税人的特定货物、特定服务、特定项目。

增值税简易计税方法

（一）小规模纳税人增值税的会计处理

小规模纳税人不实行税款抵扣办法，应以不含税销售额乘以征收率计算应缴增值税。因此，只需通过"应交税费——应交增值税"账户反映增值税的应缴、上缴和欠缴情况。

【例3-38】某餐饮企业系小规模纳税人。当月与驻地某施工队签订了为期3个月的施工人员就餐协议。协议规定，每月餐费为5万元（含税），在协议签订时一次付清3个月的就餐费15万元，同时为施工队开具增值税专用发票。根据有关规定，先开具发票的，纳税义务发生时间为开具发票的当天。相关会计处理如下。

销售额=150 000÷（1+3%）=145 631（元）

应交增值税=145 631×3%=4 369（元）

每月销售额=145 631÷3=48 544（元）

（1）收到施工队支付的餐费时，做如下会计分录。

借：银行存款　　　　　　　　　　　　　　　　　　　　　　　　150 000
　　贷：预收账款　　　　　　　　　　　　　　　　　　　　　　　145 631
　　　　应交税费——应交增值税　　　　　　　　　　　　　　　　　4 369

（2）每月确认营业收入时，做如下会计分录。

借：预收账款　　　　　　　　　　　　　　　　　　　　　　　　 48 544
　　贷：主营业务收入　　　　　　　　　　　　　　　　　　　　　 48 544

如果该餐饮企业将一次性收取15万元餐费改为发行单用途预付卡，施工队一次性充值15万元，餐馆开具15万元增值税普通发票，施工队每月划卡消费5万元，则按以下方法处理。若该餐馆月底售卡，施工队下月消费，则当月该餐馆不必就售卡缴纳增值税；若餐馆当月售卡，施工队当月消费，则餐馆当月应缴纳的增值税=50 000÷（1+3%）×3%=1 456（元）。[①]

（1）发售预付卡时，做如下会计分录。

借：银行存款　　　　　　　　　　　　　　　　　　　　　　　　150 000
　　贷：预收账款　　　　　　　　　　　　　　　　　　　　　　　150 000

（2）下个季度第一个月的月末，做如下会计分录。

借：预收账款　　　　　　　　　　　　　　　　　　　　　　　　 50 000
　　贷：主营业务收入　　　　　　　　　　　　　　　　　　　　　 48 544
　　　　应交税费——应交增值税　　　　　　　　　　　　　　　　　1 456

第2个月、第3个月的会计处理与第1个月相同。

（二）一般纳税人采用简易计税方法的会计处理

一般纳税人采用简易计税方法的计税项目，其进项税额不得从销项税额中抵扣，应记入相关成本费用，不记入"应交税费——应交增值税（进项税额）"；在其销售货物、无形资产、不动产，提供劳务、服务时，借记"应收账款""银行存款"等，贷记"主营业务收入"等，贷记"应交税费——增值税简易计税"。

【例3-39】 某公司系一般纳税人，主营钢材和商品混凝土业务。其中，自产商品混凝土使用简易计税方法。当月钢材销售额为700万元，钢材采购额为800万元；商品混凝土销售收入为159万元（含税）。

（1）销售钢材时，做如下会计分录。

借：应收账款——××客户　　　　　　　　　　　　　　　　　　7 910 000
　　贷：主营业务收入——钢材　　　　　　　　　　　　　　　　 7 000 000
　　　　应交税费——应交增值税（销项税额）　　　　　　　　　　　910 000

（2）采购钢材时，做如下会计分录。

借：库存商品　　　　　　　　　　　　　　　　　　　　　　　 8 000 000
　　应交税费——应交增值税（进项税额）　　　　　　　　　　　 1 040 000
　　贷：应付账款——××供应商　　　　　　　　　　　　　　　 9 040 000

（3）销售混凝土时，做如下会计分录。

借：应收账款——××客户　　　　　　　　　　　　　　　　　　1 590 000
　　贷：主营业务收入——商品混凝土　　　　　　　　　　　　　 1 543 690
　　　　应交税费——增值税简易计税　　　　　　　　　　　　　　　46 310

[①] 小规模纳税人按季申报，假设售卡是在季末月份。

在实务中，对于简易计税方法减按2%征收的会计处理，因为纳税申报表中没有2%征收率一栏，故为了完整地体现税收优惠，可以将少纳的1%作为补贴收入，在主表第23行"应纳税额减征额"中填写。

二、减免增值税的会计处理

（一）直接减免增值税的会计处理

增值税免税收入的会计处理有价税分离记账法和价税合计记账法两种方法。在价税分离记账法下，销售免税项目时，借记"银行存款"等，贷记"主营业务收入""应交税费——应交增值税（销项税额）"；对直接减免的销项税额，借记"应交税费——应交增值税（减免税款）"，贷记"其他收益"。在价税合计记账法下，对法定免征的增值税无须做专门的会计处理，其进项税额计入相关项目的成本或费用中，并按收款全额贷记"主营业务收入"。

【例3-40】某供热公司为增值税一般纳税人，主要从事居民个人供热业务（免税），同时也向部分企业和商户供热（应税）。1月，公司购进天然气不含税价款2 000万元，取得的专用发票上注明税款180万元（无法区分居民和非居民供热耗用情况）。当月取得居民供热收入1 090（1 000+90）万元、非居民供热收入654（600+54）万元。

（1）购进天然气时，做如下会计分录。

借：库存商品   20 000 000
  应交税费——应交增值税（进项税额）   1 800 000
 贷：银行存款   21 800 000

（2）供热收费时，做如下会计分录。

供热收入应交增值税=（1 000+600）×9%=144（万元）

居民供热减免增值税=144-54=90（万元）

借：银行存款   17 440 000
  应交税费——应交增值税（减免税款）   900 000
 贷：主营业务收入——非居民   6 000 000
       ——居民   10 900 000
  应交税费——应交增值税（销项税额）   1 440 000

（3）居民供热不得抵扣进项税额转出。

不得抵扣进项税额=180×1 000÷（1 000+600）=112.5（万元）

借：主营业务成本   21 125 000
 贷：库存商品   20 000 000
  应交税费——应交增值税（进项税额转出） 1 125 000

（二）即征即退增值税的会计处理

纳税人既有即征即退、先征后退项目，又有出口等其他应税项目的，即征即退、先征后退项目不参与出口项目免抵退计算。纳税人应分别核算，分别享受优惠政策，其进项税额也应分开核算，各自处理。

为了将上述项目单独核算，企业应设置"应交税费——应交增值税（一般项目）""应交税费——应交增值税（即征即退项目）""应交税费——未交增值税（即征即退项目）"等明细科目；计提应退税款时，借记"其他应收款"，贷记"其他收益"。

三、缴纳增值税的会计处理

（一）按日申报缴纳增值税的会计处理

以日为一期纳税的，自期满之日起5日内通过"应交税费——应交增值税（已交税金）"预缴税款，于次月1日起15日内申报纳税并结清上月应纳税款。

（1）平时，企业在"应交税费——应交增值税"多栏式明细账户中核算增值税业务。其中，当月预缴当月增值税税额时，会计分录如下。

借：应交税费——应交增值税（已交税金）
　　贷：银行存款

（2）月末，结出"应交税费——应交增值税"账户借贷方合计和余额。

若"应交税费——应交增值税"账户为贷方余额，则表示本月应交未交增值税税额。

（3）若"应交税费——应交增值税"账户为借方余额，由于月中有预缴税款的情况，因此，该借方余额可能是尚未抵扣的进项税额，还可能包含多交的部分。具体界定，可分为以下三种情况。

① 当"应交税费——应交增值税"账户借方余额大于"应交税费——应交增值税"账户的"已交税金"专栏合计数时，表明当月已交税金全部为多交，两者差额为本月尚未抵扣的进项税额。

② 当"应交税费——应交增值税"账户借方余额等于"应交税费——应交增值税"账户的"已交税金"专栏合计数时，表明当月已交税金全部为多交，同时，本月无尚未抵扣的进项税额。

③ 当"应交税费——应交增值税"账户借方余额小于"应交税费——应交增值税"账户的"已交税金"专栏合计数时，表明当月已交税金部分为应交税额，部分为多交税额，借方余额即为多交税额。

（4）如果企业设置了"应交税费——未交增值税"账户，则其月末多交的增值税应转入该账户贷方，其月未交的增值税应转入该账户借方；结转后，"应交税费——应交增值税"账户的借方余额为"留抵税额"。

（二）按月申报缴纳增值税的会计处理

【例3-41】 天海建筑公司系增值税一般纳税人。10月，其销项税额为110万元，当期认证抵扣的进项税额为155万元。11月，其销项税额为320万元，当期认证抵扣的进项税额为240万元；当月部分钢材被盗，应转出进项税额61万元。12月10日，申报缴纳11月增值税（相关附加税费略）。

10月应纳增值税税额=1 100 000-1 550 000=-450 000（元）<0

当月应交增值税0元，留抵税额为450 000元。

11月，做如下增值税会计分录。

（1）进项税额转出。

借：营业外支出　　　　　　　　　　　　　　　　　　　610 000
　　贷：应交税费——应交增值税（进项税额转出）　　　　　　610 000

（2）应纳增值税税额。

当月可抵扣进项税额=450 000+2 400 000-610 000=2 240 000（元）

当月应纳税额=3 200 000-2 240 000=960 000（元）

借：应交税费——应交增值税（转出未交增值税）　　　　960 000
　　贷：应交税费——未交增值税　　　　　　　　　　　　　960 000

（3）12月10日，申报缴纳11月增值税。

借：应交税费——未交增值税　　　　　　　　　　　　　960 000
　　贷：银行存款　　　　　　　　　　　　　　　　　　　　960 000

金融商品转让时，以卖出价扣除买入价后的余额为销售额。转让金融商品产生的正负差，以盈亏相抵后的余额为销售额。相抵后出现的负差，可结转下一纳税期，与下期转让金融商品销售额相抵；年末仍出现负差的，不得转入下一个会计年度。金融商品的买入价，可按加权平均法或移动加权平均法核算。选择后，36个月内不得变更。

对转让当月产生的转让收益，按应纳税额，借记"投资收益"等，贷记"应交税费——转让金融商品应交增值税"；若当月产生转让损失，则按可结转下月的抵扣税额，借记"应交税费——转让金融商品应交增值税"，贷记"投资收益"等。缴纳增值税时，借记"应交税费——转让金融商品应交增值税"，贷记"银行存款"。年末，如果"应交税费——转让金融商品应交增值税"是借方余额，则应借记"投资收益"等，贷记"应交税费——转让金融商品应交增值税"。

【例3-42】天泰公司（一般纳税人）于6月1日从上交所购入A公司股票1万股，该股票在购买日的公允价值为10万元，支付交易费用100元，进项税额6元，取得专用发票并通过认证。6月30日，"交易性金融资产——A公司（成本）"借方余额10万元，"交易性金融资产——A公司（公允价值变动）"借方余额1.5万元。8月10日，公司处置全部A公司股票，处置价款14.5万元。

（1）购入时，做如下会计分录。

借：交易性金融资产——A公司（成本）　　　　　　　　　100 000
　　贷：其他货币资金——存出投资款　　　　　　　　　　　　100 000
借：投资收益　　　　　　　　　　　　　　　　　　　　　　100
　　应交税费——应交增值税（进项税额）　　　　　　　　　6
　　贷：其他货币资金——存出投资款　　　　　　　　　　　　106

（2）处置时，做如下会计分录。

应交增值税=（145 000-100 000）÷（1+6%）×6%=2 547.17（元）

借：其他货币资金——存出投资款　　　　　　　　　　　　145 000
　　贷：交易性金融资产——A公司（成本）　　　　　　　　　100 000
　　　　交易性金融资产——A公司（公允价值变动）　　　　15 000
　　　　投资收益　　　　　　　　　　　　　　　　　　　　30 000
借：公允价值变动损益　　　　　　　　　　　　　　　　　15 000
　　贷：投资收益　　　　　　　　　　　　　　　　　　　　15 000
借：投资收益　　　　　　　　　　　　　　　　　　　　　2 547.17
　　贷：应交税费——转让金融商品应交增值税　　　　　　　2 547.17

（三）按季度申报缴纳增值税的会计处理

纳税人按季度申报缴纳增值税时，每月只做计提增值税的会计处理，不做缴纳或免征增值税的会计处理，季末合并计算销售额。如果符合免征增值税条件，季末再做免征增值税的会计处理；如果不符合免征增值税条件，按季度合计销售额全额计算缴纳增值税。

【例3-43】天鹤厂系制造企业，被认定为增值税小规模纳税人。当年7月销售额为8万元（不含税，下同），8月销售额为9万元，9月销售额为12万元。第三季度销售额合计为29万元，选择按季申报缴纳增值税。

按季申报缴纳增值税时，即使有的月份未达到起征点，应免缴增值税，但因无法确定季度是否应该免税。因此，各月应按正常计税进行会计处理，季末一次结转免缴增值税。

（1）7月应交增值税。

借：应收账款等　　　　　　　　　　　　　　　　　　　　82 400
　　贷：主营业务收入　　　　　　　　　　　　　　　　　　　80 000
　　　　应交税费——应交增值税　　　　　　　　　　　　　　2 400

（2）8月应交增值税。

借：应收账款等		92 700
贷：主营业务收入		90 000
应交税费——应交增值税		2 700

（3）9月应交增值税。

借：应收账款等		123 600
贷：主营业务收入		120 000
应交税费——应交增值税		3 600

（4）结转季度免缴增值税时。

第三季度合计销售额29（8+9+12）万元，低于30万元，免缴增值税。

季度免缴税额=2 400+2 700+3 600=8 700（元）

借：应交税费——应交增值税		8 700
贷：其他收益——减免税款		8 700

小规模纳税人选择按月还是按季申报缴纳增值税，其计算结果不同。企业应根据其生产经营特点，慎重选择申报缴纳期限，且一个会计年度内不得变更。

（四）预缴和补缴增值税的会计处理

一般纳税人采用一般计税方法时，借记"应交税费——预交增值税"，贷记"银行存款"；月末，应将"预交增值税"明细账户余额转入"未交增值税"明细账户，借记"应交税费——未交增值税"，贷记"应交税费——预交增值税"。一般纳税人选择简易计税方法时，借记"应交税费——简易计税"，贷记"银行存款"；月末不必结转，无须进行专门的会计处理。

小规模纳税人预缴税款时，借记"应交税费——应交增值税"，贷记"银行存款"；月末不必结转，无须进行专门的会计处理。

【例3-44】 天缘房地产开发公司开发N-2房地产项目，8月18日预售房屋一套，售价1 000万元，收到客户A交付的预售款800万元。该项目采用一般计税方法计税，相关会计处理如下。

（1）预收房款并预交增值税时。

借：银行存款		8 000 000
贷：预收账款——客户A		8 000 000

应预交增值税=8 000 000÷（1+9%）×3%=220 183.49（元）

借：应交税费——预交增值税		220 183.49
贷：银行存款		220 183.49

（2）销售房屋时。

应交增值税=10 000 000÷（1+9%）×9%=825 688.07（元）

借：银行存款		2 000 000
预收账款——客户A		8 000 000
贷：主营业务收入		9 174 311.93
应交税费——应交增值税（销项税额）		825 688.07

同时结转预缴增值税，做如下会计分录。

借：应交税费——未交增值税		220 183.49
贷：应交税费——预交增值税		220 183.49

（3）计算应缴增值税。

假设当月应抵扣进项税额为540 991元，则应纳增值税=825 688.07−540 991=284 697.07（元）。

借：应交税费——应交增值税（转出未交增值税）　　　　　　284 697.07
　　贷：应交税费——未交增值税　　　　　　　　　　　　　　284 697.07
（4）补缴增值税时。
应补缴增值税=284 697.07-220 183.49=64 513.58（元）
借：应交税费——未交增值税　　　　　　　　　　　　　　　64 513.58
　　贷：银行存款　　　　　　　　　　　　　　　　　　　　　64 513.58

（五）从事生产、生活性服务纳税人缴纳增值税的会计处理

从事生产、生活性服务的纳税人，应在"应交税费——应交增值税"下设置"加计抵减额"明细账户，单独核算和反映增值税加计抵减的计提、调减、结余等情况。该账户的借方记当期计提的加计抵减额，贷方记当期按规定调整减少的加计抵减额，期末借方余额反映加计抵减结余金额。

计提加计抵减额时，借记"应交税费——应交增值税（加计抵减额）"，贷记"其他收益——增值税加计抵减收益"；期末按规定调整减少时，借记"其他收益——增值税加计抵减收益"，贷记"应交税费——应交增值税（加计抵减额）"。

第六节　增值税的纳税申报

一、增值税的纳税期限

增值税的计税期间分别为10日、15日、1个月、1个季度或半年，具体计税期间，由主管税务机关根据纳税人应纳税额的大小分别核定。以半年为计税期间的规定不适用于按一般计税方法计税的纳税人。自然人不能按照固定计税期间纳税的，可以按次纳税。

纳税人以1个月、1个季度或者半年为1个计税期间的，自期满之日起15日内申报纳税；以10日、15日为一个计税期间的，自期满之日起5日内预缴税款，于次月1日起15日内申报纳税并结清上月应纳税款。扣缴义务人解缴税款的计税期间和申报纳税期限比照执行。

纳税人进口货物，应当自海关填发海关进口增值税专用缴款书之日起15日内缴纳税款。

二、增值税的纳税地点

（1）固定业户应向其机构所在地主管税务机关申报纳税。总机构和分支机构不在同一县（市）的，应当分别向各自所在地主管税务机关申报纳税；经国家税务总局或其授权的税务机关批准，可以由总机构汇总向总机构所在地主管税务机关申报纳税。

（2）企业临时外出经营时，需要在"金三"网报系统中自主填报"跨区域涉税事项报告表"，由系统自动推送至经营地税务机关后，再去经营地税务机关报验，核实资料，接受经营地税收管理。外出经营结束后，经营地税务机关将涉税信息反馈至机构地主管税务机关，机构地主管税务机关对异地预缴税款情况进行比对分析。

（3）非固定业户销售货物或者应税劳务、服务时，应当向销售地或者劳务、服务发生地的主管税务机关申报纳税；未向销售地或者劳务、服务发生地的主管税务机关申报纳税的，由其机构所在地或者居住地的主管税务机关补征税款。

（4）进口货物时，应当向报关地海关申报纳税。

(5) 扣缴义务人应当向其机构所在地或居住地的主管税务机关申报缴纳其扣缴的税款。

(6) 其他个人提供建筑服务，销售或租赁不动产，转让自然资源使用权时，应向建筑服务发生地、不动产所在地、自然资源所在地主管税务机关申报纳税。

三、增值税的纳税申报

（一）一般纳税人的纳税申报

一般纳税人不论当期是否发生了应税行为或是否应该缴税，均应按规定进行纳税申报。

1. 纳税申报程序

一般纳税人办理纳税申报需要经过发票认证、抄报、报税和税款缴纳等程序。

网上报税和网上申报的操作流程如下。纳税人必须先操作防伪税控开票子系统进行抄税，然后使用网上抄报税系统进行远程报税，再操作网上申报软件发送申报数据，最后使用网上抄报税系统清卡。操作网上申报软件发送申报数据后，要查看申报结果提示。如果提示申报成功则关注税款扣缴结果，在申报软件中及时查看银行扣款是否成功。

2. 纳税申报资料

一般纳税人进行纳税申报时，实行电子信息采集。使用防伪税控系统开具专用发票，在抄报成功后，方可向其主管税务机关进行纳税申报。

纳税申报资料包括主表"增值税纳税申报表（增值税一般纳税人适用）"（见表3-2）和附列资料。附列资料有本期销售情况明细，本期进项税额明细，服务、不动产和无形资产扣除项目明细，税额抵减情况表，不动产分期抵扣计算表，固定资产（不含不动产）进项税额抵扣情况表，本期抵扣进项税额结构明细表，增值税减免税申报明细表。

表3-2　　　　　　　　　　　增值税纳税申报表

（增值税一般纳税人适用）

根据国家税收法律法规及增值税相关规定制定本表。纳税人不论有无销售额，均应按税务机关核定的纳税期限填写本表，并向当地税务机关申报。

税款所属时间：自××××年8月1日至××××年8月31日　填表日期：××××年9月9日

金额单位：元至角分

纳税人识别号																			所属行业：	
纳税人名称				法定代表人姓名				注册地址					生产经营地址							
开户银行及账号							登记注册类型						电话号码							

	项目	栏次	一般项目		即征即退项目	
			本月数	本年累计	本月数	本年累计
销售额	（一）按适用税率计税销售额	1	234 784.57	3 216 553.74		
	其中：应税货物销售额	2	234 784.57	321 653.74		
	应税劳务销售额	3				
	纳税检查调整的销售额	4				
	（二）按简易办法计税销售额	5				
	其中：纳税检查调整的销售额	6				
	（三）免、抵、退办法出口销售额	7			—	—
	（四）免税销售额	8			—	—
	其中：免税货物销售额	9			—	—
	免税劳务销售额	10			—	—

续表

	项目	栏次	一般项目		即征即退项目	
			本月数	本年累计	本月数	本年累计
税款计算	销项税额	11	30 521.99	418 151.99		
	进项税额	12	18 707.27	236 331.73		
	上期留抵税额	13			—	—
	进项税额转出	14				
	免、抵、退应退税额	15				
	按适用税率计算的纳税检查应补缴税额	16			—	—
	应抵扣税额合计	17=12+13-14-15+16	18 707.27	—		
	实际抵扣税额	18（如 17<11，则为 17，否则为 11）	18 707.27	236 331.73		
	应纳税额	19=11-18	11 814.72	181 820.26		
	期末留抵税额	20=17-18				
	简易计税办法计算的应纳税额	21				
	按简易计税办法计算的纳税检查应补缴税额	22				
	应纳税额减征额	23				
	应纳税额合计	24=19+21-23	11 814.72	181 820.26		
税款缴纳	期初未缴税额（多缴为负数）	25	36 719.50	36 719.50		
	实收出口开具专用缴款书退税额	26				
	本期已缴税额	27=28+29+30+31	36 719.50	202 712.82		
	① 分次预缴税额	28				
	② 出口开具专用缴款书预缴税额	29	—			
	③ 本期缴纳上期应纳税额	30	36 719.50	202 712.82		
	④ 本期缴纳欠缴税额	31				
	期末未缴税额（多缴为负数）	32=24+25+26-27	11 814.72	15 826.94		
	其中：欠缴税额（≥0）	33=25+26-27				
	本期应补（退）税额	34=24-28-29	11 814.72			
	即征即退实际退税额	35	—	—		
	期初未缴查补税额	36			—	—
	本期入库查补税额	37			—	—
	期末未缴查补税额	38=16+22+36-37			—	—
授权声明	如果你已委托代理人申报，请填写下列资料： 为代理一切税务事宜，现授权 （地址） 为本纳税人的代理申报人，任何与本申报表有关的往来文件，都可寄予此人。 授权人签字：			申报人声明	此纳税申报表是根据《中华人民共和国增值税暂行条例》的规定填报的，我相信它是真实的、可靠的、完整的。 声明人签字：	

主管税务机关：　　　　　　接收人：　　　　　　收到日期：

另外，还有专用发票汇总表、专用发票明细表、普通发票汇总表、普通发票明细表、企业网上认证结果通知书、企业网上认证结果清单、其他资料（增值税海关完税凭证抵扣明细表、增值税抵扣凭证稽核结果通知书、机动车销售企业在防伪税控系统中开具的机动车销售统一发票汇总表和明细表等）。

(二)小规模纳税人的纳税申报

小规模纳税人纳税申报,应填报《增值税纳税申报表(小规模纳税人适用)》(见表3-3)、附列资料、增值税减免税申报明细表。试点纳税人应对开具增值税专用发票的销售额计算增值税应纳税额,并在规定纳税申报期内向主管税务机关申报缴纳。在填写增值税纳税申报表时,应当将当期开具增值税专用发票的销售额,按照3%和5%的征收率,分别填写在《增值税纳税申报表(小规模纳税人适用)》第2栏和第5栏"税务机关代开的增值税专用发票不含税销售额"的"本期数"相应栏次中。在确定服务销售额时,按有关规定从取得的全部价款和价外费用中扣除价款的,需填报《增值税纳税申报表(小规模纳税人适用)》附列资料,其他情况不填写该附列资料。

表3-3 增值税纳税申报表
(小规模纳税人适用)

纳税人识别号:□□□□□□□□□□□□□□□□□□□
纳税人名称(公章):
税款所属期: 年 月 日至 年 月 日　　填表日期: 年 月 日　　金额单位:元至角分

	项目	栏次	本期数		本年累计	
			货物及劳务	服务、不动产和无形资产	货物及劳务	服务、不动产和无形资产
一、计税依据	(一)应征增值税不含税销售额	1				
	税务机关代开的增值税专用发票不含税销售额	2				
	税控器具开具的普通发票不含税销售额	3				
	(二)销售、出租不动产不含税销售额	4	—		—	
	税务机关代开的增值税专用发票不含税销售额	5	—		—	
	税控器具开具的普通发票不含税销售额	6	—		—	
	(三)销售使用过的固定资产不含税销售额	7(7≥8)		—		—
	其中:税控器具开具的普通发票不含税销售额	8		—		—
	(四)免税销售额	9=10+11+12				
	其中:小微企业免税销售额	10				
	未达起征点销售额	11				
	其他免税销售额	12				
	(五)出口免税销售额	13(13≥14)				
	其中:税控器具开具的普通发票销售额	14				
二、税款计算	本期应纳税额	15				
	本期应纳税额减征额	16				
	本期免税额	17				
	其中:小微企业免税额	18				
	未达起征点免税额	19				
	应纳税额合计	20=15-16				
	本期预缴税额	21			—	—
	本期应补(退)税额	22=20-21			—	—

纳税人或代理人声明:	如纳税人填报,由纳税人填写以下各栏	
本纳税申报表是根据国家税收法律法规及相关规定填报的,我确定它是真实的、可靠的、完整的。	办税人员: 法定代表人:	财务负责人: 联系电话:
	如委托代理人填报,由代理人填写以下各栏:	
	代理人名称(公章): 经办人:	联系电话:

主管税务机关:　　　接收人:　　　接收日期:

本章重点与难点

增值税的发票管理，增值税的税率、征收率，准予抵扣进项税额与不得抵扣进项税额的确认计量，销项税额的确认计量，应交增值税的计算和会计处理，增值税纳税申报表的填制。

思考题

1. 试述增值税的基本特点。
2. 简述增值税两类纳税人的划分标准。
3. 简述增值税进项税额、销项税额的确认和计算方法。
4. 试述增值税会计的科目设置和具体运用。
5. 如何对增值税进项税额及其转出进行会计处理？
6. 如何对增值税销项税额进行会计处理？
7. 视同销售业务如何进行会计处理？
8. 简述增值税的纳税申报与缴纳程序。

技能题

一、计算题

1. 某增值税一般纳税人生产销售自行车，自行车出厂不含税价格为280元/辆。某年2月该厂业务情况如下：

（1）向当地百货大楼销售800辆，百货大楼当月付清货款后，厂家给予了8%的销售折扣，开具红字发票入账。

（2）向外地特约经销点销售500辆。另外，支付运输费用8 000元，收到运输企业开具的增值税专用发票。

（3）逾期仍未收回的包装物押金60 000元计入销售收入。

（4）购进自行车零部件、原材料，取得的专用发票上注明销售金额140 000元、增值税税款18 200元。

（5）从小规模纳税人处购进自行车零件90 000元，未取得专用发票。

要求：计算该厂当月应交的增值税额。

2. 某建筑公司为增值税一般纳税人，从事建筑、安装、装饰等多业经营，7月发生如下业务。

（1）承包本市一家工厂的厂房建设工程，本月全部完工。建设施工合同中注明工程总价款为3 000万元，另外得到对方支付的提前竣工奖200万元。建筑公司购进用于改造工程的材料，取得增值税专用发票，发票上注明的含税金额为1 080万元。

（2）承包外市一家制药厂厂房改造工程，当月竣工结算，工程总价款为4 500万元，发生分包支出800万元，取得分包企业开具的增值税专用发票。

（3）承包一家商场的装饰工程，工程主要材料由商场提供。完工后向商场收取人工费20万元、管理费5万元、辅助材料费7万元。

（4）将一处闲置办公楼对外出租，当月取得租金收入10万元。

已知：上述金额均为含税金额，上述业务均按一般计税方法计算。

要求：根据上述资料回答下列问题，每个问题需计算出合计数。

（1）计算业务（1）应该缴纳的增值税。

（2）计算业务（2）应预缴的增值税和应缴纳的增值税。

（3）计算业务（3）的增值税销项税额。

（4）计算该公司当月应合计缴纳的增值税。

3. 某进出口公司7月进口办公设备500台，每台进口完税价格为1万元，委托运输公司将进口办公设备从海关运回本单位，支付运输公司不含税运输费用9万元，取得了运输公司开具的增值税专用发票。当月以每台1.8万元的含税价格售出400台，向甲公司捐赠2台，对外投资20台，留下4台自用。另支付销货运输费1.3万元，取得了运输公司开具的增值税专用发票。

要求：计算该企业当月应纳增值税（假设进口关税税率为15%）。

二、会计核算题

1. 红光机床厂为增值税一般纳税人，按月缴纳增值税。5月发生下列有关经济业务。

（1）6日，向本市第三铸造厂购进铸铁一批，增值税专用发票上注明价款180 000元、增值税税额23 400元，上述款项已通过银行汇款付讫。

（2）9日，因铸铁质量问题，发生进货退出。根据铸铁厂开具的红字增值税专用发票，收到退回价款210 000元、增值税税款27 300元。

（3）11日，按照合同规定，红光机床厂接受金属工业公司以圆钢作为投资的入股，其公允价值为360 000元、税额为46 800元。

（4）12日，拨付钢材一批，委托轻工机械厂加工齿轮，已拨付钢材价款168 000元。

（5）22日，收到轻工机械厂开来的增值税专用发票，支付齿轮加工费18 000元、税额2 340元，以银行存款支付。

（6）22日，齿轮加工完毕，该批加工半成品价款为186 000元，收回入库转账。

（7）23日，购入铸铁一批，价款380 000元，专用发票上注明税款49 400元。

（8）26日，机修车间对外提供加工服务，收取劳务费10 900元（含税）。

（9）29日，销售机床10台，实现销售收入2 760 000元，向对方开出增值税专用发票，并收取增值税358 800元，收回货款存入银行存款户。

（10）30日，企业发生两笔销售退回，共计价款198 000元，应退增值税25 740元，企业开出红字增值税专用发票，并以银行存款支付退还款项。

已知：相关票据已通过主管税务机关认证。

要求：根据上述资料，做出有关增值税的会计处理。

2. A省的甲公司承包了B省一个合同金额为1 000万元的工程项目，并把其中300万元的部分项目分包给了具有相应资质的分包人乙公司。工程完工后，该工程项目最终结算金额为1 000万元。假设该项目属于老项目，甲公司、乙公司均采用简易计税方法。甲公司完成工程累计发生合同成本500万元。

要求：根据上述资料，对甲公司有关增值税进行会计处理。

消费税会计 第四章

1. 了解征收消费税的意义及其要素。
2. 理解消费税的特点及其与增值税的关系。
3. 掌握消费税会计的确认、计量、记录与申报。

与增值税相比,消费税永远是"配角"。虽然是"配角",但它可以发挥其特殊的调节作用,可以实现与增值税的优势互补。消费税与增值税同为流转税(商品劳务税),但两者的会计处理方法迥异,又是什么原因呢?

第一节 消费税的税制要素

目前,世界上已有 120 多个国家和地区征收消费税。中华人民共和国成立以来,在先后征收的货物税、商品流通税、工商统一税、工商税、产品税以及在 1994 年以前的增值税试点中,对烟、酒、化妆品等消费品都设计了较高的税率,基本上具备了对消费品课税的性质。自 1994 年起,作为独立税种的消费税开始在全国征收,之后逐步调整征收范围、税目和税率。

一、消费税的纳税人与征收意义

消费税是对特定消费品、特定消费行为征收的一种具有调节功能的流转税。

消费税的纳税人是在我国境内销售、委托加工和进口应税消费品的单位和个人。

纳税人在生产、批发或零售环节销售应税消费品,纳税人自用未对外销售应税消费品,应依法缴纳消费税。纳税人出口应税消费品,免征消费税(国务院另有规定的除外)。

我国现行消费税与其他国家对消费行为、消费品普遍课征的消费税不同,它是选择性课征的特种消费税,即以调节功能为主,取得财政收入为辅的消费税。调节功能主要体现为:一是"寓禁于征",主要选择高能耗、高污染的产品,稀缺资源类产品,以及过度消费对人体健康不利的产品课税,在减少消费的同时还能取得收入;二是选择某些高档消费品或奢侈品课税,让高收入人群负担更多税款,从而调节收入差距。

二、消费税的税目与税率

（一）税目

从科学、合理的原则出发，现行消费税共设置了 15 个税目、若干子目，征税主旨明确，课税对象清晰。

（二）税率

消费税实行从价比例税率、从量定额税率和从价从量复合计税三种方式。消费税税目、税率如表 4-1 所示。

表 4-1　　　　　　　　　　　消费税税目、税率（或单位税额）表

税目	税率或单位税额
一、烟	
1. 卷烟	
（1）甲类卷烟（生产环节）	56%加 0.003 元/支
（2）乙类卷烟（生产环节）	36%加 0.003 元/支
（3）甲类、乙类卷烟（批发环节）	11%加 0.005 元/支
2. 雪茄烟	36%
3. 烟丝	30%
二、酒	
1. 白酒	20%加 0.5 元/500 克（或 500 毫升）
2. 黄酒	240 元/吨
3. 啤酒	
（1）甲类啤酒	250 元/吨
（2）乙类啤酒	220 元/吨
4. 其他酒	10%
三、高档化妆品	15%
四、贵重首饰及珠宝玉石	
1. 金银首饰、铂金首饰及钻石和钻石饰品	5%
2. 其他贵重首饰和珠宝玉石	10%
五、鞭炮、焰火	15%
六、成品油	
1. 汽油、石脑油、溶剂油、润滑油	1.52 元/升
2. 柴油、航空煤油、燃料油	1.2 元/升
七、摩托车	
1. 气缸容量（排气量，下同）250 毫升	3%
2. 气缸容量 250 毫升以上的	10%
八、小汽车	
1. 乘用车	
（1）气缸容量（排气量，下同）在 1.0 升以下（含 1.0 升）的	1%
（2）气缸容量在 1.0 升以上至 1.5 升（含 1.5 升）的	3%
（3）气缸容量在 1.5 升以上至 2.0 升（含 2.0 升）的	5%
（4）气缸容量在 2.0 升以上至 2.5 升（含 2.5 升）的	9%
（5）气缸容量在 2.5 升以上至 3.0 升（含 3.0 升）的	12%
（6）气缸容量在 3.0 升以上至 4.0 升（含 4.0 升）的	25%
（7）气缸容量在 4.0 升以上的	40%
2. 中轻型商用客车	5%
3. 超豪华小汽车	10%
九、高尔夫球及球具	10%
十、高档手表	20%
十一、游艇	10%

续表

税目	税率或单位税额
十二、木制一次性筷子	5%
十三、实木地板	5%
十四、电池	4%
十五、涂料	4%

注：

① 卷烟实行从量和从价复合计税办法。先从量计税，定额税率为每标准箱（50 000 支，下同）150 元；再按调拨价格从价计税，每标准条（200 支，下同）调拨价格在 70 元（含 70 元，不含增值税）以上的卷烟税率为 56%，每标准条调拨价格在 70 元（不含增值税）以下的卷烟税率为 36%。白包卷烟，手工卷烟，自产自用没有同牌号、同规格调拨价格的卷烟，委托加工没有同牌号、同规格调拨价格的卷烟，未经国务院批准纳入计划的企业和个人生产的卷烟，一律适用 56%的比例税率。

② 粮食白酒、薯类白酒实行从量和从价复合计税办法。定额税率为每斤（500 克）或每 500 毫升 0.5 元，粮食白酒和薯类白酒的比例税率均为 20%。

每吨啤酒出厂价格（含包装物及包装物押金）在 3 000 元（含 3 000 元，不含增值税）以上的，单位税额为 250 元/吨；每吨啤酒出厂价格在 3 000 元（不含增值税）以下的，单位税额为 220 元/吨；饮食业、商业、娱乐业举办的啤酒屋（啤酒坊）利用啤酒生产设备自制的啤酒，适用的单位税额为 250 元/吨。

③ 对无汞原电池、金属氢化物镍蓄电池（又称"氢镍蓄电池"或"镍氢蓄电池"）、锂原电池、锂离子蓄电池、太阳能电池、燃料电池和全钒液流电池免征消费税。

④ 对施工状态下挥发性有机物（Volatile Organic Compounds，VOC）含量低于 420 克/升（含）的涂料免征消费税。

三、消费税的纳税环节

我国现行消费税纳税（征收）环节具有单一性，即基本上都在生产（进口）环节征收，仅对少数消费品在批发或零售环节征税，即消费税的纳税环节可以分为生产（进口）环节和其他环节。

消费税的纳税环节

（一）生产（进口）环节纳税

（1）纳税人生产的应税消费品，在销售时纳税。

（2）纳税人自产自用的应税消费品，用于连续生产应税消费品的，移送时不纳税，待最终应税消费品销售时纳税；用于其他方面的，在移送时纳税。

（3）委托加工的应税消费品，除受托方为个人外，受托方在向委托方交货时代收代缴消费税。

（4）进口的应税消费品，在报关进口时纳税。

（二）其他环节纳税

（1）甲类、乙类卷烟：除在生产环节纳税外，在批发环节按定额税率征收消费税。

（2）金银（不包括镀金、包金首饰）、铂金、钻石及其饰品在零售环节纳税。

（3）超豪华小汽车：在生产（进口）环节按乘用车或中轻型商用客车征收消费税的基础上，在零售环节再加征 10%的消费税。

第二节 消费税的确认计量

一、消费税纳税义务的确认

（1）纳税人销售应税消费品，纳税义务发生时间为收讫销售款项或者取得索取销售款项凭据的当天；先开具发票的，为开具发票的当天。

(2) 委托加工应税消费品，除受托方为个人外，由受托方在向委托方交货时代收代缴税款，纳税义务发生时间为受托方向委托方交货的当天。

(3) 未对外销售，自用应税消费品纳税义务发生时间为移送货物的当天。

(4) 进口应税消费品，纳税义务发生时间为进入关境的当天。

二、销售额的确认

（一）销售额及其确认要求

销售额是指纳税人销售应税消费品取得的与之相关的对价，包括全部货币或者非货币形式的经济利益。

纳税人销售的应税消费品，以人民币计算销售额。纳税人以人民币以外的货币结算销售额的，应当折合成人民币计算。

纳税人兼营不同税率的应税消费品，应当分别核算不同税率应税消费品的销售额、销售数量；未分别核算销售额、销售数量，或者将不同税率的应税消费品组成成套消费品销售的，从高适用税率。

纳税人申报的应税消费品的计税价格和数量明显偏低且不具有合理商业目的的，税务机关、海关有权核定其计税价格和数量。

（二）白酒生产企业销售额的确认

（1）基本要求。白酒生产企业销售给销售单位的白酒，生产企业消费税计税价格低于销售单位对外销售价格（不含增值税，下同）70%以下的，税务机关应核定消费税最低计税价格。销售单位是指销售公司、购销公司以及委托境内其他单位或个人包销本企业生产白酒的商业机构。销售公司、购销公司是指专门购进并销售白酒生产企业生产的白酒，并与该白酒生产企业存在关联性质的公司。包销是指销售单位依据协定价格从白酒生产企业购进白酒，同时承担大部分包装材料等成本费用，并负责销售白酒。

（2）最低计税价格的核定。

① 最低计税价格的核定标准。白酒生产企业销售给销售单位的白酒，生产企业消费税计税价格低于销售单位对外销售价格70%以下的，消费税最低计税价格由税务机关根据生产规模、白酒品牌、利润水平等情况，在销售单位对外销售价格的50%~70%范围内自行核定。其中，生产规模较大、利润水平较高的企业生产的需要核定消费税最低计税价格的白酒，税务机关核价幅度原则上应选择在销售单位对外销售价格的60%~70%。

② 从高适用计税价格。已核定最低计税价格的白酒，生产企业实际销售价格高于消费税最低计税价格的，按实际销售价格申报纳税；实际销售价格低于消费税最低计税价格的，按消费税最低计税价格申报纳税。

③ 重新核定计税价格。已核定消费税最低计税价格的白酒，销售单位对外销售价格持续上涨或下降时间达到3个月以上，累计上涨或下降幅度在20%（含）以上的白酒，税务机关重新核定消费税最低计税价格。

（3）对账证不全的小酒厂生产的白酒，消费税采取核定征收方式。

（三）其他企业销售额的确认

应税产品销售额为纳税人销售应税消费品时向购买方收取的全部价款和价外费用，但不包括应向购货方收取的增值税税款。

如果纳税人应税消费品的销售额中含增值税或因不得开具增值税专用发票而发生价款和增值税

合并收取的,在计算消费税时,应当换算为不含增值税的销售额。其换算公式为:

应税消费品的销售额=含增值税销售额÷(1+增值税税率或征收率)

应税消费品连同包装物销售的,无论包装物是否单独计价以及在会计上如何核算,均应并入应税消费品销售额缴纳消费税。如果包装物不作价随同产品销售,而是收取押金,则此项押金不应并入应税消费品销售额征税。但对逾期未收回的包装物不再退还的或者已收取的时间超过12个月的押金,应并入应税消费品销售额,按照应税消费品的适用税率缴纳消费税。

三、销售数量的确认

销售数量是指应税消费品的销售量。其确认方法如下。
(1)销售应税消费品的,为应税消费品的实际销售量;
(2)自用应税消费品的,为应税消费品的移送使用量;
(3)委托加工应税消费品的,为纳税人收回的应税消费品量;
(4)进口应税消费品的,为海关核定的应税消费品进口征税量。

四、应交消费税的计算

(一)消费税从价计税的计算

在消费税按从价计税方法计算时,其计算公式如下:

应交消费税=应税消费品的销售额×比例税率

1. 销售应税消费品应纳税额的计算

(1)基本销售行为应纳税额的计算。

消费税的计税依据——销售额与增值税中的销售额的含义相同;增值税销售额的确认同时也就是消费税销售额的确认,销售额乘以消费税税率即可计算出应交消费税。

从价计税与从量计税

【例4-1】某酒厂年销售白酒2 000吨,年销售额预计880万元。9月销售白酒150吨,对外销售不含税价格为6 500元/吨;销售散装白酒10吨,价格为5 000元/吨,款项全部存入银行。其应交消费税计算如下。

应交消费税=(150×6 500+10×5 000)×20%+(150×2 000+10×2 000)×0.5=365 000(元)

超豪华小汽车的征收范围为零售价格在130万元(不含增值税)及以上的乘用车和中轻型商用客车,即乘用车和中轻型商用客车子税目中的超豪华小汽车。在生产环节、进口环节对超豪华小汽车按乘用车和中轻型商用客车税率征收消费税的基础上,在零售环节加征消费税,税率为10%。将超豪华小汽车销售给消费者的单位和个人为超豪华小汽车零售环节纳税人,应交消费税计算公式如下:

应交消费税=零售环节销售额(不含增值税,下同)×零售环节税率

国内汽车生产企业直接销售给消费者的超豪华小汽车,消费税税率按照生产环节税率和零售环节税率加总计算,应交消费税计算公式如下:

应交消费税=销售额×(生产环节税率+零售环节税率)

(2)企业以非货币性资产交换方式,用以换取生产资料和消费资料、投资入股和抵偿债务的应税消费品,应以同类应税消费品的最高销售价格(而非加权平均价格)为计税依据计算应纳消费税。

(3)企业用外购已税消费品生产销售的应税消费品,准予从应纳消费税税额中抵扣外购已税消费品已纳税额。

以外购或委托加工收回的已税烟丝、高档化妆品、鞭炮焰火、珠宝玉石、葡萄酒、木制一次性筷子、实木地板、润滑油、石脑油等为原料,继续加工生产卷烟、高档化妆品、鞭炮焰火、珠宝玉石、葡萄酒、木制一次性筷子、实木地板、润滑油、石脑油等应税消费品的,在其销售时,准予从应纳消费税税额中抵扣原已纳消费税。

当期准予抵扣的外购应税消费品已交消费税,在计税时按当期生产耗用量计算,计算公式如下:

$$当期准予抵扣的外购应税消费品买价 = 期初库存的外购应税消费品买价 + 当期购进应税消费品的买价 - 期末库存的外购应税消费品买价$$

$$当期准予抵扣的外购应税消费品已纳税额 = 当期准予抵扣的外购应税消费品买价 \times 外购应税消费品适用税率$$

外购应税消费品买价是指发票中注明的销售额。纳税人用外购已税珠宝玉石生产的应在零售环节缴纳消费税的金银首饰(镶嵌首饰),在计税时不得抵扣外购珠宝玉石已纳税款。

【例4-2】某卷烟厂6月外购烟丝100 000元,月初库存外购已税烟丝75 000元,月末库存外购已税烟丝36 000元;当月以外购烟丝生产卷烟的销售量为28个标准箱,每标准条的调拨价格为40元,共计280 000元。有关计算如下。

当月准予抵扣的外购应税消费品买价=75 000+100 000-36 000=139 000(元)

当月准予抵扣的外购应税消费品已纳税额=139 000×30%=41 700(元)

当月应交消费税税额=28×150+280 000×36%-41 700

=105 000-41 700=63 300(元)

2. 企业自用应税消费品应纳税额的计算

自用就是指纳税人生产应税消费品后不是用于直接对外销售,而是用于连续生产应税消费品或其他方面。

纳税人若用于连续生产应税消费品(作为生产最终应税消费品的直接材料,并构成最终产品实体,如卷烟厂生产的烟丝再用于本厂连续生产卷烟),则根据税不重征的原则,不缴纳消费税。

若用于连续生产非应税消费品或其他方面,则于移送时缴纳消费税,以纳税人生产的同类消费品的销售价为计税依据;若没有同类消费品的销售价格,则可按组成计税价格计算纳税。纳税人自产自用的应税消费品,按照纳税人生产的同类消费品的销售价格计算纳税;没有同类消费品销售价格的,按照组成计税价格计算纳税。

"同类消费品的销售价格"是指纳税人或者代收代缴义务人当月销售的同类消费品的销售价格;如果当月同类消费品各期销售价格高低不同,则应按销售数量加权平均计算。但销售的应税消费品有下列情况之一的,不得列入加权平均计算:①销售价格明显偏低且无正当理由的;②无销售价格的。

如果当月无销售或者当月未完结,则应按照同类消费品上月或者最近月份的销售价格计算纳税。采用从价计税办法计算纳税的组成计税价格的计算公式如下:

$$组成计税价格 = \frac{成本+利润}{1-消费税比例税率}$$

其中,成本是指应税消费品的生产成本;利润是指按应税消费品的全国平均成本利润率计算的利润。

应税消费品的全国平均成本利润率如下:烟类消费品为10%或5%;酒类消费品,除粮食白酒为10%,其余为5%;高档化妆品、鞭炮焰火等为5%;贵重首饰及珠宝玉石、摩托车为6%;乘用车为8%;高尔夫球及球具为10%;高档手表为20%;游艇为10%;木制一次性筷子为5%;实木地板为5%；中轻型商用客车为5%；电池为4%；涂料为7%。

【例4-3】某汽车制造厂将一辆自产乘用车（气缸容量为2.0升）转作自用（固定资产），该种汽车对外销售价格为18万元，生产成本为10万元。其应交消费税计算如下。

应交消费税=180 000×5%=9 000（元）

如果该自用车没有同类消费品销售价格，其生产成本为15万元，则其组成计税价格计算如下：

消费税组成计税价格=150 000×（1+8%）÷（1-5%）=170 526（元）

应交消费税=170 526×5%=8 526（元）

增值税组成计税价格=150 000×（1+8%）+8 526=170 526（元）

应交增值税=170 526×13%=22 168.38（元）

3. 委托加工应税消费品应纳税额的计算

委托加工应税消费品是指委托方提供原料或主要材料，受托方只收取加工费和代垫部分辅助材料进行加工的应税消费品。

若属税法规定的委托加工行为，则受托方必须严格履行代收代缴义务，在与委托方办理交货结算时代收代缴消费税。若受托方为个体经营者，则由委托方自己在所在地缴纳消费税。

委托加工应税消费品时，按照受托方同类消费品的销售价格计算纳税。没有同类消费品销售价格的，按照组成计税价格计税，其计算公式如下：

$$组成计税价格=\frac{材料成本+加工费}{1-消费税比例税率}$$

组成计税价格中的"材料成本"是指委托方所提供的材料实际成本。委托加工应税消费品的纳税人，必须在委托加工合同上如实注明（或者以其他方式提供）材料成本，凡未提供材料成本的，受托方主管税务机关有权核定该材料成本。"加工费"是指受托方加工应税消费品时向委托方收取的全部费用（包括代垫的辅助材料实际成本）。

【例4-4】天海公司是一家以销售蓄电池为主的商贸企业，系小规模纳税人。2月5日，天海公司委托NM公司加工145件铅蓄电池。天海公司提供的原材料成本为57 700元；NM公司收取加工费4 400元，代垫辅助材料款300元。已知NM公司没有同类消费品的销售价格。2月22日，委托加工产品全部收回，并于当月全部对外出售，共取得销售价款80 340元。

因委托加工产品收回后售价78 000（80 340÷1.03）元高于受托方计税价65 000[（57 700+4 400+300）÷（1-4%）]元，天海公司还需缴纳消费税。当月，天海公司计算申报消费税如下。

通过NM公司代扣代缴消费税=（57 700+4 400+300）÷（1-4%）×4%=2 600（元）

应交消费税=80 340÷1.03×4%-2 600=520（元）

4. 外购、委托加工的应税消费品连续加工生产应税消费品应纳税额的计算

若以外购、委托加工的应税消费品为原料，连续加工生产成另一种应税消费品，则当其销售时，凭合法有效凭证，准予从应纳消费税中抵扣原已缴纳的消费税。有关计算公式如下：

$$本期应交消费税 = 当期销售额 \times 消费税税率 - 当期准予抵扣的外购、委托加工应税消费品已纳税额$$

$$当期准予抵扣的外购应税消费品已纳税额 = \left(\frac{期初库存的外购应税消费品买价}{} + \frac{当期购进的外购应税消费品买价}{} - \frac{期末库存的外购应税消费品买价}{}\right) \times 外购应税消费品比例税率$$

$$当期准予抵扣的委托加工应税消费品已纳税额 = 期初库存的委托加工应税消费品已纳税款 + 当期收回的委托加工应税消费品已纳税款 - 期末库存的委托加工应税消费品已纳税款$$

【例4-5】某建材公司系增值税小规模纳税人,主要从事各种铸造涂料、石墨粉涂料、滑石粉涂料、高铝粉涂料及其他涂料的生产销售业务。5月销售铸造涂料、石墨粉涂料、滑石粉涂料、高铝粉涂料和其他涂料价税合计分别为40万元、32万元、24万元、16万元和8万元。其中,挥发性有机物含量低于420克/升(含)的三氯乙烯和四氯乙烯涂料合计22.4万元。同时,销售委托其他涂料公司加工收回的不易挥发的各种涂料48万元(受托方含税计税价格为24万元)。不考虑其他因素,计算该公司当月应交消费税。

纳税人生产销售涂料应按规定缴纳消费税,但对于在施工状态下挥发性有机物含量低于420克/升(含)的涂料免征消费税。另外,纳税人委托加工收回的应税消费品以高于受托方的计税价格出售的,应按规定申报缴纳消费税,在计税时准予扣除受托方已代收代缴的消费税。

当月涂料含税销售收入总额=40+32+24+16+8+48=168(万元)

免征消费税销售额=22.4(万元)

应交消费税=(168-22.4-24)÷1.03×4%=4.72(万元)

5. 进口应税消费品应纳税额的计算

进口应税消费品于报关时缴纳消费税,并由海关代征。部分进口应税消费品的税率也按调整后的税率缴纳,即由原来的从价计税一种方法改为从价计税和复合计税两种方法。进口应税消费品按照组成计税价格计算纳税。

实行从价计税办法计算纳税的组成计税价格计算公式为:

应交消费税=组成计税价格×消费税比例税率

$$组成计税价格 = \frac{关税完税价格 + 关税}{1 - 消费税比例税率}$$

实行复合计税办法计算纳税的组成计税价格计算公式为:

组成计税价格=(关税完税价格+关税+进口数量×消费税定额税率)÷(1-消费税比例税率)

关税完税价格是指海关核定的关税计税价格。进口环节消费税,除国务院另有规定外,一律不得减税、免税。

【例4-6】某公司进口成套高档化妆品一批。该成套高档化妆品CIF价格为40万元,消费税税率15%,增值税税率13%,关税税率10%。其应交消费税、增值税计算如下。

消费税组成计税价格=400 000×(1+10%)÷(1-15%)
=517 647(元)

应交消费税=517 647×15%=77 647(元)

增值税组成计税价格=400 000+400 000×10%+77 647=517 647(元)

应交增值税=517 647×13%=67 294.11(元)

(二)消费税从量计税的计算

消费税实行从量计税计算办法时,其计算公式如下:

应交消费税=应税消费品数量×定额税率(单位税额)

根据现行规定,消费税中只有黄酒、啤酒和成品油以销售数量为计税依据。黄酒、啤酒以吨为税额单位,成品油以升为税额单位。为了规范不同产品的计量单位,准确计算应纳税额,税法对吨与升两个计量单位的换算标准规定如下:对于黄酒,1吨=962升;对于啤酒,1吨=988升;对于汽油,1吨=1 388升;对于柴油,1吨=1 176升;对于石脑油,1吨=1 385升;对于溶剂油,1吨=1 282升;对于润滑油,1吨=1 126升;对于燃料油,1吨=1 015升;对于航空煤油,1吨=1 246升。

【例4-7】某啤酒厂本月外销啤酒10吨,每吨售价4 500元。当月作为福利发给职工每人10升,职工人数455人。计算该厂当月应交消费税。

将发给职工的啤酒折算为计税单位（吨）=10×455÷988=4.6（吨）。

应交消费税=（10+4.6）×250=3 650（元）

（三）消费税复合计税的计算

复合计税方法是从价计税与从量计税复合计算应纳税额的一种计税方法。目前，我国白酒和卷烟产品采用复合计税方法。其计算公式如下：

应交消费税=销售数量×定额税率+销售额×比例税率

实行复合计税方法计算纳税的组成计税价格计算公式如下：

组成计税价格=（成本+利润+自产自用数量×定额税率）÷（1-比例税率）

【例4-8】某卷烟厂2月出售卷烟25个标准箱①，每标准条的调拨价格为70元，共计价款437 500元；出售烟丝45 000元，不退包装物。采用商业汇票结算，货已发出并办好结算手续。该厂应纳消费税税额计算如下：

25×150+437 500×56%+45 000×30%=262 250（元）

【例4-9】某酒厂4月以粮食白酒1 000箱（每箱1 200元，每箱6瓶，每瓶500克）换取建筑材料，以满足扩建工程需要。假定每箱白酒1 200元的价格高于销售单位对外销售价格的70%以上。应交消费税计算如下：

1 000×1 200×20%+1 000×6×0.5=243 000（元）

第三节 消费税的会计处理

一、消费税会计账户的设置

缴纳消费税的企业应主要设置以下两个账户。

（一）"应交税费——应交消费税"

为了正确、及时地反映企业应缴、已缴、欠缴消费税等相关涉税事项，纳税人应在"应交税费"账户下设置"应交消费税"明细账户进行会计处理。该明细账户采用三栏式账户记账，贷方核算企业按规定应缴纳的消费税，借方核算企业实际缴纳的消费税、允许抵扣的消费税；期末，贷方余额表示尚未缴纳的消费税税额，借方余额表示企业多缴的消费税税额。

（二）"税金及附加"

为了反映由此产生的消费税费用，企业还应设置"税金及附加"账户。该账户用于核算因销售应税产品而负担的消费税金及其附加（城市维护建设税、教育费附加等）。

企业计算应缴消费税时，借记"税金及附加"，贷记"应交税费——应交消费税"。实际缴纳时，借记"应交税费——应交消费税"，贷记"银行存款"。期末，应将"税金及附加"账户的余额转入"本年利润"账户，结转后本账户无余额。

二、应税消费品销售的会计处理

由于消费税属价内税，企业销售应税消费品的售价包含消费税（不含增值税），因此，企业缴纳

---

① 每标准箱为50 000支。

的消费税应记入"税金及附加"账户，用销售收入补偿。销售实现时，按规定计算应缴消费税。

【例4-10】某企业8月销售乘用车15辆（气缸容量2.2升），出厂价每辆150 000元，价外收取有关费用每辆11 000元。有关计算如下。

应交消费税=（150 000+11 000÷1.13）×9%×15=215 641.6（元）

应交增值税=（150 000+11 000÷1.13）×13%×15=311 482.3（元）

根据有关凭证，做如下会计分录。

借：银行存款　　　　　　　　　　　　　　　　　　　　　2 707 500
　　贷：主营业务收入　　　　　　　　　　　　　　　　　　2 396 017.7
　　　　应交税费——应交增值税（销项税额）　　　　　　　311 482.3

同时，做如下会计分录。

借：税金及附加　　　　　　　　　　　　　　　　　　　　215 641.6
　　贷：应交税费——应交消费税　　　　　　　　　　　　　215 641.6

上缴税金（假设同期应缴增值税11万元）时，做如下会计分录。

借：应交税费——应交增值税（已交税金）　　　　　　　　110 000
　　　　　　——应交消费税　　　　　　　　　　　　　　　215 641.6
　　贷：银行存款　　　　　　　　　　　　　　　　　　　　325 641.6

【例4-11】某酒厂将1 500瓶（每瓶500克）新研制的以粮食为原料的"特曲"以55元/瓶的价格销售给关联企业。因该白酒尚未投放市场，没有对外销售价格。已知每500克白酒的成本为50元，成本利润率为10%。计算应交消费税并做相关会计分录。

组成计税价格=［50×（1+10%）+0.5］÷（1-20%）=69.375（元/瓶）

应交消费税=（69.375×20%+0.5）×1 500=21 562.5（元）

应交增值税=69.375×1 500×13%=13 528.125（元）

（1）销售给关联企业时。

借：银行存款等　　　　　　　　　　　　　　　　　　　　96 028.125
　　贷：主营业务收入　　　　　　　　　　　　　　　　　　82 500
　　　　应交税费——应交增值税（销项税额）　　　　　　　13 528.125

（2）计算应交消费税时。

借：税金及附加　　　　　　　　　　　　　　　　　　　　21 562.5
　　贷：应交税费——应交消费税　　　　　　　　　　　　　21 562.5

三、应税消费品视同销售的会计处理

（一）企业将生产的应税消费品作为投资的会计处理

企业将生产的应税消费品作为投资应视同销售缴纳消费税，但在会计处理上投资不宜做销售处理。因为投资与销售两者性质不同，投资作价与用于投资的应税消费品账面成本之间的差额应由整个投资期间的损益来承担，而不应仅由投资当期损益承担。现行税法要求做销售处理，主要是考虑不影响所得税的计算。

企业在投资时，借记"长期股权投资""存货跌价准备"等，按该应税消费品的账面成本贷记"产成品"或"自制半成品"等，按投资的应税消费品售价或组成计税价格计算的应缴增值税、消费税贷记"应交税费"；按投资时支付的相关税费（增值税、消费税除外），贷记"银行存款"。

【例4-12】某汽车制造厂5月以其生产的20辆乘用车（气缸容量2.0升）向出租汽车公司投资。双方协议，税务机关认可的每辆汽车的售价为150 000元，每辆车的实际成本为100 000元。应纳增值税和消费税如下。

应交增值税=150 000×13%×20=390 000（元）
应交消费税=150 000×5%×20=150 000（元）
做如下会计分录。

借：长期股权投资	3 390 000	
贷：主营业务收入		3 000 000
应交税费——应交增值税（销项税额）		390 000
借：税金及附加	150 000	
贷：应交税费——应交消费税		150 000
借：主营业务成本	2 000 000	
贷：库存商品		2 000 000

（二）企业以生产的应税消费品换取生产资料、消费资料或抵偿债务的会计处理

企业以生产的应税消费品换取生产资料、消费资料或抵偿债务、支付代购劳务费等，应视同销售行为，在会计上做销售处理。以应税消费品换取生产资料和消费资料的，应按售价（若有不同售价，计算增值税时按平均售价，计算消费税时应按最高售价）借记"材料采购"等，贷记"主营业务收入"；以应税消费品抵偿债务、支付代购劳务费的，按售价借记"应付账款"等，贷记"主营业务收入"。同时，按售价计算应缴消费税，借记"税金及附加"，贷记"应交税费——应交消费税"，并结转销售成本。

【例4-13】某白酒厂1月用粮食白酒10吨抵偿胜利农场大米款55 000元。该粮食白酒每吨本月售价在4 800～5 200元波动，平均销售价格为5 000元/吨。10吨白酒的市价为51 000元。

以物抵债属销售范畴，应纳增值税的销项税额如下。

5 000×10×13%=6 500（元）

该粮食白酒的最高销售价格为5 200元/吨，应纳消费税如下。

5 200×10×20%+10×2 000×0.5=20 400（元）

借：应付账款——胜利农场	55 000	
营业外支出	2 500	
贷：主营业务收入		51 000
应交税费——应交增值税（销项税额）		6 500
借：税金及附加	20 400	
贷：应交税费——应交消费税		20 400

（三）企业将自产应税消费品用于在建工程、职工福利的会计处理

企业将自产的产品自用是一种内部结转关系，不存在销售行为，企业并没有现金流入，因此，应按产品成本转账，并据其用途记入相应账户。当企业将应税消费品移送自用时，按其成本转账，借记"在建工程""营业外支出""销售费用"等，贷记"产成品""自制半成品"。

按自用产品的销售价格或组成计税价格计算应缴消费税时，借记"在建工程""营业外支出""销售费用"等（不通过"税金及附加"账户），贷记"应交税费——应交消费税"。

【例4-14】某啤酒厂将自己生产的某新品牌啤酒20吨发给职工作为福利；10吨用于广告宣传，让客户及顾客免费品尝。该啤酒每吨成本2 000元，每吨出厂价格2 500元。

（1）发给职工的啤酒。
应付职工薪酬=20×2 500×1.13=56 500（元）
应交消费税=20×220=4 400（元）
应交增值税=2 500×20×13%=6 500（元）

借：应付职工薪酬	56 500
贷：主营业务收入	50 000
应交税费——应交增值税（销项税额）	6 500
借：税金及附加	4 400
贷：应交税费——应交消费税	4 400
借：主营业务成本	40 000
贷：产成品	40 000

（2）用于广告宣传的啤酒。
应交消费税=10×220=2 200（元）
应交增值税=2 500×10×13%=3 250（元）

借：销售费用	25 450
贷：应交税费——应交增值税（销项税额）	3 250
——应交消费税	2 200
产成品	20 000

四、委托加工应税消费品的会计处理

（一）委托方的处理

1. 收回后直接销售

委托方发出委托加工材料，向受托方支付加工费和代收代缴消费税时，借记"委托加工物资"等，贷记"应付账款""银行存款"等。在将收回的委托加工应税消费品不再加工而直接销售时，如果委托方在受托方计税基础上加价出售，则计税并做应缴消费税的会计分录；如果直接出售（不加价），因为不缴消费税，则不必做应缴消费税的会计分录。

委托加工应税消费品

【例4-15】 某卷烟厂委托A厂加工烟丝，卷烟厂和A厂均为一般纳税人。卷烟厂提供烟叶55 000元，A厂收取加工费20 000元、增值税税额2 600元。卷烟厂做如下会计分录。

（1）发出材料时。

借：委托加工物资	55 000
贷：原材料	55 000

（2）支付加工费时。

借：委托加工物资	20 000
应交税费——应交增值税（进项税额）	2 600
贷：银行存款	22 600

（3）支付代收代缴消费税时。
代收代缴消费税=（55 000+20 000）÷（1-30%）×30%=32 143（元）

借：委托加工物资	32 143
贷：银行存款	32 143

（4）加工的烟丝入库时。
　　借：产成品　　　　　　　　　　　　　　　　　　　　　107 143
　　　　贷：委托加工物资　　　　　　　　　　　　　　　　　　　　107 143
烟丝按入库价格对外销售时，不再缴纳消费税。

2. 收回后连续生产应税消费品

收回后连续生产应税消费品时，已纳消费税税款准予抵扣。因此，委托方应将受托方代收代缴的消费税借记"应交税费——应交消费税"账户，待最终应税消费品销售时，允许从缴纳的消费税中抵扣。为了在会计上清晰地反映其抵扣过程，可设"待扣税金"账户反映其发生和抵扣过程。

上例资料中，假定委托加工后的烟丝尚需再加工成卷烟，则应做如下会计分录。

（1）发出材料、支付加工费时，会计分录同前。
（2）支付代扣消费税时。
　　借：待扣税金——待扣消费税　　　　　　　　　　　　　　　 32 143
　　　　贷：银行存款　　　　　　　　　　　　　　　　　　　　　　 32 143
（3）加工的烟丝入库时。
　　借：产成品　　　　　　　　　　　　　　　　　　　　　　　　75 000
　　　　贷：委托加工物资　　　　　　　　　　　　　　　　　　　　 75 000

【例4-16】接【例4-15】，委托加工的烟丝收回后，经过进一步加工后作为卷烟对外销售。假设当月销售3个标准箱，每标准条调拨价为60元，期初库存委托加工应税烟丝已纳消费税2 580元，期末库存委托加工应税烟丝已纳消费税29 880元，有关会计分录如下。

（1）取得收入时。
　　借：银行存款　　　　　　　　　　　　　　　　　　　　　　　50 850
　　　　贷：主营业务收入（3×250×60）　　　　　　　　　　　　　 45 000
　　　　　　应交税费——应交增值税（销项税额）　　　　　　　　　 5 850
（2）计提消费税时。
应交消费税=150×3+45 000×36%=16 650（元）
　　借：税金及附加　　　　　　　　　　　　　　　　　　　　　　 16 650
　　　　贷：应交税费——应交消费税　　　　　　　　　　　　　　　 16 650
（3）抵扣消费税时。
当月准予抵扣的消费税税额=2 580+32 143-29 880=4 843（元）
　　借：应交税费——应交消费税　　　　　　　　　　　　　　　　　4 843
　　　　贷：待扣税金——待扣消费税　　　　　　　　　　　　　　　　4 843
（4）当月实际上缴消费税时。
　　借：应交税费——应交消费税　　　　　　　　　　　　　　　　 11 807
　　　　贷：银行存款　　　　　　　　　　　　　　　　　　　　　　 11 807

（二）受托方的会计处理

受托方可按本企业同类消费品的销售价格计算代收代缴消费税税额；若没有同类消费品销售价格，则按照组成计税价格计算。

【例4-17】A厂作为受托方为某卷烟厂将烟叶加工成烟丝，资料见【例4-15】。按组成计税价格计算，消费税税率为30%，则：
组成计税价格=（55 000+20 000）÷（1-30%）=107 143（元）
应交消费税=107 143×30%=32 143（元）

A厂做如下会计分录。

（1）收取加工费时。

借：银行存款　　　　　　　　　　　　　　　　　　　　　　22 600
　　贷：主营业务收入　　　　　　　　　　　　　　　　　　20 000
　　　　应交税费——应交增值税（销项税额）　　　　　　　 2 600

（2）收取代收税金时。

借：银行存款　　　　　　　　　　　　　　　　　　　　　　32 143
　　贷：应交税费——应交消费税　　　　　　　　　　　　　32 143

（3）上缴代收消费税时。

借：应交税费——应交消费税　　　　　　　　　　　　　　　32 143
　　贷：银行存款　　　　　　　　　　　　　　　　　　　　32 143

五、进口应税消费品的会计处理

进口应税消费品时，进口单位缴纳的消费税应计入应税消费品成本中。按进口成本连同应纳关税、消费税、增值税，借记"固定资产""商品采购"等账户；由于进口货物将海关交税与提货联系在一起，即交税后方能提货，故为简化核算，关税、消费税可以不通过"应交税费"账户反映，直接贷记"银行存款"账户。若情况特殊，先提货后交税时，也可以通过"应交税费"账户反映。

【例4-18】某企业从境外购进高档化妆品一批，CIF价格折合人民币25万元。消费税税率为15%，增值税税率为13%，假定关税税率为20%。

应交关税=250 000×20%=50 000（元）

消费税组成计税价格=250 000×（1+20%）÷（1-15%）=352 941（元）

应交消费税=352 941×15%=52 941（元）

应交增值税=352 941×13%=45 882（元）

（1）进口商品入库时，会计分录如下。

借：库存商品　　　　　　　　　　　　　　　　　　　　　 352 941
　　贷：应付账款——××供货商　　　　　　　　　　　　 250 000
　　　　应交税费——应交关税　　　　　　　　　　　　　　50 000
　　　　　　　　——应交消费税　　　　　　　　　　　　　52 941

（2）缴纳税款时，会计分录如下。

借：应交税费——应交增值税（进项税额）　　　　　　　　　45 882
　　　　　　——应交关税　　　　　　　　　　　　　　　　50 000
　　　　　　——应交消费税　　　　　　　　　　　　　　　52 941
　　贷：银行存款　　　　　　　　　　　　　　　　　　　 148 823

第四节　消费税的纳税申报

一、消费税的纳税期限

消费税的计税期间分别为10日、15日、1个月、1个季度或者半年。具体计税期间，由主管税务机关根据纳税人应纳税额的大小分别核定；不能按照固定计税期间纳税的，可以按次纳税。

以 1 个月、1 个季度或者半年为一个计税期间的，自期满之日起 15 日内申报纳税；以 10 日、15 日为一个计税期间的，自期满之日起 5 日内预缴税款，于次月一日起 15 日内申报纳税并结清上月应纳税款。

对同一纳税人，其消费税的纳税期限与增值税相同。

二、消费税的纳税地点

（1）纳税人销售应税消费品的，以及自用应税消费品的，除国务院财政、税务主管部门另有规定外，应当向纳税人机构所在地或居住地的主管税务机关申报纳税。

（2）委托加工应税消费品（受托方为个人除外），由受托方向机构所在地的主管税务机关解缴消费税税款。

（3）委托个人加工的应税消费品，由委托方向机构所在地或居住地主管税务机关申报纳税。

（4）进口应税消费品的，应当向报关地海关申报纳税。

三、消费税的纳税申报

纳税人无论当期有无销售或是否盈利，均应在规定时间内填制消费税纳税申报表，并向主管税务机关进行纳税申报。

消费税纳税申报表包括烟类应税消费品消费税纳税申报表、酒类应税消费品消费税纳税申报表、成品油消费税纳税申报表、小汽车消费税纳税申报表和其他应税消费品消费税纳税申报表。酒类应税消费品消费税纳税申报表、其他应税消费品消费税纳税申报表如表 4-2 和表 4-3 所示。

表 4-2　　　　　　　　　　酒类应税消费品消费税纳税申报表

税款所属期：　　　年　月　日至　　年　月　日

纳税人名称（公章）：

纳税人识别号：

填表日期：　年　月　日　　　　　　　　　　　　　　　　　　　　　金额单位：元（列至角分）

项目 消费品名称	适用税率		销售数量	销售额	应纳税额
	定额税率	比例税率			
粮食白酒	0.5 元/斤	20%			
薯类白酒	0.5 元/斤	20%			
啤酒	250 元/吨	—			
啤酒	220 元/吨	—			
黄酒	240 元/吨	—			
其他酒	—	10%			
合计	—	—	—	—	
本期准予抵减税额：					
本期减（免）税额：				声明：此纳税申报表是根据国家税收法律的规定填报的，我确定它是真实的、可靠的、完整的。 经办人（签章）： 财务负责人（签章）： 联系电话：	
期初未缴税额：					
本期缴纳前期应纳税额：				（如果你已委托代理人申报，请填写）授权声明 为代理一切税务事宜，现授权（　地址　）为本纳税人的代理申报人，任何与本申报表有关的往来文件，都可寄此人。 授权人签章：	
本期预缴税额：					
本期应补（退）税额：					
期末未缴税额：					

以下由税务机关填写：

受理人（签章）：　　　　受理日期：　　年　月　日　　　　受理税务机关（章）：

表 4-3　　　　　　　　　　其他应税消费品消费税纳税申报表

税款所属期：　　　　年　月　日至　　年　月　日
纳税人名称（公章）：
纳税人识别号：
填表日期：　年　月　日　　　　　　　　　　　　　　　　　　　　金额单位：元（列至角分）

消费品名称 \ 项目	适用税率	销售数量	销售额	应纳税额
合计		—	—	

本期准予抵减税额：	声明：此纳税申报表是根据国家税收法律的规定填报的，我确定它是真实的、可靠的、完整的。
本期减（免）税额：	
期初未缴税额：	经办人（签章）： 财务负责人（签章）： 联系电话：
本期缴纳前期应纳税额：	（如果你已委托代理人申报，请填写）授权声明：
本期预缴税额：	为代理一切税务事宜，现授权（地址）
本期应补（退）税额：	为本纳税人的代理申报人，任何与本申报表有关的往来文件，都可寄予此人。
期末未缴税额：	授权人签章：

以下由税务机关填写：
受理人（签章）：　　　　受理日期：　　年　月　日　　受理税务机关（章）：

本章重点与难点

消费税的征收范围，应交消费税的计算和会计处理，消费税的纳税申报。

思考题

1. 与增值税相比，消费税有什么特点？它与增值税是什么关系？
2. 简述消费税的三种计税方法。
3. 消费税的会计处理方法与增值税有何不同？为什么？

技能题

一、计算题

1. 甲实木地板厂为增值税一般纳税人，某年1月发生如下业务。

（1）1月5日，采取分期收款方式向某商场销售一批实木地板，不含税销售额为300万元，合同约定当月支付货款30%，余款下月支付。由于商场资金周转不开，当月实际支付不含税货款50万元。

（2）1月15日，从乙实木地板厂购进未经涂饰的素板，取得的增值税专用发票上注明价款10万元、增值税税额1.3万元。当月领用80%用于继续生产高级实木地板，生产完成后全部对外出售，取得不含税销售收入30万元。

（3）1月18日，新办公楼在建工程领用自产实木地板一批，成本为18万元，不含税市场价为30万元。

（4）1月20日，将自产的一批实木地板作价200万元投资给某商店。该批实木地板的最低不含增值税销售价格为180万元，平均不含增值税销售价格为200万元，最高不含增值税销售价格为220万元。

（5）1月28日，将新生产的一种镶金边实木地板赠送给重要客户。该批镶金边实木地板的成本为80万元，市场上无同类产品的销售价格。

其他相关资料：实木地板适用的消费税税率为5%，成本利润率为5%。

要求：根据上述资料，按下列顺序回答问题，每个问题需计算出合计数。

（1）甲实木地板厂采取分期收款方式销售实木地板应缴纳的消费税。
（2）甲实木地板厂将自产实木地板作价投资给商店应缴纳的消费税。
（3）甲实木地板厂当年1月应缴纳的消费税。

2. 甲酒厂为增值税一般纳税人，主要经营白酒的生产和销售业务，当年1月发生以下经济业务。

（1）用自产的10吨白酒抵偿债务，实际生产成本为1.2万元/吨，最低不含税销售价格为2.2万元/吨，平均不含税销售价格为2.5万元/吨，最高不含税销售价格为3万元/吨。

（2）生产一种新型白酒0.8吨，将其全部赠送给关联企业。已知该种白酒没有同类产品的销售价格，生产成本为1.5万元/吨。

其他相关资料：白酒适用的消费税税率为20%加0.5元/500克，白酒的成本利润率为10%。上述取得的发票都已经过认证。

要求：根据上述资料，按下列顺序回答问题，针对每个问题需计算出合计数。

（1）用于抵偿债务的白酒应缴纳的消费税。
（2）赠送给关联企业的新型白酒应缴纳的消费税。

二、会计核算题

资料：某化妆品有限公司系生产A系列化妆品和B系列护肤护发品的增值税一般纳税人，当年10月发生以下业务。

（1）用生产成本为10 000元的350盒A系列化妆品换取原材料，约定A化妆品按当月销售平均价格250元/盒进行结算，双方互开专用发票。

（2）将A系列化妆品60盒与B系列护肤护发品60盒组成成套化妆品60套，销售给某商场，售价每套360元，B系列护肤护发品的成本为35元/盒；货款尚未收到。

（3）从国外进口一批化妆品香粉，关税完税价格为60 000元，缴纳关税35 000元。取得的海关增值税完税凭证当月已向税务机关申请并通过认证。

（4）本月附带为某影视制作公司生产上妆油500盒，售价为60元/盒，本月收到全部价款。

（5）本期购进酒精一吨，取得专用发票，注明不含税售价为70 000元，货款已支付。

（6）将成本为25 000元的材料委托其他厂加工D系列化妆品，支付加工费8 000元并取得专用发票，D系列化妆品已收回，受托方没有同类销售价格。

化妆品的利润率是5%，护肤护发品的利润率是5%，A系列化妆品当期最高价格为295元/盒。

要求：根据以上资料，做出有关消费税、增值税的会计处理。

第五章 关税会计

1. 了解关税的特点及其要素。
2. 理解关税会计处理的特点。
3. 掌握关税会计的确认、计量、记录与申报。

随着越来越多的成员加入世界贸易组织,有人预言全球将迎来"无关税世界"。诚然,关税组织收入的作用越来越弱化,但关税在维护国家权益方面的作用却越来越强化。关税是国际经济斗争中的一个重要防范手段。在可预见的将来,关税不可能成为历史。学过本章后,你还会发现,关税的会计处理也有其特点。

第一节 关税的税制要素

关税(Tariff)是一个非常古老的税种,在古希腊、古罗马都可以寻到其踪迹。在公元前8—6世纪,古希腊出现了一批奴隶制城邦国家,雅典官方以使用港口索取报酬为名,对输入输出货物征收一定比例的使用费,拒纳者不得进港。公元前5世纪,地中海、爱琴海、黑海一带经济迅速发展,雅典法典规定,进出港口的货物一律从价征收2%的关税,此时的关税已经属于国境关税了。

我国自西周以后,在所设的"关卡"处开始征收税金,供王室使用。《周礼》一书指出:"关市之赋,以待王之膳服"。至唐、宋、元、明四代,设立市舶机构管理对外贸易,征收关税。

与关税属同一范畴的还有行李和邮递物品进口关税(以下简称"行邮税")、船舶吨税,其共同点是都在进入关境时征收,但它们又有明显的区别。本章阐述的关税是"纯种"关税,而行邮税、船舶吨税应该是"混血儿",即"类关税"。

一、关税及其特征

(一)关税的概念及作用

关税是国家授权海关对出入关境的货物和物品征收的一种流转税。

关税是贯彻对外经济贸易政策的重要手段。它在调节经济、促进改革开放方面,在保护民族企业、防止国外经济侵袭、争取关税互惠、促进对外贸易发展、增加国家财政收入方面,都具有重要作用。关税具有价格效应,即当商品被征收关税后,关税比较容易转嫁给消费者,使得商品的价格因为关税而上升。可以说,关税的高低直接反映了进口商品价格的高低。

（二）关税的种类

1. 按货物、物品的流向分类

（1）进口关税（Import Duty）

进口关税是指海关在外国货物进口时课征的关税。进口关税通常在外国货物进入关境或国境时征收，或在外国货物从保税仓库提出运往国内市场时征收。现今世界各国的关税主要是进口关税。征收进口关税的目的在于保护本国市场和增加财政收入。

（2）出口关税（Export Duty）

出口关税是指海关在本国货物出口时课征的关税。为降低出口货物的成本，提高本国货物在国际市场上的竞争力，世界各国一般少征或不征出口关税。但为限制本国某些产品或自然资源的输出，或为保护本国生产、本国市场供应和增加财政收入以及出于某些特定的需要，有些国家也征收出口关税。

2. 按征税标准分类

按征税标准，关税可以分为从量税、从价税、复合税和滑准税。其中，从量税、从价税是关税的基本计算方法。从量税、从价税、复合税的含义与消费税相同，滑准税的含义见本章第二节。

3. 按约束程度分类

（1）自主关税

自主关税又称国定关税，为一个国家基于其主权独立自主制定的并有权修订的关税，包括关税税率及各种法规、条例。国定税率一般高于协定税率，适用于没有签订关税贸易协定的国家。

（2）非自主关税

非自主关税为原殖民地被殖民主义者以不平等条约强迫签订和实施的关税。

（3）协定关税

协定关税为一国与他国通过缔结关税贸易协定而制定的关税税率。协定关税有双边协定税率、多边协定税率和片面协定税率。片面协定税率是一国对他国输入的货物降低税率，为其输入提供方便，而他国并不以降低税率为回报的税率制度。

4. 按差别待遇分类

按差别待遇，关税可以分为普通关税、优惠关税、特惠关税、差别关税、特别关税（亦称加重关税，如反补贴关税、反倾销关税等）。

（三）关税的主要特征

1. 征收上的过"关"性

是否征收关税以货物是否通过关境为标准。对进出关境的货物才征收关税可体现关税从源头征税的特点。关境亦称税境，是一个国家的海关征收关税的领域，即主权国家关税法令实施的领域。

关税的特征

2. 税率上的复式性

我国现行关税税则采用最惠国税率、协定税率、特惠税率和普通税率。复式税则充分反映了关税具有维护国家权益、平等互利发展国际贸易往来和经济技术合作的特点。

3. 对进出口贸易的调节性

许多国家通过制定和调整关税税率来调节进出口贸易。在出口方面，通过抵税、免税和退税来鼓励商品出口；在进口方面，通过税率的调整、减免来调节商品的进口，如为了维护我国的正当权益，可以依法加征特别关税。

4. 关税的保护性

各国经济发展和工业化程度不同，其保护对象和力度也不相同。制定保护性关税（protective

tariff）的一般原则为征收的税额要等于或略高于该商品的国内外差价，即进口商品在征收关税后，其进口成本等于或略高于本国商品的平均成本。

二、关税的纳税人与纳税范围

（一）纳税人

《中华人民共和国进出口关税条例》第五条规定："进口货物的收货人、出口货物的发货人、进境物品的所有人，是关税的纳税义务人。"

凡由外贸企业代理进出口业务的，都由办理进出口业务的外贸企业代为申报纳税；不通过外贸企业自行经营进出口业务的，则由收、发货人自行申报纳税。

非贸易性物品的纳税人是物品持有人、所有人或收件人。

（二）纳税范围

关税的纳税范围（对象）是进出我国国境的货物和物品。货物是指贸易性商品；物品包括入境旅客随身携带的行李和物品、个人邮递物品、各种运输工具上的服务人员携带进口的自用物品、馈赠物品，以及以其他方式进入我国国境的个人物品。

三、关税税则、税目和税率

（一）关税税则、税目

关税税则（Customs Tariff）亦称海关税则，是一国对进出口商品计征关税的规章和对进出口应税商品和免税商品加以系统分类的一览表，是海关征税的依据，是国家关税政策的具体体现。

《中华人民共和国海关进出口税则》包括正文和附录两部分。正文包括海关进口税则和出口税则，附录包括进口商品税目税率表、进口商品关税配额税目税率表、进口商品税则暂定税率表、出口商品税则暂定税率表、入境旅客行李物品和个人邮递物品税目税率表、非全税目信息技术产品税率表等附表。

（二）关税税率

1. 进口商品关税税率

"进口关税设置最惠国税率、协定税率、特惠税率、普通税率、配额税率等税率。对进口货物在一定期限内可以实行暂定税率。"（《中华人民共和国进出口关税条例》第九条）

（1）最惠国税率。其适用于原产于共同适用最惠国待遇条款的世界贸易组织成员的进口货物，原产于与中华人民共和国签订了含有相互给予最惠国待遇条款的双边贸易协定的国家或者地区的进口货物，以及原产于中华人民共和国境内的进口货物。

（2）协定税率。其适用于原产于与中华人民共和国签订了含有关税优惠条款的区域性贸易协定的国家或者地区的进口货物。例如，对原产于韩国、印度、斯里兰卡、孟加拉国和老挝五国的部分进口货物实施《亚太贸易协定》协定税率，对原产于智利的部分进口货物实施中国—智利自由贸易协定税率，对原产于巴基斯坦的部分进口货物实施中国—巴基斯坦自由贸易协定税率，对原产于新西兰的商品实施中国—新西兰自由贸易协定税率，对原产于新加坡的商品实施中国—新加坡自由贸易协定税率等。

（3）特惠税率。其适用于原产于与中华人民共和国签订了含有特殊关税优惠条款的贸易协定的国家或者地区的进口货物。例如，对老挝、柬埔寨、埃塞俄比亚等最不发达国家的部分进口货物实行特惠税率，其中绝大多数商品实施零税率，税目范围涵盖了我国自上述国家进口的绝大多数商品。

（4）普通税率。其适用于原产于上述（1）、（2）、（3）所列以外国家或者地区的进口货物，以及原产地不明的进口货物。

（5）配额税率。配额内关税是指对一部分实行关税配额的货物，按低于配额外税率的进口税率征收的关税。按照国家规定实行关税配额管理的进口货物，关税配额内的，适用配额税率；原产于澳大利亚、新西兰的部分产品，根据双方签订的"自由贸易协定"，适用国别配额税率。

（6）暂定税率。适用最惠国税率、协定税率、特惠税率、普通税率、配额税率的进口货物，可以适用暂定税率。适用最惠国税率的进口货物有暂定税率的，应当适用暂定税率；适用协定税率、特惠税率的进口货物有暂定税率的，应当从低适用税率；适用配额税率的进口货物有暂定税率的，应当适用暂定税率。适用普通税率的进口货物，不适用暂定税率。

（7）ITA 税率（税率为零）。ITA 税率即非全税目信息技术产品的最惠国税率（其税则号列前加注"ex"）。根据加入世界贸易组织的有关协议，我国自加入世界贸易组织时起加入《信息技术协定》，并将取消中国减让表中所列所有信息技术产品的关税。

（8）附加关税，亦称为特别关税，一般是在正常征收关税的基础上加征的一种关税，包括反倾销税、反补贴税、保障措施关税和报复性关税。

2. 出口商品关税税率

"出口关税设置出口税率。对出口货物在一定期限内可以实行暂定税率。"（《中华人民共和国进出口关税条例》第九条）

适用出口税率的出口货物有暂定税率的，应当适用暂定税率。我国征收出口关税的总原则是：既要服从于鼓励出口的政策，又要做到能够控制一些商品的盲目出口。因此，征收出口关税的只限于少数商品，主要是：盈利特别多而且利润比较稳定的大宗商品；在国际市场上，我国出口已占有相当比重的商品；国际市场上容量有限，盲目出口容易在国外形成销价竞销的商品；国内紧俏又大量进口的商品以及国家控制出口的商品。出口关税实行从价税。

四、关税的减免

（一）法定减免

（1）关税税额在人民币 50 元以下的一票货物。
（2）无商业价值的广告品和货样。
（3）外国政府、国际组织无偿赠送的物资。
（4）在海关放行前损失的货物。
（5）进出境运输工具装载的途中必需的燃料、物料和饮食用品。

（二）特定减免

（1）科教用品。不以营利为目的的科学研究机构和学校，在合理数量范围内进口国内不能生产的科学研究和教学用品，直接用于科学研究或者教学的，免缴进口关税以及进口环节增值税、消费税。

（2）残疾人专用品。规定范围内的残疾人个人专用品，免缴进口关税和进口环节增值税、消费税；康复机构、福利机构、假肢厂和荣誉军人康复医院进口国内不能生产的、规定明确的残疾人专用品，免缴进口关税和进口环节增值税。

（3）扶贫、慈善性捐赠物资。境外自然人、法人或者其他组织等境外捐赠人，无偿向经国务院主管部门批准依法成立的，以人道救助和发展扶贫、慈善事业为宗旨的社会团体以及国务院有关部门和各省、自治区、直辖市人民政府捐赠的，直接用于扶贫、慈善事业的物资，免缴进口关税和进口环节增值税。

（4）对加工贸易产品、边境贸易进口物资、保税区进出口货物、出口加工区进出口货物、进口设备、特定地区、特定行业（用途）均有相应的减免税政策。

（三）临时减免

临时减免税是指上述法定减免税和特定减免税以外的其他减免税，即由国务院根据《中华人民共和国海关法》和某项目、某类（批）进出口货物的特殊情况，给予特别照顾而一案一批、专文下达的减免税。

第二节 关税的确认计量

一、关税完税价格的确认

（一）完税价格

完税价格是指海关在计征关税时采用的计税价格，是海关根据有关规定对进出口货物审查确定或估定后确定的应税价格。它是海关征收关税的依据。海关以进出口货物的实际成交价格为基础审定完税价格。实际成交价格是指一般贸易项下进口或出口货物的买方为购买该项货物而向卖方实际支付或应当支付的价格。在关税计算中，除从量计税外，其余计税均涉及完税价格。

完税价格

（二）进口货物完税价格的确认

进口货物的完税价格是海关以进口货物实际成交价格为基础审定的到岸价格，包括货价和货物运抵我国境内输入地点起卸前的包装费、运费、保险费以及向国外支付的软件费、向卖方支付的佣金等劳务费。

进口货物的成交价格是指卖方向我国境内销售该货物时，买方为进口该货物而向卖方实付、应付的，并且按规定调整后的价款总额，包括直接支付的价款和间接支付的价款。

若是单独计价，且已包括在进口货物的成交价格中，经海关审查属实的，下列费用应从完税价格中扣除：①进口人向其境外采购代理人支付的买方佣金。②卖方付给买方的正常回扣。③工业设施、机械设备类货物进口后进行基建、安装、装配、调试或技术指导发生的费用。

如果进口货物的成交价格不符合有关规定，或者成交价格不能确定，海关经了解有关情况，并与纳税义务人进行价格磋商后，依次采用下列方法审查确定该货物的完税价格。

（1）相同货物成交价格估价方法。
（2）类似货物成交价格估价方法。
（3）倒扣价格估价方法。
（4）计算价格估价方法。
（5）其他合理方法。

纳税人向海关提供有关资料后提出申请，可以颠倒③和④的次序。

（三）出口货物完税价格的确认

出口货物的完税价格是海关以出口货物的成交价格为基础审查确定的价格，包括货物运至我国境内输出地点装载前的运输及其相关费用、保险费。出口货物的成交价格是在货物出口销售时，卖方为出口该货物应向买方直接收取和间接收取的价款总额，但不包括出口关税、在货物价款中单独列明的货物运至我国境内输出地点装载后的运输及其相关费用、保险费（即出口货物的运保费最多算至离境口岸）、在货物价款中单独列明由卖方承担的佣金。

出口货物的成交价格不能确定时，海关与纳税人进行价格磋商后，依次按规定的估定完税价格计算方法确认计量出口货物的完税价格。

二、关税的计算公式

关税的基本计算公式如下：

　　应交关税＝关税完税价格×关税税率

由于关税有从价计税、从量计税、复合计税和滑准计税四种计算方法，因此，关税的具体计算方法分为以下几种。

（一）从价税计算方法

从价税（Ad Valorem Duty）是以进出口货物的价格为计税标准计缴的关税，具有税负公平、明确，易于实施，计征简便等优点。大多数进出口商品采用从价税。货物的价格不是指商品的成交价格，而是指进出口商品的完税价格。其计算公式是：

　　应交关税＝应税进出口货物数量×单位完税价格×适用税率

（二）从量税计算方法

从量税（Specific Duty）是以货物的实物计量单位（数量、重量、面积、容量、长度等）为计税标准，以每一计量单位应纳的关税金额为税率来计缴的关税。从量税的特点是不因商品价格的涨落而改变应纳税额，手续简便，但税负不合理，难以普遍采用。我国目前仅对啤酒、胶卷等少数商品计征从量税。其计算公式是：

　　应交关税＝应税进口货物数量×关税单位税额

（三）复合税计算方法

复合税（Mixed or Compound Duty）亦称混合税，是对进口商品既征从量税又征从价税的一种办法。其一般以从量税为主，再加征从价税。实务中，货物的从量税额与从价税额难以同时确定，且手续繁杂，难以普遍采用。我国目前仅对录像机、放像机、摄像机和摄录一体机实行复合计税。其计算公式是：

　　应交关税＝应税进口货物数量×关税单位税额＋应税进口货物数量×单位完税价格×适用税率

（四）滑准税计算方法

滑准税（Sliding Duty）亦称滑动税、伸缩税，是对进口税则中的同一种商品按其市场价格标准分别制订不同价格档次的税率而征收的一种进口关税。征收这种关税的目的是使某种进口商品不论其进口价格是高还是低，其税后价格保持在一个预定的价格标准上，以稳定进口国内该种商品的市场价格。它是预先按照商品市场价格的高低制订不同价格档次的税率，然后根据进口商品价格的变化而升降进口关税税率的一种计缴方法。其税率一般随进口商品价格的变动呈反方向变动，即价格越高，税率越低，税率为比例税率。因此，实行滑准税的进口商品应纳关税税额的计算与从价税基本相同。

实行滑准税的目的是使商品的税后价格保持稳定,以缓解供需矛盾。我国关税配额外进口的棉花执行滑准税率,可以降低企业的用棉成本,并鼓励更多纺织企业走高端路线,多生产高附加值的产品。当进口棉花完税价格高于或等于 15 元/千克时,暂定从量税率为 0.570 元/千克;当进口棉花完税价格低于 15 元/千克时,暂定从价税率按下式计算:

$$R_i = 9.337/P_i + 2.77\% \times P_i - 1 \quad (R_i \leqslant 40\%)$$

式中,R_i 为暂定从价税率,四舍五入保留 3 位小数;P_i 为关税完税价格,单位为元/千克。

应交关税的计算公式为:

应交关税=进口货物完税价格×滑准税率

(五)报复性关税的计算公式

应交关税=关税完税价格×进口关税税率

应交报复性关税=关税完税价格×报复性关税税率

进口环节消费税=进口环节消费税完税价格×进口环节消费税税率

进口环节消费税完税价格=(关税完税价格+关税+报复性关税)÷(1-进口环节消费税税率)

进口环节增值税=进口环节增值税完税价格×进口环节增值税税率

进口环节增值税完税价格=关税完税价格+关税+报复性关税+进口环节消费税

(六)反倾销关税计算公式

反倾销关税=完税价格×反倾销税率

应交进口环节增值税=(完税价格+关税税额+反倾销税税额)×进口环节增值税税率

三、进出口货物从价计征关税的计算

由上可知,目前我国对进出口货物征收关税有不同计算方法,以下仅是从价计征关税的具体计算方法。

(一)进口货物关税的计算方法

1. CIF 价格(成本加保险及运费价格)

以我国口岸 CIF 价格成交或者与我国毗邻的国家以两国共同边境地点交货价格成交的,分别以该价格为完税价格。当成交价格不能确定时,以海关的估定价格为完税价格,其计算方法如下:

完税价格=在我国口岸成交的价格

应交进口关税=完税价格×进口关税税率

【例5-1】某进出口公司从日本进口甲醇,进口申报价格为"CIF天津USD500 000"。假定计税日外汇牌价(中间价)[①]为USD100=CNY600;税则号列为29051210,税率为5.5%。

完税价格= 500 000×6=3 000 000(元)

应交进口关税=3 000 000×5.5%=165 000(元)

2. FOB 价格(装运港船上交货价格)

以国外口岸 FOB 价格或者从输出国购买以国外口岸 CIF 价格成交的,必须分别以在上述价格基础上加上从发货口岸或者国外交货口岸运到我国口岸以前的运杂费和保险费后的价格为完税价格。

完税价格=国外口岸成交价格(FOB)+运费及相关费用+保险费

[①] 实务中,海关每月使用的计征汇率为上月第三个星期三(若遇法定节假日,则顺延采用第四个星期三)中国银行公布的外汇折算价。

完税价格内应当另加的运费、保险费和其他杂费，原则上应按实际支付的金额计算。若无法得到实际支付的金额，也可以外贸系统海运进口运费率或协商规定的固定运杂费计算运杂费，保险费则按中国人民保险公司的保险费率计算。其计算公式如下：

完税价格=（FOB价格+运杂费）÷（1-保险费率）

【例5-2】某进出口公司从美国进口硫酸镁5 000吨，进口申报价格为"FOB旧金山USD325 000"，运费每吨USD40，保险费率为3‰，假定计税日外汇牌价为USD100=CNY600。

（1）计算运费：

5 000×40×6=1 200 000（元）

（2）将进口申报价格由美元折成人民币：

325 000×6=1 950 000（元）

（3）计算完税价格：

完税价格=（1 950 000+1 200 000）÷（1-3‰）

=3 150 000÷0.997=3 159 478（元）

经查找，硫酸镁的税则号列为28332100，税率为5.5%，则该批进口硫酸镁的进口关税税额为：

应交进口关税=3 159 478×5.5%=173 771（元）

【例5-3】5月，某市广播电视局经批准从国外购入磁带型广播级录像机一台，完税价格为2 500美元。完税价格高于2 000美元/台：税率为3%，加3 648元。假定计税日外汇牌价为USD100=CNY700。应交进口关税计算如下：

应交进口关税=2 500×7×3%+3 648=525+3 648=4 173（元）

3. CFR价格（有时称CNF，成本加运费价格）

以成本加运费价格（即含运费价格）成交的，应当另加保险费作为完税价格。

完税价格=CFR价格÷（1-保险费率）

【例5-4】某进出口公司从日本进口乙醛17吨，保险费率为0.3%，进口申报价格为"CFR天津USD306 000"，假定计税日外汇牌价为USD100=CNY600。乙醛的税则号列为29121200，税率为5.5%。

进口申报价格=306 000×6=1 836 000（元）

完税价格=1 836 000÷（1-0.3%）=1 841 525（元）

应交进口关税=1 841 525×5.5%=101 284（元）

4. 国内正常批发价格

若海关不能正确确定进口货物在采购地的正常批发价格，则应以申报进口时国内输入地点同类货物的正常批发价格，减去进口关税，进口环节的其他税以及进口后的正常运输、储存、营业费用及利润为完税价格。如果国内输入地点同类货物的正常批发价格不能正确确定或者有其他特殊情况，则货物的完税价格由海关估定。

（1）不缴国内增值税、消费税或只缴增值税的货物，其完税价格计算公式如下：

$$完税价格 = \frac{国内市场批发价格}{1+进口关税税率+20\%}$$

（2）应同时缴纳国内增值税和消费税的货物，其完税价格计算公式如下：

$$完税价格 = \frac{国内市场批发价格}{1+进口关税税率+\frac{1+进口关税税率}{1-消费税税率}\times 消费税税率+20\%}$$

上述公式中，分母中的20%为国家统一规定的进口环节各项相关费用和利润占完税价格的比例。

【例5-5】 M公司经批准从国外进口一批高档化妆品,其CIF价格已无法确定,进货地国内同类产品的市场正常批发价格为925 000元,国内消费税税率为15%,设进口关税税率为25%。计算该高档化妆品应交关税。

完税价格=925 000÷{1+25%+[(1+25%)÷(1-15%)]×15%+20%}

=925 000÷1.670 6=553 693.28(元)

应交进口关税=553 693.28×25%=138 423.32(元)

应交消费税=(553 693.28+138 423.32)÷(1-15%)×15%=122 138.22(元)

应交增值税=(553 693.28+138 423.32+122 138.22)×13%=105 853.13(元)

(二)出口货物关税的计算

1. FOB价格

出口货物关税完税价格、应交出口关税的计算公式如下:

完税价格=FOB价格÷(1+出口关税税率)

应交出口关税=完税价格×出口关税税率

【例5-6】 某进出口公司出口5 000吨磷到日本,成交价格为FOB天津500美元/吨,磷的出口关税税率为10%。假定计税日外汇牌价为USD100=CNY700。计算应交出口关税。

计算该批磷的完税价格:

完税价格=5 000×500÷(1+10%)=2 272 727(美元)

将美元价折合为人民币完税价格:

2 272 727×7=15 909 089(元)

计算该公司应交出口关税:

应交出口关税=15 909 089×10%=1 590 909(元)

2. CIF价格

出口货物以国外口岸CIF价格成交的,应先扣除离开我国口岸后的运费和保险费后,再按上述公式计算完税价格及应缴纳的出口关税。

完税价格=(CIF价格-保险费-运费)÷(1+出口关税税率)

【例5-7】 天津某进出口公司向新加坡出口黑钨砂5吨,成交价格为CIF新加坡USD 20 000,运费2 000美元,保险费200美元。假定关税税率20%,计税日外汇牌价(中间价)为USD 100=CNY 600。计算应交关税。

完税价格=(20 000×5-2 000-200)×6÷(1+20%)=489 000(元)

应交关税=489 000×20%=97 800(元)

3. CFR价格

以境外口岸CFR价格成交的,其出口货物完税价格的计算公式为:

完税价格=(CFR价格-运费)÷(1+出口关税税率)

4. CIFC价格(CIF价格加佣金)

当成交价格为CIFC境外口岸价格时,有以下两种情况。

佣金为给定金额,则出口货物完税价格的计算公式为:

完税价格=(CIFC价格-保险费-运费-佣金)÷(1+出口关税税率)

佣金为CIFC价格的一定百分比,则出口货物完税价格的计算公式为:

完税价格=[CIFC价格(1-佣金费率)-保险费-运费]÷(1+出口关税税率)

上述2、3、4价格内所含的运费和保险费,原则上应按实际支付数扣除。如无实际支付数,海关可根据定期规定的运费率和保险费率据以计算,纳税后一般不做调整。由陆路输往国外的货物,应以该货物运离国境的 FOB 价格减去出口关税后的价格为完税价格。若 FOB 价格不能确定，则由海关估定。

第三节 关税的会计处理

进行企业进出口业务的会计处理时需设置记录外汇业务的复币式账户，如"应收（应付）外汇账款""预收（预付）外汇账款"等[①]，还要进行汇兑损益的计算和处理。要正确进行关税的会计处理，就必须正确进行销售收入、采购成本的确认。在进口商品时，国外进价成本一律以 CIF 价格为基础，以企业收到银行转来的全套进口单证，经与合同、信用证等审核相符，并通过银行向国外出口商承付或承兑远期汇票时间为入账标准。出口商品销售收入的入账金额应一律以 FOB 价格为标准，即不论发票价格（成交价格）采用哪种，都要以 FOB 价格为收入确认的基础。商品进出口业务中发生的相关国内费用，记入采购成本或销售费用；进口时发生的国外费用，应记入商品采购成本；出口时发生的国外费用，应冲减商品销售收入。企业可以在"应交税费"账户下设置"应交关税"二级账户，也可以分别设置"应交进口关税""应交出口关税"两个二级账户。

一、自营进口业务关税的会计处理

企业自营进口商品应以 CIF 价格为完税价格计缴关税，借记"材料采购"等，贷记"应交税费——应交进口关税"；实际缴纳时，借记"应交税费——应交进口关税"，贷记"银行存款"。企业也可不通过"应交税费——应交进口关税"，待实际缴纳关税时，直接借记"材料（商品）采购"等，贷记"银行存款"。企业若以 FOB 价格或 CFR 价格成交，则应将这些成交价格下的运费、保险费计入进口商品成本，即将成本调整到以 CIF 价格为标准。

【例5-8】某外贸企业从国外自营进口排气量2.2升的小轿车一批，CIF价格折合人民币为200万元，进口关税税率为25%，代征消费税税率为9%、增值税税率为13%。根据海关开出的税款缴纳凭证，以银行转账支票付讫税款。应交关税和商品采购成本计算如下。

应交关税=2 000 000×25%=500 000（元）
应交消费税=（2 000 000+500 000）÷（1-9%）×9%=2 747 253×9%=247 253（元）
应交增值税=2 747 253×13%=357 142.89（元）
会计分录如下。
（1）应付账款时。
借：商品采购　　　　　　　　　　　　　　　　　　　　　2 000 000
　　贷：应付账款——××供应商　　　　　　　　　　　　　　2 000 000
（2）应交税费时。
借：商品采购　　　　　　　　　　　　　　　　　　　　　　747 253
　　贷：应交税费——应交进口关税　　　　　　　　　　　　　500 000
　　　　　　　——应交消费税　　　　　　　　　　　　　　　247 253

---

① 也可作为"应收账款""应付账款"等的二级账户。

(3) 上缴税金时。

借：应交税费——应交增值税（进项税额） 357 142.89
　　　　　　——应交进口关税 500 000
　　　　　　——应交消费税 247 253
　　贷：银行存款 1 104 395.89

(4) 商品验收入库时。

借：库存商品 2 747 253
　　贷：商品采购 2 747 253

【例5-9】 根据【例5-2】中的计算资料，有关会计处理如下（假定本例中各入账日期的外汇牌价不变）。

(1) 以成交价格反映应付账款。

借：商品采购 1 950 000
　　贷：应付账款——××公司 1 950 000

(2) 支付运费、保险费时。

借：商品采购 1 209 478
　　贷：银行存款 1 209 478

(3) 应交关税时。

借：商品采购 173 771
　　贷：应交税费——应交关税 173 771

二、自营出口业务关税的会计处理

企业自营出口商品应以 FOB 价格为完税价格计缴关税，借记"税金及附加"，贷记"应交税费——应交出口关税"；实际缴纳时，借记"应交税费——应交出口关税"，贷记"银行存款"。企业也可不通过"应交税费——应交出口关税"账户核算，待实际缴纳关税时，直接借记"税金及附加"账户，贷记"银行存款"账户。如果成交价格是 CIF 价格或 CFR 价格，则应先按 CIF 价格或 CFR 价格入账，在实际支付海外运费、保险费时，再以红字冲减销售收入，将收入调整到以 FOB 价格为标准。

【例5-10】 某进出口公司自营出口商品一批，我国口岸FOB价折合人民币为720 000元，设出口关税税率为20%，根据海关开出的税款缴纳凭证以银行转账支票付讫税款。有关会计处理如下。

应交出口关税=720 000÷（1+20%）×20%=120 000（元）

借：应收账款——××购货商 720 000
　　贷：主营业务收入 720 000

借：税金及附加 120 000
　　贷：应交税费——应交出口关税 120 000

【例5-11】 根据【例5-7】中的资料（假定确认收入、支付费用时的汇率相同），做如下有关会计处理。

(1) 确认销售收入时。

借：应收账款——××购货商 24 000
　　贷：主营业务收入 24 000

（2）支付运费、保险费时。

借：主营业务收入（红字冲账） 2 640
　　贷：银行存款等 2 640

（3）应交关税时。

借：税金及附加 3 560
　　贷：应交税费——应交出口关税 3 560

三、代理进出口业务关税的会计处理

代理进出口业务时，受托方一般不垫付货款，多以成交额（价格）的一定比例收取劳务费作为其收入。因进出口商品而计缴的关税均应由委托方负担，受托方即使向海关缴纳了关税，也只是代垫或代付，日后仍要与委托方结算。

代理进出口业务所计缴的关税，在会计处理上也是通过设置"应交税费"账户来反映的，其对应账户是"应付账款""应收账款""银行存款"等。

【例5-12】某进出口公司受某单位委托代理进口商品一批，进口货款1 780 000元已汇入进出口公司的开户银行。该进口商品我国口岸CIF价为240 000美元/吨，当日人民币市场的外汇牌价为USD100=CNY600，进口关税税率为20%，代理劳务费按货价的2%收取。该批商品已运达指定口岸，公司与委托单位办理有关结算。

该批商品的人民币货价=240 000×6=1 440 000（元）

进口关税=1 440 000×20%=288 000（元）

代理劳务费=1 440 000×2%=28 800（元）

根据上述计算资料，该进出口公司接受委托单位货款及向委托单位收取关税和劳务费等时的会计分录如下。

（1）收到委托方货款时。

借：银行存款 1 780 000
　　贷：应付账款——××单位 1 780 000

（2）对外付汇进口商品时。

借：应收账款[①]——××外商 1 440 000
　　贷：银行存款 1 440 000

（3）进口关税结算时。

借：应付账款——××单位 288 000
　　贷：应交税费——应交进口关税 288 000

借：应交税费——应交进口关税 288 000
　　贷：银行存款 288 000

借：应付账款——××单位 1 468 800
　　贷：其他业务收入——劳务费 28 800
　　　　应收账款——××外商 1 440 000

（4）将委托单位余款退回时。

借：应付账款——××单位 23 200
　　贷：银行存款 23 200

---

① 或通过"应付账款"账户，下同。

【例5-13】某进出口公司受托代理某厂出口一批商品。我国口岸FOB价折合人民币为360 000元,出口关税税率为20%,劳务费为10 800元。做如下会计分录。

应交关税=360 000÷(1+20%)×20%=60 000(元)

(1)应交出口关税时。

借:应收账款——××单位　　　　　　　　　　　　　　60 000
　　贷:应交税费——应交出口关税　　　　　　　　　　　　　60 000

(2)缴纳出口关税时。

借:应交税费——应交出口关税　　　　　　　　　　　　60 000
　　贷:银行存款　　　　　　　　　　　　　　　　　　　　　60 000

(3)应收劳务费时。

借:应收账款——××单位　　　　　　　　　　　　　　10 800
　　贷:其他业务收入——劳务费　　　　　　　　　　　　　　10 800

(4)收到委托单位划来税款及劳务费时。

借:银行存款　　　　　　　　　　　　　　　　　　　　70 800
　　贷:应收账款——××单位　　　　　　　　　　　　　　　70 800

第四节　关税的纳税申报

一、关税的缴纳方式和地点

(一)关税的基本缴纳方式

由接受进(出)口货物通关手续申报的海关逐票计算应征关税并填发关税缴款书,纳税人凭其向海关或指定的银行办理税款交付或转账入库手续后,海关凭"银行回执联"办理结关放行手续。征税手续在前,结关放行手续在后,有利于税款及时入库,防止拖欠税款。因此,各国海关都将这种方式作为基本纳税方式。

(二)关税后纳方式

关税后纳方式是海关允许某些纳税人在办理有关关税手续后,先行办理放行货物的手续,再办理征纳关税手续的关税缴纳方式。关税后纳方式是针对某些易腐、急需或有关手续无法立即办结等特殊情况而采取的一种变通措施。海关在提取货样、收取保证金或接受纳税人其他担保后即可放行有关货物。关税后纳方式使海关有充足的时间准确地进行关税税则归类,审定货物完税价格,确定其原产地等作业,或使纳税人有时间完成有关手续,防止口岸积压货物,使进出境货物尽早投入使用。

(三)关税的缴纳地点

海关征收关税时,根据纳税人的申请及进出口货品的具体情况,纳税人既可以在关境地缴税,又可以在主管地缴税。

二、关税的缴纳

进口货物的收发货人或其代理人应当在海关填发税款缴纳凭证之日起15日内(法定公休日顺延),向指定银行缴纳税款。逾期缴纳的,除依法追缴外,海关自到期次日起至缴清税款日止,按日加收欠缴税款的滞纳金。

纳税人缴纳关税时，需填写"海关（进出口关税）专用缴款书"（见表 5-1）并携带有关单证。缴款书一式六联，依次是收据联（此联是国库收到税款签章后退还纳税人作为完税凭证的法律文书，是关税核算的原始凭证）、付款凭证联、收款凭证联、回执联、报查联、存根联。

表 5-1　　　　　　　　　海关（进出口关税）专用缴款书
收入系统：　　　　　　填发日期：　　年　月　日　　　　　　　　　　　　　　No.

收款单位	收入机关		中央金库		缴款单位（人）	名称	
	科目		预算级次			账号	
	收款国库					开户银行	

税号	货物名称	数量	单位	完税价格（¥）	税率（%）	税款金额（¥）

金额人民币（大写）：　万 仟 佰 拾 元 角 分	合计（¥）

申请单位编号		报关单编号		填制单位	收款国库（银行）业务公章
合同（批文）号		运输工具（号）		制单人	
缴款期限	年　月　日	提/装货单号		复核人 单证专用章	
备注：					

三、关税的退税

有下列情况之一的，进出口货物的收发货人或其代理人可以自缴纳税款之日起一年内，书面声明理由，连同纳税收据向海关申请退税，逾期不予受理。

（1）因海关误征，多纳税款的；

（2）海关核准免验进口的货物，在完税后发现有短缺情况并经海关审查认可的；

（3）已征出口关税的货物，因故未装运出口，申报退关，经海关查验属实的。

按规定，上述退税事项，海关应当自受理退税申请之日起 3 日内做出书面答复并告知退税申请人。

本章重点与难点

征收关税的意义，关税完税价格的确认计量，关税的会计处理和纳税申报，进出口关税完税价格的确认。

思考题

1. 何谓关税？关税有什么作用？如何分类？
2. 我国现行关税有哪几种计征方法？
3. 何谓关税完税价格？如何确认进出口商品关税完税价格？
4. 企业如何进行关税的会计处理？

技能题

一、计算题

1. 天津某进出口公司从美国进口货物一批，货物以离岸价格成交，成交价折合人民币1 520万元（包括单独计价并经海关审查属实的向境外采购代理人支付的买方佣金20万元，但不包括使用该货物而向境外支付的软件费50万元、向卖方支付的佣金10万元），另支付货物运抵我国上海港的运费、保险费等30万元（假设该货物适用的关税税率为7%）。

要求：计算该公司的应纳关税税额。

2. 我国某公司3月从国内甲港口出口一批锌锭到国外，货物成交价格为170万元（不含出口关税），其中包括货物运抵甲港口装载前的运输费10万元、单独列明支付给境外的佣金12万元。甲港口到国外目的港口之间的运输保险费为20万元。锌锭出口关税税率为20%。

要求：计算该公司的出口关税税额。

二、会计核算题

某外贸公司代某工厂从美国进口A材料15吨，成交价格为FOB纽约20 000美元/吨，运费为USD3 000，保险费率为0.3%，关税税率为12%，当日的外汇牌价为USD100=CNY700，外贸公司收取手续费80 000元。材料尚在运输途中。

要求：根据上述资料，分别做出外贸公司向委托单位收取关税和手续费以及委托单位承付关税及手续费的会计分录。

第六章 资源税会计

学习目标

1. 了解资源税的意义和要素。
2. 理解资源税的特点。
3. 掌握资源税会计的确认、计量、记录与申报。

本章导言

资源有自然资源与人力资源之分，资源税是针对自然资源而言的。自然资源并非取之不尽、用之不竭。建立节约型社会，实现人与自然的和谐相处，不能不珍惜资源。资源税作为绿色税收之一，既有利于实现企业间的平等竞争，又可体现国家的基本国策。资源税的会计处理与哪种税比较一致呢？

第一节 资源税的税制要素

资源税是以特定自然资源为征税对象的一种流转税。我国的资源税是在1984年开征的一个税种。从2016年7月1日起，全面推进资源税改革。2019年8月26日，第十三届全国人民代表大会常务委员会第十二次会议通过《中华人民共和国资源税法》，自2020年9月1日起实施。征收资源税有利于合理开采和充分利用自然资源，促进企业节能减排，加快生态文明建设，形成健康、适度的消费观念和消费行为，构建人与自然的和谐环境等。

一、资源税的纳税人、扣缴义务人

在中华人民共和国领域和中华人民共和国管辖的其他海域开发应税资源的单位和个人，为资源税的纳税人。单位是指企业、行政单位、事业单位、军事单位、社会团体及其他单位，个人是指个体工商户和其他个人。

资源税的扣缴义务人是收购未税矿产品的单位（独立矿山、联合企业以及其他单位）。"未税矿产品"是指资源税纳税人在销售其产品时不能向扣缴义务人提供"资源税管理证明"[①]的矿产品。

增值税小规模纳税人可以在50%的税额幅度内减征资源税，资源税扣缴义务人则无法享受减半优惠。因此，在与销售方订立供销合同时，其收购价格应充分考虑该因素，以有效管控税负。

资源税代扣代缴的适用范围是除原油、天然气、煤炭以外的，税源小、零散、不定期开采，且难以在采矿地申报缴纳资源税的矿产品。对已纳入开采地正常税务管理或者在销售矿产品时开具增

---

① 如果销售方（纳税人）能够向购货方（扣缴义务人）提供当地主管税务机关开具的"资源税管理证明"，购货方据此不代扣资源税。

值税发票的纳税人,不采用代扣代缴的征管方式。

二、资源税的征收范围

我国现行资源税的征税对象主要是各种矿产资源,应税产品为矿产品的,包括原矿和选矿产品。从征收对象看,我国资源税基本上属于产出型资源税。

资源税的征收范围包括资源矿产、金属矿产、非金属矿产、水汽矿产和盐五大类。

纳税人开采或生产应税产品自用的,应当依法缴纳资源税;自用于连续生产应税产品的,不缴纳资源税。

三、资源税的税目与税率

资源税税法以正列举的方式统一规范税目,分类确定税率,按照《资源税税目税率表》(表6-1)实行从价计征或者从量计征。各省级人民政府可在税率幅度内提出或确定本地区资源税适用税率。

表6-1　　　　　　　　　　　资源税税目税率表

税目			征税对象	税率
能源矿产		原油	原矿	6%
		天然气、页岩气、天然气水合物	原矿	6%
		煤	原矿或者选矿	2%~10%
		煤成(层)气	原矿	1%~2%
		铀、钍	原矿	4%
		油页岩、油砂、天然沥青、石煤	原矿或者选矿	1%~4%
		地热	原矿	1%~20%或者每立方米1~30元
金属矿产	黑色金属	铁、锰、铬、钒、钛	原矿或者选矿	1%~9%
	有色金属	铜、铅、锌、锡、镍、锑、镁、钴、铋、汞	原矿或者选矿	2%~10%
		铝土矿	原矿或者选矿	2%~9%
		钨	选矿	6.5%
		钼	选矿	8%
		金、银	原矿或者选矿	2%~6%
		铂、钯、钌、铑、铱、锇	原矿或者选矿	5%~10%
		轻稀土	选矿	7%~12%
		中重稀土	选矿	20%
		铍、锂、锆、锶、铷、铯、铌、钽、锗、镓、铟、铊、铪、铼、镉、硒、碲	原矿或者选矿	2%~10%
非金属矿	矿物类	高岭土	原矿或者选矿	1%~6%
		石灰岩	原矿或者选矿	1%~6%或者每吨(或者每立方米)1~10元
		磷	原矿或者选矿	3%~8%
		石墨	原矿或者选矿	3%~12%

续表

税目		征税对象	税率
非金属矿	矿物类	萤石、硫铁矿、自然硫	原矿或者选矿	1%~8%
		天然石英砂、脉石英、粉石英、水晶、工业用金刚石、冰洲石、蓝晶石、硅线石（矽线石）、长石、滑石、刚玉、菱镁矿、颜料矿物、天然碱、芒硝、钠硝石、明矾石、砷、硼、碘、溴、膨润土、硅藻土、陶瓷土、耐火黏土、铁矾土、凹凸棒石黏土、海泡石黏土、伊利石黏土、累托石黏土	原矿或者选矿	1%~12%
		叶腊石、硅灰石、透辉石、珍珠岩、云母、沸石、重晶石、毒重石、方解石、蛭石、透闪石、工业用电气石、白垩、石棉、蓝石棉、红柱石、石榴子石、石膏	原矿或者选矿	2%~12%
		其他黏土（铸型用黏土、砖瓦用黏土、陶粒用黏土、水泥配料用黏土、水泥配料用红土、水泥配料用黄土、水泥配料用泥岩、保温材料用黏土）	原矿或者选矿	1%~5%或者每吨（或者每立方米）0.1~5元
	岩石类	大理石、花岗岩、白云岩、石英岩、砂岩、辉绿岩、安山岩、闪长岩、板岩、玄武岩、片麻岩、角闪岩、页岩、乳石、凝灰岩、黑曜岩、霞石正长岩、蛇纹岩、麦饭岩、泥灰岩、含钾岩石、含钾砂页岩、天然油石、橄榄岩、松脂岩、粗面岩、辉长岩、辉石岩、正长岩、火山灰、火山渣、泥炭	原矿或者选矿	1%~10%
		砂石	原矿或者选矿	1%~5%或者每吨（或者每立方米）0.1~5元
	宝玉石类	宝石、玉石、宝石级金刚石、玛瑙、黄玉、碧玺	原矿或者选矿	4%~20%
水气矿产		二氧化碳气、硫化氢气、氦气、氡气	原矿	2%~5%
		矿泉水	原矿	1%~20%或者每立方米1~30元
盐		钠盐、钾盐、镁盐、锂盐	选矿	3%~15%
		天然卤水	原矿	3%~15%或者每吨（或者每立方米）1~10元
		海盐		2%~5%

四、资源税的纳税环节

（1）纳税人将自产应税产品对外销售，在销售环节缴纳资源税，纳税义务发生时间为收讫销售款或取得索取销售款凭据的当日；自用应税产品的，纳税义务发生时间为移送应税产品的当日。

（2）纳税人开采或者生产应税产品自用的，应依法缴纳资源税。纳税人自产自用的应税产品，在移送使用环节计算缴纳资源税，但用于继续加工应税产品销售的，移送时不缴纳资源税。

（3）纳税人以自采原矿加工为选矿产品销售，或者将选矿产品自用于应缴纳资源税的，按照选矿产品计征资源税，在原矿移送环节不缴纳资源。

五、资源税的减免

（1）免缴资源税。

① 开采原油以及在油田范围内运输原油过程中用于加热的原油、天然气。

② 煤炭开采企业因安全生产需要抽采的煤成（层）气。

（2）减缴资源税。

① 从低丰度油气田开采的原油、天然气，减征 20%资源税。

② 高含硫天然气、三次采油和从深水油气田开采的原油、天然气，减征 30%资源税。

③ 稠油、高凝油减征 40%资源税。

④ 从衰竭期矿山开采的矿产品，减征 30%资源税。

⑤ 自 2019 年 1 月 1 日至 2021 年 12 月 31 日，对增值税小规模纳税人可在 50%的税额幅度内减征资源税。

⑥ 自 2018 年 4 月 1 日至 2021 年 3 月 31 日，对页岩气资源税减征 30%。

⑦ 自 2014 年 12 月 1 日至 2023 年 8 月 31 日，对充填开采置换出来的煤炭，资源税减征 50%。

纳税人开采或者生产同一应税产品同时符合两项或两项以上减征资源税优惠政策的，除另有规定外，只能选择其中一项。

纳税人开采或者生产同一应税产品，其中既有享受减免税政策的，又有不享受减免税政策的，按照免税、减税项目的产量占比等方法分别核算确定免税、减税项目的销售额或者销售数量。

（3）免征或者减征资源税。

有下列情形之一的，省、自治区、直辖市可以决定免征或者减征资源税。

① 纳税人开采或者生产应税产品过程中，因意外事故或者自然灾害等原因遭受重大损失。

② 纳税人开采共伴生矿、低品位矿、尾矿。

纳税人的免税、减税项目，应单独核算销售额或销售数量；未单独核算或不能准确提供销售额或销售数量的，不予免税或减税。

（4）纳税人享受资源税优惠政策，实行"自行判别、申报享受、有关资料留存备查"的办理方式（另有规定的除外）。纳税人对资源税优惠事项留存材料的真实性和合法性承担法律责任。

第二节 资源税的确认计量

一、资源税的计税依据及其确认

（一）资源税的计税依据

资源税的计税依据为应税产品的销售额、销售数量。

应税产品销售额是纳税人销售应税产品向购买方收取的全部价款和价外费用，不包括增值税税款。计入销售额的相关运杂费用，凡取得增值税发票或者其他合法有效凭据的，准予从销售额中扣除。相关运杂费用是指应税产品从坑口或者洗选（加工）地到车站、码头或者购买方指定地点的运输费用、建设基金以及随运销产生的装卸、仓储、港杂费用。

应税产品销售数量包括纳税人开采或者生产应税产品的实际销售数量和自用于应当缴纳资源税情形的应税产品数量。纳税人不能准确提供应税产品的销售数量或移送数量的，以应税产品的产量或主管税务机关确定的折算比换算的数量为销售量。

（二）资源税计税依据的确认

（1）纳税人开采或者生产同一税目下适用不同税率应税产品的，应当分别核算不同税率应税产品的销售额、销售数量；未分别核算或者不能准确提供不同税率应税产品的销售额、销售数量的，从高适用税率。

（2）为公平原矿与选矿之间的税负，对同一种应税产品，征税对象为原矿的，纳税人销售自采原矿加工的选矿，应将选矿销售额折算为原矿销售额缴纳资源税；征税对象为选矿的，纳税人销售原矿时，应将原矿销售额换算为选矿销售额缴纳资源税。

（3）纳税人以外购原矿与自采原矿混合为原矿销售，或者以外购选矿产品与自产选矿产品混合为选矿产品销售的，在计算应税产品销售额或者销售数量时，直接扣减已单独核算的外购原矿或者外购选矿产品的购进金额或者购进数量。

纳税人以外购原矿与自采原矿混合加工为选矿产品销售的，按下式计算扣减应税产品销售额或者销售数量：

准予扣减的外购应税产品购进金额（数量）=外购原矿购进金额（数量）×（本地区原矿适用税率÷本地区选矿产品适用税率）

不能按照上式计算扣减的，按主管税务机关确定的其他合理方法进行扣减。

（4）纳税人自用应税产品时，应按对外销售该应税产品的平均价格确认销售额。纳税人自用应税产品包括纳税人以应税产品用于非货币性资产交换、捐赠、偿债、赞助、集资、投资、广告、样品、职工福利、利润分配或者连续生产非应税产品等。

（5）纳税人申报的应税产品销售额明显偏低且无正当理由的，或者有自用应税产品行为而无销售额的，主管税务机关可按下列方法和顺序确定其应税产品销售额。

① 按纳税人最近时期同类产品的平均销售价格确定。
② 按其他纳税人最近时期同类产品的平均销售价格确定。
③ 按后续加工非应税产品销售价格，减去后续加工环节的成本利润后确定。
④ 按应税产品组成计税价格确定。组成计税价格的公式为：

组成计税价格=成本×（1+成本利润率）÷（1-资源税税率）

公式中的成本利润率由省、自治区、直辖市税务机关确定。

（6）按其他合理方法确定。

二、应交资源税的计算

（一）从量计征资源税的计算

对经营分散、多为现金交易且难以控管的黏土、砂石，按照便利征管原则，资源税仍实行从量定额计征。从量计征资源税的，其应纳税额的计算公式如下：

应交资源税=应税产品实际销售数量×适用单位税额

代扣代缴税额=收购的未税矿产品数量×适用单位税额

销售数量包括纳税人开采或者生产应税产品的实际销售数量和视同销售的自用数量。纳税人不能准确提供应税产品销售数量的，以应税产品的产量或者主管税务机关确定的折算比换算成的数量为计征资源税的销售数量。

【例6-1】某砂石厂4月开采砂石200吨，当月对外销售150吨，为建职工宿舍耗用自采砂石8吨；其余砂石待售。每吨资源税税额为4.5元，计算当月应交资源税。

应交资源税=（150+8）×4.5=711（元）

（二）从价计征资源税的计算

（1）开采原矿销售原矿资源税的计算。

在开采原矿并销售原矿情况下，按从价定率计征资源税时，其计算公式如下：

应交资源税=应税产品销售额×适用税率

【例6-2】某煤矿1月开采原煤50万吨，当月对外销售35万吨，取得不含税收入24 500万元；销售与原煤同时开采的天然气，取得不含税收入26万元；因管理不善当月开采的原煤发生火灾损失3万吨。原煤资源税税率为5%，天然气资源税税率为6%。

按规定，煤矿生产的天然气不缴资源税，因管理不善而造成的损失不能减免资源税。当月应交资源税计算如下：

应交资源税=24 500×5%+24 500÷35×3×5%=1 330（万元）

【例6-3】某油田1月份对外销售原油，销售额为300 000元，适用税率为6%，应交资源税计算如下。在开采原油的同时，开采天然气2 200千立方米，当月全部用于职工宿舍取暖，已知开采成本220万元，当地无同类天然气售价，当地规定的天然气成本利润率为8%，资源税适用税率为6%。应交资源税计算如下：

原油应交资源税=300 000×6%=18 000（元）

天然气组成计税价格=2 200 000×（1+8%）÷（1-6%）=2 527 660（元）

应交资源税=2 527 660×6%=151 660（元）

（2）原矿销售额与选矿销售额的换算与折算

销售额的换算比、折算率一般上应通过原矿售价、选矿售价和选矿比计算（市场法），也可通过原矿销售额、加工环节的成本利润率计算（成本法）。

① 以原矿为征税对象的税目，如果销售选矿，在计算应纳资源税时，应将选矿销售额折算为原矿销售额。

原矿销售额=选矿销售额×折算率

折算率=（原矿单位售价×选矿比）÷选矿单位售价

选矿比=加工选矿耗用的原矿数量÷选矿数量

纳税人将开采的原煤加工成洗选煤销售时，应以洗选煤销售额乘以折算率作为应税原煤销售额计算缴纳资源税。相关公式如下：

应交资源税=洗选煤销售额×洗选煤折算率×税率

洗选煤折算率计算公式一：

洗选煤折算率=（洗选煤平均销售额-洗选环节平均成本-洗选环节平均利润）÷洗选煤平均销售额×100%

洗选煤折算率计算公式二：

洗选煤折算率=原煤平均销售额÷（洗选煤平均销售额×综合回收率）×100%

其中，综合回收率=洗选煤数量÷入洗前原煤数量×100%

② 以选矿为征税对象的税目，如果销售原矿，在计算应纳资源税时，应将原矿销售额换算为选矿销售额。

选矿销售额=原矿销售额×换算比

换算比=选矿单位售价÷（原矿单位售价×选矿比）

选矿比=加工选矿耗用的原矿数量÷选矿数量

如果本地区原矿销售情况很少，缺乏可参照的市场售价，纳税人销售或视同销售其自采原矿加工的选矿，可采用成本法计算销售额：

选矿销售额=原矿销售额+原矿加工为选矿的成本×（1+成本利润率）

【例6-4】某稀土矿山企业6月销售轻稀土精矿取得不含税收入1 400万元；销售自采轻稀土原矿取得含税收入791万元；移送45吨轻稀土原矿继续加工稀土精矿，当月没有销售。

省人民政府规定轻稀土资源税税率为7.5%，市场法的折算比为1∶3.1。当月应交资源税计算如下：

精矿销售应交资源税=14 000 000×7.5%=1 050 000（元）

原矿销售应交资源税=7 910 000÷（1+13%）×3.1×7.5%=1 627 500（元）

合计应交资源税=1 050 000+1 627 500=2 677 500（元）

【例6-5】某省规定煤炭资源税税率为6%。该省天原煤矿12月销售自产原煤1万吨，每吨不含税价格700元；用自采原煤连续加工成洗选煤500吨，当月销售300吨，每吨不含税价格900元，洗选煤折算率为75%。应交资源税计算如下：

自产原煤销售应交资源税=10 000×700×6%=420 000（元）

洗选煤销售应交资源税=300×900×75%×6%=12 150（元）

合计应交资源税=420 000+12 150=432 150（元）

第三节 资源税的会计处理

一、会计账户的设置

为了反映和监督资源税税额的计算和缴纳，纳税人应设置"应交税费——应交资源税"账户，贷方记本期应缴纳的资源税税额，借方记企业实际缴纳或抵扣的资源税税额，贷方余额表示企业应缴而未缴的资源税税额。

企业按规定计算对外销售应税产品应纳资源税税额时，借记"税金及附加"，贷记"应交税费——应交资源税"。企业计算出自产自用应税产品应缴纳的资源税时，借记"生产成本"或"制造费用"，贷记"应交税费——应交资源税"。独立矿山、联合企业收购未税矿产品，按实际支付的收购款，借记"材料采购"等，贷记"银行存款"等；按代扣代缴的资源税，借记"材料采购"等，贷记"应交税费——应交资源税"。纳税义务人按规定缴纳资源税时，借记"应交税费——应交资源税"，贷记"银行存款"。

纳税人与税务机关结算上月税款，补缴时，借记"应交税费——应交资源税"，贷记"银行存款"；退回税款时，借记"银行存款"，贷记"应交税费——应交资源税"。

二、资源税的会计处理

【例6-6】接【例6-1】，砂石厂4月销售砂石应交资源税会计分录如下。

借：税金及附加　　　　　　　　　　　　　　　　　　　　　　711

　　贷：应交税费——应交资源税　　　　　　　　　　　　　　　　　711

【例6-7】以【例6-3】油田1月资源税计算资料为例，当月应交资源税会计分录如下。

借：税金及附加　　　　　　　　　　　　　　　　　　　　　151 660

　　贷：应交税费——应交资源税　　　　　　　　　　　　　　　　151 660

【例6-8】以【例6-4】稀土矿山企业6月资源税计算资料为例，当月应交资源税的会计分录如下。

借：税金及附加　　　　　　　　　　　　　　　　　　　　2 677 500

　　贷：应交税费——应交资源税　　　　　　　　　　　　　　　2 677 500

【例6-9】以【例6-5】天原煤矿12月资源税计算资料为例，当月应交资源税的会计分录如下。

借：税金及附加　　　　　　　　　　　　　　　　　　　　　　432 150
　　贷：应交税费——应交资源税　　　　　　　　　　　　　　　432 150

第四节　资源税的纳税申报

一、资源税的纳税期限

资源税按月或者按季申报缴纳；不能按固定期限计算缴纳的，可以按次申报缴纳。

纳税人按月或者按季申报缴纳的，应当自月度或者季度终了之日起15日内，向税务机关办理纳税申报并缴纳税款；按次申报缴纳的，应当自纳税义务发生之日起15日内，向税务机关办理纳税申报并缴纳税款。

二、资源税的纳税地点

纳税人应当向矿产品开采地或海盐的生产地缴纳资源税。

扣缴义务人代扣代缴的资源税，应在收购地缴纳资源税。

纳税人跨省开采应税产品的，其下属生产单位与核算单位不在同一省、自治区、直辖市的，一律在开采地纳税，应纳税款由独立核算、自负盈亏的单位按开采地的实际销售（或自用）额（量）及适用税率（或单位税额）计算划拨。

三、资源税的纳税申报

资源税的纳税人不论本期是否发生应税行为，均应按期进行纳税申报，在规定时间内向主管税务机关报送"资源税纳税申报表"（见表6-2）。

表6-2　　　　　　　　　　　　　　资源税纳税申报表

纳税人识别号（统一社会信用代码）：□□□□□□□□□□□□□□□□□□

纳税人名称：　　　　　　　　　　　　　　　　　　　　　金额单位：人民币元（列至角分）

税款所属期限：自　　年　　月　　日至　　年　　月　　日

本期是否适用增值税小规模纳税人减征政策（减免性质代码：06049901）						是□ 否□		减征比例（%）		
税目	子目	计量单位	计税销售数量	计税销售额	适用税率	本期应纳税额	本期减免税额	本期增值税小规模纳税人减征额	本期已缴税额	本期应补（退）税额
1	2	3	4	5	6	7①=4×6 7②=5×6	8	9=（7-8）×减征比例	10	11=7-8-9-10
合计		—			—					

谨声明：本纳税申报表是根据国家税收法律法规及相关规定填报的，是真实的、可靠的、完整的。

　　　　　　　　　　　　　　　　　　　　　　　　　　　　纳税人（签章）：　　　　年　月　日

经办人：	受理人：
经办人身份证号：	受理税务机关（章）：
代理机构签章：	受理日期：　　年　月　日
代理机构统一社会信用代码：	

本章重点与难点

资源税的征收范围，资源税的确认计量，资源税的会计处理和纳税申报，从价计征资源税与从量计征资源税的计算方法，换算比与折算率的计算公式。

思考题

1. 简述征收资源税的目的和意义。
2. 简述资源税的纳税范围和计税依据。
3. 企业如何进行资源税的会计处理？

技能题

一、计算题

1. 某油田开采企业4月销售天然气90万立方米，取得不含增值税销售收入1 350 000元，另向购买方收取手续费1 695元、延期付款利息2 260元。天然气适用的资源税税率为6%。

要求：计算该企业4月销售天然气应缴纳的资源税。

2. 某煤炭开采企业4月销售洗煤5万吨，开具的增值税专用发票上注明金额5 000万元，另取得从洗煤厂到码头不含增值税的运费收入50万元。假设洗煤的折算率为80%，适用的资源税税率为8%。

要求：计算该企业销售洗煤应缴纳的资源税。

二、会计核算题

1. 某煤矿1月开采原煤50万吨，当月对外销售40万吨，为职工宿舍取暖，耗用本月自采原煤5万吨，5万吨代售。每吨原煤不含税售价600元，资源税税率为6%。

2. 某油田5月生产原油1万吨，其中6 000吨用于对外销售，销售收入3 000万元；1000吨用于加热和修井，其余待售。在采油过程中，回收天然气2 000万立方米，对外销售收入350万元。原油每吨不含税售价5 000元，天然气每万立方米不含税售价1 750元，原油、天然气资源税税率为6%。

3. 某矿山当月生产石灰岩15万吨，销售12万吨，资源税单位税额为8元/吨，当月开采水泥配料用红土9万吨并全部销售，资源税单位税额为4元/吨。

要求：根据上述资料，计算应缴资源税，并做相应的会计处理。

第七章 企业所得税会计

1. 了解企业所得税的税制要素。
2. 理解企业所得税计算的基本程序。
3. 掌握应纳税所得额与应纳所得税税额的确认、计量与记录方法。
4. 掌握企业所得税纳税申报表的填制方法。
5. 理解税务会计中的所得税会计与财务会计中的所得税会计处理的区别与联系。
6. 理解财务会计中所得税会计的处理方法,尤其是资产负债表债务法。

以企业所得税法为处理依据的企业所得税会计(Income Taxes Accounting)是税务会计的重要组成部分。其基本目标当然要体现税务会计目标,具体目标是及时、正确地填报企业所得税纳税申报表,提供符合税法要求、体现企业税收利益诉求的所得税会计信息。

按所得税会计准则进行的所得税会计处理(Accounting for Income Taxes)当然属于财务会计的范畴。其基本目标要体现财务会计目标,具体目标应是提供有助于使用者决策的涉及企业所得税的会计信息,如所得税费用、递延所得税资产、递延所得税负债等。

两者虽有密切联系,但各自目标不同,处理依据不同,它们是两个不同的会计信息处理系统。

第一节 企业所得税的税制要素

一、企业所得税的纳税人

企业所得税(Enterprise Income Tax)是对我国境内的企业和其他取得收入组织的生产经营所得和其他所得征收的一种直接税。企业所得税的纳税人是在我国境内的企业和其他取得收入的组织(以下统称"企业")①。依据税收管辖权,其可分为居民企业和非居民企业。

居民企业与非居民企业

(一)居民企业

居民企业是指依法在我国境内成立,或者依照外国(地区)法律成立但实际管理机构在我国境内的企业。依法在我国境内成立的企业,包括依照我国法律、行政法规在我国境内成立的企业、事业单位,社会团体以及其他取得收入的组织。

---

① 依照我国法律、行政法规规定成立的个人独资企业以及合伙人是自然人的合伙企业除外。

（二）非居民企业

非居民企业是指依照外国（地区）法律成立且实际管理机构不在我国境内，但在我国境内设立机构、场所的，或者在我国境内未设立机构、场所，但有来源于我国境内所得的企业。依照外国（地区）法律成立的企业，包括依照外国（地区）法律成立的企业和其他取得收入的组织。

实际管理机构是指对企业的生产经营、人员、财产等实施实质性全面管理和控制的机构。非居民企业委托营业代理人在我国境内从事生产经营活动的，营业代理人视为非居民企业在我国境内设立的机构、场所。

二、企业所得税的扣缴义务人

（一）支付人为扣缴义务人

非居民企业在我国境内未设立机构、场所的，或者虽设立了机构、场所，但取得的所得与其所设机构、场所没有实际联系的，其来源于我国境内的所得应缴纳的所得税实行源泉扣缴，支付人为扣缴义务人。税款由扣缴义务人在每次支付或者到期应支付时，从支付或者到期应支付的款项中扣缴。支付人是指依照有关法律规定或合同约定直接负有支付相关所得款项义务的组织和个人。

（二）指定扣缴义务人

对非居民企业在我国境内取得工程作业和劳务所得应缴纳的所得税，税务机关可以指定工程价款或者劳务费的支付人为扣缴义务人。扣缴义务人未依法扣缴或者无法履行扣缴义务的，由纳税人在所得发生地缴纳。在我国境内存在多个所得发生地的，由纳税人选择一地申报缴纳税款。

三、企业所得税的征税对象

（一）居民企业的征税对象

居民企业应当就其来源于我国境内、境外的所得缴纳企业所得税。所得包括销售货物所得、提供劳务所得、转让财产所得、股息红利等权益性投资所得、利息所得、租金所得、特许权使用费所得、接受捐赠所得和其他所得。

（二）非居民企业的征税对象

非居民企业在我国境内设立机构、场所的，应当就其所设机构、场所取得的来源于我国境内的所得，以及发生在我国境外，但与其所设机构、场所有实际联系[①]的所得，缴纳企业所得税。

非居民企业在我国境内未设立机构、场所的，或者虽设立了机构、场所，但取得的所得与其所设机构、场所没有实际联系的，应当就其来源于我国境内的所得缴纳企业所得税。

四、企业所得税的税率

企业所得税的税率采用比例税率，现行税率如表 7-1 所示。

---

① 实际联系是指非居民企业在我国境内设立的机构、场所拥有据以取得所得的股权、债权，以及拥有、管理、控制据以取得所得的财产等。

表 7-1　　　　　　　　　　　　企业所得税税率表

税率种类	税率	适用范围
基本税率	25%	居民企业
		在中国境内设立机构、场所且所得与机构、场所有实际联系的非居民企业
低税率	20%	在中国境内未设立机构、场所的非居民企业
		虽设立机构、场所，但取得的所得与机构、场所没有实际联系的非居民企业
优惠税率	10%	执行 20%税率的非居民企业
	15%	高新技术企业，技术先进型服务企业，其他特定企业
	20%	小型微利企业（年应纳税所得额不超过 100 万元、100 万元到 300 万元的部分，分别减按 25%和 50%计入应纳税所得额）

（一）小型微利企业的优惠税率

自 2019 年 1 月 1 日至 2021 年 12 月 31 日，符合条件的小型微利企业，无论采取查账征收方式还是核定征收方式缴纳企业所得税，其年应纳税所得额不超过 100 万元（含，下同）、100 万元到 300 万元的部分，分别减按 25%、50%计入应纳税所得额，按 20%的税率计算缴纳企业所得税。

小型微利企业是指从事国家非限制和禁止行业，并符合下列条件的企业：年度应纳税所得额不超过 300 万元、从业人数不超过 300 人、资产总额不超过 5 000 万元。"从业人数"包括与企业建立劳动关系的职工人数和企业接受的劳务派遣用工人数，从业人数和资产总额指标，应按企业全年的季度平均值确定，计算公式如下：

季度平均值=（季初值+季末值）÷2

全年季度平均值=全年各季度平均值之和÷4

年度中间开业或者终止经营活动的，以其实际经营期作为一个纳税年度确定上述相关指标。

（二）高新技术企业、技术先进型服务企业的优惠税率

扶持和鼓励高新技术企业[①]发展，对符合科技部、财政部和国家税务总局颁布的《高新技术企业认定管理办法》中规定的认定条件和认定程序的高新技术企业，企业所得税减按 15%征收。

经认定的技术先进型服务企业，减按 15%的税率征收企业所得税。技术先进型服务企业必须同时符合以下条件：①在我国境内（不包括港、澳、台地区）注册的法人企业；②从事《技术先进型服务业务认定范围（试行）》中的一种或多种技术先进型服务业务，采用先进技术或具备较强的研发能力；③具有大专以上学历的员工占企业职工总数的 50%以上；④从事《技术先进型服务业务认定范围（试行）》中的技术先进型服务业务取得的收入占企业当年总收入的 50%以上；⑤从事离岸服务外包业务取得的收入不低于企业当年总收入的 35%。

（三）其他特定企业的所得税优惠税率

自 2011 年 1 月 1 日至 2030 年 12 月 31 日，对设在西部地区的鼓励类产业企业减按 15%的税率征收企业所得税；国家规划布局内的重点软件企业和集成电路设计企业，如当年未享受免税优惠，可减按 10%的税率缴纳企业所得税。

五、企业所得税中的收入

（一）总额收入

总额收入是指企业从各种来源取得的收入总和，包括以货币形式取得的现金、银行存款、应收

---

① 在《国家重点支持的高新技术领域》内，持续进行研究开发与技术成果转化，形成企业核心自主知识产权，并以此为基础开展经营活动，在我国境内（不包括港、澳、台地区）注册的居民企业。

账款、应收票据、准备持有至到期的债券投资以及债务的豁免等,以非货币形式取得的固定资产、生物资产、无形资产、股权投资、存货、不准备持有至到期的债券投资、劳务以及有关权益等。以非货币形式取得的收入应当按公允价值确定收入额。公允价值是指按照资产的市场价格确定的价值。收入项目主要有以下几个。

1. 销售货物收入

销售货物收入是指企业销售商品、产品、原材料、包装物、低值易耗品及其他存货取得的收入。

2. 提供劳务、服务取得的收入

提供劳务、服务取得的收入是指企业从事建筑安装、交通运输、仓储租赁、金融保险、邮电通信、咨询经纪、文化体育、科学研究、技术服务、教育培训、餐饮住宿、中介代理、卫生保健、社区服务、旅游娱乐及其他劳务、服务活动取得的收入。

3. 转让财产收入

转让财产收入是指企业转让固定资产、投资性房地产、生物资产、无形资产、股权、债权等取得的收入。

4. 股息、红利等权益性投资收益

股息、红利等权益性投资收益是指企业因权益性投资而从被投资方处取得的收入。除国务院财政、税务主管部门另有规定外,企业应当以被投资方做出利润分配决定的日期确认收入实现。

5. 利息收入

利息收入是指企业将资金提供给他人使用但不构成权益性投资,或因他人占用本企业资金而取得的收入,包括存款利息、贷款利息、债券利息、欠款利息等收入。企业对持有至到期投资、贷款等按照会计准则的规定采用实际利率法确认的利息收入,按照合同约定的债务人应付利息的日期确认收入的实现,应记入当期应纳税所得额。

6. 租金收入

租金收入是指企业提供固定资产、包装物或者其他有形资产的使用权而取得的收入。租金收入应当按照合同约定的承租人应付租金的日期确认收入的实现。

7. 特许权使用费收入

特许权使用费收入是指企业提供专利权、非专利技术、商标权、著作权以及其他特许权的使用权而取得的收入。特许权使用费收入应当按照合同约定的特许权使用人应付特许权使用费的日期确认收入的实现。

8. 接受捐赠收入

接受捐赠收入是指企业接受的其他企业、组织和个人无偿给予的货币性资产、非货币性资产。接受捐赠收入应当在实际收到捐赠资产之日确认收入的实现。

9. 其他收入

其他收入是指企业取得的上述各项收入以外的一切收入,包括企业资产溢余收入、逾期未退包装物没收的押金、确实无法偿付的应付款项、企业已做坏账损失处理后又收回的应收账款、债务重组收入、补贴收入、即征即退税款、教育费附加返还款、违约金收入、汇兑收益等。

(二) 不征税收入

1. 不征税收入的界定

不征税收入是指不具有可税性的收入,包括财政拨款、依法收取并纳入财政管理的行政事业性收费、政府性基金和国务院规定的其他不征税收入。

财政拨款是指各级政府对纳入预算管理的事业单位、社会团体等组织拨付的

不征税收入

财政资金（财政补助、专项财政补贴等），但国务院以及国务院财政、税务主管部门另有规定的除外。

行政事业性收费是指企业根据法律法规等有关规定，经国务院规定程序批准，在实施社会公共管理，以及在向公民、法人或者其他组织提供特定公共服务过程中，向特定对象收取并纳入财政管理的费用。

政府性基金是指企业根据法律、行政法规等有关规定，代政府收取的具有专项用途的财政资金。

其他不征税收入[1]是指企业取得的，由国务院财政、税务主管部门规定专项用途并经国务院批准的财政性资金。

2. 企业取得的财政性资金

企业从各级政府取得的财政性资金包括政府对企业的无偿拨款、税收返还、财政贴息以及无偿给予的非货币性资产等（属于国家投资和资金使用后要求归还本金的除外）。企业取得的由国务院财政、税务主管部门规定专项用途并经国务院批准的财政性资金准予作为不征税收入，在计算应纳税所得额时，从收入总额中扣除。

企业将符合规定条件的财政性资金做不征税收入处理后，在5年（60个月）内未发生支出且未缴回财政或其他拨付资金政府部门的部分，应重新计入取得该资金第六年的应税收入总额；重新计入应税收入总额的财政性资金发生的支出，允许在计算应纳税所得额时扣除。企业从政府处取得的搬迁补偿收入或处置相关资产取得的收入，在规划搬迁次年起的5年内作为不征税收入，期满后计入应税收入。

企业从政府取得的、与企业日常经营活动密切相关且构成企业商品或服务对价组成部分的经济资源，应按收入准则进行会计处理；而对与企业日常活动无关的政府补助（如受灾补贴等），按政府补助准则进行会计处理，记入"营业外收入"。

3. 企业取得财政性资金的会计处理

符合收入确认条件的，财务会计通过"其他收益"进行会计处理；符合政府补助确认条件的，财务会计通过"营业外收入"进行会计处理。

税务会计则应根据税法的规定，对不征税收入或免税收入及其用于支出所形成的费用或资产进行同步纳税调整减少和增加。不征税收入管理的核心是收入暂不征税，支出不能在税前扣除。

六、企业所得税的减免

（一）法定减免

1. 免缴企业所得税

企业[2]从事下列项目的所得，免缴企业所得税：蔬菜、谷物、薯类、油料、豆类、棉花、麻类、糖料、水果、坚果的种植；农作物新品种的选育；中药材的种植；林木的培育和种植；牲畜、家禽的饲养；林产品的采集；灌溉、农产品初加工、兽医、农技推广、农机作业和维修等农、林、牧、渔服务业项目；远洋捕捞。

2. 减缴企业所得税

企业从事下列项目的所得，减半缴纳企业所得税：花卉、茶及其他饮料作物和香料作物的种植；海水养殖、内陆养殖；企业种植观赏性植物。

企业从事国家限制和禁止发展的项目，不得享受税法规定的企业所得税优惠。

---

[1] 如符合条件的软件企业按规定取得的即征即退增值税税款，企业专项用于软件产品研发和扩大再生产并单独进行核算的，可以作为不征税收入，在计算应纳税所得额时从收入总额中扣除。

[2] 包括"公司+农户"经营模式的企业。

3. 技术转让所得的减免

技术转让是指居民企业转让其所拥有技术的所有权或 5 年（含）以上全球独占许可使用权的行为。技术转让收入包括专利技术、计算机软件著作权、集成电路布图设计权、植物新品种、生物医药新品种转让收入以及与转让相关的一并收取的技术咨询、技术服务、技术培训收入，财政部和国家税务总局规定的其他相关收入。

在一个纳税年度内，居民企业技术转让所得不超过 500 万元的部分，免缴企业所得税；超过 500 万元的部分，减半缴纳企业所得税。

居民企业取得的禁止出口和限制出口技术转让所得，不享受技术转让所得减免企业所得税优惠政策。居民企业从直接或间接持有股权之和达到 100% 的关联方处取得的技术转让所得，不享受技术转让所得减免企业所得税优惠政策。关联方之间发生技术转让所取得的技术转让所得，不享受本优惠政策。

4. 预提所得税的减免

非居民企业取得的税法规定的所得，减按 10% 的税率缴纳企业所得税。下列所得可以免缴企业所得税。

（1）外国政府向我国政府提供贷款取得的利息所得。
（2）国际金融组织向我国政府和居民企业提供优惠贷款取得的利息所得。
（3）经国务院批准的其他所得。

对境外投资者从中国境内居民企业分配的利润直接投资于非禁止外商投资的项目和领域，凡满足规定条件的，实行递延纳税，暂不征收预提所得税。

境外投资者以分配利润补缴其在境内居民企业已经认缴的注册资本（新增或转增实收资本、资本公积）；境外投资者按金融主管部门规定，通过人民币再投资专用存款账户划转再投资资金，并在相关款项从利润分配企业账户转入境外投资者人民币再投资专用存款账户的当日，再由境外投资者人民币再投资专用存款账户转入被投资企业或股权转让方账户的，可享递延纳税优惠。

（二）定期减免

1. 享受企业所得税定期减税或免税的新办企业

（1）享受企业所得税定期减税或免税的新办企业标准：按照国家法律、法规以及有关规定在工商行政主管部门办理设立登记，新注册成立的企业。新办企业权益性出资人（股东或其他权益投资方）的实际出资中固定资产、无形资产等非货币性资产的累计出资额占新办企业注册资金的比例一般不得超过 25%。现有企业新设立的不具有法人资格的分支机构，不论其货币投资占多大比例，均不得作为新办企业。

（2）办理设立登记的企业，在设立时以及享受新办企业所得税定期减税或免税优惠政策期间，从权益性投资者及其关联方购置、租借或无偿占用的非货币性资产占注册资本的比例累计超过 25% 的，不得享受新办企业的所得税优惠政策。

（3）集成电路生产企业或项目按规定的不同条件分别实行企业所得税"两免三减半"（即第 1 年~第 2 年免征、第 3 年~第 5 年减半征收）或"五免五减半"（即第 1 年~第 5 年免征、第 6 年~第 10 年减半征收）；新办集成电路设计企业和符合条件的软件企业，自获利年度起，企业所得税"两免三减半"。

2. 企业从事国家重点扶持的公共基础设施项目投资经营的所得

从项目取得第一笔生产经营收入所属年度起，第 1 年至第 3 年免缴企业所得税，第 4 年至第 6 年减半缴纳企业所得税。国家重点扶持的公共基础设施项目是指《公共基础设施项目企业所得税优惠目录》中规定的港口码头、机场、铁路、公路、电力、水利等项目。企业承包经营、承包建设和内部自建自用以上项目时，不得享受该项企业所得税优惠。

3. 从事符合条件的环境保护、节能节水项目的所得

从项目取得第一笔生产经营收入所属年度起，第1年至第3年免缴企业所得税，第4年至第6年减半缴纳企业所得税。

4. 企业从事上述投资经营项目的所得

按规定享受定期减免税优惠的，在减免税期限内转让的，受让方自受让之日起，可以在剩余期限内享受规定的减免税优惠；减免税期限届满后转让的，受让方不得就该项目重复享受减免税优惠。

5. 实行查账征收方式的集成电路生产企业和软件企业

国家鼓励的集成电路线宽小于28纳米（含），且经营期在15年以上的集成电路生产企业或单独核算项目，第1年至第10年免缴企业所得税（即"十免"优惠）；集成电路线宽小于65纳米（含），且经营期在15年以上的集成电路生产企业或单独核算项目，第1年至第5年免缴企业所得税，第6年至第10年按25%的法定税率减半缴纳企业所得税（即"五免五减半"优惠）；集成电路线宽小于130纳米（含），且经营期在10年以上的集成电路生产企业或单独核算项目，第1年至第2年免缴企业所得税，第3年至第5年按照25%的法定税率减半缴纳企业所得税（即"两免三减半"优惠），纳税年度发生的亏损，准予向以后年度结转，总的结转年限最长不得超过10年。

优惠期自获利年度起计算，获利年度是企业应纳税所得额大于零的当年。

（三）加速折旧

加速折旧包括缩短折旧年限和采用加速折旧方法两种类型，采取加速折旧方法的，可以采用双倍余额递减法或年数总和法。采取缩短折旧年限方法的固定资产，最低折旧年限不得低于税法规定的折旧年限的60%；若为购置已使用过的固定资产，其最低折旧年限不得低于税法规定的最低折旧年限减去已使用年限后剩余年限的60%。

制造业企业在2018年1月1日至2020年12月31日期间新购进的设备、器具（不限新设备器具），单位价值不超过500万元的，允许一次性在税前扣除。

企业在享受加速折旧税收优惠时，并不要求财务会计也必须采取与税务会计相同的折旧方法。换言之，财务会计处理是否采取加速折旧方法，并不影响企业享受加速折旧税收优惠。这就可能导致财务会计折旧额小于同期税务会计折旧额，由此产生的应纳税暂时性差异，可通过"递延所得税负债"账户调整。企业在享受研发费加计扣除时，将已按财务会计处理的折旧额加计扣除，并做相应会计处理，否则不能加计扣除。

（四）加计扣除

1. 研发费用的加计扣除

（1）加计扣除比例及费用项目。企业开展研发活动中实际发生的研发费用，未形成无形资产计入当期损益的，在按规定据实扣除的基础上，在2018年1月1日至2020年12月31日期间，再按照实际发生额的75%在税前加计扣除；形成无形资产的，在上述期间按照无形资产成本的175%在税前摊销。研发费用包括如下项目。

加计扣除

① 人工费用。其指直接从事研发活动人员的工资薪金、基本养老保险费、基本医疗保险费、失业保险费、工伤保险费、生育保险费、住房公积金和外聘研发人员的劳务费。

② 直接投入费用。其指研发活动直接消耗的材料、燃料和动力费用；用于中间试验和产品试制的模具、工艺装备开发及制造费，不构成固定资产的样品、样机及一般测试手段购置费，试制产品的检验费；用于研发活动的仪器、设备的运行维护、调整、检验、维修等费用，以及通过经营租赁方式租入的用于研发活动的仪器、设备租赁费。

③ 折旧费用。其指用于研发活动的仪器、设备的折旧费。

④ 无形资产摊销额。其指用于研发活动的软件、专利权、非专利技术（包括许可证、专有技术、

设计和计算方法等）的摊销费用。

⑤ 新产品设计费、新工艺规程制定费、新药研制的临床试验费、勘探开发技术的现场试验费。

⑥ 其他相关费用。其指与研发活动直接相关的其他费用，如技术图书资料费，资料翻译费，专家咨询费，高新科技研发保险费，研发成果的检索、分析、评议、论证、鉴定、评审、评估、验收费用，知识产权的申请费、注册费、代理费、差旅费、会议费等。此项费用总额不得超过可加计扣除研发费用总额的10%。[①]

（2）加计扣除适用范围。下列活动不得在税前加计扣除：①企业产品（服务）的常规性升级；②对某项科研成果的直接应用，如直接采用公开的新工艺、材料、装置、产品、服务或知识等；③企业在商品化后为顾客提供的技术支持活动；④对现存产品、服务、技术、材料或工艺流程进行的重复或简单改变；⑤市场调查研究、效率调查或管理研究；⑥作为工业（服务）流程环节或常规的质量控制、测试分析、维修维护；⑦社会科学、艺术或人文学方面的研究。

下列行业不得在税前加计扣除：①烟草制造业；②住宿和餐饮业；③批发和零售业；④房地产业；⑤租赁和商务服务业；⑥娱乐业；⑦财政部和国家税务总局规定的其他行业。

（3）特别事项处理。委托外部机构或个人进行研发活动所发生的费用，按照费用实际发生额（符合独立交易原则）的80%计入委托方研发费用并计算加计扣除，受托方不得再进行加计扣除。

委托境外进行研发活动所发生的费用，按费用实际发生额（符合独立交易原则）的80%计入委托方的委托境外研发费用。委托境外研发费用不得超过境内符合条件研发费用2/3的部分，可以按规定在企业所得税税前加计扣除。委托境外个人进行研发活动发生的费用，不得加计扣除。

委托方与受托方存在关联关系的，受托方应向委托方提供研发项目费用支出明细情况。

（4）核算管理要求。研发费用加计扣除适用于会计核算健全、实行查账征收并能够准确归集研发费用的居民企业，其对可加计扣除的研发费用实行归并核算。企业应按照国家财务会计制度的要求，对研发支出进行会计处理。

企业研发项目立项时应设置研发支出辅助账（按自主、委托、合作、集中几种研发方式分设），由企业留存备查；年末汇总分析填报研发支出辅助账汇总表，并在报送"年度财务会计报告"的同时，随附注一并报送主管税务机关。研发支出辅助账、研发支出辅助账汇总表可参照国家税务总局公告所附样式编制。企业进行年度纳税申报时，根据研发支出辅助账汇总表填报研发项目可加计扣除研发费用情况归集表，在年度纳税申报时随申报表一并报送。企业应不迟于年度汇算清缴纳税申报时，向税务机关报送"企业所得税优惠事项备案表"和研发项目文件完成备案，并将有关资料留存备查。

2. 安置残疾人员就业的工资加计扣除

企业安置残疾人员及国家鼓励安置的其他人员就业并符合规定条件的，除所支付的工资可据实扣除外，不论企业盈亏，均可按支付给残疾职工工资的100%加计扣除。企业支付给残疾职工的工资，在进行企业所得税预缴申报时，可据实计算扣除；在年度终了进行企业所得税年度申报和汇算清缴时，再按规定计算加计扣除。

企业实际支付给职工工资的加计扣除部分如果大于本年度应纳税所得额，可准予扣除其不超过应纳税所得额的部分，超过部分在本年度和以后年度均不得扣除。

（五）减计收入

减计收入是指企业以《资源综合利用企业所得税优惠目录》中规定的资源为主要原材料，生产国家非限制和禁止并符合国家和行业相关标准的产品取得的收入，减按90%计入收入总额。

主要原材料占生产产品材料的比例不得低于《资源综合利用企业所得税优惠目录》中规定的标准。

[①] 其他相关费用限额=上述①至⑤项费用之和×10%÷（1-10%）。

（六）抵扣税额

创业投资企业从事国家需要重点扶持和鼓励的创业投资时，可以按投资额的一定比例抵扣应纳税所得额。

创业投资企业采取股权投资方式投资未上市的中小高新技术企业 2 年（含）以上的，可以按照其对中小高新技术企业投资额的 70%在股权持有满 2 年的当年抵扣该创业投资企业的应纳税所得额；当年不足抵扣的，可以在以后纳税年度结转抵扣。

中小高新技术企业是指企业职工人数不超过 500 人，年销售收入不超过 2 亿元，资产总额不超过 2 亿元的高新技术企业。

（七）税收抵免

企业购置用于环境保护、节能节水、安全生产等领域专用设备的投资额，可以按一定比例实行税额抵免。税额抵免是指企业购置并实际使用《环境保护专用设备企业所得税优惠目录》《节能节水专用设备企业所得税优惠目录》和《安全生产专用设备企业所得税优惠目录》中规定的环境保护、节能节水、安全生产等专用设备的，该专用设备投资额的 10%可以从企业当年的应纳税额中抵免；当年不足抵免的，可以在以后 5 个纳税年度结转抵免。

享受所得税税额抵免优惠的企业，应当实际购置并自身实际投入使用税法规定的专用设备；企业购置的上述专用设备在 5 年内转让、出租的，应当停止享受企业所得税优惠，并补缴已经抵免的企业所得税税款。

（八）企业所得税减免的管理

企业按规定可以享受的各项减免政策（优惠事项）和资产损失税前扣除，实行"自行判别、申报享受、相关资料留存备查"的办理方式，即"以表代备"。企业应根据相关税收法规和经营情况，自行判断是否符合规定条件。符合条件的可按规定时间自行计算减免税额，并通过填报企业所得税纳税申报主、附表享受税收优惠。这大大简化了企业涉税事项的办理流程，但也将更多的隐性风险转移给企业，涉税风险从事前延伸到事后。如何应对后续稽查风险，对企业税务管理提出了更高要求。

企业同时享受多项优惠事项或享受的优惠事项按照规定分项目进行核算的，应按优惠事项或项目分别归集留存备查资料。在完成年度汇算清缴后，应同步将留存备查资料归集齐全并整理完成，以备税务机关核查。留存备查资料是指与企业享受优惠事项有关的合同、协议、凭证、证书、文件、账册、说明等资料，从享受优惠事项当年汇算清缴期结束次日起，保留期限为 10 年。企业应按规定归集和留存相关资料备查，并对其真实性、合法性和完整性负责。

第二节 企业所得税的确认计量

一、应税收入的确认计量

应税收入是指按税法规定应纳企业所得税的收入。它是在财务会计按会计准则确认计量的基础上，按税法规定再予以确认计量的收入。

（一）应税收入确认的原则和条件

应税收入的确认一般也遵循财务会计对收入确认的原则（国务院财政、税务主管部门另有规定的除外），如权责发生制原则和实质重于形式原则。税法规定，

应税收入和免税收入

企业销售商品同时满足下列条件的,应确认收入的实现。

(1)商品销售合同已经签订,企业已将与商品所有权相关的主要风险和报酬转移给购货方。

(2)企业对已售出的商品既没有保留通常与所有权相联系的继续管理权,又没有实施有效控制。

(3)收入的金额能够可靠计量。

(4)已发生或将发生的销售方的成本能够可靠地核算。

(二)商品销售收入的确认计量

1. 一般商品销售收入的确认计量

(1)销售商品采用托收承付方式的,在办妥托收手续时确认收入。

(2)销售商品采取预收款方式的,在发出商品时确认收入。

(3)销售商品需要安装和检验的,在购买方接受商品以及安装和检验完毕时确认收入。如果安装程序比较简单,则可在发出商品时确认收入。

(4)销售商品采用支付手续费方式委托代销的,在收到代销清单时确认收入。

2. 特殊商品销售收入的确认计量

(1)以分期收款方式销售货物的,应当按照合同约定的收款日期确认收入的实现。

(2)企业受托加工制造大型机械设备、船舶、飞机等,以及从事建筑、安装、装配工程业务或者提供劳务等,持续时间超过12个月的,应当按照纳税年度内的完工进度或者完成的工作量确认收入的实现。完工进度或者完成的工作量不能合理判断的,按照税法确定的原则处理。

(三)视同销售收入的确认计量

视同销售是指按税法规定应确认为应税收入(收益)而在财务会计中不能确认为收入的事项。视同销售的判断标准是资产所有权权属已发生改变。如果资产的权属改变,则属于视同销售;如果权属未改变,则属于内部处置资产。

企业将资产用于市场推广、交际应酬、职工奖励和福利、股息分配、对外捐赠以及其他改变资产所有权属的用途,均属视同销售行为[①]。

对于视同销售,税务会计应按税法规定的计税依据计税,财务会计有两种处理方法:一种是不按视同销售处理,即不通过"主营业务收入",而是记入有关成本费用账户,如企业将外购商品用于市场推广时直接计入"销售费用",但在期末要进行所得税的纳税调整;另一种是按视同销售处理,计入"主营业务收入",然后结转"主营业务成本"。

企业发生下列处置资产(将资产转移至境外的除外)情形时,因资产所有权属在形式和实质上均不发生改变,故应作为内部处置资产,不视同销售确认收入,相关资产的计税基础延续计算:①将资产用于生产、制造、加工另一产品;②改变资产形状、结构或性能;③改变资产用途(如自建商品房转为自用或经营);④将资产在总机构及其分支机构之间转移;⑤上述两种或两种以上情形的混合;⑥将资产用于其他不改变资产所有权属的用途。

(四)租赁收入的确认计量

企业[②]提供固定资产、包装物或者其他有形资产的使用权取得的租金收入,应按交易合同或协议规定的承租人应付租金的日期确认收入的实现。如果交易合同或协议中规定租赁期限跨年度,且租金提前一次性收取,则出租人可对已确认的收入在租赁期内分期均匀计入相关年度收入。例如,某企业当年9月收到当年9月至下年8月的一笔租金120万元,则其在当年所得税汇算清缴时应确认

---

① 企业所得税的视同销售与增值税的视同销售口径不完全相同。例如,增值税的视同销售,将货物从一个机构移送至其他机构(不在同一县市),将自产或委托加工的货物用于免征增值税项目或用于集体福利,就不属于企业所得税的视同销售范围。

② 也包括出租方在我国境内设有机构、场所且采取据实申报缴纳企业所得的非居民企业。

收入 40 万元。

在融资性售后回租业务中，承租人出售资产的行为不确认为销售收入。对融资性租赁的资产，仍以承租人出售前原账面价值为计税基础计提折旧。租赁期间，承租人支付的属于融资利息的部分，作为企业财务费用在税前扣除。

（五）股权转让所得的确认计量

企业转让股权收入，应于转让协议生效且完成股权变更手续时确认收入的实现。转让股权收入扣除为取得该股权所发生的成本后，为股权转让所得。企业在计算股权转让所得时，不得扣除被投资企业未分配利润等股东留存收益中该项股权可能分配的金额。在财务会计中，企业处置长期股权投资时，其账面价值与实际取得价款的差额应确认为处置损益。采用权益法核算的长期股权投资，因被投资单位除净损益以外所有者权益的其他变动而计入所有者权益的，处置该项投资时应当将原计入所有者权益的部分按相应比例转入当期损益。

（六）财产转让等所得的确认计量

企业取得财产（包括各类资产、股权、债权等）转让收入、债务重组收入（债务重组合同或协议生效时，确认收入的实现）、接受捐赠收入、无法偿付的应付款收入等时，不论是以货币形式还是非货币形式体现，除另有规定外，均应一次性计入确认收入的年度计算缴纳企业所得税。企业以非货币性资产对外投资确认的转让所得，可在不超过 5 年期限内，分期均匀计入相应年度的应税所得额，计算缴纳企业所得税。

（七）股息、红利等权益性投资收益收入的确认计量

企业权益性投资取得的股息、红利等收入，应以被投资企业股东会或股东大会做出利润分配或转股决定的日期确认收入的实现。被投资企业将股权（票）溢价所形成的资本公积转为股本的，不作为投资方企业的股息、红利收入，投资方企业也不得增加该项长期投资的计税基础。

（八）金融企业贷款利息收入的确认计量

金融企业按规定发放的贷款，属于未逾期贷款（含展期，下同）的，应根据先收利息后收本金的原则，按贷款合同确认的利率和结算利息的期限计算利息，并于债务人应付利息的日期确认收入的实现；属于逾期贷款的，其逾期后发生的应收利息，应于实际收到日期或者虽未实际收到但会计上确认为利息收入的日期，确认收入的实现。金融企业已确认为利息收入的应收利息，逾期 90 天仍未收回，且会计上已冲减了当期利息收入的，准予抵扣当期应纳税所得额。金融企业已冲减了利息收入的应收未收利息，以后年度收回时，应计入当期应纳税所得额计算纳税。

二、免税收入的确认计量

免税收入是指虽具可税性，但按税法规定免予征税的收入。企业取得的免税收入所对应的各项成本费用，除另有规定外，可在计算应税所得时扣除。下列收入为免税收入。

（1）国债利息收入。以国债发行时约定应付利息的日期，确认利息收入的实现。企业从发行者处直接投资购买的国债持有至到期，其从发行者处取得的国债利息收入，以及企业在到期前转让国债或者从非发行者处投资购买的国债，按以下方法计算的国债利息收入，全额免缴企业所得税：国债利息收入＝国债金额×（适用年利率÷365）×持有天数。"国债金额"按国债发行面值或发行价格确定；"适用年利率"按国债票面年利率或折合年收益率确定；若企业在不同时间多次购买同一品种国债的，"持有天数"可按平均持有天数计算确定。

【例7-1】 某公司6月15日从证券交易所购买3年期国债10万元（面值），支付价款10.2万元，票面年利率为2.48%，到期一次付息。第3年3月31日，公司将该批国债转让，取得价款12万元，支付相关税费2 500元。其免税利息收入和应纳税所得额计算如下。

① 免税利息收入。

持有天数=15+31+31+30+31+30+31+365×2+31+28+31=1 019（天）

免税利息收入=100 000×（2.48%÷365）×1 019=6 923.62（元）

② 转让国债的应纳税所得额。

应纳税所得额=120 000-102 000-6 923.62-2 500=8 576.38（元）

（2）居民企业直接投资于其他居民企业所取得的股息、红利等权益性投资收益，以及在我国境内设立机构、场所的非居民企业从居民企业处取得的与该机构、场所有实际联系的股息、红利等权益性投资收益，但不包括连续持有居民企业公开发行并上市流通的股票不足12个月取得的投资收益。

（3）不符合不征税收入条件的财政性补贴，应属于征税收入（应税收入或免税收入）；当且仅当国务院、财政部或国家税务总局中的一个或多个部门明确下发文件确认为免税收入的，才属于免税收入，在计入会计收入的年度可进行纳税调整。否则，即属于应税收入，应当在取得财政补贴款项的当年计入应纳税所得额。

（4）证券投资基金有关收入主要包括如下3个。

① 证券投资基金从证券市场中取得的收入，包括买卖股票、债券的差价收入，股权的股息、红利收入，债券的利息收入及其他收入。

② 投资者从证券投资基金分配中取得的收入。

③ 证券投资基金管理人运用基金买卖股票、债券的差价收入。

（5）符合条件的非营利组织收入。

三、企业所得税的税前扣除

（一）税前扣除和确认原则

1. 税前扣除原则

税前扣除凭证应遵循真实性、合法性和关联性原则。真实性是指税前扣除凭证反映的经济业务真实，且支出已经实际发生；合法性是指税前扣除凭证的形式、来源符合国家法律、法规等相关规定；关联性是指税前扣除凭证与其反映的支出相关联且有证明力。

企业应将与税前扣除凭证相关的资料，包括合同协议、支出依据、付款凭证等留存备查，以证实税前扣除凭证的真实性。

税前扣除

2. 税前扣除的确认原则

税前扣除权是纳税人的一项权利。企业在进行税前扣除时，对于扣除项目的确认时间和条件，主要应遵循以下确认原则。

（1）权责发生制原则。该原则的基本含义与财务会计中的相同。所得税税法规定该原则，旨在尽可能减少两者的差异，降低成本和风险，但"另有规定的除外"。即一般以权责发生制为基础，但也共存其他原则，如真实发生、确定性等原则。

据实扣除与限额扣除

（2）配比原则。纳税人发生的费用应在费用应配比或应分配的当期申报扣除，纳税年度应申报的可扣除费用不得提前或滞后申报扣除。

（3）确定性原则。纳税人可扣除的费用不论何时支付，其金额必须是确定的。如果可扣除的费用支出额或相应的债务额无法准确确定，则一般情况下，不允许按估计的支出额在税前扣除。

3. 税前扣除凭证

企业所得税税前扣除凭证是指企业在计算企业所得税应纳税所得额时，证明与取得收入有关的、合理的支出实际发生，并可据以税前扣除的各类凭证。

税前扣除凭证分为内部凭证和外部凭证。内部凭证是指企业自制用于成本、费用、损失和其他支出核算的会计原始凭证，其填制和使用应当符合国家会计法律、法规等相关规定；外部凭证是指企业发生经营活动和其他事项时，从其他单位、个人取得的用于证明其支出发生的凭证，包括但不限于发票（包括纸质发票和电子发票）、财政票据、完税凭证、收款凭证、分割单等。

企业从境外购进货物或劳务发生的支出，以对方开具的发票或者具有发票性质的收款凭证、相关税费缴纳凭证作为税前扣除凭证。

企业发生的各项支出，应取得税前扣除凭证，作为计算企业所得税应纳税所得额时扣除相关支出的依据，企业应在当年度企业所得税汇算清缴期结束前取得税前扣除凭证。

企业取得的私自印制、伪造、变造、作废、开票方非法取得、虚开、填写不规范等不符合规定的发票，以及取得的不符合国家法律、法规等相关规定的其他外部凭证，不得作为税前扣除凭证。

企业应当取得而未取得发票等外部凭证或取得不合规发票等外部凭证的，若支出真实且已实际发生，应在当年度汇算清缴期结束前，要求对方补开、换开发票或其他外部凭证。补开、换开后的发票、其他外部凭证符合规定的，可作为当年税前扣除凭证。

若是在汇算清缴期结束后，税务机关发现上述情况，企业应自被告知之日起 60 日内补开、换开符合规定的发票、其他外部凭证，凭要求提供资料证实支出真实性后，其支出允许税前扣除。

（二）税前扣除范围

企业实际发生的与取得应税收入有关的、合理的支出，包括成本、费用、税金、损失和其他支出，准予在计算应纳税所得额时扣除；除税收法律、行政法规另有规定外，不得重复扣除。税前扣除的基本项目有如下几个。

1. 销售成本

销售成本是指企业申报纳税期间已经确认的销售商品，提供劳务、服务，转让和处置固定资产、无形资产等的销售成本、销货成本、业务支出及其他耗费。它与财务会计中的主营业务成本、其他业务成本有密切联系，但不是直接对应的。

2. 期间费用

期间费用是指企业为生产、经营商品和提供劳务等而发生的销售费用、管理费用和财务费用（已经计入成本的有关费用除外）。

3. 税金及附加

税金及附加是指企业实际发生的除所得税和增值税以外的各项税金及附加，即通过"税金及附加"科目所记录的税费。

4. 损失

损失是指企业在生产经营活动中发生的固定资产和存货的盘亏、毁损、报废损失，转让财产损失，呆账损失，坏账损失，自然灾害等不可抗力因素造成的损失以及其他损失。税前扣除的损失为净损失，即企业发生的损失，减除责任人赔偿和保险赔款后的余额。

企业已经作为损失处理的资产，在以后纳税年度又全部收回或者部分收回时，应当计入当期收入。

5. 其他支出

其他支出是指除成本、费用、税金、损失外,企业经营活动中发生的有关的、合理的支出。

(三) 准予扣除项目及其确认

根据会计准则的规定已经确认的支出,凡未超过税收法规规定的税前扣除范围和标准的,可按其实际确认的支出在税前扣除。超过税前扣除范围和标准的,应进行所得税的纳税调整。

1. 工薪支出

企业发生的合理的工资、薪金支出,准予在税前扣除。职工工资、薪金是指企业每一纳税年度支付给在本企业任职或与其有雇佣关系的员工的所有现金与非现金形式的劳动报酬,包括基本工资、奖金、津贴、补贴、年终加薪、加班工资,以及与员工任职或者受雇有关的其他支出。企业雇佣季节工、临时工、实习生,返聘离退休人员以及接受外部劳务派遣用工,也属于在企业任职或者受雇员工范畴。企业为其支付的相关费用,在区分工资薪金支出和职工福利费支出后,准予在税前扣除,并以准予税前扣除的工资薪金支出总额为基数,计算其他各项相关费用的扣除金额。

2. 职工福利费、工会经费、职工教育经费

企业实际发生的满足职工共同需要的集体生活、文化、体育等方面的职工福利费支出,不超过工资薪金总额14%的部分,准予扣除。企业发生的职工福利费,应该单独设置账册进行准确核算。没有单独设置账册准确核算的,税务机关应责令企业在规定的期限内进行改正。逾期仍未改正的,税务机关可对企业发生的职工福利费进行合理的核定。

企业拨缴的工会经费不超过工资薪金总额2%的部分,凭工会组织开具的"工会经费收入专用收据"准予扣除。

企业发生的职工教育经费支出,不超过工资薪金总额8%的部分准予扣除;超过部分,可以在以后纳税年度结转扣除。

软件企业、集成电路设计企业、动漫企业、核电企业、航空企业的职工培训费用,可按其实际发生额在税前全额扣除。

3. 社会保险费

(1) 企业按照国务院主管部门或省级人民政府规定的范围和标准为职工缴纳的基本医疗保险费、基本养老保险费、失业保险费、工伤保险费等基本社会保险费和住房公积金,准予税前扣除。

(2) 企业为本企业任职和受雇的员工支付的补充养老保险费、补充医疗保险费,分别在不超过职工工资总额5%标准内的部分,准予税前扣除;超过部分,不得扣除。

(3) 企业按规定为特殊工种职工支付的人身安全保险费和符合规定的商业保险费,准予扣除;但为投资人、一般职工支付的商业保险费,不得扣除。

(4) 企业参加的财产保险、责任保险,按规定缴纳的保险费,准予扣除。

4. 公益性捐赠支出

公益性捐赠支出是企业通过境内公益性社会组织、县级及以上人民政府及其部门等国家机关,向教育、扶贫、济困等公益慈善事业的捐赠支出[①]。在不超过按国家会计制度规定计算的年度会计利润 12%的部分,准予在计算应纳税所得额时扣除;超过年度利润总额12%的部分,准予在以后三年内计算应纳税所得额时结转扣除。

企业发生的公益性捐赠支出未在当年税前扣除的部分,准予向以后年度结转扣除,结转年限自

---

① "公益捐赠"的界定也适用于个人所得税,但公益捐赠主体为"个人"。

捐赠发生年度的次年起计算最长不得超过三年。

企业在计算扣除时，应先扣除以前年度结转的捐赠支出，再扣除当年发生的捐赠支出。

5. 利息费用

企业在经营活动中发生的与收入相关的下列利息支出，准予在税前扣除。

（1）非金融企业向金融企业借款的利息支出、金融企业的各项存款利息支出和同业拆借利息支出、企业经批准发行债券的利息支出[①]。

（2）非金融企业向非金融企业、股东或其他与企业有关联关系的自然人[②]借款的利息支出，在不超过债权性投资与权益性投资 2∶1 比例的基础上，不超过按照金融企业同期同类贷款利率[③]计算的数额部分。假设某企业权益性投资额 5 000 万元，向自然人（或关联方）借款 15 000 万元，在计算利息扣除时，只允许按 10 000 万元乘以金融企业同期同类贷款利率计算的利息在税前扣除。金融企业向关联方借款，不超过债资比 5∶1 部分的利息支出准予扣除。

（3）对于采用实际利率法确认的与金融负债相关的利息费用，未超过同期银行贷款利率的部分，可在计算当期应纳税所得额时扣除，超过部分不得扣除。

（4）投资人投资未到位而发生的利息支出。投资人在规定期限内未缴足其应投资本额的，其应投资本额与实投资本额的差额应计付的利息，不属于企业合理的支出，应由投资人负担，企业不得在税前扣除。假如某企业注册资本 3 000 万元，投资人先投入 1 800 万元，尚欠 1 200 万元。该年度企业向银行借款 1 500 万元，支付借款利息 90 万元。不得扣除的借款利息=90×1 200÷1 500=72（万元），允许扣除的利息支出=90-72=18（万元）。

6. 汇兑损失

企业在货币交易中及纳税年度终了时将人民币以外的货币性资产、负债按照期末即期人民币汇率中间价折算为人民币时产生的汇兑损失，除已经计入有关资产成本以及与向所有者进行利润分配相关的部分外，准予扣除。

7. 借款费用

企业在经营活动中发生的合理的不需要资本化的借款费用，准予在税前扣除。

企业为购置、建造和生产固定资产、无形资产和经过 12 个月以上的建造才能达到预定可销售状态的存货而发生的借款，在有关资产购置、建造和生产期间发生的合理借款费用，符合会计准则规定的资本化条件的，应作为资本性支出计入相关资产的成本；日后按税法规定计算的折旧等成本费用，可在税前扣除。有关资产竣工结算并交付使用后或达到预定可销售状态后发生的合理借款费用，可在发生当期扣除。

企业通过发行债券、取得贷款、吸收保户储金等方式融资而发生的合理费用支出（包括手续费及佣金支出），符合资本化条件的，应计入相关资产成本；不符合资本化条件的，作为财务费用，准予在企业所得税税前据实扣除。

8. 业务招待费

企业实际发生的与生产经营活动有关的业务招待费，按照实际发生额的 60% 扣除，但最高不得超过当年销售收入额（含视同销售收入额）的 5‰。对从事股权投资业务的企业（包括集团公司总部、创业投资企业等），其从被投资企业分配的股息、红利及股权转让收入，也可以按规定比例计算业务招待费的扣除限额。

[①] 符合资本化条件的，应计入相关资产成本。
[②] 企业与个人之间的借贷是真实、合法、有效的，并且不具有非法集资目的或其他违反法律、法规的行为；企业与个人之间签订了借款合同。
[③] 企业按合同要求首次支付利息并进行税前扣除时，应提供金融企业同期同类贷款利率情况说明，以证明其利息支出的合理性。

9. 广告费和业务宣传费

企业发生的符合条件的广告费和业务宣传费支出，除国务院财政、税务主管部门另有规定外，不超过当年销售收入额（含视同销售收入额和创投企业的投资收益，但不包括营业外收入和非创投企业的投资收益）15%的部分，准予扣除；超过部分，准予在以后纳税年度结转扣除。化妆品制造、销售，医药制造和饮料制造（不含酒类制造）企业发生的广告费和业务宣传费支出，不超过当年销售收入30%的部分，准予扣除；超过部分，准予在以后纳税年度结转扣除。烟草企业的烟草广告费和业务宣传费支出，一律不得在计算应纳税所得额时扣除。

【例7-2】某公司上年设立时发生筹办费用15万元，其中业务招待费3万元，广告费和业务宣传费4.5万元。今年1月开始经营，全年实现营业收入1 500万元，实际支出业务招待费10.5万元、广告费和业务宣传费240万元。今年，公司应如何进行企业所得税纳税调整？

根据有关规定，企业筹办期间发生的筹办费用支出，不得计为当期的亏损，即不做纳税调整。对于开（筹）办费用，企业可以在开始经营之日的当年一次性扣除，也可以作为长期待摊费用处理，但一经选定，不得改变。

今年1月，该公司开始经营，筹办费在1月一次性扣除。当年，企业实际发生业务招待费10.5万元，共列支业务招待费13.5万元（3万元+10.5万元）。准予税前扣除的业务招待费计算如下。

（1）准予扣除的筹办期业务招待费=3×60%=1.8（万元）。

（2）当年准予扣除的业务招待费。

扣除限额=1 500×0.5%=7.5（万元）

扣除金额=10.5×60%=6.3（万元）

扣除金额小于扣除限额，故当年准予税前扣除的业务招待费金额是6.3万元，加上准予扣除的筹办期的业务招待费1.8万元，共计8.1万元。应纳税调增金额是5.4万元（13.5万元-8.1万元）。

当年实际发生广告费和业务宣传费240万元，共列支广告费和业务宣传费244.5万元（4.5万元+240万元）。准予税前扣除的广告费和业务宣传费计算如下。

（1）准予扣除的筹办期广告费和业务宣传费4.5万元。

（2）当年准予扣除的广告费和业务宣传费限额为225万元（1 500万元×15%），超过限额的15万元可以结转以后年度扣除。

加上准予扣除的筹办期广告费和业务宣传费4.5万元，共计229.5万元。应纳税调增金额是15万元（240万元-225万元或244.5万元-229.5万元）。

10. 固定资产折旧费用

企业按照规定计算的固定资产折旧，准予扣除。下列固定资产不得计算折旧扣除：①房屋、建筑物以外未投入使用的固定资产；②以经营租赁方式租入的固定资产；③以融资租赁方式租出的固定资产；④已足额提取折旧仍继续使用的固定资产；⑤与经营活动无关的固定资产；⑥单独估价作为固定资产入账的土地；⑦其他不得计算折旧扣除的固定资产。

11. 无形资产摊销费用

企业按照规定计算的无形资产摊销费用，准予扣除。下列无形资产不得计算摊销费用扣除：①自行开发的支出已在计算应纳税所得额时扣除的无形资产；②自创商誉；③与经营活动无关的无形资产；④其他不得计算摊销费用扣除的无形资产。

12. 长期待摊费用

企业发生的下列支出作为长期待摊费用，按照规定摊销的，准予扣除：①已足额提取折旧的固定资产的改建支出；②租入固定资产的改建支出；③固定资产的大修理支出；④其他应当作为长期待摊费用的支出，如企业在筹建期间发生的开办费[①]等。

13. 环境保护专项资金

企业按照国家法律、行政法规有关规定提取的用于环境保护、生态恢复等的专项资金，准予扣除；提取资金后改变用途的，不得扣除，已经扣除的，应计入当期应纳税所得额。

14. 转让资产

企业转让资产的净值（有关资产的计税基础减去已经按照规定扣除的折旧、折耗、摊销、准备金等后的余额），准予在计算应纳税所得额时扣除。企业转让国债取得的收益（损失）应作为企业应纳税所得额计算纳税。企业转让或到期兑付国债取得的价款，扣除其购买国债成本、其持有期间按规定计算的国债利息收入以及交易过程中相关税费后的余额，为转让国债收益（损失）。企业以支付现金方式取得的国债，以买入价和支付的相关税费为成本；以非现金方式取得的国债，以该资产的公允价值和支付的相关税费为成本。在不同时间购买同一品种国债的，其转让时的成本计算方法，可在先进先出法、加权平均法、个别计价法中选用一种。成本计算方法一经选用，不得随意改变。

15. 租赁费

企业根据生产经营的需要租入固定资产所支付的租赁费，按下列办法扣除：①以经营租赁方式租入固定资产发生的租赁费支出，按照租赁期限均匀扣除；②以融资租赁方式租入固定资产发生的租赁费支出，按照规定构成融资租入固定资产价值的部分应当提取折旧费用，分期扣除。

16. 劳动保护费

企业实际发生的合理的劳动保护支出，准予扣除。劳动保护支出是指确因工作需要为雇员配备或提供工作服、手套等安全保护用品、防暑降温用品等所发生的支出。

17. 手续费及佣金支出

佣金是指在合法的商业活动中，支付给中间商、经纪人、代理商、掮客等中间人的合法劳务报酬。

（1）保险企业发生与其经营活动有关的手续费及佣金支出，不超过当年全部保费收入扣除退保金等后余额的18%（含本数）的部分，在计算应纳税所得额时准予扣除；超过部分，允许结转以后年度扣除。

（2）企业应与具有合法经营资格的中介服务企业或个人签订代办协议或合同，并按国家有关规定支付手续费及佣金。除委托个人代理外，企业以现金等非转账方式支付的手续费及佣金不得在税前扣除。企业为发行权益性证券而支付给有关证券承销机构的手续费及佣金不得在税前扣除。

（3）企业不得将回扣、业务提成、返利、进场费等计入手续费及佣金支出中。

（4）企业已记入固定资产、无形资产等相关资产的手续费及佣金支出，应当通过折旧、摊销等方式分期扣除，不得在发生当期直接扣除。

（5）企业支付的手续费及佣金不得直接冲减服务协议或合同金额，并如实入账。

（6）企业应当如实向当地主管税务机关提供当年手续费、佣金计算分配表和其他相关资料，并依法取得合法真实凭证。

18. 劳务服务

企业接受关联方提供的管理或其他形式的服务，按照独立交易原则支付的有关费用，准予扣除。电信企业在发展客户、拓展业务等过程中（如委托销售电话入网卡、电话充值卡等），需向委托经纪人、代办商支付手续费及佣金的，其实际发生额不超过企业当年收入总额5%的部分，准予在企业所得税税前据实扣除。

[①] 开（筹）办费既可以作为长期待摊费用处理，又可以在开始经营之日在当年一次扣除，但一经确定，不得改变。企业筹办期间发生的业务招待费按其实际发生额的60%、广告费和业务宣传费按其实际发生额计入开（筹）办费。

（四）不得扣除项目

不得扣除项目包括如下几个。

（1）向投资者支付的股息、红利等权益性投资收益款项。

（2）企业所得税税款。

（3）税收滞纳金。

（4）罚金、罚款和被没收的违法所得①。

（5）不符合公益性捐赠规定条件的捐赠支出。

（6）赞助支出（即企业发生的与生产经营活动无关的各种非广告性质的支出）。

（7）未经核定的准备金支出（企业未经国务院财政、税务主管部门核定而提取的各项资产减值准备、风险准备等准备金）。

（8）因特别纳税调整而被加收的利息支出。

（9）不征税收入支出形成的费用不允许在税前扣除，但企业取得的各项免税收入所对应的各项成本费用，除另有规定者外，可以在计算企业应纳税所得额时扣除。

（10）与取得收入无关的其他支出。

除上述项目外，企业之间支付的管理费、企业内营业机构之间支付的租金和特许权使用费，以及非银行企业内营业机构之间支付的利息，不得扣除。企业对外投资期间，投资资产的成本在计算应纳税所得额时不得扣除。

（五）企业亏损的确认与弥补

企业开始生产经营的年度为开始计算企业损益年度。企业开（筹）办期间发生的筹办费用支出，不得计算为当期的亏损，即不做纳税调整。对于开（筹）办费用，企业可以在开始经营之日的当年一次性扣除，也可以作为"长期待摊费用"分期摊销，但一经选定，不得改变。

1. 亏损的确认计量

亏损是指企业年度收入总额减去不征税收入、免税收入和各项税前扣除额后的余额为负数的金额。

2. 亏损的计算方法

企业取得的免税收入，减计收入以及减征、免征所得额项目，不得弥补当期及以前年度应税项目亏损；当期形成亏损的减征、免征所得额项目，也不得用当期和以后纳税年度应税项目所得抵补。如果应税项目有所得，但不足弥补以前年度亏损，免税项目所得也可用于弥补以前年度亏损。

【例7-3】某企业某年实现利润50万元。其中，收入1 000万元，成本费用950万元，包括技术转让所得100万元（收入500万元，成本费用400万元）。假设没有其他纳税调整项目，则该企业当年应纳税所得额为-50万元[（1 000万元-500万元）-（950万元-400万元）]。

3. 亏损弥补的期限

企业纳税年度发生的应税亏损，准予在以后年度以应税所得弥补，弥补年限不得超过5年；应税项目所得与减免税项目所得盈亏可以互相弥补。自2018年1月1日起，当年具备高新技术企业或科技型中小企业资格的企业，其具备资格年度之前5个年度发生的尚未弥补完的亏损，准予结转以后年度弥补，最长结转年限为10年。

4. 弥补亏损的特定问题

（1）纳税人弥补以前年度亏损时，先到期亏损先弥补，同时到期亏损先发生的先弥补。

（2）不征税收入和免税收入是指毛收入，其金额必然大于零。

---

① 指行政机关依法没收的违法行为人取得的违法所得财物，不包括纳税人因被没收财物而造成的损失，如按经济合同规定支付的违约金、银行罚息、诉讼费等经营性罚款。

（3）在计算亏损时，不减去免税所得大于零，以及税前扣除受盈利限制的加计扣除额，此类扣除额最多是将应纳税所得额扣除到零为止。

（4）如果企业当期有境外所得，可以用其弥补境内以前年度亏损。如果企业境外所得来自多个国家，弥补境内亏损时，可以自行选择弥补境内亏损的境外所得来源国家（地区）顺序。

四、资产的所得税处理

（一）资产的计税基础

企业所得税法中的"计税基础"与会计准则中的"计税基础"明显不同。在税务会计中，资产的计税基础是指企业取得某项资产时实际发生的支出。除盘盈固定资产外，企业的各项资产均应以历史成本为计税基础。对企业持有期间资产的增值或减值，除国务院财政、税务主管部门规定可以确认损益外，不得调整资产的计税基础。企业不能提供资产取得或持有时的支出以及税前扣除有效凭证的，税务机关有权采用合理方法估定其净值。资产的净值是指企业按税法规定确定的资产的计税基础扣除按税法规定计提的资产折旧、摊销、折耗、呆账准备后的余额。

计税基础

（二）固定资产的所得税处理

固定资产是指企业为生产产品、提供劳务、出租或经营管理而持有的，使用时间超过12个月（不含12个月）的非货币性资产，包括房屋等建筑物、机器、运输工具，以及其他与生产经营有关的设备、器具、工具等。

1. 固定资产计税基础

（1）外购的固定资产，以购买价款、支付的相关税费及直接归属于使该资产达到预定用途而发生的其他支出为计税基础。

（2）自行建造的固定资产，以竣工结算前发生的支出为计税基础。

（3）企业固定资产投入使用后，若因工程款项尚未结清而未取得全额发票，则可暂按合同规定的金额计入固定资产计税基础计提折旧，待发票取得后进行调整（该项调整应在固定资产投入使用后的12个月内进行）。

（4）融资租入的固定资产，以租赁合同约定的付款总额和承租人在签订租赁合同过程中发生的相关费用为计税基础。租赁合同未约定付款总额的，以该资产的公允价值和承租人在签订租赁合同过程中发生的相关费用为计税基础。

（5）盘盈的固定资产。以同类固定资产的重置完全价值为计税基础。

（6）通过捐赠、投资、非货币性资产交换、债务重组等方式取得的固定资产，以该资产的公允价值和支付的相关税费为计税基础。

（7）改建的固定资产，除已足额提取折旧的固定资产的改建支出、租入固定资产的改建支出外，以改建过程中发生的改建支出计入计税基础。

2. 固定资产折旧

固定资产按照直线法计算的折旧，准予在税前扣除。

企业应当从固定资产使用月份的次月起计算折旧；停止使用的固定资产，应当自停止使用月份的次月起停止计算折旧。企业应当根据固定资产的性质和使用情况，合理确定固定资产的预计净残值。固定资产的预计净残值一经确定，不得变更。

3. 固定资产折旧年限

除国务院财政、税务主管部门另有规定外，固定资产计算折旧的最短年限如下。

（1）房屋等建筑物为 20 年。
（2）飞机、火车、轮船、机器、机械和其他生产设备为 10 年。
（3）与企业生产经营活动有关的器具、工具、家具等为 5 年。
（4）飞机、火车、轮船以外的运输工具为 4 年。
（5）电子设备为 3 年。

4. 不得计提折旧的固定资产

（1）房屋等建筑物以外未投入使用的固定资产。
（2）以经营租赁方式租入的固定资产。
（3）以融资租赁方式租出的固定资产。
（4）已足额提取折旧，仍继续使用的固定资产。
（5）与经营活动无关的固定资产。
（6）单独估价，作为固定资产入账的土地。
（7）其他不得计提折旧的固定资产。

5. 固定资产大修理支出

固定资产的大修理支出，是指同时符合以下条件的支出。
（1）修理支出达到取得固定资产时的计税基础的 50%以上。
（2）发生修理后固定资产的使用寿命延长 2 年以上。
固定资产的大修理支出，按照固定资产尚可使用年限分期摊销。

6. 长期待摊费用

长期待摊费用应自支出发生的次月起分期摊销，摊销年限不得少于 3 年。

（三）递耗资产的所得税处理

从事石油、天然气等资源开采的企业所发生的矿区权益和勘探费用，可以在已经开始商业性生产后，在不少于 2 年的期限内分期计提折耗。

从事石油资源开采的企业，在开发阶段的费用支出和在采油气井上建造和安装的不可移作他用的建筑物、设备等固定资产，以油气井、矿区或油气田为单位，按以下方法和年限计提的折耗，准予扣除：①以油气井、矿区或油气田为单位，采用直线法综合计提折耗，折耗年限不少于 6 年；②以油气井、矿区或油气田为单位，按可采储量和产量法综合计提折耗。

采用上述方法计提折耗的，可以不留残值，从油气井或油气田开始商业性生产月份的次月起计提折耗。

（四）生产性生物资产的所得税处理

生产性生物资产是指企业为生产农产品、提供劳务或者出租等而持有的生物资产，包括经济林、薪炭林、产畜和役畜等。

1. 生产性生物资产的计税基础

生产性生物资产以实际发生的支出为计税基础。具体确认方法为：①外购的生产性生物资产，以购买价款和支付的相关税费为计税基础；②通过捐赠、投资、非货币性资产交换、债务重组等方式取得的生产性生物资产，以该资产的公允价值和支付的相关税费为计税基础。

2. 生产性生物资产的折旧

生产性生物资产按照直线法计算的折旧，准予扣除。

企业应当自生产性生物资产投入使用月份的次月起计算折旧；停止使用的生产性生物资产，应当自停止使用月份的次月起停止计算折旧。企业应当根据生产性生物资产的性质和使用情况，合理确定生产性生物资产的预计净残值。生产性生物资产的预计净残值一经确定，不得变更。

3. 生产性生物资产的折旧年限

生产性生物资产计算折旧的最低年限如下：①林木类生产性生物资产为 10 年；②畜类生产性生物资产为 3 年。

（五）无形资产的所得税处理

无形资产是指企业为生产产品、提供劳务、出租或者经营管理而持有的，没有实物形态的非货币性长期资产，包括专利权、商标权、著作权、土地使用权、非专利技术、商誉等。

1. 无形资产的计税基础

无形资产以取得时的实际支出为计税基础，具体确认方法如下。

（1）外购的无形资产，以购买价款、支付的相关税费以及直接归属于使该资产达到预定用途而发生的其他支出为计税基础。

（2）自行开发的无形资产，以开发过程中该资产符合资本化条件后至达到预定用途前发生的支出为计税基础。

（3）通过捐赠、投资、非货币性资产交换、债务重组等方式取得的无形资产，以该资产的公允价值和支付的相关税费为计税基础。

2. 无形资产的价值摊销

无形资产按照直线法计算的摊销费用，准予扣除。

无形资产的摊销年限不得低于 10 年。作为投资或者受让的无形资产，有关法律规定或合同约定了使用年限的，可以按照规定或者约定的使用年限分期摊销。

外购商誉的支出，在企业整体转让或清算时，准予在税前扣除。

（六）存货的所得税处理

存货是指企业持有以备出售的产品或商品、处于生产过程中的在产品、在生产过程或提供劳务过程中耗用的材料和物料等。

1. 存货的计税基础

企业应以取得存货时的实际支出为计税基础，具体确认方法如下。

（1）通过支付现金方式取得的存货，以购买价款和支付的相关税费为成本。

（2）通过支付现金以外的方式取得的存货，以该存货的公允价值和支付的相关税费为成本。

（3）生产性生物资产收获的农产品，以产出或者采收过程中发生的材料费、人工费和分摊的间接费用等必要支出为成本。

2. 存货的计价方法

企业各项存货的使用或者销售实际成本的计算方法，可以在先进先出法、加权平均法、个别计价法中选用一种。计算方法一经选用，不得随意改变。

五、应交企业所得税的计算

（一）应纳税所得额的确定原则

1. 权责发生制原则

企业应纳税所得额的确定，一般应以权责发生制为基础。

应纳税所得额

2. 税法优先原则

税法优先原则是指企业在计算应纳税所得额时，企业财务、会计处理办法同税收法律、行政法规的规定不一致的，应当依照税收法律、行政法规的规定进行纳税调整，并据调整后的应纳税所得额计算缴税。

（二）居民企业及在我国境内设立机构、场所的非居民企业应纳税所得额的计算

企业应纳税所得额的计算方法有直接计算法和间接计算法两种。直接计算法是指按税法规定直接计算应纳税所得额的方法，即按税法规定的应税收入减去税法规定允许税前扣除项目金额计算应纳税所得额；间接计算法即在财务会计计算的账面利润（利润总额）的基础上，加减纳税调整项目金额，间接计算应纳税所得额的方法。

直接计算法的计算公式如下：

应纳税所得额=收入总额-不征税收入-减免税收入-扣除费用金额
-抵扣和减免所得、弥补以前年度亏损额

对征纳双方来说，企业所得税的直接计算法成本较高。因此，在企业所得税的年度纳税申报（A类）时，一般都是采用间接计算法，即在财务会计"利润总额"的基础上，再按税法规定调整计算应纳税所得额，其计算公式如下：

纳税调整后所得=利润总额-境外所得±纳税调整额-免税、减计收入及加计扣除
+境外应税所得抵减境内亏损额

应纳税所得额=纳税调整后所得-所得减免-弥补以前年度亏损-抵扣应纳税所得额

企业以公允价值计量的金融资产、金融负债及投资性房地产等，持有期间公允价值的变动不记入应纳税所得额。在实际处置或结算时，处置取得的价款扣除其历史成本后的差额应记入处置或结算期间的应纳税所得额。

（三）居民企业及在我国境内设立机构、场所的非居民企业应纳税额的计算

企业的应纳税所得额乘以适用税率为应纳所得税税额，减去按税法规定的减免税额和抵免税额后的余额为应纳税额。其计算公式如下：

应纳税额=应纳税所得额×适用税率-减免所得税税额-抵免所得税税额
=应纳所得税税额-减免所得税税额-抵免所得税税额

公式中的减免所得税税额和抵免所得税税额，是指根据税法规定减征、免征和抵免的应纳所得税税额。

【例7-4】 某制造企业为居民企业，某年度实际发生的经营业务汇总资料如下：产品销售收入8 400万元，产品销售成本6 000万元；其他业务收入1 200万元，其他业务成本990万元；固定资产出租收入90万元，非增值税销售税金及附加486万元；当期发生的管理费用1 290万元，其中新技术的研究开发费用450万元；财务费用300万元；权益性投资收益510万元，为居民企业之间的股利收益，已在投资方所在地按15%的税率缴纳了企业所得税；营业外收入150万元，营业外支出375万元（其中含公益性捐赠270万元）。

要求：计算该企业当年应纳税所得额和应纳企业所得税税额。

（1）会计利润总额=8 400+1 200+90+510+150-6 000-990-486-1 290-300-375=909（万元）

（2）权益性投资调减所得额=510（万元）

技术开发费调减所得额=450×50%=225（万元）

捐赠扣除标准=909×12%=109.08（万元）

实际捐赠额270万元大于109.08万元，应按标准额扣除。

捐赠额应调增所得额=270-109.08=160.92（万元）

应纳税所得额=909-510-225+160.92=334.92（万元）

应交企业所得税=334.92×25%=83.73（万元）

（四）在我国境内未设立机构、场所的非居民企业应纳税所得额和应纳税额的计算

非居民企业取得的应税所得，按照下列方法计算其应纳税所得额。

① 股息、红利等权益性投资收益和利息、租金、特许权使用费所得，以收入全额为应纳税所得额。

② 转让财产所得，以收入全额减去财产净值后的余额为应纳税所得额。

③ 其他所得，参照前两项规定的方法计算应纳税所得额。

收入全额是指非居民企业向支付人收取的全部价款和价外费用。提供专利权、专有技术所收取的特许权使用费，包括特许权使用费收入及与其相关的图纸资料费、技术服务费和人员培训费等费用。

非居民企业应交税额的计算公式如下：

应交企业所得税=应纳税所得额×适用税率-抵免税额

（五）境外所得税的抵免

1. 抵免法及其优点

抵免法是指一国政府在优先承认其他国家的地域税收管辖权的前提下，在对本国纳税人来源于国外的所得征税时，以本国纳税人在国外缴纳的税款冲抵本国税收的方法。

抵免法能够较为彻底地消除国际重复征税，使投资者向国外投资与向国内投资的税收负担大致相同，有利于促进国际投资和各国对外经济关系的发展；既避免了同一笔所得的双重征税，又在一定程度上防止了国际逃税、避税，保证对一笔所得必征一次税；体现了公平税负的原则，有利于维护各国的税收管辖权和税收利益。因此，它是目前世界各国普遍采用的方法。

2. 抵免法的分类

（1）按计算方式划分为全额抵免与限额抵免。抵免法按计算方式不同，可分为全额抵免和限额抵免。全额抵免是指居住国政府对跨国纳税人在国外直接缴纳的所得税税款予以全部抵免。限额抵免也称普通抵免，是指居住国政府对跨国纳税人在国外直接缴纳的所得税税款给予抵免，但可抵免的数额不得超过国外所得额按本国税率计算的应纳税额。我国在参考国际惯例的基础上，出于维护本国税收利益的考虑，采用了限额抵免。

（2）按适用对象不同划分为直接抵免与间接抵免。抵免法按其适用对象不同，可以分为直接抵免和间接抵免。直接抵免是直接对本国纳税人在国外已经缴纳的所得税进行抵免，它一般适用于同一法人实体的总公司与海外分公司、总机构与海外分支机构之间的抵免。间接抵免是指母公司所在的居住国政府，允许母公司将其子公司已缴居住国的所得税中应由母公司分得股息承担的那部分税额，来冲抵母公司的应纳税额。我国税法在保留直接抵免的同时，又引入了间接抵免方式。

3. 境外所得税直接抵免的计算

（1）境外应纳税所得额的确认

① 居民企业在境外投资设立的不具有独立纳税地位的分支机构，其来源于境外的所得，以境外收入总额扣除与取得境外收入有关的各项合理支出后的余额为应纳税所得额。各项收入、支出按我国企业所得税法及实施条例的有关规定确定。

② 居民企业在境外设立的不具有独立纳税地位的分支机构取得的各项境外所得，无论是否汇回我国境内，均应计入该企业所属纳税年度的境外应纳税所得额。

③ 居民企业应就其来源于境外的股息、红利等权益性投资收益，以及利息、租金、特许权使用费、转让财产等收入，扣除按照企业所得税法及实施条例等规定计算的与取得该项收入有关的各项

合理支出后的余额为应纳税所得额。来源于境外的股息、红利等权益性投资收益，应按被投资方做出利润分配决定的日期确认收入实现；来源于境外的利息、租金、特许权使用费、转让财产等收入，应按有关合同约定应付交易对价款的日期确认收入实现。

④ 非居民企业在境内设立机构、场所的，应就其发生在境外但与境内所设机构、场所有实际联系的各项应税所得，比照②的规定计算相应的应纳税所得额。

(2) 可抵免境外所得税税额的计算

可抵免境外所得税税额是指企业来源于我国境外的所得依照我国境外税收法律以及相关规定应当缴纳并已实际缴纳的企业所得税性质的税款。

企业可以选择按国（地区）别分别计算[即"分国（地区）不分项"]或不按国（地区）别汇总计算[即"不分国（地区）不分项"]其来源于境外的应纳税所得额。

"分国（地区）不分项"计算方式以一个国家为维度，计算可抵免境外所得税税额和抵免限额；同一投资架构层级且位于不同国家的企业之间，盈亏不得相互弥补。

"不分国（地区）不分项"计算方法以同一投资架构层级为维度，计算可抵免境外所得税税额和抵免限额；同一投资架构层级且位于不同国家的企业之间，盈亏可以相互弥补。

企业按规定计算的当年在境外缴纳的所得税税额低于境外抵免限额的，可以从企业"应纳税总额"中据实抵免；超过抵免限额的，应以抵免限额作为境外所得税抵免额，超过抵免限额的部分，自下年起，可在连续5个纳税年度内，从每年度抵免限额抵免当年应抵税额后的余额内进行抵补。

企业按有关规定计算的当期境内外应纳税所得总额小于零时，应以零计算当期境内外应纳税所得总额，其当期境外所得税的抵免限额也为零。

【例7-5】M国某银行在我国境内设立一家分行，该分行某年通过将在我国筹集的资金借给M国某一企业，取得利息收入100万元。假设M国针对利息收入的预提所得税税率为20%，则我国对该分行来自于M国的利息收入有无征税权？若当年该分行除来自M国的利息收入外，实现应纳税所得额1 000万元，适用税率为25%，则该分行当年应在我国缴纳多少企业所得税？

非居民企业在我国境内设立机构、场所的，应当就其取得的来自于我国境外但与该机构、场所有实际联系的所得缴纳企业所得税。该笔利息收入虽然是境外借款人因在我国境外使用该分行提供的借款而支付的，但因据以取得该笔利息收入的债权为我国境内的分行所拥有，因此，该笔利息收入应被认定为该分行取得的来自于我国境外但与其有实际联系的所得，故我国政府对该笔利息收入有征税权。

该分行来自M国的应纳税所得额=100÷（1-20%）=125（万元）

该笔利息收入在M国缴纳的预提所得税=125×20%=25（万元）

抵免限额=125×25%=31.25（万元）>25（万元）

因此，允许抵免的税额为25万元。

该分行当年应在我国缴纳的所得税税额=（1 000+125）×25%-25=256.25（万元）

(3) 境外所得已纳税额抵免的简易计算

企业从境外取得的营业利润所得以及符合境外税额间接抵免条件的股息所得，虽有所得来源国（地区）政府机关核发的具有纳税性质的凭证或证明，但若因客观原因无法真实、准确地确认应当缴纳并已经实际缴纳的境外所得税税额时，除就该所得直接缴纳及间接负担的税额在所得来源国（地区）的实际有效税率低于我国企业所得税法规定25%税率的50%以上的外，可以境外应纳税所得额的12.5%为抵免限额，企业按该国（地区）税务机关或政府机关核发具有纳税性质凭证或证明的金额，其不超过抵免限额的部分，准予抵免；超过的部分不得抵免。

4. 境外所得税间接抵免的计算

居民企业从其直接或者间接控股的外国企业分得的来源于我国境外的股息、红利等权益性投资收益，外国企业在境外实际缴纳的所得税税额中属于该项所得负担的部分，可以作为该居民企业可抵免境外所得税的税额，在法定的抵免限额内抵免。

居民企业在按照企业所得税法的规定用境外所得间接负担的税额进行税收抵免时，其取得的境外投资收益实际间接负担的税额，是指根据直接或者间接持股方式合计持股20%（含20%，下同）以上的规定层级的外国企业股份，由此应分得的股息、红利等权益性投资收益中，从最低一层外国企业起逐层计算的属于由上一层企业负担的税额，其计算公式如下：

$$\text{本层企业所纳税额中属于由一家上一层企业负担的税额} = \left(\text{本层企业就利润和投资收益所实际缴纳的税额} + \text{符合规定的由本层企业间接负担的税额}\right) \times \text{本层企业向一家上一层企业分配的股息（红利）} \div \text{本层企业所得税后利润额}$$

【例7-6】我国居民企业A拥有设立在甲国的B企业60%的有表决权股份。某年度A企业本部确认计量的应纳税所得额为1 000万元，收到B企业分回的股息90万元。A企业适用的所得税税率为25%，B企业实现应纳税所得额500万元，适用20%的比例所得税税率，甲国规定的股息预提所得税税率为10%。假定B企业按适用税率在甲国已经实际缴纳了企业所得税，且A企业当年也无减免税和投资抵免，则A企业当年应在我国缴纳多少企业所得税？

B企业应支付给A企业的股息=90÷（1-10%）=100（万元）

B企业针对A企业股息代缴预提税=100×10%=10（万元）

B企业当年实现的税后利润=500×（1-20%）=400（万元）

B企业支付给A企业的股息所承担的所得税税额=500×20%×100÷400=25（万元）

B企业支付给A企业的股息后的应税所得额=100+25=125（万元）

A企业收到B企业分回的股息已在甲国纳税额=25+10=35（万元）

抵免限额=125×25%=31.25（万元）＜35（万元）

因此，允许抵免税额为31.25万元。

A企业当年应在我国缴纳企业所得税=（1 000+125）×25%-31.25=250（万元）

企业从境外取得的营业利润所得以及符合境外税额间接抵免条件的股息所得，就该所得缴纳及间接负担的税额在所得来源国（地区）的法定税率且其实际有效税率明显高于我国的（国家名单见财政部、国家税务总局的公布），可直接以按文件规定计算的境外应纳税所得额和我国企业所得税法规定的税率计算的抵免限额为可抵免的已在境外实际缴纳的企业所得税税额。

六、企业所得税的查账征收

企业所得税的征收有查账征收（核实征收）与核定征收两种方式。对会计核算和管理符合税法要求的企业，采用查账征收方式。在查账征收方式下，具有法人资格的企业都必须单独申报缴纳企业所得税（另有规定者除外），企业之间不得合并缴纳企业所得税。企业在进行所得税纳税申报时，应根据《中华人民共和国企业所得税法》与《企业会计准则》，确认、计量两者之间的差异，将利润表中的收入、成本和费用项目调整为纳税申报表中的收入和扣除项目，进而计算应纳税所得额、应纳所得税税额与应纳税额等。

查账征收

（一）企业所得税的预缴

企业所得税分月或者分季预缴，由主管税务机关具体核定每个企业的预缴期间。企业应当自月份或者季度终了之日起15日内，向主管税务机关报送企业所得税预缴纳税申报表。

企业预缴企业所得税时,应当按照月度或者季度的实际利润额预缴。实际利润额是按会计准则核算的利润总额减去以前年度待弥补亏损以及不征税收入、免税收入和减免的应税所得额后的余额[①]。按照月度或者季度的实际利润额预缴有困难的,可以按照上一纳税年度应纳税所得额的月度或者季度平均额预缴,或者按照经税务机关认可的其他方法预缴。预缴方法一经确定,该纳税年度内不得随意变更。小型微利企业预缴所得税按20%的优惠税率计算,符合减半征收条件的按20%的50%计算。

【例7-7】某公司按季度预缴企业所得税。某年第二季度会计利润总额为180万元(包括国债利息收入18万元),上年度未弥补亏损20万元,企业适用的所得税税率为25%。生产经营借款为:年初向银行借款100万元,年利率为5%;向甲公司借款40万元,年利率为9%。计提固定资产减值损失6万元,不考虑其他纳税调整事项,计算该公司第二季度预缴企业所得税的基数。

季度实际利润额=180-18-20=142(万元)

应预缴企业所得税=142×25%=35.5(万元)

对于其他永久性差异——长期借款利息超支的16万元[40万元×(9%-5%)]和暂时性差异(资产减值损失6万元),季度预缴时不做纳税调整。

(二)企业所得税的汇算清缴

企业所得税的汇算清缴是指纳税人在纳税年度终了后的5个月内[②],依照税收法规的规定,自行计算全年应纳税所得额和应纳税所得税额,根据月度或季度预缴所得税的数额,确定该年度应补或者应退税额,并填写年度企业所得税纳税申报表,向主管税务机关办理年度企业所得税纳税申报、提供税务机关要求提供的有关资料、结清全年企业所得税税款的行为。

凡在纳税年度内从事生产经营(包括试生产、试经营),或在纳税年度中间终止经营活动的纳税人,不论是否在减税、免税期间,也无论盈利或亏损,均应按税法有关规定进行企业所得税的汇算清缴。享受免征所得税的企业,其超过税法规定的扣除限额部分和不允许扣除项目的支出,应调增应纳税所得额,并按规定计算缴纳企业所得税,不享受免征优惠。

实行查账征收的企业(A类)适用汇算清缴办法,核定定额征收企业所得税的纳税人(B类)不进行汇算清缴。企业进行汇算清缴时应重点关注以下几个方面。

(1)收入。核查企业收入是否全部入账,特别是往来款项是否还存在该确认为收入而没有入账的情况。

(2)成本。核查企业成本结转与收入是否匹配,是否真实反映企业成本水平。

(3)费用。核查企业费用支出是否符合税法规定,计提费用项目和税前列支项目是否超过税法规定标准。

(4)税收。核查企业各项税款是否提取并缴纳。

(5)补亏。核查企业当年实现的利润对以前年度发生亏损的合法弥补(5年内)情况。

(6)调整。不论是正常纳税的企业,还是依法享受企业所得税减免的企业,在汇算清缴时,均应在财务会计账面利润的基础上,依法进行企业所得税纳税调整。它是一般纳税调整,调表不调账,不对财务会计进行处理调整,只在纳税申报表中进行调整,影响的只是企业应纳所得税,不影响企业的账面利润。企业对以上项目按税法规定进行调增和调减后,依法计算本企业年度应纳税所得额,进而计算本年度应纳所得税额、应纳税额、实际应纳所得税额和应补(退)所得税额。

(三)固定资产折旧的纳税调整

(1)如果财务会计折旧年限短于税法最低折旧年限,则按财务会计折旧年限计提的年折旧额高

[①] 凡不属于因企业所得税法与企业会计准则差异而导致的少计利润、多计免税收入、不征税收入等而少缴的税款,按规定加收滞纳金。

[②] 企业在年度中间终止经营活动的,应当自实际经营终止之日起60日内,向税务机关办理当期企业所得税汇算清缴。企业应当在办理注销登记前,就其清算所得向税务机关申报并依法缴纳企业所得税。

于按税法规定的最低折旧年限计提的年折旧额,应调增年应纳税所得额;当财务会计折旧年限期满且提足折旧后,其未足额在税前扣除的部分,准予在剩余的税务会计折旧年限内按规定扣除,即准予将前期纳税调增的金额在后期进行纳税调减。

(2)如果财务会计折旧年限长于税法最低折旧年限,则视同财务会计与税法无差异,按财务会计年限计算的折旧额在税前扣除,年度汇算清缴时无须进行纳税调减。但在适用税法规定的加速折旧政策时,其折旧额可以据实扣除,财务会计可做暂时性差异处理。

【例7-8】某建筑安装公司上年12月购买了一台大型塔吊,入账价值160万元(不考虑其他税费),从当年(第1年)1月开始,财务会计按8年计提折旧(不考虑残值)。税法规定,塔吊属于机械设备,最低折旧年限为10年。纳税调整计算如表7-2所示。

表7-2　　　　　　　　固定资产折旧纳税调整表　　　　　　　　单位:万元

项目	第1年	第2年至第8年(每年)	第9年	第10年
财务会计年折旧	20	20	0	0
税务会计年折旧	16	16	16	16
纳税调增(每年)	4	4	—	—
纳税调减(每年)	—	—	16	16

如果财务会计按20年计提折旧,长于税法规定的最低折旧年限10年,视同财务会计与税法无差异,按财务会计年限计算的每年折旧额8万元在税前扣除,不需要在年度汇算清缴时进行纳税调减。这样处理,可以降低纳税调整成本。

(3)企业按会计准则规定提取的固定资产减值准备,不得在税前扣除(需进行纳税调增),其折旧仍按税法确定的固定资产计税基础[①]计算扣除。

(4)企业按税法规定实行加速折旧的,其按加速折旧办法计算的折旧额可以全额在税前扣除,而不要求财务会计也按加速折旧处理。

七、企业所得税的核定征收

(一)企业所得税核定征收的范围

(1)依照税法规定可以不设账或应设而未设账。
(2)只能准确核算收入总额或收入总额能够查实,但其成本费用支出不能准确核算。
(3)只能准确核算成本费用支出或成本费用支出能够查实,但其收入总额不能准确核算。
(4)收入总额、成本费用支出均不能正确核算,难以查实。
(5)虽然能够按规定设置账簿并进行核算,但未按规定保存有关凭证、账簿及纳税资料。
(6)未按规定期限办理纳税申报,经税务机关责令限期申报,逾期仍不申报。

核定征收

(二)企业所得税征收方式的确定

(1)企业在每年第一季度填列"企业所得税征收方式鉴定表"(以下简称"鉴定表")一式三份,报主管税务机关审核。所填"鉴定表"的五个项目依次是:①账簿设置情况;②收入总额核算情况;③成本费用核算情况;④凭证、账簿保存情况;⑤纳税义务履行情况。五项均合格,则实行纳税人自行申报、税务机关查账征收方式。有一项不合格,则实行核定征收方式,具体分为:若①、④、

① 企业持有固定资产期间,如果发生增值或减值,除国务院财政、税务主管部门规定可以确认损益外,不得调整该资产的计税基础。

⑤项中有一项不合格或②、③项均不合格，实行定额征收办法；若②、③项中有一项合格，有一项不合格，则实行核定应税所得率办法征收。

（2）主管税务机关对"鉴定表"审核后，报县（市、区）级税务机关确定企业的所得税征收方式。

（3）征收方式确定后，在一个纳税年度内一般不得变更。

（4）对实行核定征收方式的纳税人，主管税务机关应该根据企业和当地的具体情况，按公平、公正、公开原则分类逐户核定其应纳税额或应税所得率。

（三）企业所得税的定额征收

定额征收是指主管税务机关按照一定的标准、程序和方法，直接核定纳税人的年度应纳所得税税额，由纳税人按规定进行申报缴纳。实行定额征收办法的企业，参照以前年度经营情况，可先采用发票加定额的方法测算本年度应税收入总额，然后核定其应纳所得税税额。

（四）按核定应税所得率计算征收

按核定征收方式缴纳企业所得税的企业，在其收入总额或成本费用支出额能够正确核算的情况下，可按国家规定的应税所得率计算应纳税所得额，再计算出应纳所得税税额，据以申报纳税。也就是说，按应税所得率方法核定征收企业所得税的企业，其应交企业所得税的计算如下：

（1）应税收入额=收入总额-不征税收入-免税收入

（2）应纳税所得额=应税收入额×应税所得率

或

应纳税所得额=成本（费用）支出额÷（1-应税所得率）×应税所得率

（3）应交企业所得税税额=应纳税所得额×适用税率

企业所得税应税所得率不是税率，它是对采用企业所得税核定征收方式的企业，计算其应纳税所得额（不是应纳所得税税额）时预先规定的比例，是企业应纳税所得额占其经营收入的比例。该比例根据各个行业的实际销售利润率或者经营利润率等情况分别测算得出。企业所得税应税所得率如表7-3所示。

表7-3　　　　　　　　　　企业所得税应税所得率

行业	应税所得率（%）
农、林、牧、渔业	3～10
制造业	5～15
批发和零售贸易业	4～15
交通运输业	7～15
建筑业	8～20
饮食业	8～25
娱乐业	15～30
其他行业	10～30

主管税务机关根据纳税人的行业特点、纳税情况、财务管理、会计核算、利润水平等因素，结合本地实际情况，按公平、公正、公开原则分类逐户核定；应税所得率一经核定，除发生特殊情况，一个纳税年度内一般不得调整。

【例7-9】某采用企业所得税核定征收方式的企业年度实现收入150万元，成本费用为130万元，主管税务机关核定的应税所得率为10%。

如果以收入为核定基数，则其应交所得税=150×10%×25%=3.75（万元）。

如果以成本费用为核定基数，则其应交所得税=130÷（1-10%）×10%×25%=3.61（万元）。

如果采用定额征收方式，假定核定其全年交企业所得税4万元，则每季应交1万元。

（五）小型微利企业所得税预缴和汇算清缴

符合条件的小型微利企业，预缴和年度汇算清缴企业所得税时，通过填写纳税申报表的相关内容，即可享受减征税政策。

统一实行按季度预缴企业所得税。第一季度预缴企业所得税时，如未完成上一纳税年度汇算清缴，无法判断上一纳税年度是否符合小型微利企业条件的，可暂按上一纳税年度第四季度的预缴申报情况判别。

预缴企业所得税时，按照以下规定享受减征税政策。

（1）查账征收企业。对上一纳税年度符合条件的小型微利企业，分别按以下两种情况处理。

① 按实际利润额预缴的，预缴时本年度累计实际利润额不超过规定标准的，可享受减征税政策。

② 按上一纳税年度应纳税所得额平均额预缴的，预缴时可以享受减征税政策。

（2）核定应税所得率征收企业。上一纳税年度符合条件的小型微利企业，预缴时本年度累计应纳税所得额不超过规定标准的，可享受减征税政策。

（3）核定应纳所得税税额征收企业。根据减征税政策规定需要调减定额的，由主管税务机关按程序调整，依规定征收。

（4）企业预缴时享受了减征税政策，年度汇算清缴时不符合小型微利企业条件的，应当按规定补缴税款。

第三节 企业所得税的会计处理

在企业所得税会计处理（记录）中，需要设置的最主要账户是"应交企业所得税"。它既可以作为"应交税费"总账账户下的一个二级账户，又可以作为总账账户，反映企业所得税的应缴、实际上缴和退补等情况。本账户的贷方反映应缴和应补缴的所得税，借方反映实际上缴和补缴的企业所得税；贷方余额反映应缴未缴的所得税，借方余额反映多缴的所得税。企业各期应缴所得税的金额是根据当期应纳税所得额与法定所得税税率计算的企业应缴所得税税款，应借记"所得税费用——当期所得税费用"，贷记本（明细）账户。实际缴纳时，借记本（明细）账户，贷记"银行存款"。

执行《小企业会计准则》的企业，所得税的会计处理保持与税法的一致性，其会计记录体现两者合一；执行《企业会计准则》的企业，所得税的会计处理呈现与税法的差异，其会计记录体现两者分离。在一套账簿体系下，以借记"所得税费用"总账金额是否保持与贷记"应交税费——应交企业所得税"金额的一致性为识别标准。如果在贷记"应交税费——应交企业所得税"依税法确认计量后，借方账户金额不再重新确认计量，即服从贷方，说明两者合一。如果在贷记"应交税费——应交企业所得税"依税法确认计量后，借方账户金额按《企业会计准则》的规定重新确认计量，说明两者分离，其差额可以通过"递延税款"或"递延所得税资产""递延所得税负债"予以反映。

本节阐述的是税务会计范畴的所得税会计（Income Taxes Accounting），即以企业所得税税法为导向的所得税会计，旨在及时、正确地填报企业所得税纳税申报表（主表及其附表）。本章最后一节简述的则是以《企业会计准则》为规范标准的所得税会计处理（Accounting for Income Taxes）方法，本属财务会计范畴，在本章一并阐述，是为了便于理解并掌握两者的联系和区别。

一、预缴企业所得税的会计处理

企业分月或季预缴企业所得税时，应当按照月度或季度的实际利润额预缴。实际利润额为按会计准则核算的利润总额减去以前年度待弥补亏损以及不征税收入、免税收入后的余额。对于不征税收入，在所得税预缴或汇算清缴时，按照"调表不调账"的原则，应做纳税调减处理。对于免税收入，有的形成永久性差异（如国债利息收入），有的属于暂时性差异（投资收益），企业应视具体情况进行分析。

【例7-10】天明公司某年第一季度会计利润总额为100万元（含国债利息收入5万元），以前年度未弥补亏损20万元，企业所得税税率为25%。

企业"长期借款"账户记载：年初向工商银行借款50万元，年利率为6%；向B公司借款100万元，年利率为8%，上述款项全部用于生产经营。另外，计提固定资产减值损失4万元。假设无其他纳税调整事项。

（1）第一季度预缴所得税的计算和会计处理。

企业预缴的基数为会计利润总额100万元，扣除以前年度未弥补亏损20万元以及不征税收入和免税收入5万元后，实际利润额为75万元。对于其他永久性差异，如长期借款利息超支的2万元[100万元×（8%-6%）]和暂时性差异（固定资产减值损失4万元），季度预缴时不做纳税调整。做会计分录如下。

反映应交所得税时。

借：所得税费用——当期所得税费用　　　　　　　　　　187 500
　　贷：应交税费——应交企业所得税　　　　　　　　　　187 500

下月初，实际缴纳企业所得税时。

借：应交税费——应交企业所得税　　　　　　　　　　187 500
　　贷：银行存款　　　　　　　　　　　　　　　　　　187 500

（2）后三个季度预缴所得税的计算和会计处理。

假设第二季度企业累计实现利润135万元，第三季度累计实现利润-20万元，第四季度累计实现利润120万元，则每季度末会计处理如下。

第二季度末，做如下会计分录。

借：所得税费用——当期所得税费用　　　　　　　　　　150 000
　　贷：应交税费——应交企业所得税[（1 350 000-750 000）×25%]　150 000

下月初缴纳企业所得税时。

借：应交税费——应交企业所得税　　　　　　　　　　150 000
　　贷：银行存款　　　　　　　　　　　　　　　　　　150 000

第三季度累计利润为亏损，不缴税也不做会计处理。

第四季度累计实现利润120万元，税法规定应先预缴税款，再汇算清缴。由于第四季度累计利润小于以前季度（第二季度）累计实现利润总额，暂不缴税也不做会计处理。

二、企业所得税纳税调整的会计处理

在资产负债表债务法下，当进行企业所得税纳税调整时，如果不通过"递延所得税资产（负债）"账户处理，则既不影响流转税的计缴，又不影响企业所得税的计缴。但若未通过"递延所得税资产（负债）"账户，则可能会出现因"遗忘"可抵扣暂时性差异而多缴企业所得税的情况。

纳税调整

【例7-11】税收征管人员到某公司进行税务检查时，发现在被检查年度的前一年，该公司将自产的成本为150万元、正常对外销售价格为180万元的产品用于制作产品宣传广告，仅做借记"销售费用"150万元、贷记"库存商品"150万元的会计处理。已知公司当年可税前列支的广告费是60万元。

因该公司将自产产品用于制作产品宣传广告时，未按税法规定作为视同销售计缴企业所得税，故税务部门要求该公司调增应税所得额30万元（180万元-150万元）。由于该公司当年可税前列支的广告费为60万元，实际扣除了150万元，税务部门还要求公司调增应税所得额90万元。两项合计调增应税所得额120万元。该公司在当年度按照25%的所得税税率补缴了30万元的企业所得税，做如下会计处理。

借：所得税费用——当期所得税费用　　　　　　　　　　　300 000
　　贷：应交税费——应交企业所得税　　　　　　　　　　　300 000
借：本年利润　　　　　　　　　　　　　　　　　　　　　 300 000
　　贷：所得税费用　　　　　　　　　　　　　　　　　　　300 000

当时，该公司并不知道会计处理有误，此次税务部门再次检查，发现该公司并未将上一年度进行纳税调整的金额予以转回。这样，该公司因未转回上一年度的可抵扣暂时性差异，多计算了被检查年度的应税所得额90万元。

原因是公司在被检查年度的前一年进行所得税纳税调整时，未通过"递延所得税资产"账户进行核算。仍以上一年度调增应税所得额为例，第一年度汇算清缴时，公司应做如下会计分录。

借：所得税费用——当期所得税费用　　　　　　　　　　　300 000
　　贷：应交税费——应交企业所得税　　　　　　　　　　　300 000
借：递延所得税资产——可抵扣暂时性差异　　　　　　　　 300 000
　　贷：所得税费用——递延所得税费用　　　　　　　　　　300 000

第二年度汇算清缴时，公司已经被认定为高新技术企业，所得税税率改为15%，应根据转回的可抵扣暂时性差异90万元，做如下会计分录。

借：应交税费——应交企业所得税　　　　　　　　　　　　135 000
　　贷：所得税费用——当期所得税费用　　　　　　　　　　135 000
借：所得税费用——递延所得税费用　　　　　　　　　　　135 000
　　本年利润　　　　　　　　　　　　　　　　　　　　　 165 000
　　贷：递延所得税资产——可抵扣暂时性差异　　　　　　　300 000

所得税税率的变化，使该公司的所得税产生了16.5万元的差额，此为永久性差异，应转入本年利润。

三、减免企业所得税的会计处理

纳税人符合减免企业所得税规定条件时，应在年度终了后的规定时间内向主管税务机关提供所需书面材料和有关证件，办理减免税手续，并根据不同减免税情况，做相应的会计处理。

（一）直接减免

企业仍然需要计算应缴所得税，待税务机关审批之后再确认减免税。企业在计算应纳所得税时，借记"所得税费用"，贷记"应交税费——应交企业所得税"；税务机关确认减免时，借记"应交税费——应交企业所得税"，贷记"所得税费用"。

（二）即征即退与先征后退

企业在计算应纳所得税时，借记"所得税费用"，贷记"应交税费——应交企业所得税"；缴纳时，借记"应交税费——应交企业所得税"，贷记"银行存款"。确认应退税额并收到退税款时，借记"银行存款"，贷记"其他收益"。

（三）有指定用途的退税

所得税退税款作为国家投资的，形成国家资本。企业收到退税时，借记"银行存款"，贷记"实收资本——国家资本金"。对有指定用途的政策性减免，可将减免的所得税税额贷记"资本公积"。

企业按照国务院财政、税务主管部门有关文件的规定，实际收到具有专门用途的先征后返所得税税款时，按照会计准则的规定应计入当期取得的利润总额，但不作为当期的应纳税所得额。

四、企业所得税汇算清缴的会计处理

（1）无须公开披露年度财务报告企业的企业所得税汇算清缴。对这类企业，所得税汇算清缴可以采用简化会计处理方法。在年终结账前，不直接进行所得税纳税调整，也不通过"以前年度损益调整"账户，而是直接冲减"利润分配——未分配利润"，进行简化会计处理。期末补缴的企业所得税也不会对决策产生重大影响，"应交税费——应交企业所得税"也能正确反映所交金额，年终保持账表一致。在税务检查和报表审计中，一般也不将其作为差错处理。

汇算清缴

（2）公众公司企业所得税汇算清缴。新三板挂牌企业及上市公司办理企业所得税汇算清缴通常是在年度财务报表披露后至企业所得税汇缴期满前进行，分以下两种情况。

① 在年度财务报告披露后办理汇算清缴。企业所得税汇缴是在审计后的年度财务报告基础上，对税会差异项目进行纳税调整后而形成的应纳税所得额，进而计算应纳所得税税额，这是实务中比较常见的情况。在年度利润表金额已经审计确定而尚未批准发布之前，应根据企业所得税年度纳税申报表计算的"应纳所得税税额"，确定最终的财务报告相应项目金额。

这种情形，虽然企业的年度企业所得税是在年度财务报告披露后办理纳税申报，但在年度利润表金额已经审计确定而未经股东大会批准发布之前，审核人员应根据企业所得税年度纳税申报表准确计算"应纳所得税税额"，并以此确定最终的财务报告相应项目金额。

由于企业的净利润是按照审计后的会计利润扣除所得税费用后的差额确定的，因此只有先计算出所得税费用，才能得出年度净利润。

审计人员根据审计后的会计利润、所得税费用确定净利润，并形成最终的财务报告，经股东大会批准后对外披露。

② 在年度财务报告披露之前办理汇算清缴。即企业所得税汇缴按规定在 5 月底之前已经办理，但年度财务报告是在 6 月份披露的。在这种情况下，汇缴时未经审计的财务报告与披露时审计后的财务报告之间如果存在数据差异，则会影响应纳税所得额和应纳所得税税额，需要进行更正申报，并重新报送审计后的年度财务报告及企业所得税年度纳税申报表。在汇缴时进行纳税调整而增加或减少的应纳企业所得税税额，应视同报告年度当年发生的会计事项，调整报告年度的所得税费用和应交所得税金额。

在年度财务报告金额已经确认尚未报出之前，填报企业所得税年度纳税申报表，涉及应补缴税款的，借记"所得税费用——当期所得税费用"，贷记"应交税费——应交企业所得税"；涉及应退税款的，做方向相反的会计分录。

企业所得税实行动态管理，企业所得税汇缴后，5 年内发现多缴、少缴企业所得税的，均可更正原所属年度的纳税申报表，按规定计算应补、退税款。涉及应退税款的，需出具专项报告，经税务机关审核确认后，办理退税或抵顶当期应纳所得税额。

（3）相关会计处理。在汇缴企业所得税时，若全年应缴企业所得税大于全年已预缴的企业所得税，其差额为应补缴的企业所得税，按其差额借记"以前年度损益调整"，贷记"应交税费——应交企业所得税"；实际缴纳时，借记"应交税费——应交企业所得税"，贷记"银行存款"。企业还应将"以前年度损益调整"账户余额转入"利润分配",借记"利润分配——未分配利润",贷记"以前年度损益调整——所得税费用";同时调整盈余公积,借记"盈余公积",贷记"利润分配——未分配利润"。

在汇缴企业所得税时,若全年应缴企业所得税小于全年已预缴的企业所得税,其差额为多缴的企业所得税,按其差额借记"应交税费——应交企业所得税",贷记"以前年度损益调整"。如果税务机关退还企业多缴的所得税,借记"银行存款",贷记"应交税费——应交企业所得税";若多缴的所得税不能办理退税,则可以挂账用以抵缴以后应预缴的企业所得税。企业还应将"以前年度损益调整"账户余额转入"利润分配",借记"以前年度损益调整——所得税费用",贷记"利润分配——未分配利润";同时调整盈余公积,借记"利润分配——未分配利润",贷记"盈余公积"。

【例7-12】天洋公司按季预缴企业所得税(税率25%)。1月份向中国工商银行借款40万元,年利率6.5%,当月还向某公司借款15万元,年利率10.5%,两笔借款全部用于生产经营;计提资产减值准备3万元;无其他纳税调整事项。第四季度实际利润额累计280万元。假定当年四个季度预缴企业所得税共计68.9万元。天洋公司于次年4月15日进行企业所得税的汇算清缴,相关会计处理如下。

年度应纳税所得额=2 800 000+150 000×(10.5%-6.5%)+30 000=2 836 000(元)
年度实际应交企业所得税=2 836 000×25%=709 000(元)
汇算清缴应补缴企业所得税=709 000-689 000=20 000(元)

(1)计提应补缴企业所得税时。

借:以前年度损益调整——所得税费用　　　　　　　　　　　　20 000
　　贷:应交税费——应交企业所得税　　　　　　　　　　　　　　20 000

(2)应补缴企业所得税时。

借:应交税费——应交企业所得税　　　　　　　　　　　　　　20 000
　　贷:银行存款　　　　　　　　　　　　　　　　　　　　　　20 000

(3)将"以前年度损益调整"余额转入"利润分配"时。

借:利润分配——未分配利润　　　　　　　　　　　　　　　　20 000
　　贷:以前年度损益调整　　　　　　　　　　　　　　　　　　20 000

(4)因净利润变动调整盈余公积时。

借:盈余公积(20 000×10%)　　　　　　　　　　　　　　　　2 000
　　贷:利润分配——未分配利润　　　　　　　　　　　　　　　2 000

【例7-13】某上市公司按季预缴企业所得税(税率25%)。年度利润表中利润总额为3 000万元。公司当年发生诉讼,预计赔偿对方100万元,并计入"营业外支出"和"预计负债";次年3月15日法院判决,该官司需赔偿对方300万元,假定该事项可以在所得税前列支,无其他纳税调整事项。当年四个季度预缴企业所得税共计653.5万元。公司于次年4月15日进行企业所得税的汇算清缴,次年4月30日对外公告财务报告,相关会计处理如下。

年度应纳税所得额=30 000 000-(3 000 000-1 000 000)=28 000 000(元)
年度应交企业所得税=28 000 000×25%=7 000 000(元)
应补缴企业所得税=7 000 000-6 535 000=465 000(元)

(1)计提应补缴企业所得税时。

借:以前年度损益调整——所得税费用　　　　　　　　　　　465 000
　　贷:应交税费——应交企业所得税　　　　　　　　　　　　465 000

(2)补缴企业所得税时。

借:应交税费——应交企业所得税　　　　　　　　　　　　　465 000
　　贷:银行存款　　　　　　　　　　　　　　　　　　　　　465 000

（3）将"以前年度损益调整"余额转入"利润分配"时。
借：利润分配——未分配利润　　　　　　　　　　　　　　465 000
　　贷：以前年度损益调整　　　　　　　　　　　　　　　　　　465 000
（4）因净利润变动调整盈余公积时。
借：盈余公积（465 000×10%）　　　　　　　　　　　　　　46 500
　　贷：利润分配——未分配利润　　　　　　　　　　　　　　　46 500

五、预提所得税代扣代缴的会计处理

外国企业在我国境内未设立机构、场所，而有来源于我国境内的利润（股息）、利息、租金、特许权使用费和其他所得的，按规定其所得税应由支付人在每次支付的款额中扣除，并在7天内缴入国库。对非居民纳税人在我国境内从事劳务、服务的所得，税务机关可以指定工程价款或劳务费的支付人为所得税扣缴义务人，税款在支付的款额中扣缴。

【例7-14】天欣通用污水处理有限公司系境外AB公司和市政排水有限公司共同出资成立的合资企业。境外AB公司占51%的股权，以欧元注册资本，股权成本价为2 580 000欧元。今年1月10日，境外AB公司将其注册资本51%的股权转让给市政排水有限公司，51%股权的转让价为6 440 000欧元，并完成了相关变更手续。假设股权转让日的汇率中间价是1欧元=8.5元人民币。

股权转让所得=6 440 000-2 580 000=3 860 000（欧元）
股权转让收益（折合人民币）=3 860 000×8.5=32 810 000（元）
应交企业所得税=32 810 000×10%=3 281 000（元）
做如下会计分录。
（1）应交预提所得税。
借：其他应付款等——境外AB公司　　　　　　　　　　　3 281 000
　　贷：应交税费——应交预提所得税　　　　　　　　　　　3 281 000
（2）缴纳预提所得税。
借：应交税费——应交预提所得税　　　　　　　　　　　　3 281 000
　　贷：银行存款　　　　　　　　　　　　　　　　　　　　3 281 000

第四节　企业所得税的纳税申报

一、企业所得税的纳税地点、纳税年度和纳税申报

（一）纳税地点

除税收法律、行政法规另有规定外，居民企业以企业登记注册地为纳税地点，但登记注册地在境外的，以实际管理机构所在地为纳税地点。

非居民企业取得税法规定的所得，以机构、场所所在地为纳税地点。非居民企业在我国境内未设立机构、场所，或者虽设立了机构、场所，但取得的所得与其所设机构、场所没有实际联系的，其所得应缴纳的所得税以扣缴义务人所在地为纳税地点。

（二）纳税年度

企业所得税按纳税年度计征，分月或分季预缴，年终汇算清缴，多退少补。纳税年度自公历1

月 1 日起，至 12 月 31 日止。企业在一个纳税年度中间开业或者终止经营活动，使该纳税年度的实际经营期不足 12 个月的，应以其实际经营期为一个纳税年度。

（三）纳税申报

企业预缴企业所得税时，应当自月份或季度终了之日起 15 日内，向税务机关报送预缴企业所得税纳税申报表，预缴企业所得税。在正常情况下，企业自年度终了之日起 5 个月内，向税务机关报送年度企业所得税纳税申报表，并汇算清缴，结清应交或应退税款。企业在年度中间终止经营活动的，应自实际经营终止之日起 60 日内，向税务机关办理企业所得税汇算清缴。

企业在纳税年度内无论盈亏，均应依照税法规定的期限，向税务机关报送预缴企业所得税纳税申报表、年度企业所得税纳税申报表、同期财务报告和税务机关要求报送的其他有关资料。

二、企业所得税纳税申报表的填制

企业所得税纳税申报表的填制是所得税会计的核心内容。企业所得税纳税申报表的填制一般以财务会计信息为基础，但这些信息往往要按税法的规定进行纳税调整或重新组织，以符合所得税会计报表的要求——及时、正确地提供税务会计信息。

企业进行所得税纳税申报时，必须正确填制并及时报送企业所得税纳税申报表，还应附送同期财务会计报告等资料。预缴企业所得税时应按规定填制"企业所得税月（季）度预缴纳税申报表"；年终进行企业所得税汇算清缴时，应按规定填制"企业所得税年度纳税申报表"及有关附表。

（一）企业所得税预缴纳税申报表及其填制

企业所得税月（季）度预缴纳税申报表分 A 类申报表和 B 类申报表（2018 年版）两种。企业所得税月（季）度预缴纳税申报表（A 类），适用于实行查账（核实）征收企业所得税的居民企业纳税人在月（季）度预缴纳税申报时填报；跨地区经营汇总纳税企业的分支机构，在进行月（季）度预缴申报和年度汇算清缴时填报。企业所得税月（季）度预缴和年度纳税申报表（B 类）适用于核定征收企业所得税的居民企业在月（季）度预缴申报和年度汇算清缴申报时填报。扣缴义务人还应填报"扣缴报告表"，汇总纳税企业应填报"汇总纳税分支机构分配表"。A 类预缴纳税申报表、B 类预缴和年度纳税申报表格式分别如表 7-4 和表 7-5 所示。

表 7-4　A200000 中华人民共和国企业所得税月（季）度预缴纳税申报表（A 类）

税款所属期间：　　年　月　日至　　年　月　日

纳税人识别号（统一社会信用代码）：□□□□□□□□□□□□□□□□□□

纳税人名称：　　　　　　　　　　　　　　　　　　　　　　金额单位：人民币元（列至角分）

预缴方式	□ 按照实际利润额预缴		□ 按照上一纳税年度应纳税所得额平均额预缴				□ 按照税务机关确定的其他方法预缴		
企业类型	□ 一般企业		□ 跨地区经营汇总纳税企业总机构				□ 跨地区经营汇总纳税企业分支机构		
按季度填报信息									
项目	一季度		二季度		三季度		四季度		季度平均值
	季初	季末	季初	季末	季初	季末	季初	季末	
从业人数									
资产总额（万元）									
国家限制或禁止行业	□ 是　□ 否				小型微利企业				□ 是　□ 否
预缴税款计算									
行次	项目								本年累计金额
1	营业收入								
2	营业成本								
3	利润总额								
4	加：特定业务计算的应纳税所得额								

续表

行次	项目	本年累计金额
5	减：不征税收入	
6	减：免税收入、减计收入、所得减免等优惠金额（填写A201010）	
7	减：资产加速折旧、摊销（扣除）调减额（填写A201020）	
8	减：弥补以前年度亏损	
9	实际利润额（3+4-5-6-7-8）\按照上一纳税年度应纳税所得额平均额确定的应纳税所得额	
10	税率（25%）	
11	应纳所得税额（9×10）	
12	减：减免所得税额（填写A201030）	
13	减：实际已缴纳所得税额	
14	减：特定业务预缴（征）所得税额	
L15	减：符合条件的小型微利企业延缓缴纳所得税额（是否延缓缴纳所得税□ 是□ 否）	
15	本期应补（退）所得税额（11-12-13-14-L15）\税务机关确定的本期应纳税额	
汇总纳税企业总分机构税款计算		
16	总机构填报	总机构本期分摊应补（退）所得税额（17+18+19）	
17		其中：总机构分摊应补（退）所得税额（15×总机构分摊比例__%）	
18		财政集中分配应补（退）所得税额（15×财政集中分配比例__%）	
19		总机构具有主体生产经营职能的部门分摊所得税额（15×全部分支机构分摊比例__%×总机构具有主体生产经营职能部门分摊比例__%）	
20	分支机构填报	分支机构本期分摊比例	
21		分支机构本期分摊应补（退）所得税额	

附报信息				
高新技术企业	□是 □否	科技型中小企业	□是 □否
技术入股递延纳税事项	□是 □否		
谨声明：本纳税申报表是根据国家税收法律法规及相关规定填报的，是真实的、可靠的、完整的。				
			纳税人（签章）： 年 月 日	
经办人： 经办人身份证号： 代理机构签章： 代理机构统一社会信用代码：		受理人： 受理税务机关（章）： 受理日期： 年 月 日		

表 7-5　　B100000　　中华人民共和国企业所得税月（季）度预缴和年度纳税申报表

税款所属期间：　年　月　日至　年　月　日

纳税人识别号（统一社会信用代码）：□□□□□□□□□□□□□□□□□□

纳税人名称：　　　　　　　　　　　　　　　　　　　金额单位：人民币元（列至角分）

核定征收方式	核定应税所得率（能核算收入总额的）　核定应税所得率（能核算成本费用总额的） 核定应纳所得税额

	按 季 度 填 报 信 息								
项目	一季度		二季度		三季度		四季度		季度平均值
	季初	季末	季初	季末	季初	季末	季初	季末	
从业人数									
资产总额（万元）									
国家限制或禁止行业	□是 □否				小型微利企业		□是 □否		
按 年 度 填 报 信 息									
从业人数（填写平均值）					资产总额（填写平均值，单位：万元）				
国家限制或禁止行业	□是 □否				小型微利企业		□是 □否		

行次	项目	本年累计金额
1	收入总额	
2	减：不征税收入	
3	减：免税收入（4+5+10+11）	

续表

行次	项　　目	本年累计金额
4	国债利息收入免征企业所得税	
5	符合条件的居民企业之间的股息、红利等权益性投资收益免征企业所得税（6+7.1+7.2+8+9）	
6	其中：一般股息红利等权益性投资收益免征企业所得税	
7.1	通过沪港通投资且连续持有H股满12个月取得的股息红利所得免征企业所得税	
7.2	通过深港通投资且连续持有H股满12个月取得的股息红利所得免征企业所得税	
8	居民企业持有创新企业CDR取得的股息红利所得免征企业所得税	
9	符合条件的居民企业之间属于股息、红利性质的永续债利息收入免征企业所得税	
10	投资者从证券投资基金分配中取得的收入免征企业所得税	
11	取得的地方政府债券利息收入免征企业所得税	
12	应税收入额（1-2-3）\ 成本费用总额	
13	税务机关核定的应税所得率（%）	
14	应纳税所得额（第12×13行）\[第12行÷（1-第13行）×第13行]	
15	税率（25%）	
16	应纳所得税额（14×15）	
17	减：符合条件的小型微利企业减免企业所得税	
18	减：实际已缴纳所得税额	
L19	减：符合条件的小型微利企业延缓缴纳所得税额（是否延缓缴纳所得税 □ 是 □ 否）	
19	本期应补（退）所得税额（16-17-18-L19）\ 税务机关核定本期应纳所得税额	
20	民族自治地方的自治机关对本民族自治地方的企业应缴纳的企业所得税中属于地方分享的部分减征或免征（ □ 免征　　□ 减征：减征幅度____%　）	
21	本期实际应补（退）所得税额	

谨声明：本纳税申报表是根据国家税收法律法规及相关规定填报的，是真实的、可靠的、完整的。

纳税人（签章）：　　　年　月　日

经办人： 经办人身份证号： 代理机构签章： 代理机构统一社会信用代码：	受理人： 受理税务机关（章）： 受理日期：　　　年　月　日

（二）企业所得税年度纳税申报表（A类）及其填制

企业所得税年度纳税申报表（A类，2017年版）适用于查账征收企业，由37张表单组成。其中，必填表2张，选填表35张。从表单结构角度看，全套申报表分为基础信息表、主表（见表7-6）、一级明细表、二级明细表和三级明细表，表单数据逐级汇总。从填报内容角度看，全套申报表由反映纳税人整体情况（2张）、会计核算（6张）、纳税调整（13张）、弥补亏损（1张）、税收优惠（9张）、境外税收（4张）、汇总纳税（2张）等明细情况的表单（见表7-7）组成。

从使用频率角度看，绝大部分纳税人实际填报表单的数量为8～10张。除两张必填表外，"一般企业收入明细表""一般企业成本支出明细表""期间费用明细表""纳税调整项目明细表""职工薪酬支出及纳税调整明细表""减免所得税优惠明细表"等为常用表单。其余表单应根据纳税人所在行业类型、业务发生情况正确选择填报。

企业所得税的年度纳税申报以主表为核心，主表是以企业所得税的间接法原理为基础设计的。填制时，以利润表为起点，将财务会计利润按税法的规定调整为应纳税所得额，进而计算应纳所得税税额，具体包括利润总额计算、应纳税所得额计算、应纳所得税税额计算三部分。主表数据大部分从附表中生成，个别数据从财务报表中取得。纳税申报表的每张附表既独立体现现行企业所得税政策，又与主表密切相关。

企业在计算应纳税所得额及应纳所得税税额时，对企业财务、会计处理方法与税法规定不一致的，应当按照税法的规定计算。税法规定不明确的，在未做出明确规定之前，可以暂按企业财务、会计规定计算。

填报完成的申报表可以揭示企业税收管理、财务管理中存在的问题，以正确处理所得税会计与财务会计的关系。正确填报纳税申报表，不仅是为了履行纳税义务，还可以揭示企业税收管理中存在的问题，防范企业税务风险。

表7-6　　　　　　A100000 中华人民共和国企业所得税年度纳税申报表（A类）

所属期间：××××年1月1日至××××年12月31日

纳税人名称：

纳税人识别号：　　　　　　　　　　　　　　　　　　　　　　　　　　金额单位：元（列至角分）

行次	类别	项目	金额
1	利润总额计算	一、营业收入（填写A101010/101020/103000）	3 216 553.74
2		减：营业成本（填写A102010/102020/103000）	2 589 241.83
3		减：税金及附加	39 900.96
4		减：销售费用（填写A104000）	0.00
5		减：管理费用（填写A104000）	458 598.68
6		减：财务费用（填写A104000）	594.66
7		减：资产减值损失	0.00
8		加：公允价值变动收益	0.00
9		加：投资收益	0.00
10		二、营业利润（1-2-3-4-5-6-7+8+9）	128 217.61
11		加：营业外收入（填写A101010/101020/103000）	0.00
12		减：营业外支出（填写A102010/102020/103000）	0.00
13		三、利润总额（10+11-12）	128 217.61
14	应纳税所得额计算	减：境外所得（填写A108010）	0.00
15		加：纳税调整增加额（填写A105000）	37 287.69
16		减：纳税调整减少额（填写A105000）	164 940.00
17		减：免税、减计收入及加计扣除（填写A107010）	0.00
18		加：境外应税所得抵减境内亏损（填写A108000）	0.00
19		四、纳税调整后所得（13-14+15-16-17+18）	565.30
20		减：所得减免（填写A107020）	0.00
21		减：弥补以前年度亏损（填写A106000）	0.00
22		减：抵扣应纳税所得额（填写A107030）	0.00
23		五、应纳税所得额（19-20-21-22）	565.30
24	应纳税额计算	税率（25%）	25%
25		六、应纳所得税额（23×24）	141.33
26		减：减免所得税额（填写A107040）	0.00
27		减：抵免所得税额（填写A107050）	0.00
28		七、应纳税额（25-26-27）	141.33
29		加：境外所得应纳所得税额（填写A108000）	0.00
30		减：境外所得抵免所得税额（填写A108000）	0.00
31		八、实际应纳所得税额（28+29-30）	141.33
32		减：本年累计实际已缴纳的所得税额	32 054.40
33		九、本年应补（退）所得税额（31-32）	-31 913.07
34		其中：总机构分摊本年应补（退）所得税额（填写A109000）	0.00
35		财政集中分配本年应补（退）所得税额（填写A109000）	0.00
36		总机构主体生产经营部门分摊本年应补（退）所得税税额（填写A109000）	0.00

续表

谨声明：此纳税申报表是根据《中华人民共和国企业所得税法》《中华人民共和国企业所得税法实施条例》以及有关税收政策、国家统一会计制度的规定填报的，是真实的、可靠的、完整的。

法定代表人（签章）：　　　　　　　　　　　　　　　　　　　年　月　日

纳税人公章：	代理申报中介机构公章：	主管税务机关受理专用章：
会计主管：	经办人及执业证件号码：	受理人：
填表日期：　年　月　日	代理申报日期：　年　月　日	受理日期：　年　月　日

表 7-7　　　　　　　　企业所得税年度纳税申报表（A 类）填报表单

表单编号	表单名称	是否填报
A000000	企业所得税年度纳税申报基础信息表	√
A100000	中华人民共和国企业所得税年度纳税申报表（A 类）	√
A101010	一般企业收入明细表	□
A101020	金融企业收入明细表	□
A102010	一般企业成本支出明细表	□
A102020	金融企业支出明细表	□
A103000	事业单位、民间非营利组织收入、支出明细表	□
A104000	期间费用明细表	□
A105000	纳税调整项目明细表	□
A105010	视同销售和房地产开发企业特定业务纳税调整明细表	□
A105020	未按权责发生制确认收入纳税调整明细表	□
A105030	投资收益纳税调整明细表	□
A105040	专项用途财政性资金纳税调整明细表	□
A105050	职工薪酬支出及纳税调整明细表	□
A105060	广告费和业务宣传费等跨年度纳税调整明细表	□
A105070	捐赠支出及纳税调整明细表	□
A105080	资产折旧、摊销及纳税调整明细表	□
A105090	资产损失税前扣除及纳税调整明细表	□
A105100	企业重组及递延纳税事项纳税调整明细表	□
A105110	政策性搬迁纳税调整明细表	□
A105120	特殊行业准备金及纳税调整明细表	□
A106000	企业所得税弥补亏损明细表	□
A107010	免税、减计收入及加计扣除优惠明细表	□
A107011	符合条件的居民企业之间的股息、红利等权益性投资收益优惠明细表	□
A107012	研发费用加计扣除优惠明细表	□
A107020	所得减免优惠明细表	□
A107030	抵扣应纳税所得额明细表	□
A107040	减免所得税优惠明细表	□
A107041	高新技术企业优惠情况及明细表	□
A107042	软件、集成电路企业优惠情况及明细表	□
A107050	税额抵免优惠明细表	□
A108000	境外所得税收抵免明细表	□
A108010	境外所得纳税调整后所得明细表	□
A108020	境外分支机构弥补亏损明细表	□
A108030	跨年度结转抵免境外所得明细表	□
A109000	跨地区经营汇总纳税企业年度分摊企业所得税明细表	□
A109010	企业所得税汇总纳税分支机构所得税分配表	□

注：企业应根据实际情况选择需要填报的表单。选择"填报"的，在"□"内打"√"，并完成该表单内容的填报；未选择"填报"的表单，无须向税务机关报送。

第五节 财务会计中的所得税会计方法

对所得税的会计处理是财务会计中的一个专门处理会计收益与应税收益之间差异的会计程序。其目的在于协调财务会计与税务会计之间的关系,以保证财务会计报告充分揭示相关会计信息。现代所得税借助于财务会计才得以推行,财务会计则因企业所得税法而更加规范,当然也更为复杂。

一、基于资产负债观的所得税会计差异

收益的确认计量是财务会计的重要内容,主要有传统收益观和综合收益观(全面收益观)两大理论观。以利润表为重心的收入费用观体现传统收益理论,从资产和负债的角度确认计量收益的资产负债观体现综合收益理论。目前,包括我国在内的大多数国家的所得税会计准则,均采用体现资产负债观的资产负债表债务法。

资产负债观

资产负债观是直接从资产和负债的角度确认与计量企业的收益,认为收益是企业期末净资产与期初净资产的差额,强调综合收益,收益由排除资本变动的净资产的期初、期末余额之差产生。按照资产负债观的理念,真正的利润本质上是净资产的增加,真正的亏损本质上是净资产的减少。要求在计量属性上尽可能采用公允价值,强调财务会计处理的重心应该是对资产和负债要素的确认与计量,而收入和费用要素则从属于资产和负债要素;在财务报告中,强调资产负债表在整体报告体系中的核心地位,利润表只是资产负债表的附表,是对资产负债观所确定的综合收益的明细说明。

(一)计税基础

在采用资产负债表债务法时,要求企业的资产及负债应根据会计准则与税法的不同要求分别计价,从而形成财务会计计价基础与税法计价基础两种计价基础。财务会计计价基础即资产(负债)的账面价值;税法计价基础即计税基础,是企业在资产负债表日根据税法规定,为计算应缴所得税而确认的资产/负债的价值。

1. 资产的计税基础

资产的计税基础是指企业在收回资产账面价值的过程中,计算应纳税所得额时按照税法规定可以自应税经济利益中抵扣的金额,即某项资产在未来使用或最终处置时,允许作为成本或费用于税前列支的金额。

资产在初始确认时,其计税基础一般为取得成本,即企业为取得某项资产支付的成本在未来期间准予税前扣除的金额。在资产持续持有过程中,其计税基础是指资产的取得成本减去以前期间按照税法规定已经税前扣除金额后的余额。该余额代表的是按照税法的规定,所涉及的资产在未来期间计税时仍然可以在税前扣除的金额。例如,固定资产、无形资产等长期资产在某一资产负债表日的计税基础,是指其成本扣除按照税法的规定已在以前期间税前扣除的累计折旧额、摊销额,用公式表示为:

$$\text{资产的计税基础} = \text{未来可在税前扣除的金额} = \text{资产的账面价值} - \text{资产未来应税金额} + \text{资产未来可抵扣金额}$$

一般情况下,资产在取得时,其入账价值与计税基础是相同的;在后续计量过程中,因企业会计准则与税法规定不同,可能会产生资产的账面价值与其计税基础的差异。

按照税法的规定，企业的各项资产应以历史成本为计税基础。企业持有期间资产的增值或者减值，除国务院财政、税务主管部门规定可以确认损益外，不得调整该资产的计税基础。现以简例进行说明。

（1）企业有一笔应收账款2 000元，其相应收入已包括在应税利润（可抵扣亏损）中，即该应收账款的相应收入已经通过销售（营业）收入计入应税收入并缴纳了流转税，计入应税所得并缴纳了所得税，因此，在该应收账款收回时不必再缴税了，其计税基础就是其账面价值（金额）。

（2）企业有一笔应收利息1 500元，相应利息收入按现金制缴税。就计税而言，该笔金额流入企业时无抵扣金额，故该应收利息的计税基础为零。

【例7-15】天瑞公司的某项设备原价为3 000万元，财务会计的折旧年限为3年，税务会计的折旧年限为5年，两者均采用直线法计提折旧。第2年年末，公司对该项固定资产计提了60万元的固定资产减值准备。假设财务会计与税务会计预计净残值率均为0。

财务会计的账面价值=3 000-1 000-1 000-60=940（万元）

税务会计确认的计税基础=3 000-600-600=1 800（万元）

该例说明，固定资产账面价值与计税基础间存在差异的原因包括：一是折旧年限不同，财务会计的折旧年限为3年，税务会计的折旧年限为5年，每年因折旧年限不同会产生暂时性差异400万元，第2年会计期末因折旧年限不同而产生的暂时性差异合计800万元；二是计提固定资产减值准备造成的差异，2年后的会计期末由于财务会计计提了减值准备60万元，税法规定固定资产减值准备在计提时不允许在税前扣除，实际发生损失时才允许在税前扣除，由此产生差异60万元，两者合计为860万元。

2. 负债的计税基础

负债的计税基础是指负债的账面价值减去该负债在未来期间计算应纳税所得额时，按照税法规定可予以抵扣的金额。对于预收款项产生的负债，其计税基础为账面价值减去未来期间不征税的金额。可见，负债的计税基础是在未来期间计税时不可扣除的金额，用公式表示为：

负债的计税基础=账面价值-未来可税前扣除的金额

=负债的账面价值+负债未来应税金额-负债未来可抵扣金额

一般负债的确认和清偿不影响所得税的计算，差异主要是因从费用中提取的负债。现以简例进行说明。

（1）流动负债中包括账面金额为10 000元的应交罚款，税法规定该项罚款不可税前扣除，则该项罚款的税基为10 000-0=10 000（元）。该项差异仅影响罚款支出的当期，对企业未来期间计税不产生影响，因而不产生暂时性差异。

（2）企业一笔短期应计费用的账面金额为20 000元，计税时，相应的费用将在未来以现金予以抵扣，则该项流动负债应计费用的计税基础为零；计税时，如果相关的费用已抵扣，则该应计费用的计税基础就是20 000元。

（3）一项应付货款的账面价值为10万元。该货款的归还不会产生纳税后果，则该货款的计税基础为10万元。

【例7-16】天鹏公司某年10月因销售产品承诺提供3年的保修服务，在当年度利润表中确认400万元的销售费用，同时确认等额的预计负债。当年实际发生保修支出80万元，预计负债的期末余额为320万元。假定税法规定与产品售后服务相关的费用在实际发生时准予在税前扣除。

该项预计负债在当年资产负债表日的账面价值为320万元。

该项预计负债的计税基础=账面价值-未来期间计算应纳税所得额时按税法规定准予扣除的金额=3 200 000-3 200 000=0（元）

（二）暂时性差异对未来应纳税金额的影响

暂时性差异（Temporary Differences）是指由于资产、负债的账面金额（在资产负债表中应列示的金额）与其计税基础不同而产生的差额。在以后年度，当财务报表上列示的资产收回或列示的负债偿还时，暂时性差异会使应税所得额增加或减少，即导致未来期间应交所得税增加或减少。基于资产负债观，在产生暂时性差异的当期，一般应当确认相应的递延所得税负债或递延所得税资产。未作为资产和负债确认的项目，如果按照税法规定可以确定其计税基础的，该计税基础与其账面价值之间的差额也属于暂时性差异。

暂时性差异

时间性差异侧重于从收入或费用角度分析会计利润和应税利润之间的差异，揭示的是某个会计期间内产生的差异。暂时性差异侧重于从资产和负债的角度分析某个时点存在的账面价值与其计税基础之间的差异，这种差异可能会导致相关期间会计利润和应税利润之间产生差异，也可能并不会产生相关期间会计利润和应税利润的差异。

按照暂时性差异对未来期间应税所得额的影响方向（性质），暂时性差异可分为应纳税暂时性差异和可抵扣暂时性差异。

1. 应纳税暂时性差异

应纳税暂时性差异是指在未来收回资产或清偿负债时，会增加转回期间的应纳税所得额，即在未来期间不考虑该事项影响应纳税所得额的基础上，由于该项暂时性差异的转回，会进一步增加转回期间的应纳税所得额和应交所得税。

当资产的账面价值大于其计税基础或者负债的账面价值小于其计税基础时，产生应纳税暂时性差异。即对于资产而言，当会计口径的价值大于税收口径的价值时，在纳税时可以在本期抵扣不缴税，等到以后再缴税；对于负债而言，当会计口径的价值小于税收口径的价值时，在纳税时可以在本期抵扣不缴税，等到以后再缴税。

资产的确认意味着该资产的账面金额在未来期间将以流入企业的经济利益的形式收回。当该资产的账面金额超过其计税基础时，应税经济利益的金额也将超过计税时允许抵扣的金额。该差额就是应税暂时性差异，它构成一项递延所得税负债。当企业收回该资产账面金额时，应税暂时性差异将转回，企业将获得应税利润，这使经济利益很可能以税款支付的方式流出企业。因此，企业应确认所有递延所得税负债。

应纳税暂时性差异示例如下。

（1）某项固定资产的成本为300万元，账面价值为200万元。计税累计折旧为180万元，该项固定资产的计税基础为120万元。为收回账面金额，企业必须赚得应税收益200万元，但只能抵扣计税折旧120万元。如果税率为25%，当企业收回该资产账面金额时，应支付所得税20万元（80万元×25%）。因此，账面金额200万元与其计税基础120万元之间的差额80万元为应纳税暂时性差异。

（2）某企业拥有一项交易性金融资产，成本为500万元，期末公允价值为750万元。按照《企业会计准则》，交易性金融资产期末按公允价值计价，但依照税法，交易性金融资产持有期间，其公允价值的变动不计入应纳税所得额，即其计税基础不变。该项交易性金融资产账面价值大于计税基础的金额250万元为应纳税暂时性差异。

2. 可抵扣暂时性差异

可抵扣暂时性差异是指在未来期间收回资产或清偿负债时，会减少转回期间的应纳税所得额，进而减少未来期间的应交所得税。企业在可抵扣暂时性差异产生的当期，在符合条件的情况下，应当确认相关的递延所得税资产。"可抵扣"一般意味着款已经缴纳了，但按照税法规定不该在本期缴纳的，只有等到以后做抵扣处理。

当资产的账面价值小于其计税基础时,在经济含义上,表示资产在未来期间产生的经济利益少,而按税法规定允许税前扣除的金额多,则企业在未来期间可以减少应纳税所得额并相应减少应交所得税。

负债产生的暂时性差异实质上是税法规定该项负债可以在未来期间税前扣除的金额。当一项负债的账面价值大于其计税基础时,意味着在未来期间按税法规定构成负债的全部或部分金额可以从未来应税经济利益中扣除,即减少未来期间的应纳税所得额并相应减少应交所得税。

可抵扣暂时性差异示例如下。企业将产品保修费用 100 000 元确认为负债,计入当期损益。产品保修费用于实际支付时才能抵扣应纳税所得额。该项预计负债的计税基础是 0。在以账面金额清偿该负债时,企业的未来应纳税所得额会减少 100 000 元,如果税率为 25%,会相应减少未来所得税支出 25 000 元。账面金额与计税基础之间的差额 100 000 元是一项可抵扣暂时性差异。

应纳税暂时性差异与可抵扣暂时性差异的识别如表 7-8 所示。

表 7-8 应纳税暂时性差异与可抵扣暂时性差异的识别

资产/负债	账面价值与计税基础	暂时性差异的性质	递延所得税结果
资产	>	应纳税暂时性差异	递延所得税负债
	<	可抵扣暂时性差异	递延所得税资产
负债	>	可抵扣暂时性差异	递延所得税资产
	<	应纳税暂时性差异	递延所得税负债

(三)暂时性差异的产生

按照暂时性差异的产生情况,暂时性差异可分为以下三种类型。

1. 资产、负债的账面价值和计税基础不同而产生的差异

比较常见的有资产减值准备、具有融资性质的分期收款销售、固定资产折旧、无形资产的摊销、使用寿命不确定、公允价值计量的投资性房地产、公允价值计量且其变动计入当期损益的金融资产、权益法投资收益确认和补交所得税、售后服务等预计负债、某些预收账款、债务重组和应付薪酬延期支付等。

2. 企业合并中取得有关资产、负债产生的暂时性差异

企业合并准则指出,非同一控制下的吸收合并,购买方在购买日应当按照合并中取得的被购买方各项可辨认资产、负债的公允价值确定其入账价值。《国家税务总局关于企业合并分立业务有关所得税问题的通知》规定,如果合并企业支付给被合并企业或其股东的收购价款中,除合并企业股权以外的现金、有价证券和其他资产不高于所支付的股权票面价值(或支付的股本的账面价值)20%,则被合并企业不确认全部资产的转让所得或损失,不计算缴纳所得税。合并企业接受被合并企业全部资产的计税成本,须以被合并企业原账面净值为基础确定。由此可见,如果符合上述条件,则合并方资产、负债的账面价值与其计税基础之间会产生暂时性差异。

3. 不属于资产、负债的特殊项目产生的暂时性差异

(1)某些交易或事项发生以后,因为不符合资产、负债的确认条件,账面价值为 0,但按照税法的规定能够确定其计税基础,其账面价值 0 与计税基础之间的差异会构成暂时性差异。例如,会计准则规定修理费作为当期费用,税法规定特定条件下修理费作为长期待摊费用;企业发生的广告费和业务宣传费,限额内的部分可以在税前扣除,超过部分准予在以后年度结转扣除。这类支出在发生时,按照会计准则、制度的规定,计入当期损益,不会形成资产,但因税法规定可以确定其计税基础,故两者之间的差异即为暂时性差异。

(2)按照税法的规定可以结转以后年度的未弥补亏损及税款递减,虽不是因资产、负债的账面价值与计税基础不同而产生的,但与可抵扣暂时性差异具有同样的作用,均能减少未来期间的应纳税所得额,进而减少未来期间的应交所得税。在会计处理上,其与可抵扣暂时性差异的处理方法相同,如按照税法规定允许用以后5年税前所得弥补的亏损。广告费和业务宣传费支出作为当期损益,税法规定年度广告费和业务宣传费支出不得超过销售收入的15%(另有规定的除外),超过部分准许在以后纳税年度结转扣除。

【例7-17】某股份有限公司的所得税采用资产负债表债务法核算,所得税税率为25%。该公司某年资产负债表的有关项目如表7-9所示。

表7-9 资产负债表的有关项目 单位:万元

项目	年初数	年末数
存货	1 400	500
长期股权投资	0	400
固定资产	2 400	2 900
预计负债	0	480
递延所得税资产	75	—
递延所得税负债	50	—

(1)"存货跌价准备"账户年初贷方余额为300万元,年末贷方余额为120万元。

(2)长期股权投资系当年3月1日对甲公司的投资,初始投资成本为500万元,采用权益法核算。由于甲公司本年发生亏损,故该公司年末按应负担的亏损份额确认投资损失100万元,同时调整长期股权投资的账面价值。年末,未对长期股权投资计提减值准备。

(3)固定资产中包含一台B设备,系上年12月25日购入,原价1 000万元,预计净残值为零。计税采用年数总和法计提折旧,折旧年限为4年;财务会计采用直线法计提折旧,折旧年限为5年。

(4)预计负债为当年年末计提的产品保修费用480万元。假设除上述事项外,没有发生其他纳税调整事项。该公司当年利润表中"利润总额"项目的金额为2 000万元。

计算该公司年末暂时性差异及由此形成的应纳税暂时性差异、可抵扣暂时性差异。

存货产生的暂时性差异=账面价值-计税基础=500-(500+120)=-120(万元)

长期股权投资产生的暂时性差异=账面价值-计税基础=400-500=-100(万元)

固定资产产生的暂时性差异=账面价值-计税基础=800-600=200(万元)

预计负债产生的暂时性差异=(-1)×(账面价值-计税基础)

=(-1)×(480-0)=-480(万元)

存货、长期股权投资和预计负债三个项目产生的暂时性差异均为负数,属于可抵扣暂时性差异;固定资产产生的暂时性差异为正数,属于应纳税暂时性差异。

应纳税暂时性差异=(正的)资产类差异+(正的)负债类差异=200(万元)

可抵扣暂时性差异=(负的)资产类差异+(负的)负债类差异

=(-120)+(-100)+(-480)=-700(万元)

二、所得税会计账户的设置

企业采用的所得税会计处理方法不同,企业所得税会计账户的设置也有所区别。一般应设置以下账户。

(一)"所得税费用"

(1)采用应付税款法的企业,期末按税法规定计算的本期应交所得税,记入其借方。

所得税费用

(2)在资产负债表债务法下,在"所得税费用"账户下设置"当期所得税费用""递延所得税费用"两个明细账户。

在资产负债表日,企业按照税法计算确定的当期应交所得税金额借记本账户(当期所得税费用),贷记"应交税费——应交所得税"。

在确认相关资产、负债时,应予以确认的递延所得税资产,借记"递延所得税资产",贷记本账户(递延所得税费用)、"资本公积——其他资本公积"等;应予以确认的递延所得税负债,借记本账户(递延所得税费用)、"资本公积——其他资本公积"等,贷记"递延所得税负债"。

在资产负债表日,对应予以确认的递延所得税资产大于"递延所得税资产"账户余额的差额,借记"递延所得税资产",贷记本账户(递延所得税费用)、"资本公积——其他资本公积"等;对应予以确认的递延所得税资产小于"递延所得税资产"账户余额的差额,做相反的会计分录。

企业应予以确认的递延所得税负债的变动,应当比照上述原则调整"递延所得税负债"账户及有关账户。

期末,应将本账户的余额转入"本年利润"账户,结转后本账户应无余额。

(二)"递延所得税资产"

其用于核算企业根据所得税准则确认的可抵扣暂时性差异产生的所得税资产。根据税法的规定可用以后年度税前利润弥补的亏损产生的所得税资产,也在本账户核算;企业应当按照可抵扣暂时性差异等项目进行明细核算。

企业在确认相关资产、负债时,对应予以确认的递延所得税资产,借记本账户,贷记"所得税费用——递延所得税费用""资本公积——其他资本公积"等。

在资产负债表日,应予以确认的递延所得税资产大于本账户余额的,借记本账户,贷记"所得税费用——递延所得税费用""资本公积——其他资本公积"等;应予以确认的递延所得税资产小于本账户余额的,做相反的会计分录。

在资产负债表日,预计未来期间很可能无法获得足够的应纳税所得额用以抵扣可抵扣暂时性差异时,按应减记的金额,借记"所得税费用——当期所得税费用""资本公积——其他资本公积",贷记本账户。

本账户期末借方余额反映企业已确认的递延所得税资产的余额。

(三)"递延所得税负债"

其用于核算企业根据所得税准则确认的应纳税暂时性差异产生的所得税负债,企业应当按照应纳税暂时性差异项目进行明细核算。

企业在确认相关资产、负债时,对应予以确认的递延所得税负债,借记"所得税费用——递延所得税费用""资本公积——其他资本公积"等账户,贷记本账户。

在资产负债表日,应予以确认的递延所得税负债大于本账户余额的,借记"所得税费用——递延所得税费用""资本公积——其他资本公积"等,贷记本账户;应予以确认的递延所得税负债小于本账户余额的,做相反的会计分录。

本账户期末贷方余额,反映企业已确认的递延所得税负债的余额。

(四)"应交税费——应交企业所得税"

税务会计中的"应交企业所得税"明细账户已在本章第三节述及。虽然财务会计与税务会计都需要设置该账户,但其借贷发生额是税务会计根据税法进行确认计量的,财务会计仅是接受了税务会计的计算结果而已。在资产负债表中,包括"应交企业所得税"在内的所有税金仅反映其期末余额,而且是税与费的合计余额,可以说,没有多少信息含量。

在资产负债表债务法下,所得税会计处理的核心是确认计量"递延所得税资产"和"递延所得税负债","递延所得税费用"不过是借贷(或贷借)"递延所得税资产"和"递延所得税负债"的差额。

三、应付税款法的会计处理

应付税款法(Taxes Payable Method)是企业将本期税前会计利润与应税所得额之间的差额所造成的影响纳税的金额直接记入当期损益,而不递延到以后各期的一种所得税会计处理方法。应付税款法是税法导向的会计处理方法,执行《小企业会计准则》的企业可以采用该方法。

在应付税款法下,本期发生的时间性差异不单独核算,与本期发生的永久性差异一并处理,即"应税所得额=利润总额±永久性差异金额±时间性差异金额"。将税前会计利润调整为应税所得,再按应税所得计算应交所得税,并作为本期所得税费用,即本期所得税费用等于本期应交所得税。时间性差异产生的影响所得税的金额,在会计报表中不反映为一项负债或一项资产,仅在会计报表附注中说明其影响。

【例7-18】某企业全年发生超标业务招待费3.5万元。固定资产折旧采用直线法,本年折旧额为50 000元;计税采用双倍余额递减法,本年折旧额为65 000元。年度利润表上反映的税前会计利润为100万元,所得税税率为25%。该企业本期应交所得税和所得税费用计算如下。

```
税前会计利润                           1 000 000
加:永久性差异                             35 000
  减:时间性差异                           15 000
     应税所得额                        1 020 000
     所得税税率                              25%
     本期应交所得税                       255 000
     本期所得税费用                       255 000
```

做如下会计分录。

```
借:所得税费用                           255 000
  贷:应交税费——应交企业所得税             255 000
```

实际上交所得税时,做如下会计分录。

```
借:应交税费——应交企业所得税             255 000
  贷:银行存款                           255 000
```

四、资产负债表债务法的会计处理

资产负债表债务法又称资产负债表法,是以估计转销年度的所得税税率为依据,计算递延税款的一种所得税会计处理方法。

资产负债表债务法从暂时性差异产生的本质出发,分析暂时性差额产生的原因及其对企业期末资产和负债的影响,体现"资产负债观"。资产负债表债务法以资产负债表为基础,注重暂时性差异。暂时性差异侧重于从资产和负债的角度分析某个时点上存在的账面价值与其计税基础之间的差异。这种差异可能导致相关期间会计利润和应税利润之间产生差异,也可能并不会产生相关期间会计利润和应税利润的差异。

资产负债表债务法仅确认暂时性差异的所得税影响,因为永久性差异不会产生资产、负债的账面价值与其计税基础的"差异",即不会形成暂时性差异,对企业在未来期间的计税没有影响,不会产生递延所得税，因此，其"差异"应在发生当期进行所得税纳税调整。资产负债表债务法采用递延所得税资产和递延所得税负债的概念，使"递延税款"的外延大大扩展，并且更具实际意义。在资产负债表中，递延所得税资产和递延所得税负债应与当期所得税资产和负债分别列报。

在资产负债表债务法下，应根据《中华人民共和国企业所得税法》确认计量企业本期应纳税所得额，并按应纳税所得额和现行适用税率计算本期应交所得税；再根据《企业会计准则》确认、计量企业同期期末暂时性差异及结转以后年度的本期弥补亏损与所得税抵减，计算递延所得税负债（或资产）的期末余额，并将递延所得税负债（或资产）的期末余额与期初余额的差额作为递延税款费用（或收益）；最后用应交所得税加、减递延税款费用（或收益），即为所得税费用（或收益）。

按上述程序，在资产负债表债务法下，有关计算公式表示如下：

应交企业所得税即应纳税额的计算，见本章第二节。

期末递延所得税资产=可抵扣暂时性差异期末余额×预计税率

期末递延所得税负债=应纳税暂时性差异期末余额×预计税率

当期递延所得税负债（资产）=期末递延所得税负债（资产）-期初递延所得税负债（资产）

所得税费用（收益）=应交所得税+（期末递延所得税负债-期初递延所得税负债）

－（期末递延所得税资产-期初递延所得税资产）

或　　所得税费用（收益）=应交所得税+期初递延所得税净资产-期末递延所得税净资产

或　　所得税费用（收益）=应交所得税+净递延所得税资产

或　　所得税费用（收益）=当期所得税费用±递延所得税费用（收益）

资产负债表债务法适用于对所有暂时性差异的处理，处理时应遵循以下步骤。

（1）确定各项资产、负债的计税基础。

（2）计算各项资产、负债的暂时性差异。

（3）确认计量暂时性差异的递延所得税负债或资产。

（4）将递延所得税负债或资产及相应的所得税费用（收益）在财务报表中予以列示。

若产生递延所得税资产或负债的项目与利润相关，则递延所得税资产或负债对应的账户是"所得税费用——递延所得税费用"；若产生递延所得税资产或负债的项目与利润不相关，则递延所得税资产或负债对应的账户是相应账户，如可供出售金融资产的公允价值变动所产生的账面金额与计税金额不一致的金额，要确认递延所得税资产或负债，其相应的账户为"其他综合收益"。"其他综合收益"各项目是否产生所得税影响，取决于各项目是否产生暂时性差异。

【例7-19】年末，天科公司可抵扣暂时性差异2 240万元，应纳税暂时性差异3 000万元，假定所有暂时性差异与直接计入所有者权益的交易事项无关，也没有可抵扣亏损和税款抵减，预计未来期间有足够的应纳税所得额用以抵扣可抵扣暂时性差异。在以下不同假定情况下，天科公司企业所得税会计处理如下。

（1）假定递延所得税资产和递延所得税负债均无期初余额。

递延所得税资产=2 240×25%=560（万元）

递延所得税负债=3 000×25%=750（万元）

递延所得税费用=750-560=190（万元）

借：所得税费用——递延所得税费用　　　　　　　　　　1 900 000
　　递延所得税资产　　　　　　　　　　　　　　　　　5 600 000
　　贷：递延所得税负债　　　　　　　　　　　　　　　　　7 500 000

（2）假定递延所得税资产期初账面余额为460万元，递延所得税负债期初账面余额为670万元。

递延所得税资产=560-460=100（万元）

递延所得税负债=750-670=80（万元）

递延所得税费用=80-100=-20（万元）

借：递延所得税资产　　　　　　　　　　　　　　　　　1 000 000
　　　贷：递延所得税负债　　　　　　　　　　　　　　　　　800 000
　　　　　所得税费用——递延所得税费用　　　　　　　　　　200 000

（3）假定递延所得税资产期初账面余额为690万元，递延所得税负债期初账面余额为800万元。

递延所得税资产=560-690=-130（万元）

递延所得税负债=750-800=-50（万元）

递延所得税费用=-50-（-130）=80（万元）

借：所得税费用——递延所得税费用　　　　　　　　　　　800 000
　　递延所得税负债　　　　　　　　　　　　　　　　　　500 000
　　　贷：递延所得税资产　　　　　　　　　　　　　　　　1 300 000

（4）假定递延所得税资产期初账面余额为500万元，递延所得税负债期初账面余额为800万元。

递延所得税资产=560-500=60（万元）

递延所得税负债=750-800=-50（万元）

递延所得税费用=-50-60=-110（万元）

借：递延所得税资产　　　　　　　　　　　　　　　　　　600 000
　　递延所得税负债　　　　　　　　　　　　　　　　　　500 000
　　　贷：所得税费用——递延所得税费用　　　　　　　　　1 100 000

（5）假定递延所得税资产期初账面余额为680万元，递延所得税负债期初账面余额为690万元。

递延所得税资产=560-670=-110（万元）

递延所得税负债=750-690=60（万元）

递延所得税费用=60-（-110）=170（万元）

借：所得税费用——递延所得税费用　　　　　　　　　　　1 700 000
　　　贷：递延所得税资产　　　　　　　　　　　　　　　　1 100 000
　　　　　递延所得税负债　　　　　　　　　　　　　　　　　600 000

所得税费用的会计处理。利润表中的所得税费用包括当期所得税费用和递延所得税费用（或收益）。当期所得税费用是指税务会计按税法规定计算的当期应交所得税；根据《企业会计准则》确认计量的递延所得税资产和递延所得税负债的所得税影响金额，即因确认计量递延所得税资产和递延所得税负债而产生的费用（或收益）为递延所得税费用（或收益），但直接计入所有者权益的交易事项所产生的递延所得税资产和递延所得税负债除外。

【例7-20】 MT公司税务会计年终经过纳税调整后，确定应纳税所得额800万元。财务会计预计公司未来期间能够产生足够的应纳税所得额用以抵扣暂时性差异。年末，根据公司资产、负债项目及其计税基础，暂时性差异计算如表7-10所示。

表7-10　　　　　　　　　　　　　暂时性差异计算表　　　　　　　　　　　　　单位：万元

资产、负债项目	账面价值	计税基础	应纳税暂时性差异	可抵扣暂时性差异
固定资产	1 200	1 100	100	
无形资产	260	0	260	
预计负债	140	0		140
合计	—	—	360	140

假定除上述资产、负债项目外，其他资产、负债项目的账面价值与计税基础间不存在差异，而且递延所得税资产、递延所得税负债均不存在期初余额，适用的所得税税率为25%。所得税的有关计算如下。

应交企业所得税=800×25%=200（万元）
递延所得税负债=360×25%=90（万元）
递延所得税资产=140×25%=35（万元）
递延所得税费用=90-35=55（万元）
所得税费用合计=200+55=255（万元）
根据计算结果，做如下会计分录。

借：所得税费用——当期所得税费用　　　　　　　　　　　　2 000 000
　　　贷：应交税费——应交企业所得税　　　　　　　　　　　　2 000 000
借：所得税费用——递延所得税费用　　　　　　　　　　　　　 900 000
　　　贷：递延所得税负债　　　　　　　　　　　　　　　　　　 900 000
借：递延所得税资产　　　　　　　　　　　　　　　　　　　　 350 000
　　　贷：所得税费用——递延所得税费用　　　　　　　　　　　 350 000

本章重点与难点

企业所得税的确认计量、会计处理和纳税申报，企业所得税年度纳税申报表（A类）的填制，资产负债表债务法及其应用。

思考题

1. 企业所得税的纳税人是否仅限于企业？
2. 企业所得税中的收入总额与财务会计中的"收入"是否等同？
3. 如何界定企业所得税的不征税收入与应税收入？
4. 简述企业所得税的税前扣除原则、扣除项目及其扣除标准。
5. 企业已经计提而未实际发放的工资、薪金是否允许在税前扣除？
6. 如何计算居民企业的应纳税所得额？
7. 应纳税所得额与实际应纳税所得额有何区别？
8. 简述暂时性差异的产生及其分类。
9. 简述资产负债表债务法的会计处理程序。

技能题

一、计算题

1. 某市区汽车制造厂（增值税一般纳税人）全年实现小汽车不含税销售额9 000万元，取得送货的运输费收入46.4万元(含税)；购进各种料件，取得增值税专用发票，注明购货金额2 400万元、进项税额312万元；支付购货的运输费50万元，取得运输公司开具的普通发票。7月1日，其将原值200万元的仓库出租给某商场存放货物（该仓库于营改增前取得），出租期限为2年，共计租金48万元。签订合同时预收半年租金12万元，其余在租用期的当月收取。其适用的消费税税率为3%。

要求：计算所得税前可以扣除的税金及附加。

2. 假定某企业为居民企业，某年经营业务如下。
（1）取得销售收入2 500万元。
（2）销售成本为1 100万元。
（3）发生销售费用670万元（其中广告费450万元）、管理费用480万元（其中业务招待费15万元）、财务费用60万元。
（4）销售税金为160万元（含增值税120万元）。
（5）营业外收入为70万元，营业外支出为50万元（含通过公益性社会团体向贫困山区捐款30万元，支付税收滞纳金6万元）。
（6）计入成本、费用的实发工资总额为150万元，拨缴职工工会经费3万元，支出职工福利费和职工教育经费29万元。

要求：计算该企业该年度实际应缴纳的企业所得税。

二、会计核算题
1. 甲企业于12月31日购入某机器设备，会计上采用直线法计提折旧，税法规定允许采用加速折旧。其取得成本为100万元，使用年限为10年，净残值为零，计税时按双倍余额递减法计提折旧。不考虑中期报告的影响。该企业适用的所得税税率为25%。

要求：确认递延所得税资产或递延所得税负债并做会计处理。

2. 某建筑安装公司12月购入一台大型机械设备，入账价值200万元（不考虑其他税费），2017年1月开始按照折旧年限8年、残值率5%计提折旧。根据企业所得税税法的规定，该机械设备的最低折旧年限为10年。假设该公司每年的利润总额均为100万元，无其他纳税调整项目，适用的所得税税率为25%。

要求：根据上述资料，不考虑其他因素，确认递延所得税资产或递延所得税负债，并做会计处理。

第八章 个人所得税会计

1. 了解个人所得税的税制要素。
2. 掌握预扣预缴个人所得税的计算和会计处理、扣缴申报表填报等。
3. 掌握居民企业个人所得税的计算、记录与纳税申报等。

个人所得税的纳税人并非都是个人，正如企业所得税的纳税人并非都是企业。个人所得税会计是税务会计主体，而非财务会计主体。因此，对居民企业来说，其个人所得税会计主体，既是负税人，又是纳税人；对承担个人所得税扣缴义务的企业来说，个人所得税会计主体仅是扣缴义务人，而非负税人。

第一节 个人所得税的税制要素

2018 年 8 月 31 日，全国人民代表大会常务委员会表决通过关于修改《中华人民共和国个人所得税法》的决定，标志着我国在建立综合与分类相结合的个人所得税制上迈出了关键的一步。自然人纳税人将由被动扣缴向主动申报转变，这有利于增强纳税人的税收意识和税收认同感。

征收个人所得税有利于国家积累资金和平衡税收负担，也有利于在平等互利基础上的国际经济合作和技术交流；有利于维护国家权益，还有利于按照平等互利原则正确处理国际间双重征税和税收抵免等问题。

一、个人所得税的纳税人和纳税范围

个人所得税（personal income tax）是对自然人取得的应税所得征收的一种直接税。根据属人与属地原则，我国个人所得税的纳税人分为居民纳税人和非居民纳税人。纳税人有中国居民身份号码的，以居民身份号码为纳税人识别号；没有中国居民身份号码的个人，应在首次发生纳税义务时，由税务机关赋予其纳税人识别号。个人应当凭纳税人识别号实名办税。

（一）居民纳税人及其纳税范围

居民纳税人亦称居民个人，是指在中国境内①有住所或者无住所而在一个纳税年度内在中国境内居住累计满 183 天的个人。居民纳税人应就其来源于中国境内、境外的所得申报缴纳个人所得税，即承担无限纳税义务。

---

① 目前，不包括中国香港、澳门和台湾地区。

中国境内有住所是指因户籍、家庭、经济利益关系而在中国境内的习惯性居住,纳税年度自公历1月1日起至12月31日止。

(二)非居民纳税人及其纳税范围

非居民纳税人亦称非居民个人,是指在中国境内无住所又不居住,或者无住所而在一个纳税年度内在中国境内居住累计不满183天的个人。非居民纳税人应就其来源于中国境内的所得申报缴纳个人所得税,即负有限纳税义务。

(三)扣缴义务人

个人所得税以所得人为纳税人,以支付所得的单位或个人为扣缴义务人[①]。扣缴义务人应依法履行预扣预缴/代扣代缴义务,纳税人不得拒绝;若拒绝的,扣缴义务人应及时报告税务机关。扣缴义务人应依法对纳税人报送的专项附加扣除等相关涉税信息和资料保密。

二、个人所得税的应税项目

我国现行个人所得税实行分类(项)课征与综合课征相结合的征收制度。以下各项个人所得,应当缴纳个人所得税。

分类(项)课征与综合课征制度

(1)工资、薪金所得。个人因任职或受雇取得的工资、薪金、奖金、年终加薪、劳动分红、津贴、补贴以及与任职或者受雇有关的其他所得。

个人提前退休取得的一次性补贴收入,内部退养取得的一次性收入,不属于免税的离退休工资,应按"工资、薪金所得"计税。

(2)劳务报酬所得。个人从事劳务取得的所得,包括从事设计、装潢、安装、制图、化验、测试、医疗、法律、会计、咨询、讲学、翻译、审稿、书画、雕刻、影视、录音、录像、演出、表演、广告、展览、技术服务、介绍服务、经纪服务、代办服务以及其他劳务取得的所得。

(3)稿酬所得。个人因其作品以图书、报刊等形式出版、发表而取得的所得。

(4)特许权使用费所得。个人提供专利权、商标权、著作权[②]、非专利技术以及其他特许权的使用权取得的所得。

★居民个人取得的第(1)项至第(4)项所得称为"综合所得",按纳税年度合并计算个人所得税;非居民个人取得的第(1)项至第(4)项所得,按月或者按次分项计算个人所得税。

(5)经营所得。

① 个体工商户从事生产、经营活动取得的所得,个人独资企业投资人、合伙企业的个人合伙人来源于境内注册的个人独资企业、合伙企业生产、经营的所得。

② 个人依法从事办学、医疗、咨询以及其他有偿服务活动取得的所得。

③ 个人对企业、事业单位承包经营、承租经营以及转包、转租取得的所得。

④ 个人从事其他生产、经营活动取得的所得。

(6)利息、股息、红利所得。个人拥有债权、股权等而取得的利息、股息、红利所得。

(7)财产租赁所得。个人出租不动产、机器设备、车船以及其他财产而取得的所得。

(8)财产转让所得。个人转让有价证券、股权、合伙企业中的财产份额、不动产、机器设备、车船以及其他财产取得的所得。

(9)偶然所得。

① 个人为单位或他人提供担保获得的收入。

[①] 即掌握纳税人所得信息并且对所得取得过程有控制权的单位,包括第三方交易平台、第三方支付平台等。
[②] 即提供其使用权所取得的所得,不包括稿酬所得。

② 房屋产权所有人将房屋产权无偿赠与他人，受赠人因无偿受赠房屋取得的受赠收入。

③ 企业在业务宣传、广告等活动中，随机向本单位以外的个人赠送礼品（包括网络红包，下同）。企业在年会、座谈会、庆典以及其他活动中向本单位以外的个人赠送礼品，个人取得的礼品收入（具有价格折扣或折让性质的消费券、代金券、抵用券、优惠券等礼品除外）。

④ 个人得奖、中奖、中彩以及其他偶然性质的所得。

三、个人所得税的税率

（一）居民个人综合所得个人所得税税率

1. 居民个人预扣预缴个人所得税税率

（1）工资、薪金所得，按月预扣预缴个人所得税，所得税预扣率适用3%～45%的七级超额累进税率（见表8-1）。

表8-1　　　　　　　　居民个人工资、薪金所得个人所得税预扣率表

级数	累计预扣预缴应纳税所得额	预扣率（%）	速算扣除数
1	不超过36 000元的	3	0
2	超过36 000元至144 000元的部分	10	2 520
3	超过144 000元至300 000元的部分	20	16 920
4	超过300 000元至420 000元的部分	25	31 920
5	超过420 000元至660 000元的部分	30	52 920
6	超过660 000元至960 000元的部分	35	85 920
7	超过960 000元的部分	45	181 920

（2）劳务报酬所得，按次预扣预缴个人所得税，所得税预扣率如表8-2所示。

表8-2　　　　　　　　居民个人劳务报酬所得个人所得税预扣率表

级数	预扣预缴应纳税所得额	预扣率（%）	速算扣除数
1	不超过20 000元的	20	0
2	超过20 000元至50 000元的部分	30	2 000
3	超过50 000元的部分	40	7 000

（3）稿酬所得、特许权使用费所得，按次预扣预缴个人所得税，适用20%的比例预扣率，其中稿酬所得"收入额"减按70%计算。

2. 居民个人非预扣预缴人综合所得个人所得税税率

居民个人取得的一次性收入以及综合所得的年终汇算清缴，即非预扣预缴个人所得税，按年计算，适用3%～45%的七级超额累进税率（见表8-3）。

表8-3　　　　　　　　居民个人综合所得个人所得税税率表

级数	全年应纳税所得额	预扣率（%）	速算扣除数
1	不超过36 000元的	3	0
2	超过36 000元至144 000元的部分	10	2 520
3	超过144 000元至300 000元的部分	20	16 920
4	超过300 000元至420 000元的部分	25	31 920

续表

级数	全年应纳税所得额	预扣率（%）	速算扣除数
5	超过 420 000 元至 660 000 元的部分	30	52 920
6	超过 660 000 元至 960 000 元的部分	35	85 920
7	超过 960 000 元的部分	45	181 920

（二）非居民个人综合所得个人所得税税率

扣缴义务人向非居民个人支付工资、薪金所得，劳务报酬所得，稿酬所得和特许权使用费所得时，适用3%～45%的七级超额累进税率，月度税率如表 8-4 所示。

表 8-4　　　　　　　　非居民个人综合所得个人所得税月度税率表

级数	应纳税所得额	税率（%）	速算扣除数
1	不超过 3 000 元的	3	0
2	超过 3 000 元至 12 000 元的部分	10	210
3	超过 12 000 元至 25 000 元的部分	20	1 410
4	超过 25 000 元至 35 000 元的部分	25	2 660
5	超过 35 000 元至 55 000 元的部分	30	4 410
6	超过 55 000 元至 80 000 元的部分	35	71 60
7	超过 80 000 元的部分	45	15 160

（三）居民企业经营所得个人所得税税率

经营所得适用5%～35%的五级超额累进税率，税率如表 8-5 所示。

表 8-5　　　　　　　　经营所得个人所得税税率表

级 数	全年应纳税所得额	税率（%）	速算扣除数
1	不超过 30 000 元的	5	0
2	超过 30 000 元至 90 000 元的部分	10	1 500
3	超过 90 000 元至 300 000 元的部分	20	10 500
4	超过 300 000 元至 500 000 元的部分	30	40 500
5	超过 500 000 元的部分	35	65 500

（四）居民企业个人所得税扣缴方法和预扣/代扣税率

个人所得税扣缴方法和预扣/代扣税率如表 8-6 所示。

表 8-6　　　　　　　　个人所得税扣缴方法及税率表

所得项目		扣缴方法		预扣/代扣税率
居民个人综合所得	工资薪金所得	预扣预缴	累计预扣法	3%～45%
	劳务报酬所得		按月/按次预扣预缴	20%～40%
	稿酬所得			20%
	特许权使用费所得			20%
非居民个人综合所得		按月/按次代扣代缴		3%～45%
利息、股息、红利所得		代扣代缴	按次扣缴	20%
财产租赁所得				
财产转让所得				
偶然所得				
居民企业经营所得		自行预缴（3%～35%）		

四、个人所得税的减免

（一）免征个人所得税

对于下列各项个人所得，免征个人所得税。

（1）省级人民政府、国务院部委和中国人民解放军军以上单位，以及外国组织、国际组织颁发的科学、教育、技术、文化、卫生、体育、环境保护等方面的奖金。

（2）个人持有财政部发行的债券而取得的利息，个人持有经国务院批准发行的金融债券而取得的利息。

（3）按国务院规定发给的政府特殊津贴、院士津贴，以及国务院规定免予缴纳个人所得税的其他补贴、津贴。

（4）根据国家有关规定，从企业、事业单位、国家机关、社会组织提留的福利费或工会经费中支付给个人的生活补助费；各级人民政府民政部门支付给个人的生活困难补助费。

（5）保险赔款。

（6）军人的转业费、复员费、退役金。

（7）按照国家统一规定发给干部、职工的安家费、退职费、基本养老金或退休费、离休费、离休生活补助费。

（8）个人转让上市公司股票取得的所得（暂免）。

（9）依照有关法律规定应予免税的各国驻华使馆、领事馆的外交代表、领事官员和其他人员的所得。

（10）中国政府参加的国际公约、签订的协议中规定免税的所得。

（11）国务院规定的其他免税所得。

（二）减征个人所得税

有下列情形之一的，可减征个人所得税，具体幅度和期限，由省、自治区、直辖市人民政府规定，并报同级人民代表大会常务委员会备案。

（1）残疾、孤老人员和烈属的所得。

（2）因自然灾害遭受重大损失的。

（3）国务院规定的其他减税情形。

第二节 个人所得税的确认计量

一、个人所得税的计税依据

个人所得税的计税依据——应纳税所得额，是指个人取得的各项所得减去按规定项目、标准扣除费用之后的余额。个人所得的形式，包括现金、实物、有价证券和其他形式的经济利益。所得为实物的，应按取得的凭证上所注明的价格计算应纳税所得额；无凭证的实物或凭证上所注明的价格明显偏低的，参照市场价格核定应纳税所得额。所得为有价证券的，根据票面价格和市场价格核定应纳税所得额。所得为其他形式的经济利益，参照市场价格核定应纳税所得额。

所得为人民币以外的货币的，按照办理纳税申报或扣缴申报的上一月最后一日人民币汇率中间价，折合成人民币计算应纳税所得额。年度终了后办理汇算清缴的，对已按月、季或按次预缴税款的人民币以外货币所得，不再重新折算；对应当补缴税款的所得部分，按上一纳税年度最后一日人民币汇率中间价，折合成人民币计算应纳税所得额。

（一）居民个人的综合所得

以每一纳税年度收入额减去费用 60 000 元（免征额）以及专项扣除、专项附加扣除和依法确定的其他扣除后的余额，为年度应纳税所得额。

居民个人综合所得与非居民个人综合所得

（1）专项扣除，包括居民个人按照国家规定的范围和标准缴纳的基本养老保险、基本医疗保险、失业保险等社会保险费和住房公积金（以下简称"三险一金"）。

（2）专项附加扣除，具体包括以下六项。

① 子女教育。纳税人的子女接受学前教育、各层次的学历教育的相关支出，按照每个子女每月 1 000 元的标准定额扣除。父母可以选择由其中一方按扣除标准的 100%扣除，也可以选择由双方分别按扣除标准的 50%扣除，具体扣除方式在一个纳税年度内不能变更。

② 继续教育。纳税人在中国境内接受学历（学位）继续教育的支出，在学历（学位）教育期间按照每月 400 元定额扣除。同一学历（学位）继续教育的扣除期限不能超过 48 个月。纳税人接受技能人员职业资格继续教育、专业技术人员职业资格继续教育的支出，在取得相关证书的当年，按照 3 600 元定额扣除。

个人接受本科及以下学历（学位）继续教育，符合规定扣除条件的，可以选择由其父母扣除，也可以选择由本人扣除。

③ 大病医疗。在一个纳税年度内，纳税人发生的与基本医保相关的医药费用支出，扣除医保报销后个人负担（医保目录范围内的自付部分）累计超过 15 000 元的部分，由纳税人在办理年度汇算清缴时，在 80 000 元限额内据实扣除。

纳税人发生的医药费用支出，可以选择由本人或其配偶扣除；未成年子女发生的医药费用支出，可以选择由其父母一方扣除。纳税人及其配偶、未成年子女发生的医药费用支出，按规定分别计算扣除额。

④ 住房贷款利息。纳税人本人或者配偶单独或者共同使用商业银行或者住房公积金个人住房贷款为本人或者其配偶购买中国境内住房，发生的首套住房贷款①利息支出，在实际发生贷款利息的年度，按照每月 1 000 元的标准定额扣除，扣除期限最长不超过 240 个月。纳税人只能享受一次首套住房贷款的利息扣除。

夫妻双方婚前分别购买住房发生的首套住房贷款，其贷款利息支出，婚后可以选择其中一套购买的住房，由购买方按扣除标准的 100%扣除，也可以由夫妻双方对各自购买的住房分别按扣除标准的 50%扣除，具体扣除方式在一个纳税年度内不能变更。

⑤ 住房租金。纳税人在主要工作城市没有自有住房而发生的住房租金支出，可按以下标准定额扣除：直辖市、省会城市、计划单列市以及国务院确定的其他城市，扣除标准为每月 1 500 元；其他城市、市辖区户籍人口超过 100 万的城市，扣除标准为每月 1 100 元；市辖区户籍人口不超过 100 万的城市，扣除标准为每月 800 元。纳税人配偶在纳税人主要工作城市有自有住房的，视同在主要工作城市有自有住房。

住房租金支出由签订租赁住房合同的承租人扣除。

⑥ 赡养老人。纳税人赡养一位及以上被赡养人②的赡养支出，按以下标准定额扣除：纳税人为

---

① 指购买住房享受首套住房贷款利率的住房贷款。
② 是指年满 60 岁的父母，以及子女均已去世的年满 60 岁的祖父母、外祖父母。

独生子女的，按照每月 2 000 元的标准定额扣除；纳税人为非独生子女的，由其与兄弟姐妹分摊每月 2 000 元的扣除额度，每人分摊的额度不能超过每月 1 000 元。该支出可由赡养人均摊或者约定分摊，也可由被赡养人指定分摊。约定或者指定分摊的，须签订书面分摊协议（指定分摊优先于约定分摊）；分摊方式和额度在一个纳税年度内不得变更。

纳税人向收款单位索取发票、财政票据、支出凭证，收款单位不能拒绝提供。

纳税人首次享受专项附加扣除，应当将专项附加扣除相关信息提交扣缴义务人或税务机关，扣缴义务人应当及时将相关信息报送税务机关，纳税人对所提交信息的真实性、准确性、完整性负责。专项附加扣除信息发生变化的，纳税人应当及时向扣缴义务人或税务机关提供相关信息。

（3）其他扣除，包括个人缴付符合国家规定的企业年金、职业年金，个人购买符合国家规定的商业健康保险、税收递延型商业养老保险支出，以及国务院规定可以扣除的其他项目。

专项扣除、专项附加扣除和依法确定的其他扣除，以居民个人一个纳税年度的应纳税所得额为限额。本纳税年度扣除不完的，不得结转以后年度扣除。

（二）居民企业经营所得

居民企业经营所得以个体工商户、个人独资企业、合伙企业以及个人从事其他生产、经营活动每一纳税年度的收入总额减去成本、费用和损失后的余额，为应纳税所得额。

（1）成本、费用是生产、经营活动中发生的各项直接支出和分配计入成本的间接费用以及销售费用、管理费用、财务费用；损失是生产、经营活动中发生的固定资产和存货的盘亏、毁损、报废损失，转让财产损失，坏账损失，自然灾害等不可抗力因素造成的损失以及其他损失。

（2）取得经营所得的个人，若没有综合所得，计算其每一纳税年度应纳税所得额时，可扣除免征额 6 万元及专项扣除、专项附加扣除和依法确定的其他扣除，专项附加扣除在办理汇算清缴时减除。

（3）从事生产经营活动，未提供完整、准确的纳税资料，不能正确计算应纳税所得额的，由主管税务机关核定应纳税所得额或应纳税额。

（三）财产租赁所得

每次（以一个月内取得的收入为一次）收入不超过 4 000 元的，减去费用 800 元；4 000 元以上的，减去 20%的费用，其余额为应纳税所得额。

（四）财产转让所得

按一次转让财产的收入额减去财产原值和合理费用（卖出财产时按规定支付的相关税费）后的余额计算纳税。两人以上共同取得同一项目收入的，应当对各自取得的收入分别按照税法的规定计算纳税。财产原值按下列方法确定。

（1）有价证券，为买入价以及买入时按照规定交纳的有关费用。

（2）建筑物，为建造费或者购进价格以及其他有关费用。

（3）土地使用权，为取得土地使用权所支付的金额、开发土地的费用以及其他有关费用。

（4）机器设备、车船，为购进价格、运输费、安装费以及其他有关费用。

纳税人未提供完整、准确的财产原值凭证，不能按规定方法确定财产原值的，由主管税务机关核定财产原值。

（五）利息、股息、红利所得和偶然所得

以每次（实际支付或取得）收入额为应纳税所得额。扣缴义务人若已将纳税人应得收入通过"利润分配"账户明确到个人名下，即属于挂账未分配的股息、红利等，应认定为所得的支付，进行个人所得税的代扣代缴。

（六）公益捐赠

（1）居民个人公益捐赠的扣除。

① 在财产租赁所得、财产转让所得、利息股息红利所得、偶然所得（即"分类所得"）、综合所得、经营所得中扣除。在当期一个所得项目扣除不完的公益捐赠支出，可在其他所得项目中继续扣除。

② 在综合所得、经营所得中扣除的，扣除限额分别为当年综合所得、当年经营所得应纳税所得额的30%；在分类所得中扣除的，扣除限额为当月分类所得应纳税所得额的30%。

③ 纳税人自行决定在综合所得、分类所得、经营所得中的扣除顺序。

（2）在经营所得中扣除的公益捐赠。

① 个体工商户发生的公益捐赠支出，在经营所得中扣除。

② 个人独资企业、合伙企业发生的公益捐赠支出，个人投资者应按捐赠年度合伙企业的分配比例（个人独资企业为100%），计算归属于每一个投资者的公益捐赠支出，在经营所得中扣除。

③ 采取核定征收方式的，不得扣除公益捐赠支出。

（3）非居民个人发生的公益捐赠支出，未超过发生当月应纳税所得额30%的部分，可从其应纳税所得额中扣除。扣除不完的，可在经营所得中继续扣除。

（七）居民个人从中国境内和境外取得的综合所得、经营所得

居民个人从中国境内和境外取得的综合所得、经营所得，应当分别合并计算应纳税额；从中国境内和境外取得的其他所得，应当分别单独计算应纳税额。

已在境外缴纳的个人所得税税额是居民个人来源于中国境外的所得，依照该所得来源国家（地区，下同）的法律应当缴纳并且实际已经缴纳的所得税税额。

纳税人境外所得依照税法规定计算的应纳税额，是居民个人抵免已在境外缴纳的综合所得、经营所得和其他所得的所得税税额的限额（以下简称"抵免限额"）。除另有规定外，来源于中国境外一个国家的综合所得抵免限额、经营所得抵免限额和其他所得抵免限额之和，为来源于该国家所得的抵免限额。

居民个人在中国境外某国实际已经缴纳的个人所得税税额，低于按规定计算的来源于该国所得抵免限额的，应在中国缴纳差额部分的税款；超过来源于该国所得抵免限额的，其超过部分不得在本纳税年度应纳税额中抵免，但可在以后纳税年度来源于该国所得抵免限额的余额中补扣，补扣期限最长不得超过5年。

居民个人申请抵免已在境外缴纳的个人所得税税额，应提供境外税务机关出具的税款所属年度的有关纳税凭证。

二、居民个人所得税应纳税额的计算

（一）工资、薪金所得应纳税额的计算

应纳税所得额=工资薪金应税收入额-专项扣除额-免征额-专项附加扣除额
－依法确定的其他扣除额

1. 工资薪金所得的预扣预缴

扣缴义务人向居民个人支付工资薪金所得时，应按累计预扣法预扣预缴税款，并按月办理全员全额扣缴申报（另有规定的除外）。

累计预扣法是扣缴义务人在一个纳税年度内预扣预缴税款时，以纳税人截至当前月份累计工资薪金所得收入额减去纳税人申报的累计减除费用（免征

工资薪金所得的预扣预缴与汇算清缴

额）、专项扣除、专项附加扣除和依法确定的其他扣除后的余额为累计预缴应纳税所得额，根据工资、薪金所得预扣率表（见表8-2）计算累计应预扣预缴税额，再减去已预扣预缴税额，以确定本期应预扣预缴税额的一种计算方法。当余额为负值时，暂不退税，纳税年度终了后余额仍为负值时，可通过年度汇算清缴，多退少补。计算公式如下。

本期应预扣预缴个人所得税=（累计预扣预缴应纳税所得额×预扣率-速算扣除数）
-累计减免税额-累计已预扣预缴税额

累计预扣预缴应纳税所得额=累计收入-累计免税收入-累计基本减除费用-累计专项扣除
-累计专项附加扣除-累计依法确定的其他扣除

累计免征额=5 000元/月×当期月份数

【例8-1】（1）A公司职工张强1月工资收入额18 000元，当月专项扣除额（"三险一金"）相当于职工工资收入的22%，子女教育、继续教育、住房贷款利息和赡养老人等专项附加扣除额共计4 400元，无其他扣除额。计算应预扣预缴的张强当月应交个人所得税。

当月应纳税所得额=18 000-5 000-18 000×22%-4 400=4 640（元）

当月预扣预缴个人所得税=4 640×3%-0=139.2（元）

（2）2月工资收入额17 500元，专项扣除额、专项附加扣除额和免征额与1月相同。当月应预扣预缴的张强应交个人所得税计算如下。

累计应纳税所得额=（18 000+17 500）-5 000×2-（18 000+17 500）×22%-4 400×2=8 890（元）

当月预扣预缴个人所得税=8 890×3%-139.2=127.5（元）

2. 工资薪金所得的汇算清缴

年度终了后，纳税人应在次年3～6月到主管税务机关进行个人所得税的汇算清缴。

【例8-2】仍以【例8-1】为例，假设张强当年全年工资收入总额为220 000元，全年专项附加扣除额共计52 800元，无其他扣除额；当年预扣预缴个人所得税合计1 680元。下年年初，张强到主管税务机关办理汇算清缴时，应退（补）的个人所得税计算如下。

全年应纳税所得额=220 000-220 000×22%-52 800-60 000=58 800（元）

全年应交个人所得税=58 800×10%-2 520=3 360（元）

应补交个人所得税=3 360-1 680=1 680（元）

3. 全年一次性奖金收入的计税

在2021年12月31日前，全年一次性奖金收入不并入当年综合所得，以全年一次性奖金收入除以12个月得到的数额，以按月换算后的综合所得税率表（同表8-4），确定适用税率和速算扣除数，单独计算纳税。计算公式如下。

应交个人所得税=全年一次性奖金收入×适用税率-速算扣除数

居民个人取得全年一次性奖金，也可以选择并入当年综合所得计算纳税。

自2022年1月1日起，居民个人取得全年一次性奖金，统一采用并入当年综合所得计税。

4. 一次性补贴收入的计税

应按办理提前退休、内部退养手续至法定退休年龄之间实际年度数平均分摊（相当于一次取得多年的工资），确定适用税率和速算扣除数，按表8-3计算纳税。计算公式如下：

应交个人所得税={[（一次性补贴收入÷办理提前退休、内部退养手续至法定退休年龄的实际年度数）-减除费用]×适用税率}×办理提前退休、内部退养手续至法定退休年龄的实际年度数

（二）劳务报酬所得、稿酬所得、特许权使用费所得应纳税额的计算

扣缴义务人向居民个人支付劳务报酬所得、稿酬所得、特许权使用费所得，每次收入不超过4 000（含）元的，扣除费用按800元计算；每次收入4 000元以上的，扣除费用按20%计算；稿酬所得的收入额减按70%计算，以每次收入额为应纳税所得额。

属于一次性收入的，以取得该项收入为一次；属于同一项目连续性收入的，以一个月内取得的收入为一次。

以每次收入额为预扣预缴应纳税所得额。劳务报酬所得适用20%至40%的超额累进预扣率（见表8-2），稿酬所得、特许权使用费所得适用20%的比例预扣率。

劳务报酬所得应预扣预缴税额=预扣预缴应纳税所得额×预扣率-速算扣除数

稿酬所得、特许权使用费所得应预扣预缴税额=预扣预缴应纳税所得额×20%

居民个人取得劳务报酬所得、稿酬所得、特许权使用费所得，在预扣预缴税款后，应当在年度终了后与工资薪金所得合并计税，进行汇算清缴，税款多退少补。

1. 劳务报酬所得应纳税额的计算

劳务报酬所得以收入减去20%的费用后的余额为收入额，以每次收入额为应纳税所得额。

【例8-3】某演员8月在A地演出2天，共获演出收入60 000元。计算其应缴纳的个人所得税。

应纳税所得额=60 000×（1-20%）=48 000（元）

应纳个人所得税=48 000×30%-2 000=12 400（元）

如果该演员通过民政部门将这笔收入税后全部捐赠给贫困地区，则应缴纳的个人所得税的计算如下。

可在税前扣除的捐赠额=48 000×30%=14 400（元）

实际应纳税所得额=48 000-14 400=33 600（元）

应纳个人所得税=36 600×30%-2 000=8 980（元）

2. 稿酬所得、特许权使用费所得应纳税额的计算

【例8-4】某作家取得一笔稿酬收入20 000元，应缴纳的个人所得税的计算如下。

应纳税所得额=20 000×（1-20%）×70%=11 200（元）

应纳个人所得税=11 200×20%=2 240（元）

（三）财产租赁所得应纳税额的计算

按照每次租赁收入的多少，区别情况计算如下。

（1）每次收入不超过4 000元的

应纳税额=（每次收入额-费用800元）×20%

（2）每次收入4 000元以上的

应纳税额=每次收入额×（1-20%）×20%

（四）财产转让所得应纳税额的计算

应纳税额=（财产转让收入额-财产原值-合理费用）×20%

（五）利息、股息、红利所得应纳税额的计算

应纳税额=每次收入额×20%

（六）偶然所得应纳税额的计算

应纳税额=每次收入额×20%

三、非居民个人所得税应纳税额的计算

（1）非居民个人的工资、薪金所得，以每月收入额扣除免征额 5 000 元后的余额为应纳税所得额，适用按月换算后的综合所得税率表，即月度税率表（表8-4）计算应纳税额。

非居民个人综合所得应纳税额=应纳税所得额×税率-速算扣除数

（2）非居民个人取得来源于境内的劳务报酬所得、稿酬所得、特许权使用费所得，以税法规定的每次收入额为应纳税所得额，适用表8-4计算应纳税额。

（3）扣缴义务人向非居民个人支付上述所得时，应当按月或按次预扣预缴个人所得税。

【例8-5】 以【例8-3】资料为例，假如该演员系非居民个人，应扣缴个人所得税计算如下：

应纳税所得额=60 000×（1-20%）=48 000（元）

应交个人所得税=48 000×30%-4 410=9 990（元）

以【例8-4】资料为例，假如该作家系非居民个人，应扣缴个人所得税计算如下：

应交个人所得税=11 200×10%-210=910（元）

四、个人所得税的纳税调整

居民个人从中国境外取得的所得，可以从其应纳税额中抵免已在境外缴纳的个人所得税税额，但抵免额不得超过该纳税人境外所得依照税法规定计算的应纳税额。对于下列情形，税务机关有权按照合理方法进行纳税调整。

（1）个人与其关联方之间的业务往来不符合独立交易原则而减少本人或其关联方应纳税额，且无正当理由。

关联方是指夫妻、直系血亲、兄弟姐妹及其他抚养、赡养、扶养关系的个人，在资金、经营、购销等方面有直接、间接控制关系，有其他经济利益关系。独立交易原则是指没有关联关系的交易各方，按公平成交价格和营业常规进行业务往来应遵循的原则。

（2）居民个人控制的或者居民个人和居民企业共同控制的，设立在实际税负明显偏低的国家（地区）的企业，无合理经营需要，对应当归属于居民个人的利润不作分配或减少分配。

纳税人能够提供资料证明其控制的企业满足国务院财政、税务主管部门规定条件的，可免予纳税调整。

（3）个人实施其他不具有合理商业目的（以减少、免除或推迟缴纳税款为主要目的）的安排而获取不当税收利益。

税务机关按规定做出的纳税调整，需要对纳税人补征税款并依法加收利息时，纳税人应当补缴税款和利息[①]。有关部门依法将纳税人、扣缴义务人遵守税法的情况纳入信用信息系统，并实施联合激励或惩戒。

五、居民企业个人所得税的计算

（一）应交个人所得税的计算

个体工商户、个人独资企业的生产、经营所得，以每一纳税年度的收入总额，减去成本、费用、税金、损失、其他支出以及允许弥补的以前年度亏损后的余额为应纳税所得额；从事生产经营以及

[①] 按照税款所属纳税申报期最后一日中国人民银行公布的与补税期间同期的人民币贷款基准利率计算利息，自税款纳税申报期满次日起至补缴税款期限届满之日止按日加收。纳税人在补缴税款期限届满前补缴税款的，利息加收至补缴税款之日。

与生产经营有关的活动取得的货币形式和非货币形式的各项收入为收入总额,具体包括销售货物收入、提供劳务收入、转让财产收入、利息收入、租金收入、接受捐赠收入、其他收入。个人所得税的计算公式如下:

应纳税所得额=收入总额-(成本+费用+税金+损失+其他支出+允许弥补的以前年度亏损)

应交个人所得税=应纳税所得额×税率-速算扣除数

企业应当分别核算生产经营活动中的生产经营费用和个人、家庭费用。对于生产经营与个人、家庭混用难以分清的费用,其40%被视为与生产经营有关的费用,准予扣除。

纳税年度发生的亏损,准予向以后年度结转,用以后年度的生产经营所得弥补,但结转年限不得超过5年。

(二)税前扣除项目和标准

(1)企业向其从业人员实际支付的合理的工资薪金支出,允许在税前据实扣除。业主的工资薪金支出不得在税前扣除,业主的费用扣除标准,依照相关法律、法规和政策规定执行。

(2)按国务院有关主管部门或省级人民政府规定的范围和标准为其业主和从业人员缴纳的基本养老保险费、基本医疗保险费、失业保险费、生育保险费、工伤保险费和住房公积金,准予扣除。为从业人员缴纳的补充养老保险费、补充医疗保险费,分别在不超过从业人员工资总额5%标准内的部分据实扣除,超过部分不得扣除。

业主本人缴纳的补充养老保险费、补充医疗保险费,以当地(地级市)上年度社会平均工资的3倍为计算基数,分别在不超过该计算基数5%标准内的部分据实扣除,超过部分不得扣除。

(3)在生产经营活动中发生的下列利息支出准予扣除。

向金融企业借款的利息支出;向非金融企业和个人借款的利息支出,不超过按照金融企业同期同类贷款利率计算的数额的部分。

(4)向当地工会组织拨缴的工会经费、实际发生的职工福利费支出、职工教育经费支出分别在工资薪金总额[①]的2%、14%和8%的标准内据实扣除[②]。

(5)发生的与生产经营活动有关的业务招待费,按照实际发生额的60%扣除,但不得超过当年销售收入的5‰。

(6)每一纳税年度发生的与其生产经营活动直接相关的广告费和业务宣传费不超过当年销售收入15%的部分,可以据实扣除;超过部分,准予在以后纳税年度结转扣除。

(7)研究开发新产品、新技术、新工艺所发生的开发费用,以及研究开发新产品、新技术而购置单台价值在10万元以下的测试仪器和试验性装置的购置费准予直接扣除;单台价值在10万元以上(含10万元)的测试仪器和试验性装置,按固定资产管理,不得在当期直接扣除。

第三节 个人所得税的会计处理

一、企业预扣预缴个人所得税的会计处理

(一)支付工资、薪金预扣预缴所得税

企业作为个人所得税的扣缴义务人,应按规定扣缴职工应缴纳的个人所得税。预扣个人所得税

[①] 允许在当期税前扣除的工资薪金支出数额。
[②] 业主本人向当地工会组织交纳的工会经费、实际发生的职工福利费支出、职工教育经费支出(比例同上),以当地(地级市)上年度社会平均工资的3倍为计算基数。

时，借记"应付职工薪酬"账户，贷记"应交税费——应交预扣个人所得税"等账户。

【例8-6】 A公司工程师彭诚1月工资收入额为25 000元，当月专项扣除额（"三险一金"）5 500元，专项附加扣除额4 000元，无其他扣除额。公司预扣预缴的彭诚当月应交个人所得税和相关会计分录如下。

当月应纳税所得额=25 000-5 500-4 000-5 000=10 500（元）
当月预扣预缴个人所得税=10 500×3%=315（元）
实际发放工资（实务中，会计分录当然是按总额反映，每人的信息在明细表中）时：

借：应付职工薪酬——工资薪金　　　　　　　　　　　　　　25 000
　　贷：库存现金/银行存款　　　　　　　　　　　　　　　　　　19 185
　　　　其他应付款　　　　　　　　　　　　　　　　　　　　　　5 500
　　　　应交税费——应交预扣个人所得税　　　　　　　　　　　　315

财务会计反映当月应付职工薪酬时：

借：生产成本等　　　　　　　　　　　　　　　　　　　　　25 000
　　贷：应付职工薪酬——工资薪金　　　　　　　　　　　　　　25 000

（二）承包、承租经营所得应交所得税的会计处理

承包、承租经营有如下两种情况，个人所得税也相应涉及两个应税项目。

（1）承包、承租人对企业经营成果不拥有所有权，仅是按合同（协议）规定取得一定所得的，其所得按工资、薪金所得项目纳税，适用3%~45%的超额累进税率。

（2）承包、承租人按合同（协议）的规定只向发包、出租方交纳一定费用，后企业经营成果归其所有的，承包、承租人取得的所得，按对企事业单位的承包经营、承租经营所得项目，适用5%~35%的超额累进税率。

第一种情况的会计处理方法同工薪所得扣缴所得税的会计处理；第二种情况，应由承包、承租人自行申报缴纳个人所得税，发包、出租方不做扣缴所得税的会计处理。

【例8-7】 4月1日，李某与原所在事业单位签订承包合同经营招待所，合同规定承包期为一年，李某全年上交费用100 000元，年终招待所实现利润400 000元。李某应缴的个人所得税计算如下。

应纳税所得额=承包经营利润-上交承包费-费用扣减额
　　　　　　=400 000-100 000-5 000×12=240 000（元）
应交个人所得税=应纳税所得额×适用税率-速算扣除数
　　　　　　　=240 000×20%-10 500=37 500（元）

发包、出租方在收到李某交来的承包（租）费时，做如下会计分录。

借：银行存款　　　　　　　　　　　　　　　　　　　　　100 000
　　贷：其他业务收入　　　　　　　　　　　　　　　　　　　100 000

二、居民企业个人所得税的会计处理

（一）账户设置

居民企业是指按税法规定缴纳个人所得税的企业，应设置"本年应税所得"账户。本账户下设"本年经营所得"和"应弥补的亏损"两个明细账户。

"本年经营所得"明细账户核算企业本年生产经营活动取得的收入扣除成本费用后的余额。如果收入大于应扣除的成本费用总额，即为本年经营所得，在不存在税前弥补亏损的情况下，即为本年

经营所得，应由"本年应税所得——本年经营所得"账户转入"留存利润"账户。如果计算出的结果为经营亏损，则应将本年发生的经营亏损由"本年经营所得"明细账户转入"应弥补的亏损"明细账户。

"应弥补的亏损"明细账户，核算企业发生的、可由生产经营活动所得税前弥补的亏损。发生亏损时，亏损由"本年经营所得"明细账户转入本明细账户。生产经营过程中发生的亏损，可以由以后年度的生产经营所得在税前弥补，但延续弥补期不得超过五年。超过弥补期的亏损，不能再以生产经营所得在税前弥补，应从"本年应税所得——应弥补的亏损"账户转入"留存利润"账户，减少企业的留存利润。

（二）本年应税所得的会计处理

年末，企业计算本年经营所得，应将"主营业务收入"和"其他业务收入"账户的余额转入"本年应税所得——本年经营所得"账户的贷方；将"主营业务成本""销售费用""税金及附加"账户余额转入"本年应税所得——本年经营所得"账户的借方。"营业外收支"账户余额如在借方，转入"本年应税所得——本年经营所得"账户的借方；如在贷方，转入"本年应税所得——本年经营所得"账户的贷方。

（三）应弥补亏损的会计处理

企业生产经营活动中发生的经营亏损，应由"本年经营所得"明细账户转入"应弥补的亏损"明细账户。亏损被弥补时，由"应弥补的亏损"明细账户转入"本年经营所得"明细账户；超过弥补期的亏损，由"应弥补的亏损"明细账户转入"留存利润"账户。

【例8-8】 某个人独资企业某年营业收入518 000元，营业成本380 000元，销售费用70 000元，税金及附加30 000元，没有其他项目。

结转本年的收入和成本费用时做会计分录如下。

借：主营业务收入　　　　　　　　　　　　　　　　518 000
　　贷：本年应税所得——本年经营所得　　　　　　　　518 000
借：本年应税所得——本年经营所得　　　　　　　　480 000
　　贷：主营业务成本　　　　　　　　　　　　　　　　380 000
　　　　销售费用　　　　　　　　　　　　　　　　　　70 000
　　　　税金及附加　　　　　　　　　　　　　　　　　30 000

该企业本年应纳税所得额=518 000-380 000-70 000-30 000-5 000×12
　　　　　　　　　　　=-22 000（元）

转入"应弥补的亏损"明细账户，做如下会计分录。

借：本年应税所得——应弥补的亏损　　　　　　　　22 000
　　贷：本年应税所得——本年经营所得　　　　　　　　22 000

（四）留存利润的会计处理

企业应设置"留存利润"账户核算非法人企业的留存利润。年度终了，计算有本年经营所得，应将本年经营所得扣除可在税前弥补的以前年度亏损后的余额转入该账户的贷方；同时计算确定本年应缴纳的个人所得税，计入该账户的借方，然后将税后列支费用及超过弥补期的经营亏损转入该账户的借方。该账户贷方金额减去借方金额后的余额，为留存利润额。

【例8-9】 某合伙企业年度收入总额为550 000元，可在税前扣除的成本费用为345 000元，税后列支费用为30 000元，超过弥补期而转入本账户的以前年度亏损为20 000元。以前年度留存利润为零。请计算该企业的留存利润，并列出相关会计分录。

（1）转入经营所得时，相关会计分录如下。

借：本年应税所得——本年经营所得　　　　　　　　　　　　205 000
　　贷：留存利润　　　　　　　　　　　　　　　　　　　　　　205 000
　　　　　　　　　　　　　　　　　　　　　　　　　（550 000-345 000）

（2）计算应交个人所得税时，相关会计分录如下。

应交个人所得税税额=205 000×20%-10 500=30 500（元）

借：留存利润　　　　　　　　　　　　　　　　　　　　　　　30 500
　　贷：应交税费——应交个人所得税　　　　　　　　　　　　　30 500

（3）转入税后列支费用时，相关会计分录如下。

借：留存利润　　　　　　　　　　　　　　　　　　　　　　　30 000
　　贷：税后列支费用　　　　　　　　　　　　　　　　　　　　30 000

（4）转入超过弥补期的亏损时，相关会计分录如下。

借：留存利润　　　　　　　　　　　　　　　　　　　　　　　20 000
　　贷：本年应税所得——应弥补的亏损　　　　　　　　　　　　20 000

留存利润=205 000-30 500-30 000-20 000=124 500（元）

（五）缴纳个人所得税的会计处理

1. 企业缴纳个人所得税

企业生产经营所得应缴纳的个人所得税，应按年计算、分月预缴、年度终了后汇算清缴。企业应在"应交税费"账户下设置"应交个人所得税"明细账户，核算企业预缴和应缴的个人所得税，以及记录年终汇算清缴个人所得税的补缴和退回情况。企业按月预缴个人所得税时，借记"应交税费——应交个人所得税"账户，贷记"库存现金"等账户；年度终了，计算出全年实际应缴的个人所得税，借记"留存利润"账户，贷记"应交税费——应交个人所得税"账户。"应交个人所得税"明细账户的贷方金额大于借方金额的差额，为预缴数小于应缴数的差额。

补缴的个人所得税，记入"应交个人所得税"明细账户的借方；收到的退回的多缴的个人所得税，记入"应交个人所得税"明细账户的贷方，如果多缴的所得税不是被退回，而是用来抵顶以后期间的个人所得税，多缴的个人所得税金额就作为下一年度的预缴个人所得税金额。

【例8-10】某个体企业经过主管税务机关核定，按照上年度实际应交个人所得税税额，确定本年各月应预交税额。假设上年应交个人所得税为60 000元。

本年各月应预交个人所得税=60 000÷12=5 000（元）

（1）每月预交个人所得税时，相关会计分录如下。

借：应交税费——应交个人所得税　　　　　　　　　　　　　5 000
　　贷：库存现金　　　　　　　　　　　　　　　　　　　　　　5 000

（2）年终，汇算清缴全年个人所得税，确定本年度生产经营活动应交个人所得税为80 000元。

借：留存利润　　　　　　　　　　　　　　　　　　　　　　　80 000
　　贷：应交税费——应交个人所得税　　　　　　　　　　　　　80 000

全年1—12月已经预交个人所得税60 000元（5 000×12），记入"应交个人所得税"明细账户的借方，贷方与借方差额20 000元（80 000-60 000）为应补交的个人所得税。

（3）补交个人所得税时，相关会计分录如下。

借：应交税费——应交个人所得税　　　　　　　　　　　　　20 000
　　贷：库存现金　　　　　　　　　　　　　　　　　　　　　　20 000

（4）如果汇算清缴确定的全年应交个人所得税为50 000元，则会计分录为：

借：留存利润 50 000
  贷：应交税费——应交个人所得税 50 000

（5）已预交个人所得税60 000元，应交数为50 000元，应交数比已预交数少10 000元，该差额由主管税务机关按规定退回。企业收到退税时，相关会计分录如下。

借：现金库存 10 000
  贷：应交税费——应交个人所得税 10 000

如果将企业多交的10 000元抵顶下年的个人所得税，只需将该余额转入下一年度即可。

2. 企业预扣预缴个人所得税

企业对预扣预缴从业人员的个人所得税，应在"应交税费"账户下单独设置的"应交预扣个人所得税"明细账户中进行核算。应代扣的金额，记入该账户的贷方；实际上缴时，将上缴金额记入该账户的借方。

（六）合伙企业预扣预缴个人所得税的会计处理

合伙企业以每一个合伙人为纳税人。合伙企业的合伙人按照合伙企业的全部生产经营所得和合伙协议约定的分配比例确定应纳税所得额，合伙协议没有约定分配比例的，以全部生产经营所得（包括企业分配给投资者个人的所得和企业当年的留存利润）和合伙人数量平均计算每个投资者的应纳税所得额。投资者应纳的个人所得税税款，按年计算，分月或分季度预缴，年度终了后3个月内汇算清缴，多退少补。我国对合伙企业生产经营所得和其他所得采取"先分后税"的原则。

自然人合伙人缴纳的个人所得税不属于合伙企业的税款，不能计入合伙企业的费用。对合伙企业来说，该项税款属于预扣预缴税款，应记入"其他应收款"账户，以后从合伙企业向合伙人分配的利润中扣减[①]。合伙人为法人和其他组织的，该合伙人取得的生产经营所得和其他所得应缴纳企业所得税。

【例8-11】自然人王某和A有限责任公司各出资50%设立一家合伙企业——B酒楼，合伙协议约定按出资比例分配利润。某年度，B酒楼账面利润总额为100万元，经纳税调整后的生产经营所得为140万元。王某年应交个人所得税179 500元（700 000×35%-65 500），假设该年度王某每季度预缴个人所得税4.2万元，还应补缴个人所得税11 500元。年终，B酒楼向王某、A有限责任公司各分配利润40万元。请列出相关会计分录。

（1）每季计提应预缴个人所得税时，相关会计分录如下。

借：其他应收款——王某 42 000
  贷：应交税费——应交预扣个人所得税 42 000

（2）每季预缴个人所得税时，相关会计分录如下。

借：应交税费——应交预扣个人所得税 42 000
  贷：银行存款 42 000

（3）年终汇算清缴，补缴个人所得税11 500元时，相关会计分录如下。

借：其他应收款——王某 11 500
  贷：应交税费——应交预扣个人所得税 11 500

（4）缴纳应补缴税款时，相关会计分录如下。

借：应交税费——应交预扣个人所得税 11 500
  贷：银行存款 11 500

A有限责任公司当年从B酒楼取得的应税所得额70万元，应被并入该公司年度应纳税所得额计算缴纳企业所得税。

[①] 该规定也适用于个人独资企业投资者缴纳个人所得税。

（5）年终B酒楼向王某、A有限责任公司分配利润时，相关会计分录如下。
借：利润分配——未分配利润　　　　　　　　　　　　800 000
　　贷：应付利润——王某　　　　　　　　　　　　　　400 000
　　　　　　　　——A有限责任公司　　　　　　　　　400 000
（6）向王某、A有限责任公司支付利润时，相关会计分录如下。
借：应付利润——王某　　　　　　　　　　　　　　　400 000
　　　　　　——A有限责任公司　　　　　　　　　　　400 000
　　贷：其他应收款——王某　　　　　　　　　　　　　179 500
　　　　银行存款　　　　　　　　　　　　　　　　　　620 500

第四节 个人所得税的缴纳与申报

一、个人所得税的缴纳

个人所得税实行源泉分项/综合扣缴和纳税人自行申报两种缴纳办法，以支付所得的单位或个人为扣缴义务人。在两处以上取得应税所得和没有扣缴义务人的，纳税人应当自行申报纳税；自行申报纳税人，应在取得所得的所在地税务机关申报纳税。纳税人从中国境外取得所得的，应在户籍所在地税务机关或指定税务机关申报纳税。在两处以上取得的所得，需要合并计算纳税的，由纳税人申请、税务机关批准，可在其中一处税务机关申报纳税。纳税人要求变更纳税申报地点的，应经原主管税务机关批准。

（1）综合所得的缴纳。居民个人取得综合所得，按年计算个人所得税。有扣缴义务人的，扣缴义务人在向个人支付[①]应税款项时，应按税法规定预扣或代扣税款，并专项记载备查。

居民个人取得工资、薪金所得时，可向扣缴义务人提供专项附加扣除有关信息。扣缴义务人应按纳税人提供的信息计算办理扣缴申报，不得擅自更改纳税人提供的信息。

纳税人发现扣缴义务人提供或者扣缴申报的个人信息、所得、扣缴税款等与实际情况不符的，有权要求扣缴义务人修改。扣缴义务人拒绝修改的，纳税人应当报告税务机关，税务机关应及时处理。

税务机关发现纳税人提供虚假信息的，应当责令改正并通知扣缴义务人；对情节严重的，有关部门应当依法予以处理，纳入信用信息系统并实施联合惩戒。

纳税人同时从两处以上取得工资、薪金所得，并由扣缴义务人减除专项附加扣除的，对同一专项附加扣除项目，在一个纳税年度内只能选择从一处取得的所得中减除。

居民个人取得劳务报酬所得、稿酬所得、特许权使用费所得，应当在汇算清缴时向税务机关提供有关信息，减除专项附加扣除。

年度预扣预缴税额与年度应纳税额不一致时，纳税人应于次年3月1日至6月30日向主管税务机关办理综合所得年度汇算清缴，税款多退少补。纳税人可以委托扣缴义务人或其他单位和个人办理汇算清缴。

非居民个人取得工资、薪金所得，劳务报酬所得，稿酬所得和特许权使用费所得，有扣缴义务人的，由扣缴义务人按月或按次预扣预缴税款，不办理汇算清缴。

---

① 包括现金支付、汇拨支付、转账支付和以有价证券、实物以及其他形式的支付。

（2）经营所得的缴纳。纳税人取得经营所得，按年计算个人所得税，由纳税人在月度或季度终了后 15 日内向税务机关报送纳税申报表，并预缴税款；在取得所得的次年 3 月 31 日前办理汇算清缴。

（3）纳税人取得利息、股息、红利所得，财产租赁所得，财产转让所得和偶然所得，按月或按次计算个人所得税，有扣缴义务人的，由扣缴义务人按月或者按次代扣代缴税款。

（4）扣缴义务人每月或每次预扣、代扣的税款，应当在次月 15 日内缴入国库，并向税务机关报送个人所得税扣缴申报表。

二、个人所得税的纳税申报

纳税年度自公历 1 月 1 日起至 12 月 31 日止。有下列情形之一的，纳税人应当依法办理纳税申报。

（1）取得综合所得，取得综合所得需要办理汇算清缴的情形包括如下几个。

① 从两处以上取得综合所得，且综合所得年收入额减去专项扣除的余额超过 6 万元。

② 取得劳务报酬所得、稿酬所得、特许权使用费所得中一项或者多项所得，且综合所得年收入额减去专项扣除的余额超过 6 万元。

③ 纳税年度内预缴税额低于应纳税额。

④ 纳税人申请退税。纳税人申请退税，应提供其在中国境内开设的银行账户，并在汇算清缴地就地办理税款退库。

（2）取得应税所得，扣缴义务人未扣缴税款，应当区别以下情形办理纳税申报。

① 居民个人取得综合所得的，按"综合所得"办理。

② 非居民个人取得工资、薪金所得，劳务报酬所得，稿酬所得，特许权使用费所得的，应在取得所得的次年 6 月 30 日前，向扣缴义务人所在地主管税务机关办理纳税申报，并报送《个人所得税自行纳税申报表（A 表）》。有两个以上扣缴义务人均未扣缴税款的，选择向其中一处扣缴义务人所在地主管税务机关办理纳税申报。

（3）取得经营所得的纳税申报。个体工商户业主、个人独资企业投资者、合伙企业个人合伙人、承包承租经营者个人以及其他从事生产、经营活动的个人取得经营所得，按年计算个人所得税，由纳税人在月度或季度终了后 15 日内，向经营管理所在地主管税务机关办理预缴纳税申报，并报送《个人所得税经营所得纳税申报表（A 表）》。在取得所得的次年 3 月 31 日前，向经营管理所在地主管税务机关办理汇算清缴，并报送《个人所得税经营所得纳税申报表（B 表）》；从两处以上取得经营所得的，选择向其中一处经营管理所在地主管税务机关办理年度汇总申报，并报送《个人所得税经营所得纳税申报表（C 表）》。

（4）取得境外所得。居民个人从中国境外取得所得的，应当在取得所得的次年 3 月 1 日至 6 月 30 日内，向中国境内任职、受雇单位所在地主管税务机关办理纳税申报；在中国境内没有任职、受雇单位的，向户籍所在地或中国境内经常居住地主管税务机关办理纳税申报。

（5）因移居境外注销中国户籍，应向税务机关申报下列事项。

① 注销户籍当年的综合所得、经营所得汇算清缴的情况。

② 注销户籍当年的其他所得的完税情况。

③ 以前年度欠税的情况。

（6）非居民个人在中国境内从两处以上取得工资、薪金所得。

三、个人所得税纳税申报表

个人所得税纳税申报表有个人所得税基础信息表（A 表、B 表）、个人所得税扣缴申报表、个人所得税自行纳税申报表（A 表）、个人所得税年度自行纳税申报表、个人所得税经营所得纳税申报表（A 表、B 表、C 表）、合伙制创业投资企业单一投资基金核算方式备案表、单一投资基金核算的合伙制创业投资企业个人所得税扣缴申报表。

（一）个人所得税基础信息表

个人所得税基础信息表（A 表）适用于扣缴义务人办理全员全额扣缴申报时，填报其支付所得的纳税人的基础信息。扣缴义务人首次向纳税人支付所得，或者纳税人相关基础信息发生变化的，应填写本表，并于次月扣缴申报时向税务机关报送。表中带"*"的项目分为必填和条件必填，其余项目为选填。

个人所得税基础信息表（B 表）适用于自然人纳税人基础信息的填报。自然人纳税人初次向税务机关办理相关涉税事宜时填报本表；初次申报后，以后仅需在信息发生变化时填报。表中带"*"的项目为必填或者条件必填，其余项目为选填。

（二）个人所得税扣缴申报表

个人所得税扣缴申报表（见表 8-7）适用于扣缴义务人向居民个人支付工资、薪金所得，劳务报酬所得，稿酬所得和特许权使用费所得的个人所得税全员全额预扣预缴申报；向非居民个人支付工资、薪金所得，劳务报酬所得，稿酬所得和特许权使用费所得的个人所得税全员全额扣缴申报；向居民个人和非居民个人支付利息、股息、红利所得，财产租赁所得，财产转让所得和偶然所得的个人所得税全员全额扣缴申报。

扣缴义务人应专门设立预扣预缴税收账簿，正确反映个人所得税的扣缴情况，如实填写本表及其他相关资料，在每月或每次预扣、代扣税款的次月 15 日内，将已扣税款缴入国库，并向税务机关报送本表。

（三）个人所得税自行纳税申报表（A 表）和个人所得税年度自行纳税申报表

个人所得税自行纳税申报表（A 表）适用于纳税人向税务机关按月或按次办理自行纳税申报，包括居民个人取得综合所得以外的所得扣缴义务人未扣缴税款，非居民个人取得应税所得扣缴义务人未扣缴税款，非居民个人在中国境内从两处以上取得工资、薪金所得等。

（1）居民个人取得应税所得但扣缴义务人未扣缴税款的，居民个人应在取得所得的次年 6 月 30 日前办理纳税申报。

（2）非居民个人取得应税所得，但扣缴义务人未扣缴税款的，居民个人应在取得所得的次年 6 月 30 日前办理纳税申报。非居民个人在次年 6 月 30 日前离境（临时离境除外）的，应当在离境前办理纳税申报。

（3）非居民个人在中国境内从两处以上取得工资、薪金所得的，应在取得所得的次月 15 日内办理纳税申报。

（4）其他需要纳税人办理自行申报的情形，按规定的申报期限办理。

个人所得税年度自行纳税申报表适用于居民个人取得境内综合所得，纳税人按税法规定需要向主管税务机关办理汇算清缴时，应在取得所得的次年 3 月 1 日至 6 月 30 日内，报送本表。

（四）个人所得税经营所得纳税申报表

个人所得税经营所得纳税申报分为 A 表、B 表和 C 表三种。

表 8-7

个人所得税扣缴申报表

税款所属期：　年　月　日至　年　月　日

扣缴义务人名称：

扣缴义务人纳税人识别号（统一社会信用代码）：□□□□□□□□□□□□□□□□□□

金额单位：人民币元（列至角分）

序号	姓名	身份证件类型	身份证件号码	纳税人识别号	是否为非居民个人	所得项目	收入额计算				本月（次）情况							其他扣除				累计情况（工资、薪金）									税款计算						备注
							收入	费用	免税收入	减除费用	专项扣除				年金	商业健康保险	税延养老保险	允许扣除的税费	财产原值	其他	累计收入额	累计减除费用	累计专项扣除	累计专项附加扣除					累计其他扣除	准予扣除的捐赠额按计税比例	应纳税所得额	税率/预扣率	速算扣除数	应纳税额	减免税额	已扣缴税额	应补（退）税额	
											基本养老保险费	基本医疗保险费	失业保险费	住房公积金										子女教育	赡养老人	住房贷款利息	住房租金	继续教育										
1	2	3	4	5	6	7	8	9	10	11	12	13	14	15	16	17	18	19	20	21	22	23	24	25	26	27	28	29	30	31	32	33	34	35	36	37	38	39	40
合计																																							

谨声明：本扣缴申报表是根据国家税收法律法规及相关规定填报的，是真实的、可靠的、完整的。

扣缴义务人（签章）：　　　　　　　　　　　　　　　　　　　　　　年　月　日

代理机构签章：

代理机构统一社会信用代码：

经办人签字：

经办人身份证件号码：

受理人：

受理税务机关（章）：

受理日期：　　年　月　日

1. 个人所得税经营所得纳税申报表（A 表）

个人所得税经营所得纳税申报表（A 表）（见表 8-8）由查账征收和核定征收的个体工商户业主、个人独资企业投资人、合伙企业个人合伙人、承包承租经营者个人以及其他从事生产、经营活动的个人在中国境内取得经营所得，办理个人所得税预缴纳税申报时，向税务机关报送。合伙企业有两个或者两个以上个人合伙人的，应分别填报本表。纳税人应在月度或季度终了后 15 日内，向税务机关办理预缴纳税申报。

表 8-8　　　　　　　　　个人所得税经营所得纳税申报表（A 表）

税款所属期：　　年　月　日至　　年　月　日　　　　　　金额单位：人民币元（列至角分）

被投资单位信息	
名称	
纳税人识别号（统一社会信用代码）	□□□□□□□□□□□□□□□□□□
征收方式（单选）	
□查账征收（据实预缴）　　□查账征收（按上年应纳税所得额预缴）　　□核定应税所得率征收 □核定应纳税所得额征收　　□税务机关认可的其他方式	

个人所得税计算		
项目	行次	金额/比例
一、收入总额	1	
二、成本费用	2	
三、利润总额（第 3 行=第 1 行-第 2 行）	3	
四、弥补以前年度亏损	4	
五、应税所得率（%）	5	
六、合伙企业个人合伙人分配比例（%）	6	
七、允许扣除的个人费用及其他扣除（第 7 行=第 8 行+第 9 行+第 14 行）	7	
（一）投资者减除费用	8	
（二）专项扣除（第 9 行=第 10 行+第 11 行+第 12 行+第 13 行）	9	
1．基本养老保险费	10	
2．基本医疗保险费	11	
3．失业保险费	12	
4．住房公积金	13	
（三）依法确定的其他扣除（第 14 行=第 15 行+第 16 行+第 17 行）	14	
1．	15	
2．	16	
3．	17	
八、准予扣除的捐赠额（附报《个人所得税公益慈善事业捐赠扣除明细表》）	18	
九、应纳税所得额	19	
十、税率（%）	20	
十一、速算扣除数	21	
十二、应纳税额（第 22 行=第 19 行×第 20 行-第 21 行）	22	
十三、减免税额（附报《个人所得税减免税事项报告表》）	23	
十四、已缴税额	24	
十五、应补/退税额（第 25 行=第 22 行-第 23 行-第 24 行）	25	

谨声明：本表是根据国家税收法律法规及相关规定填报的，本人对填报内容（附带资料）的真实性、可靠性、完整性负责。

纳税人签字：　　　　　　年　月　日

续表

经办人签字：	受理人：
经办人身份证件类型：	
经办人身份证件号码：	受理税务机关（章）：
代理机构签章：	
代理机构统一社会信用代码：	受理日期：　　年　月　日

2. 个人所得税经营所得纳税申报表（B 表）

个人所得税经营所得纳税申报表（B 表）适用于个体工商户业主、个人独资企业投资人、合伙企业个人合伙人、承包承租经营者个人以及其他从事生产、经营活动的个人在中国境内取得经营所得，且实行查账征收的，在办理个人所得税汇算清缴纳税申报时，向税务机关报送。合伙企业有两个或者两个以上个人合伙人的，应分别填报本表。纳税人应在取得经营所得的次年 3 月 31 日前，向税务机关办理汇算清缴。

3. 个人所得税经营所得纳税申报表（C 表）

个人所得税经营所得纳税申报表（C 表）由个体工商户业主、个人独资企业投资人、合伙企业个人合伙人、承包承租经营者个人以及其他从事生产、经营活动的个人在中国境内两处以上取得经营所得，办理合并计算个人所得税的年度汇总纳税申报时，向税务机关报送。

纳税人从两处以上取得经营所得，应当于取得所得的次年 3 月 31 日前办理年度汇总纳税申报。

本章重点与难点

个人所得税的税目、税率，预扣预缴，代扣代缴个人所得税的应纳税所得额及应交个人所得税的计算，居民企业个人所得税的会计处理，《扣缴个人所得税申报表》和《生产经营所得个人所得税纳税申报表》的填制。

思考题

1. 如何界定个人所得税的居民纳税人和非居民纳税人？两类纳税人承担的纳税义务有何不同？
2. 预扣预缴工资薪金个人所得税与预扣预缴劳务报酬个人所得税的计算有何不同？
3. 扣缴义务人如何进行预扣预缴工资薪金个人所得税的会计处理？
4. 对居民企业个人所得税如何进行会计处理？

技能题

一、计算题

1. 某高校老师李某1月各项收入如下。

（1）当月扣除"三险一金"后的工资收入为12 000元，专项附加扣除共计4 300元。

（2）取得房产转让收入800万元，支付相关税费1.5万元，该房产当初买价为450万元。

（3）为某单位做专题讲座1次，取得收入4 500元。

要求：分别计算李某上述各项收入应交个人所得税。

2. 赵某2019年1月至12月从任职单位取得的工资收入合计145 000元，取得一笔税后稿酬收入25 000元。

要求：计算该纳税人当年应交的个人所得税。

3. 某个体工商户8月产品销售收入为18万元，为生产应税产品耗用的原材料、物料、电力等共计4.5万元，支付工人工资3.8万元，销售费用为0.6万元，销售税金为0.5万元，办公费用为0.2万元。

要求：计算该个体工商户当月应交个人所得税。

二、会计核算题

1. 根据计算题"1.（1）"的计算结果，做当月预扣预缴个人所得税的相关会计分录。

2. 资料：某大型娱乐城因业务需要，聘请某设计师对该娱乐城进行装饰设计，一次性支付劳务费用120 000元。

要求：计算应预扣预缴设计师的个人所得税，并做相关会计分录。

土地增值税会计 第九章

1. 了解土地增值税的意义和特点。
2. 理解土地增值税的税制要素。
3. 掌握土地增值税的确认、计量、记录与申报。

企业缴纳了增值税，为什么还要缴纳土地增值税？土地增值税与增值税的性质是否相同？两者的计税依据是否相同？是否存在重复征税的问题？

第一节 土地增值税的税制要素

土地增值税是对有偿转让国有土地使用权及地上建筑物、其他附着物产权的单位和个人，按其取得的增值性收入所征收的一种收益税。

1993年11月26日，《中华人民共和国土地增值税暂行条例》在国务院第十二次常务会议上通过，自1994年1月1日起施行。此后，财政部发布了《中华人民共和国土地增值税暂行条例实施细则》，自1995年1月27日施行。开征土地增值税，旨在规范土地、房地产市场的交易秩序，合理调节土地增值收益。

一、土地增值税的纳税人和纳税范围

有偿转让我国国有土地使用权、地上建筑物及附着物（以下简称"转让房地产"）产权，并且取得收入的单位和个人，为土地增值税的纳税人。

转让国有土地使用权，一并转让地上建筑物及附着物连同国有土地使用权时，均应缴纳土地增值税。"转让"是指以出售或其他方式进行的有偿转让，不包括以继承、赠与方式进行的无偿转让。出租房地产行为、受托代建工程由于产权没有转移，不属于该税的纳税范围。

二、土地增值税税率

土地增值税实行四级超率累进税率，即以纳税对象的增值率为累进依据，采用超率累进方式计算应纳税额的税率。采用超率累进税率，需要确定以下几项因素。一是纳税对象数额的相对率。土地增值税以增值额与扣除项目金额之比为相对率。二是把纳税对象的相对率由低到高划分为若干级次。土地增值税按增值额与扣除项目金额的比率由低到高划分为四个级次，即增值额未超过扣除项目金额50%的部分，增值额超过扣除项目金额50%、未超过100%的部分，增值额超过扣除项目金

额100%、未超过200%的部分,增值额超过扣除项目金额200%的部分。三是按各级次分别规定不同的税率。土地增值税税率如表9-1所示。

表9-1　　　　　　　　　　　　　土地增值税税率

级次	增值额占扣除项目金额的比例	税率（%）	速算扣除率（%）
1	50%（含）以下	30	0
2	50%以上～100%（含）	40	5
3	100%以上～200%（含）	50	15
4	200%以上	60	35

三、土地增值税的减免

以下项目享受土地增值税减免政策。

① 纳税人建造普通标准住宅出售,增值额未超过扣除项目金额20%的。

② 因国家建设需要依法征用、收回的房地产。

③ 对于居民个人拥有的普通住宅,在其转让时,凡居住满5年（或以上）的,免缴土地增值税;居住满3年未满5年的,减半缴纳土地增值税;居住未满3年的,按规定缴纳土地增值税。

④ 以房地产进行投资、联营的,投资、联营的一方以土地（房地产）作价入股进行投资为联营条件,将房地产转让到所投资、联营的企业时,可免缴土地增值税;一方出地,一方出资金,双方合作建房,建成后按比例分房自用的,可免缴土地增值税。

第二节　土地增值税的确认计量

一、转让收入的确认

纳税人转让房地产取得的应税收入是扣除增值税后的收入（即不含增值税收入）,包括全部价款和有关经济利益。其收入形式包括以下几种。

（1）货币收入。其指纳税人转让国有土地使用权、地上建筑物及附着物产权而取得的现金、银行存款、支票、银行本票、汇票等各种信用票据和国库券、金融债券、企业债券、股票等有价证券。

（2）实物收入。其指纳税人转让国有土地使用权、地上建筑物及附着物产权而取得的各种实物形态的收入,如钢材、水泥等建材,房屋、土地等不动产。

（3）其他收入。其指纳税人转让国有土地使用权、地上建筑物及附着物而取得的无形资产收入或具有财产价值的权利,如专利权、商标权。

相关公式如下:

销售额=（全部价款和价外费用-当期允许扣除的土地价款）÷（1+税率或征收率）

增值税销项税额=销售额×税率或征收率

土地增值税应税收入=全部价款和价外费用-增值税销项税额

土地增值税扣除项目

二、扣除项目金额的确认

（一）新建房扣除项目金额

（1）取得土地使用权所支付的金额。取得土地使用权所支付的金额是指纳税人为取得土地使用权而支付的地价款或出让金,以及按国家统一规定缴纳的有关费用和税金。

(2) 开发土地和新建房及配套设施的成本。纳税人房地产开发项目实际发生的成本(房地产开发成本),包括土地征用及拆迁补偿费、前期工程费、建筑安装工程费、基础设施费、公共配套设施费、开发间接费。其中,土地征用及拆迁补偿费包括土地征用费,耕地占用税,劳动力安置费及有关地上、地下附着物拆迁补偿的净支出,安置动迁用房支出等;开发间接费是指直接组织、管理开发项目所发生的费用,如工资、福利费、折旧费、办公费、周转房摊销等。

(3) 开发土地和新建房及配套设施的费用。此项费用亦称房地产开发费用。它是指与房地产开发项目有关的销售费用、管理费用、财务费用。其中,财务费用中的利息支出,在最高不超过按商业银行同类同期贷款利率计算金额的前提下,可以据实扣除;管理费用、销售费用,则按上述(1)、(2)项计算金额之和的5%以内计算扣除(具体比例由省级人民政府规定)。凡不能按转让房地产项目计算分摊利息支出以及不能提供金融机构证明的房地产开发费用,按上述(1)、(2)项计算金额之和的10%以内计算扣除(具体比例由省级人民政府规定)。

(4) 与转让房地产有关的税金。其是指在转让房地产时缴纳的税金及附加,即城市维护建设费、印花税和教育费附加等。在转让房地产时涉及的增值税进项税额,若允许在销项税额中计算抵扣,则不计入扣除项目;若不允许在销项税额中计算抵扣,则可以计入扣除项目。免征增值税的,确定计税依据时,成交价格、租金收入、转让房地产取得的收入不得扣减增值税税额。

(5) 其他扣除项目。根据现行规定,对从事房地产开发的企业,可按上述(1)、(2)项金额之和加计20%扣除。这主要是考虑投资的合理回报和通货膨胀等因素。

(二) 旧房及建筑物扣除项目金额

其扣除项目包括转让房地产的评估价格和转让中支付的相关税金。评估价格即在转让已使用的房屋及建筑物时,由政府批准设立的房地产评估机构评定的重置成本乘以成新度折扣率所得的价格,评估价格须经税务机关确认。

三、应缴土地增值税的计算

土地增值税以纳税人转让房地产时取得的增值额为计税依据,增值额是指纳税人转让房地产所取得的收入减去规定扣除项目金额后的余额。

土地增值税采用超率累进税率计算,故只有先计算出增值率,即增值额占扣除项目金额的比例后,才能确定适用税率,计算应交土地增值税。其计算公式如下:

土地增值额=转让房地产的总收入-扣除项目金额

$$增值率 = \frac{转让收入-扣除项目金额}{扣除项目金额} \times 100\% = \frac{增值额}{扣除项目金额} \times 100\%$$

应交土地增值税=∑(每级距的土地增值额×适用税率)

这种方法要分段计算、汇总合计,比较烦琐,在实际工作中,一般采用速算扣除法计算。其计算公式如下:

应交土地增值税=土地增值额×适用税率-扣除项目金额×速算扣除率

【例9-1】天博房地产公司新开工项目按一般计税方法计算增值税,符合土地增值税扣除项目的成本合计7 500万元(其中土地价款3 500万元),符合抵扣条件的抵扣进项税额为385万元,当年销售额为15 490万元。

公司无法按项目分摊利息支出,不能提供金融机构贷款证明,不考虑其他税费。不能按转让房地产项目计算分摊利息支出或不能提供金融机构证明的,房地产开发费用按规定计算金额之和的10%以内计算扣除；对从事房地产开发的纳税人可按规定计算金额之和，加计20%扣除，合计可以加计扣除30%的成本。相关计算如下：

销售额=（15 490-3 500）÷1.09=11 000（万元）

应交增值税=11 000×9%-385=605（万元）

扣除项目金额=[（7 500-3 500）÷1.09+3 500]×（1+30%）

=7 169.724 8×（1+30%）=9 320.642 2（万元）

增值额=11 000+3 500-9 320.642 2=5 179.357 8（万元）

增值率=517 9.357 8÷7 169.724 8×100%=72.24%

应交土地增值税=5 179.357 8×40%-9 320.642 2×5%=1 605.711（万元）

【例9-2】某房地产开发公司转让高级公寓一栋，共获得货币收入7 500万元，获得购买方原准备盖楼的钢材2 100吨，其价格为2 500元/吨。公司为取得土地使用权所支付的金额为1 450万元，开发土地、建房及配套设施等共支出2 110万元，开发费用共计480万元（其中利息支出295万元，未超过扣除标准），转让房地产时有关税金共付47万元。房地产开发费用按规定的最高比例计算。应交土地增值税计算如下。

（1）收入额=7 500+2 100×0.25=8 025（万元）

（2）扣除项目金额=（1 450+2 110）×（1+20%）+295+（1 450+2 110）×5%+47=4 792（万元）

其中，其他开发费用实际支出比例=（480-295）÷（1 450+2 110）×100%=5.2%，超过5%的限额，按5%计算如下：

（1 450+2 110）×5%=178（万元）

（3）增值额=8 025-4 792=3 233（万元）

（4）增值额占扣除项目金额的比例=3 233÷4 792×100%=67.47%

（5）应交土地增值税=3 233×40%-4 792×5%=1 053.6（万元）

四、预缴土地增值税的计算

房地产开发企业预售房产时，不论企业增值税采用一般计税还是简易计税，预交增值税的相关计算公式如下。

应预交增值税=[预收款÷（1+税率或征收率）]×3%

预交土地增值税计征依据=预收款-应预交增值税

应预交土地增值税=应预交土地增值税计征依据×预征率

预征率由各省级人民政府制定，如北京市规定2%、3%、5%和8%四档预征率。

现房销售时，在土地增值税清算前，仍应预交土地增值税。适用增值税一般计税方法的纳税人，其转让房地产的土地增值税应税收入不含增值税销项税额；适用简易计税方法的纳税人，其转让房地产的土地增值税应税收入不含增值税应交额。

（1）适用增值税简易计税的土地增值税预交计征依据。

预交土地增值税计征依据=预收款-应交增值税

应交增值税=[预收款÷（1+5%）]×3%

（2）适用增值税一般计税的土地增值税预交计征依据。

预交土地增值税计征依据=预收款-销项税额

销项税额=[（预收款-允许扣除的土地价款）÷（1+适用税率）]×适用税率

房地产开发企业实际缴纳的城市维护建设税、教育费附加，能够按清算项目准确计算的，允许据实扣除。不能按清算项目准确计算的，则按该清算项目预交增值税时实际缴纳的税费附加扣除。

五、土地增值税的清算

土地增值税清算是纳税人在符合清算条件后,按规定计算房地产开发项目应缴纳的土地增值税,并填写《土地增值税清算申报表》,向主管税务机关提供有关资料,办理土地增值税清算手续,结清该房地产项目应缴纳的土地增值税税款的行为。

土地增值税清算应该以有关部门审批的房地产开发项目为单位进行清算;对分期开发的项目,以分期项目为清算单位。如果开发项目中同时包含普通住宅和非普通住宅,应分别计算增值额。纳税人符合下列条件之一的,应进行土地增值税清算。

(1)房地产开发项目全部竣工、完成销售的。
(2)整体转让未竣工决算房地产开发项目的。
(3)直接转让土地使用权的。

对符合以下条件之一的,主管税务机关可要求纳税人进行土地增值税清算。

(1)已竣工验收的房地产开发项目,已转让的房地产建筑面积占整个项目可售建筑面积的比例在85%以上,或该比例虽未超过85%,但剩余的可售建筑面积已经出租或自用的。
(2)取得销售(预售)许可证满三年仍未销售完毕的。
(3)纳税人申请注销税务登记但未办理土地增值税清算手续的,应在办理注销登记前进行土地增值税清算。
(4)省级税务机关规定的其他情况。

第三节 土地增值税的会计处理

一、主营房地产企业土地增值税的会计处理

主营房地产企业既有房地产开发企业,又有对外经济合作企业、股份制试点企业和外商投资房地产企业等。这些企业的房地产经营收入占其全部经营收入的较大比重,直接影响企业的经营业绩。

(一)现货房地产销售

在现货房地产销售情况下,采用一次性收款、房地产移交使用、发票账单提交买主、钱货两清的,应将房地产移交和发票结算账单提交买主时作为销售实现,借记"银行存款"等,贷记"主营业务收入"等;同时,计算应交土地增值税,借记"税金及附加",贷记"应交税费——应交土地增值税"。

采用赊销、分期收款方式销售房地产的,应以合同规定的收款时间为销售实现时间,分次结转收入。

【例9-3】以【例9-2】为例,不考虑其他相关税金,做如下会计分录。
(1)收入实现时。

借:银行存款　　　　　　　　　　　　　　　　75 000 000
　　贷:主营业务收入　　　　　　　　　　　　　　75 000 000
借:原材料　　　　　　　　　　　　　　　　　5 250 000
　　贷:主营业务收入　　　　　　　　　　　　　　5 250 000

(2)计算应交土地增值税时。

借:税金及附加　　　　　　　　　　　　　　10 536 000

贷：应交税费——应交土地增值税　　　　　　　　　　　　　　　　　　　　　10 536 000

（二）预售商品房

商品房可以预售，但应符合下列规定条件：已交付全部土地使用权出让金，取得土地使用权证书；持有建设工程规划许可证；按提供预售的商品房计算，投入开发建设的资金达到总投资的25%以上，并已经确定工程进度和竣工交付日期；向县级以上人民政府房产管理部门办理了预售登记，取得了商品房预售许可证明。

在商品房预售情况下，商品房交付使用前采取一次性收款或分次收款的，收到购房款时，借记"银行存款"，贷记"预收账款"；按规定预缴土地增值税时，借记"应交税费——应交土地增值税"，贷记"银行存款"等；待该商品房交付使用后，开出发票结算账单交给买主时，作为收入实现，借记"预收账款"，贷记"主营业务收入"等；同时，计算由实现的销售收入负担的土地增值税，借记"税金及附加"等，贷记"应交税费——应交土地增值税"。按照税法的规定，该项目全部竣工、办理决算后进行清算，企业收到退回多缴的土地增值税时，借记"银行存款"等，贷记"应交税费——应交土地增值税"；补缴土地增值税时，做相反的会计分录。

【例9-4】某房地产开发公司在某项目竣工前，预先售出部分房地产，取得收入200万元，假设应预缴土地增值税20万元；项目竣工后，工程全部收入500万元，应交土地增值税80万元。做如下会计分录。

（1）收到预收款时。

借：银行存款　　　　　　　　　　　　　　　　　　　　　　　　　　　　　　2 000 000
　　贷：预收账款——××买主　　　　　　　　　　　　　　　　　　　　　　　2 000 000

（2）预缴土地增值税时。

借：应交税费——应交土地增值税　　　　　　　　　　　　　　　　　　　　　　200 000
　　贷：银行存款　　　　　　　　　　　　　　　　　　　　　　　　　　　　　　200 000

（3）实现收入、进行结算时。

借：预收账款——××买主　　　　　　　　　　　　　　　　　　　　　　　　2 000 000
　　银行存款　　　　　　　　　　　　　　　　　　　　　　　　　　　　　　3 000 000
　　贷：主营业务收入　　　　　　　　　　　　　　　　　　　　　　　　　　　5 000 000

（4）按土地增值税规定，计算整个工程项目收入应交土地增值税时。

借：税金及附加　　　　　　　　　　　　　　　　　　　　　　　　　　　　　　800 000
　　贷：应交税费——应交土地增值税　　　　　　　　　　　　　　　　　　　　　800 000

（5）缴清应交土地增值税时。

借：应交税费——应交土地增值税　　　　　　　　　　　　　　　　　　　　　　600 000
　　贷：银行存款　　　　　　　　　　　　　　　　　　　　　　　　　　　　　　600 000

【例9-5】天湖房地产公司7月销售A项目取得普通住宅预收款8 880万元，开工许可证在"营改增"后取得，适用增值税一般计税方法，本省规定的土地增值税预征率为2%。

预缴增值税=8 880÷（1+9%）×3%=244.4（万元）

预缴土地增值税=（8 880-244.4）×2%=172.71（万元）

做如下会计分录。

（1）收到预收款时。

借：银行存款　　　　　　　　　　　　　　　　　　　　　　　　　　　　　　88 800 000
　　贷：预收账款　　　　　　　　　　　　　　　　　　　　　　　　　　　　　88 800 000

（2）次月预缴增值税时。
借：应交税费——预缴增值税　　　　　　　　　　　　　　2 444 000
　　贷：银行存款　　　　　　　　　　　　　　　　　　　　　　2 444 000
（3）预缴土地增值税时。
借：应交税费——土地增值税　　　　　　　　　　　　　　1 727 100
　　贷：银行存款　　　　　　　　　　　　　　　　　　　　　　1 727 100
可见，预缴增值税与预缴土地增值税的计税依据并不一致。

二、非主营房地产企业转让房地产时土地增值税的会计处理

企业转让国有土地使用权连同地上建筑物及其附着物时应通过"固定资产清理"等账户核算，取得的转让收入记入"固定资产清理"等账户的贷方；应缴纳的土地增值税，借记"固定资产清理"等，贷记"应交税费——应交土地增值税"等。转让以行政划拨方式取得的国有土地使用权时也应缴纳土地增值税。企业先将缴纳的土地出让金作为"无形资产"入账，按转让无形资产进行会计处理。

【例9-6】某企业于"营改增"后转让以行政划拨方式取得的土地使用权，转让土地使用权应补交土地出让金5万元，取得土地使用权转让收入21.8万元（含税），增值税税率为9%。有关税务会计处理如下。

（1）补交出让金。
借：无形资产　　　　　　　　　　　　　　　　　　　　　　50 000
　　贷：银行存款　　　　　　　　　　　　　　　　　　　　　　　50 000
（2）计算应交土地增值税。
增值额=218 000÷1.09-50 000=150 000（元）
增值率=150 000÷50 000×100%=300%
销售额=218 000÷（1+9%）=200 000（元）
应交增值税=20 000×9%=18 000（元）
应交土地增值税=150 000×60%-50 000×35%=72 500（元）
借：银行存款　　　　　　　　　　　　　　　　　　　　　　216 000
　　贷：应交税费——应交增值税（销项税额）　　　　　　　　　　18 000
　　　　　　　　——应交土地增值税　　　　　　　　　　　　　　72 500
　　　　无形资产　　　　　　　　　　　　　　　　　　　　　　　50 000
　　　　资产处置损益　　　　　　　　　　　　　　　　　　　　　75 500
上交土地增值税。
借：应交税费——应交土地增值税　　　　　　　　　　　　72 500
　　贷：银行存款　　　　　　　　　　　　　　　　　　　　　　　72 500

第四节　土地增值税的纳税申报

一、土地增值税的纳税期限和纳税地点

土地增值税的纳税人应于转让房地产合同签订之日起7日内到房地产所在地的税务机关办理纳

税申报，并向税务机关提交建筑物产权、土地使用权证书，土地转让、房产买卖合同，房地产评估报告以及其他与转让房地产有关的资料。

纳税人因经常发生房地产转让而难以在每次转让后申报的，经税务机关审核同意后，可以定期进行纳税申报，具体期限由税务机关根据具体情况确定。

房地产所在地是指房地产的坐落地。纳税人转让的房地产坐落在两个或两个以上地区的，应按房地产所在地分别纳税。

纳税人应按照税务机关核定的税额及规定的期限缴纳土地增值税。

纳税人没有依法缴纳土地增值税，土地管理部门、房产管理部门可以拒办权属变更手续。

二、土地增值税的纳税申报

土地增值税的纳税主体不同，其申报表也不相同。现行申报表有七种，另外还有相关附表，本章仅列示前两种申报表（见表9-2、表9-3）。

表9-2　　　　　　　　　　　土地增值税纳税申报表（一）
（从事房地产开发的纳税人预征适用）

税款所属时间：　年　月　日至　年　月　日　　填表日期：　年　月　日
项目名称：　　　项目编号：　　　金额单位：元至角分　　面积单位：平方米
纳税人识别号

房产类型	房产类型子目	收入				预征率（%）	应纳税额	税款缴纳	
		应税收入	货币收入	实物收入及其他收入	视同销售收入			本期已缴税额	本期应缴税额计算
—	1	2=3+4+5	3	4	5	6	7=2×6	8	9=7-8
普通住宅									
非普通住宅									
其他类型房地产									
合计	—					—			
以下由纳税人填写：									
纳税人声明	此纳税申报表是根据《中华人民共和国土地增值税暂行条例》及其实施细则和国家有关税收规定填报的，是真实的、可靠的、完整的。								
纳税人签章				代理人签章			代理人身份证号		
以下由税务机关填写：									
受理人			受理日期		年　月　日		受理税务机关签章		

本表一式两份，一份纳税人留存，一份税务机关留存。各栏中的"收入"不含增值税。

表9-3　　　　　　　　　　　土地增值税纳税申报表（二）
（从事房地产开发的纳税人清算适用）

税款所属时间：　年　月　日至　年　月　日　　填表日期：　年　月　日
金额单位：元至角分　　面积单位：平方米
纳税人识别号

纳税人名称		项目名称		项目编号		项目地址	
所属行业		登记注册类型		纳税人地址		邮政编码	
开户银行		银行账号		主管部门		电话	
总可售面积				自用和出租面积			
已售面积		其中：普通住宅已售面积		其中：非普通住宅已售面积		其中：其他类型房地产已售面积	

续表

项目		行次	金额			
			普通住宅	非普通住宅	其他类型房地产	合计
一、转让房地产收入总额　1=2+3+4		1				
其中	货币收入	2				
	实物收入及其他收入	3				
	视同销售收入	4				
二、扣除项目金额合计　5=6+7+14+17+21		5				
1. 取得土地使用权所支付的金额		6				
2. 房地产开发成本　7=8+9+10+11+12+13		7				
其中	土地征用及拆迁补偿费	8				
	前期工程费	9				
	建筑安装工程费	10				
	基础设施费	11				
	公共配套设施费	12				
	开发间接费用	13				
3. 房地产开发费用　14=15+16		14				
其中	利息支出	15				
	其他房地产开发费用	16				
4. 与转让房地产有关的税金等　17=18+19+20		17				
其中	营业税	18				
	城市维护建设税	19				
	教育费附加	20				
5. 财政部规定的其他扣除项目		21				
6. 代收费用		22				
三、增值额　23=1-5		23				
四、增值额与扣除项目金额之比（%）24=23÷5		24				
五、适用税率（%）		25				
六、速算扣除系数（%）		26				
七、应缴土地增值税税额　27=23×25-5×26		27				
八、减免税额　28=30+32+34		28				
其中	减免税（1）	减免性质代码	29				
		减免税额	30				
	减免税（2）	减免性质代码	31				
		减免税额	32				
	减免税（3）	减免性质代码	33				
		减免税额	34				
九、已缴土地增值税税额		35				
十、应补（退）土地增值税税额　36=27-28-35		36				
以下由纳税人填写						
纳税人声明	此纳税申报表是根据《中华人民共和国土地增值税暂行条例》及其实施细则和国家有关税收规定填报的，是真实的、可靠的、完整的。					
纳税人签章		代理人签章		代理人身份证号		
以下由税务机关填写						
受理人		受理日期	年　月　日	受理税务机关签章		

本表一式两份，一份纳税人留存，一份税务机关留存。第2~4行中的"收入"不含增值税。

本章重点与难点

土地增值税的增值额与增值率的计算，扣除项目金额的确认计量，应交土地增值税的计算，土地增值税的清算，相关会计处理和纳税申报表的填制。

思考题

1. 简述土地增值税的纳税范围。
2. 简述土地增值税的计算步骤。
3. 如何计算土地增值税的增值额和应交土地增值税税额？
4. 土地增值税的会计处理与增值税有何联系？

技能题

一、计算题

1. 某房地产开发公司8月销售其新建商品房一幢，取得不含增值税销售收入14 000万元，已知该公司支付与商品房相关的土地使用费及开发成本合计为4 800万元；该公司没有按房地产项目计算分摊银行借款利息；该商品房所在地的省人民政府规定计征土地增值税时房地产开发费用扣除比例为最高比例；准予扣除的有关税金为770万元。

要求：计算该商品房应交土地增值税。

2. 某工业企业5月1日转让其位于县城的一栋办公楼，取得不含增值税销售收入12 000万元。十年前建造该办公楼时，为取得土地使用权支付金额3 000万元，发生建造成本4 000万元。转让时经政府批准的房地产评估机构评估，确定该办公楼的重置成本价为8 000万元。

其他相关资料：产权转移书据印花税税率为0.5‰，成新度折扣率为60%，纳税人选择简易计税方法缴纳增值税。

要求：根据上述资料，回答下列问题，如有计算需计算出合计数。
（1）请解释重置成本价的含义。
（2）计算土地增值税时该企业办公楼的评估价格。
（3）计算土地增值税时允许扣除的税金及附加。
（4）计算土地增值税时允许扣除的印花税。
（5）计算土地增值税时允许扣除项目金额的合计数。
（6）计算转让办公楼的应缴土地增值税。

二、会计核算题

资料：（1）某房地产公司销售"营改增"前自行建造的普通标准住宅楼一栋，取得售房款560万元。该公司为建房支付地价款98万元，建楼成本为280万元，开发费用按地价款和建楼成本的10%计算，增值税税率为5%，城市维护建设税税率为7%，教育费附加征收率为3%。

（2）假定取得售房款1 000万元，其他资料同（1）。

（3）某房地产公司采用预缴土地增值税的方法，经主管税务机关核定，先按预收款的10%预缴土地增值税，公司当月预收售房款300万元。下月工程竣工，确认全部收入应为650万元。按税法规定，该工程项目应交土地增值税75万元。

要求：根据上述资料，计算应交土地增值税，并做相应的会计处理。

第十章 其他税会计

1. 了解本章各税种课征的意义和特点。
2. 理解本章各税种的计税依据。
3. 掌握本章各税种的会计记录方法和纳税申报要求。

"其他税会计"是前述税种之外几个比较常见税种的会计,其共同点是比较小、比较简单,但它们在税务会计中也是不可或缺的。小税种可以发挥大效应,小税种也可能存在大风险。

第一节 城市维护建设税会计

一、城市维护建设税概述

1985年2月8日,国务院颁布了《中华人民共和国城市维护建设税暂行条例》,并于当年1月1日起施行。2020年8月11日,第十三届全国人民代表大会常务委员会第二十一次会议通过《中华人民共和国城市维护建设税法》,自2021年9月1日起施行。

在我国境内缴纳增值税、消费税的单位和个人,为城市维护建设税(以下简称"城建税")的纳税人。城建税的扣缴义务人为负有增值税、消费税扣缴义务的单位和个人,在扣缴增值税、消费税的同时扣缴城建税。

城建税是一种附加税,它以纳税人依法实际缴纳的增值税、消费税税额为计税依据(不包括对纳税人加收的滞纳金和罚款等非税款项),计税依据应按规定扣除期末留抵退税退还的增值税税额。

城建税的征收以跨境为界。跨境出口征收城建税,出口退税不退城建税。进口货物或者境外单位、个人向境内销售服务、无形资产缴纳的增值税、消费税税额,不征收城建税。

纳税人所在地在市区的,税率为7%;纳税人所在地在县城、镇的,税率为5%;纳税人所在地不在市区、县城或镇的,税率为1%。

城建税的纳税义务发生(申报缴纳)时间与增值税、消费税的纳税义务发生时间一致,分别与增值税、消费税同时缴纳。

企业预缴增值税时,也应同时按预缴增值税所在地的适用税率、征收率就地计算缴纳城建税和教育费附加。以预缴增值税为依据计算缴纳的城建税和教育费附加不属预缴,不存在抵税的问题。在机构所在地应缴纳的城建税和教育费附加是以实缴增值税为基数,再依照机构所在地的适用税率、征收率就地计算缴纳城建税和教育费附加。如果建筑服务发生地与机构所在地城建税税率存在差异，不再补缴或退税。对于享受增值税优惠政策（如即征即退、先征后返）的退税，不能同时退还城建税。

国务院对重大公共基础设施建设、特殊产业和群体以及重大突发事件应对等情形可以规定减征或者免征城市维护建设税，报全国人大常委会备案。

二、城市维护建设税的会计处理

企业应通过"应交税费——应交城市维护建设税"账户，对城市维护建设税进行会计处理。

【例10-1】某汽车厂所在地为省会城市，当月实际缴纳增值税275万元、消费税400万元。

（1）计提应交城市维护建设税时。

应交城市维护建设税=（275+400）×7%=47.25（万元）

借：税金及附加	472 500
贷：应交税费——应交城市维护建设税	472 500

（2）缴纳税款时。

借：应交税费——应交城市维护建设税	472 500
贷：银行存款	472 500

（3）计提教育费附加。教育费附加的计征率为3%，地方教育费附加的计征率为2%。

应交教育费附加=（275+400）×（3%+2%）=33.75（万元）

借：税金及附加	337 500
贷：应交税费——应交教育费附加	337 500

【例10-2】5月月底，退税机关已审批某企业"免、抵、退"税额100万元。其中，退税额40万元，免抵税额60万元。该企业在收到退税机关返还的"生产企业出口货物免、抵、退税申报汇总表"后，依据免抵税额计算城市维护建设税（税率为7%）和教育费附加（地方教育费附加略），有关计算和账务处理如下。

月底，收到"生产企业出口货物免、抵、退税申报汇总表"时。

借：其他应收款——应收出口退税（增值税）	400 000
应交税费——应交增值税（出口退税抵减应纳税额）	600 000
贷：应交税费——应交增值税（出口退税）	1 000 000

计提城市维护建设税。

应交城市维护建设税=600 000×7%=42 000（元）

借：税金及附加	42 000
贷：应交税费——应交城市维护建设税	42 000

计提教育费附加。

教育费附加=600 000×3%=18 000（元）

借：税金及附加	18 000
贷：应交税费——应交教育费附加	18 000

上缴税费时。

借：应交税费——应交城市维护建设税	42 000
——应交教育费附加	18 000
贷：银行存款	60 000

第二节 房产税会计

一、房产税的纳税人

房产税是以房屋为征税对象，按照房屋的计税余值或租金收入对产权所有人征收的一种财产税。凡在我国境内拥有房屋产权的单位和个人均为房产税的纳税人。产权国有的，其经营管理单位和个人为纳税人；产权出典的，承典人为纳税人；产权所有人、承典人不在房产所在地，或者产权未确定或租典纠纷未解决的，房产代管人或者使用人为纳税人。

二、房产税的纳税范围和计税依据

房产税的纳税范围为城市、县城、工矿区、建制镇，不涉及农村，而且仅限于经营性房产。

房产税以房产评估值（现按原值）为计税依据。房产评估值是指房产在评估时的市场价值。房产评估值由省级人民政府认定的资产评估机构进行评估，每3～5年评估一次，具体时间由省级人民政府确定。

对按照房产原值计税的房产，无论财务会计如何核算，房产原值均应包含地价，包括为取得土地使用权而支付的价款、开发土地发生的成本费用等。宗地容积率低于0.5的，按房产建筑面积的2倍计算土地面积并据此确定计入房产原值的地价。

与地上房屋相连的地下建筑，如房屋的地下室、地下停车场、商场的地下部分等，应将地下部分与地上房屋视为一个整体，按照地上房屋建筑的有关规定计算缴纳房产税。

三、房产税的税率

房产税以房产的计税余值或租金收入为计税依据，采用比例税率。按房产余值计征的，税率为1.2%；按租金收入计征的，税率为12%。

对个人出租住房，不区分用途，按4%的税率征收房产税；对企事业单位、社会团体以及其他组织按市场价格向个人出租用于居住的住房，减按4%的税率征收房产税。

四、房产税的减免

免缴房产税的房产是：国家机关、人民团体、军队的房产；由国家财政部门拨付事业经费单位的房产；高校学生公寓（为高校学生提供住宿服务，按照国家规定收费标准收取住宿费的学生公寓）；宗教寺庙、公园、名胜古迹的房产；个人的房产。上述单位和个人用于生产经营的房产除外。房地产开发企业建造的商品房，在售出前免缴房产税，但在售出前本企业已使用或出租、出借的商品房，应按规定缴纳房产税。

五、房产税的确认计量

购置新建商品房、存量房，出租、出借房产，房地产开发企业自用、出租、

房产原值与房产余值

出借自建商品房，自交付使用或办理权属转移之次月起，计缴房产税和城镇土地使用税。纳税人因房产、土地的实物或权利状态发生变化而依法终止房产税、城镇土地使用税纳税义务的，其应纳税款的计算应截止到房产、土地的实物或权利状态发生变化的当月末。房产税的基本计算公式如下：

应交房产税=房产评估值×适用税率

实务中，房产税有以下两种计算方法。

① 按房产原值一次减除10%～30%后的余值计算。

应交房产税=房产账面原值×（1-一次性减除率）×1.2%

② 按租金收入计算。

应交房产税=年租金收入÷（1+9%）×适用税率（12%）

对自用地下建筑，按以下方法计税。

① 工业用途房产，以房屋原价的50%～60%为应税房产原值。

应交房产税=应税房产原值×[1-（10%～30%）]×1.2%

② 商业和其他用途房产，以房屋原价的70%～80%为应税房产原值。

应交房产税=应税房产原值×[1-（10%～30%）]×1.2%

房产税按年计算，分期（月、季、半年）缴纳。

【例10-3】天河公司为扩大生产规模，去年9月取得一块面积为5万平方米的土地用于建厂房，支付的9 000万元地价款计入无形资产。厂房建筑面积为11万平方米，建筑成本为5 200万元，今年11月交付使用。

新建厂房宗地容积率为2.2（11万平方米÷5万平方米），大于0.5，应将全部地价款一并计入房产原值。

当年应交房产税=（9 000+5 200）×（1-30%）×1.2%=119.28（万元）

六、房产税的会计处理

企业按规定计算或预提的房产税，应借记"税金及附加"等，贷记"应交税费——应交房产税"。

【例10-4】在天河公司当年1月1日的"固定资产"分类账中，房产原值为2 400万元。2月，企业将500万元的房产租给其他单位使用，每年收租金60万元。3月，房产无变化。当地政府规定，企业自用房屋按房产原值一次减除20%后作为房产余值纳税。按年计算、分季缴纳房产税。

1. 房产税的计算

（1）1月按房产余值计算应交房产税。

年应交房产税=24 000 000×（1-20%）×1.2%=230 400（元）

月应交房产税=230 400÷12=19 200（元）

（2）2月应交房产税的计算。

① 按房产余值计算。

年应交房产税=（24 000 000-5 000 000）×（1-20%）×1.2%=182 400（元）

月应交房产税=182 400÷12=15 200（元）

② 按租金收入计算。

月应交房产税=600 000÷（1+9%）×12%÷12=5 505（元）

2月应交房产税合计=15 200+5 505=20 705（元）

（3）3月应交房产税与2月相同。

2. 相关会计分录

（1）1月预提税金时

借：税金及附加　　　　　　　　　　　　　　　　　　　　　　　　　19 200
　　贷：应交税费——应交房产税　　　　　　　　　　　　　　　　　　　　19 200

（2）2月预提税金时

借：税金及附加（15 200+5 505）　　　　　　　　　　　　　　　　　　20 705
　　贷：应交税费——应交房产税　　　　　　　　　　　　　　　　　　　　20 705

3月与2月相同（分录略）。

（3）缴纳第一季度房产税时

借：应交税费——应交房产税　　　　　　　　　　　　　　　　　　　　60 610
　　贷：银行存款　　　　　　　　　　　　　　　　　　　　　　　　　　　60 610

【例10-5】某企业系一般纳税人，5月购进房产用作仓储，取得的增值税专用发票上注明金额1 000万元、税额90万元。假设房产折旧年限为20年，残值为0。每月应交房产税计算如下。

应交房产税=1 000×（1-30%）×1.2%÷12=0.7（万元）

借：税金及附加　　　　　　　　　　　　　　　　　　　　　　　　　 7 000
　　贷：应交税费——应交房产税　　　　　　　　　　　　　　　　　　　　 7 000

一年后，企业将该房产改作职工食堂。改变用途后，每月应交房产税计算如下。

房产累计折旧=1 090÷20×1=54.5（万元）

房产净值=1 090-50=1 040（万元）

房产净值率=1 040÷1 090=95.4%

不得抵扣进项税额=1 090×95.4%=1 039.86（万元）

改变用途后房产账面价值=1 090-1 039.86=50.14（万元）

改变用途后每月应交房产税=50.14×（1-30%）×1.2%÷12=0.035（万元）

借：税金及附加　　　　　　　　　　　　　　　　　　　　　　　　　　　35
　　贷：应交税费——应交房产税　　　　　　　　　　　　　　　　　　　　　35

第三节　车船税会计

一、车船税的纳税人和扣缴义务人

车船税是对在我国境内规定车辆和船舶的所有人或管理人征收的一种财产税。

在我国境内，车辆、船舶（以下简称"车船"）的所有人或者管理人为车船税的纳税人。从事机动车第三者责任强制保险业务的保险机构为机动车车船税的扣缴义务人，应当在收取保险费时依法代收车船税，并出具代收税款凭证。扣缴义务人在代收车船税时，应当在机动车交通事故责任强制保险的保险单以及保费发票上注明已收税款信息，作为代收税款凭证。

二、车船税的计税依据和单位税额

车船税属于财产税类，本应按其价值采用比例税率计税，但鉴于车船种类繁多、变动频繁，如若每次都按其价格或评估价值计税，则难度大，不易操作，因此采用从量定额计税。计税依据是车船的排气量、整备质量、核定载客人数、净吨位、千瓦、艇身长度，以车船登记管理部门核发的车船登记证书或者行驶证所载数据为准；依法不需要办理登记的车船和应依法登记而未办理登记或者不能提供车船登记证书、行驶证的车船，以车船出厂合格证明或者进口凭证上标注的技术参数、数据为准；不能提供车船出厂合格证明或者进口凭证的，由主管税务机关参照国家相关标准核定，没有国家相关标准的参照同类车船核定。

国务院财政部门、税务主管部门在车船税税目税额表（见表10-1）规定的税目范围和税额幅度内划分子税目，并明确车辆的子税目税额幅度和船舶的具体适用税额。车船的具体适用税额由省、自治区、直辖市人民政府在规定的子税目税额幅度内确定。

表 10-1　　　　　　　　　　　　　　车船税税目税额表

税目		计税单位	年基准税额（元）	备注
乘用车按发动机气缸容量（排气量）分档	1.0升（含）以下的	每辆	60～360	核定载客人数 9 人（含）以下
	1.0 升以上至 1.6 升（含）		360～660	
	1.6 升以上至 2.0 升（含）		660～960	
	2.0 升以上至 2.5 升（含）		960～1 620	核定载客人数 9 人（含）以下
	2.5 升以上至 3.0 升（含）		1 620～2 460	
	3.0 升以上至 4.0 升（含）		2 460～3 600	
	4.0 升以上的		3 600～5 400	
商用车	客车	每辆	480～1 440	核定载客人数 9 人（包括电车）
	货车	整备质量每吨	16～120	1. 包括半挂牵引车、挂车、客货两用汽车、三轮汽车和低速载货汽车 2. 挂车按照货车税额的 50%计算
其他车辆	专用作业车	整备质量每吨	16～120	不包括拖拉机
	轮式专用机械车	整备质量每吨	16～120	
摩托车		每辆	36～180	
船舶	机动船舶	净吨位每吨	3～6	拖船、非机动驳船分别按机动船舶税额的 50%计算，游艇的税额另行规定
	游艇	艇身长度每米	600～2 000	

三、车船税的减免

捕捞、养殖渔船，军队、武警专用的车船，其他警用车船，依照法律规定应当予以免税的外国驻华使领馆、国际组织驻华代表机构及其有关人员的车船免征车船税。

对符合条件的新能源车船、节约能源车船，减半征收车船税。对受严重自然灾害影响纳税困难以及由于其他特殊原因确需减税、免税的，可以减征或者免征车船税。具体办法由国务院规定，并报全国人民代表大会常务委员会备案。

省、自治区、直辖市人民政府根据当地实际情况，可以对公共交通车船，农村居民拥有并主要在农村地区使用的摩托车、三轮汽车和低速载货汽车定期减征或者免征车船税。

临时入境的外国车船和我国香港、澳门、台湾地区的车船，不征收车船税。按照规定缴纳船舶吨税的机动船舶，自车船税法实施之日起 5 年内免征车船税。依法不需要在车船登记管理部门登记的在机场、港口、铁路站场内部行驶或者作业的车船,自车船税法实施之日起5年内免征车船税。

四、车船税纳税期限、纳税地点

车船税按年申报,分月计算,一次性缴纳。纳税年度为公历1月1日至12月31日。

车船税的纳税地点为车船的登记地或者车船税扣缴义务人所在地。依法不需要办理登记的车船,车船税的纳税地点为车船所有人或者管理人所在地。

五、车船税的确认计量

(一)纳税义务的确认

车船税纳税义务发生时间为取得车船所有权或者管理权的当月(以购买车船的发票或者其他证明文件所载日期为准)。纳税人在购车缴纳交强险的同时,由保险机构代收代缴车船税。

(二)应纳税额的计算

(1)乘用车、商用车(客车)、摩托车。
应交车船税=应税车辆数×单位税额
(2)商用车(货车)、挂车、其他车辆。
应交车船税=整备质量吨数×单位税额
(3)船舶(机动船舶)。
应交车船税=净吨位数×单位税额
(4)购置的新车船,购置当年应纳税额自纳税义务发生的当月起按月计算。应纳税额为年应纳税额除以12再乘以纳税月份数。

【例10-6】某运输公司拥有商用货车10辆(整备质量20吨)、商用客车30辆、乘用车5辆。
假设商用货车每吨征收车船税60元,商用客车每辆征收车船税1 000元,乘用车每辆征收车船税500元。公司年应交车船税计算如下。
商用货车应交车船税=10×20×60=12 000(元)
商用客车应交车船税=30×1 000=30 000(元)
乘用车应交车船税=5×500=2 500(元)
应交车船税合计44 500元。

【例10-7】某船务公司3月购入一艘净吨位为10 050的船舶、一艘20 000千瓦拖船,发票日期为当月。拖船按照发动机功率每千瓦折合净吨位0.67吨计缴车船税。计算新增船舶、拖船当年应交车船税。
将拖船的功率数折合为净吨位数=0.67×20 000=13 400(吨)
船舶、拖船相应税目的具体适用税额为每吨6元,则:
船舶当年应交车船税=10 050×6×10/12=50 250(元)
拖船当年应交车船税=13 400×6×10/12×50%=33 500(元)
应交车船税合计=50 250+33 500=83 750(元)

六、车船税的会计处理

企业按规定缴纳的车船税,一般可在"税金及附加"账户中列支。

【例10-8】根据【例10-6】中的计算结果,该运输公司做如下会计分录。
(1) 反映应交车船税时。
借:税金及附加　　　　　　　　　　　　　　　　44 500
　　贷:应交税费——应交车船税　　　　　　　　　　　　44 500
(2) 实际缴纳车船税时。
借:应交税费——应交车船税　　　　　　　　　　44 500
　　贷:银行存款　　　　　　　　　　　　　　　　　　44 500

第四节　印花税会计

一、印花税的性质和意义

印花税是一种行为税,因其采用在应税凭证上粘贴印花税票的方法作为完税的标记,故称印花税。对应税凭证征税,实质上就是对经济行为课税。

1624年,荷兰首创印花税。中华人民共和国成立后,1950年1月,政务院颁布了《全国税政实施要则》,规定印花税为全国统一开征的税种。2018年11月1日,财政部、国家税务总局发布了《中华人民共和国印花税法》(征求意见稿)。

征收印花税,可以调节和规范市场经济行为,使之在保护财产权利、促进市场在资源配置中发挥重要作用,同时也是政府了解微观经济运行的一种有力手段;也有利于在对外经济活动中维护我国的经济权益。

征收印花税,可以加强国家对应税凭证的监督管理,及时了解和掌握纳税人的经济活动情况和税源变化情况,有助于对其他税种的征管;可促使各种经济活动合法化、规范化,促进经济往来各方信守合同,提高合同兑现率。

二、印花税的纳税人和计税依据

(一) 纳税人和纳税义务确认

印花税的纳税人是订立、领受在我国境内具有法律效力的应税凭证,或者在我国境内进行证券交易的单位和个人。证券交易印花税的扣缴义务人是证券登记结算机构。

应税凭证是指《印花税税目税率表》规定的书面形式的合同、产权转移书据、营业账簿和权利、许可证照;证券交易是指在依法设立的证券交易所上市交易或者在国务院批准的其他证券交易场所转让公司股票和以股票为基础发行的存托凭证。

印花税纳税义务发生时间为纳税人订立、领受应税凭证或者完成证券交易的当日,证券交易印花税扣缴义务发生时间为证券交易完成的当日。

(二) 计税依据

(1) 应税合同的计税依据为合同列明的价款或者报酬(不含增值税税款);合同中价款或者报酬与增值税税款未分开列明的,按照合计金额确定。

(2) 应税产权转移书据的计税依据为产权转移书据列明的价款(不含增值税税款)。产权转移书据中价款与增值税税款未分开列明的,按照合计金额确定。

（3）应税营业账簿的计税依据为营业账簿记载的实收资本（股本）、资本公积合计金额。

（4）应税权利、许可证照的计税依据按件确定。

（5）证券交易的计税依据为成交金额。

（6）应税合同、产权转移书据未列明价款或者报酬的，按照订立合同、产权转移书据时的市场价格确定；依法应当执行政府定价的，按照其规定确定。

除上述情况外，按照实际结算价款或者报酬确定。

（7）以非集中交易方式转让证券时无转让价格的，按办理过户登记手续前一个交易日的收盘价计算确定计税依据；办理过户登记手续前一个交易日无收盘价的，按证券面值计算确定计税依据。

三、印花税的税目、税率

印花税的税目分为五大类，即合同，产权转移书据，权利、许可证照，营业账簿，证券交易。印花税采用比例税率和定额税率两种税率。

（1）比例税率。印花税的比例税率共有五个档次，即1‰、0.5‰、0.3‰、0.25‰、0.05‰。按比例税率征税的有各类合同、产权转移书据、营业账簿、证券交易等。

（2）定额税率。印花税的定额税率按件定额贴花，每件5元。适用于权利、许可证照。这些凭证不属资金账或没有金额记载，对其按件定额征税，可方便纳税和简化征管。

印花税税目、税率如表10-2所示。

表10-2　　　　　　　　　　　印花税税目、税率

税目		税率	备注
合同	买卖合同	支付价款的0.3‰	指动产买卖合同
	借款合同	借款金额的0.05‰	指银行业金融机构和借款人（不包括银行同业拆借）订立的借款合同
	融资租赁合同	租金的0.05‰	
	租赁合同	租金的1‰	
	承揽合同	支付报酬的0.3‰	
	建筑工程合同	支付价款的0.3‰	
	运输合同	运输费用的0.3‰	指运货合同和多式联运合同（不包括管道运输合同）
	技术合同	支付价款、报酬或使用费的0.3‰	
	保管合同	保管费的1‰	
	仓储合同	仓储费的1‰	
	财产保险合同	保险费的1‰	不包括再保险合同
产权转移书据	土地使用权出让和转让书据；房屋等建筑物、构筑物所有权、股权（不包括上市和挂牌公司股票）、商标专用权、专利权、著作权、专有技术使用权转让书据	支付价款的0.5‰	
权利、许可证照	不动产权证书、营业执照、商标注册证、专利证书	每件5元	
营业账簿		实收资本（股本）、资本公积合计金额的0.25‰	
证券交易		成交金额的1‰	仅对证券交易的出让方征收

四、印花税的计算

应交印花税的基本计算公式如下:

应交印花税=计税依据×适用税率(或适用单位税额)

(1) 应税合同的应纳税额为价款、报酬、租金等乘以适用税率。

(2) 应税产权转移书据的应纳税额为支付价款乘以适用税率。

(3) 应税营业账簿的应纳税额为实收资本(股本)、资本公积合计金额乘以适用税率。

(4) 应税权利、许可证照的应纳税额为适用税额。

(5) 证券交易的应纳税额为成交金额或者按规定计算确定的计税依据乘以适用税率。

(6) 同一应税凭证载有两个或两个以上经济事项并分别列明价款或报酬的,按各自适用税目税率计算应纳税额;未分别列明价款或报酬的,按税率高的计算应纳税额。

(7) 同一应税凭证由两方或者两方以上当事人订立的,应按各自涉及的价款或报酬分别计算应纳税额。

印花税票面额最低为0.10元,按适用税率计算出的应纳税额不足0.10元的凭证,免贴印花税。应纳税额在0.10元以上的,按四舍五入规则,尾数不满0.05元的不计,满0.05元的按0.10元计算。财产租赁合同最低纳税起点为1元,即税额超过0.10元,但不足1元的,按1元纳税。

【例10-9】某企业在与客户签订的房租租赁合同中,约定年租金为10万元(不含税),增值税税额为0.9万元。以10万元为印花税的计税依据,财产租赁合同按租赁金额的1‰贴花,则:

应交印花税=100 000×1‰=100(元)

如果在合同中约定年租金为10.9万元(含税),未单独记载增值税税额,则:

应交印花税=109 000×1‰=109(元)

【例10-10】某企业于某年1月1日新启用"实收资本"和"资本公积"账簿,期初余额分别为240万元和80万元。年初,计算该企业"实收资本"和"资本公积"账簿应纳印花税为:

应交印花税=(2 400 000+800 000)×0.5‰=1 600(元)

当年年末,"实收资本"和"资本公积"账簿的余额分别是280万元和120万元,则应按增加金额计税(如果年末该账簿的金额减少,则不退印花税):

年交印花税=(2 800 000-2 400 000+1 200 000-800 000)×0.5‰=400(元)

五、印花税的贴花和减免

(一)印花税贴花

(1) 纳税人在应纳税凭证书立或领受时即行贴花完税,不得延至凭证生效日期贴花。

(2) 印花税票应贴在应纳税凭证上,并由纳税人在每枚税票的骑缝处盖戳注销或划销,严禁揭下重用。

(3) 已贴花的凭证,修改后所载金额增加的部分,应补贴印花。

(4) 对已贴花的各类应纳税凭证,纳税人须按规定期限保管,不得私自销毁。

(5) 合同在签订时无法确定计税金额时,采取两次纳税方法。签订合同时,先对每件合同定额贴花5元;结算时,再按实际金额和适用税率计税,补贴印花。

(6) 高校学生签订的高校学生公寓租赁合同,免征印花税。

(7) 未贴或少贴印花税票时,除补贴印花税票外,还应处以应补印花税票金额3~5倍的罚款;已粘贴的印花税票,未注销或未划销的,处以未注销、未划销印花税票金额1~3倍的罚款;已贴用的印花税票揭下重用的,处以重用印花税票金额5倍或2 000元以上、10 000元以下的罚款。

(二)印花税减免

(1)对应税凭证的副本或者抄本,免征印花税。

(2)对农民、农民专业合作社、农村集体经济组织、村民委员会购买农业生产资料或者销售自产农产品订立的买卖合同和农业保险合同,免征印花税。

(3)对无息、贴息借款合同、国际金融组织向我国提供优惠贷款订立的借款合同、金融机构与小型微型企业订立的借款合同,免征印花税。

(4)对财产所有权人将财产赠与政府、学校、社会福利机构订立的产权转移书据,免征印花税。

(5)对军队、武警部队订立、领受的应税凭证,免征印花税。

(6)高校学生签订的高校学生公寓租赁合同,免征印花税。

(7)国务院规定免征或者减征印花税的其他情形。

六、印花税的会计处理

企业在发生纳税义务时,凡是不需要预计应交税款的,或者与税务机关不存在结算、清算关系的(不会形成税款债务),即直接计算缴纳的税金,在进行会计处理时,可以不通过"应交税费"账户核算,如印花税、车辆购置税、耕地占用税、契税等。这样进行会计处理固然可以简化工作量,但"应交税费"及其二级账户不能反映企业缴纳的全部税种及其金额,不能通过一个账户了解企业纳税的全貌,从而不便于分析企业的整体税负。因此,本书对包括印花税在内的所有税种,不论大小(税种、金额),不论是否会形成税金负债,均通过"应交税费"账户核算。

印花税的适用范围较广,其应记入账户可视业务具体情况予以确定:若是固定资产、无形资产的转让和租赁,作为购买方或承受方、承租方,其支付的印花税应借记"固定资产""无形资产""税金及附加"等;作为销售方或转让方、出租方,其支付的印花税应借记"固定资产清理""其他业务支出"等。在其他情况下,企业支付的印花税应借记"税金及附加"(如果一次购买印花税和缴纳税额较大,需分期摊入费用,则可通过"待摊费用"账户分摊)。企业在债务重组时,债务人应交的印花税应借记"税金及附加",贷记"银行存款";债权人则应借记"长期股权投资",贷记"银行存款"。

【例10-11】某建筑安装公司8月承包某工厂建筑工程一项,工程造价为6 000万元,按照经济合同法,双方签订建筑承包工程合同。订立建筑承包工程合同时,应按合同金额的0.3‰贴花。计算应纳税款,并做如下会计分录。

应交印花税=60 000 000×0.3‰=18 000(元)

借:税金及附加　　　　　　　　　　　　　　　　　　　　18 000
　　贷:应交税费——应交印花税　　　　　　　　　　　　　　　　18 000

同时,做如下会计分录。

借:应交税费——应交印花税　　　　　　　　　　　　　　18 000
　　贷:银行存款　　　　　　　　　　　　　　　　　　　　　　　18 000

各种合同应于合同正式签订时贴花。建筑公司应在自己的合同正本上贴花18 000元,由于该份合同应纳税额超过500元,故该公司应向税务机关申请填写缴款书或完税证,将其中一联粘贴在合同上或由税务机关在合同上加注完税标记。

【例10-12】某厂经营情况良好,但某年初仅就5份委托加工合同(合同总标的150万元)按每份5元粘贴了印花税票。经税务机关稽查,委托加工合同不能按件贴印花税票。该企业在此期间还与其他企业签订了购销合同20份,合同总标的800万元。税务机关做出补缴印花税并对逃税行为做出应补缴印花税票款四倍罚款的决定。

购销合同应补缴印花税额为：

8 000 000×0.3‰=2 400（元）

委托加工合同应补缴印花税额为：

1 500 000×0.3‰-25=425（元）

补缴印花税税款时，应做如下会计分录。

借：税金及附加　　　　　　　　　　　　　　　　　　　2 825
　　贷：银行存款　　　　　　　　　　　　　　　　　　　　　　2 825

上缴罚款时，应做如下会计分录。

借：营业外支出——税收罚款　　　　　　　　　　　　　11 300
　　贷：银行存款　　　　　　　　　　　　　　　　　　　　　11 300

【例10-13】M公司向N公司转让专利权一项，转让价格为45万元，已提减值准备8 000元，账面余额38万元，M公司适用的增值税税率为6%。

双方各自应交印花税=450 000×0.5‰=225（元）

M公司应交增值税=450 000÷（1+6%）×6%=25 472（元）

（1）M公司做如下会计分录。

借：银行存款　　　　　　　　　　　　　　　　　　　450 000
　　无形资产减值准备　　　　　　　　　　　　　　　　　8 000
　　贷：应交税费——应交增值税　　　　　　　　　　　　　　25 472
　　　　无形资产　　　　　　　　　　　　　　　　　　　　　380 000
　　　　资产处置损益　　　　　　　　　　　　　　　　　　　52 528

借：税金及附加　　　　　　　　　　　　　　　　　　　　 225
　　贷：银行存款　　　　　　　　　　　　　　　　　　　　　　 225

（2）N公司做如下会计分录（价款及税款）。

借：无形资产——××专利权　　　　　　　　　　　　450 225
　　贷：银行存款　　　　　　　　　　　　　　　　　　　　　450 225

【例10-14】某企业根据其日常经营情况，当月向主管税务机关购买印花税票11 000元备用，并在当月应税凭证上粘贴2 500元，做如下会计分录。

借：待摊费用　　　　　　　　　　　　　　　　　　　　11 000
　　贷：银行存款　　　　　　　　　　　　　　　　　　　　　11 000

借：税金及附加　　　　　　　　　　　　　　　　　　　　2 500
　　贷：待摊费用　　　　　　　　　　　　　　　　　　　　　2 500

第五节　契税会计

1997年7月7日，国务院发布《中华人民共和国契税暂行条例》；2020年8月11日，第十三届全国人民代表大会常务委员会第二十一次会议通过《中华人民共和国契税法》，自2021年9月1日起施行。

一、契税的纳税人和纳税范围

契税是以境内土地、房屋权属发生转移的不动产为征税对象，以当事人双方签订的合同契约为依据,向产权承受人一次性征收的一种财产税。

在我国境内转移土地、房屋权属,承受的单位和个人为契税的纳税人。

转移土地、房屋权属是指:(1)土地使用权出让(不包括土地承包经营权和土地经营权的转移);(2)土地使用权转让,包括出售、赠与、互换;(3)房屋买卖、赠与、互换。

以作价投资(入股)、偿还债务、划转、奖励等方式转移土地、房屋权属的,应按税法规定计算缴纳契税。

二、契税的计税依据

(1)土地使用权出让、出售,房屋买卖,为土地、房屋权属转移合同确定的成交价格,包括应交付的货币以及实物、其他经济利益对应的价款;

(2)土地使用权互换、房屋互换,为所互换的土地使用权、房屋价格的差额;

(3)土地使用权赠与、房屋赠与以及其他没有价格的转移土地、房屋权属行为,为税务机关参照土地使用权出售、房屋买卖的市场价格依法核定的价格。

纳税人申报的成交价格、互换价格差额明显偏低且无正当理由的,由税务机关依照《中华人民共和国税收征收管理法》的规定核定。

计税依据(成交价格、互换价格)不含增值税;若是免征增值税,其计税依据不得扣减增值税。

三、契税的税率和计算

契税实行幅度比例税率,税率为3%~5%。其计算公式如下:

应交契税=计税依据×适用税率

具体适用税率,由省、自治区、直辖市人民政府在规定的税率幅度内提出,报同级人大常委会决定,并报全国人大常委会和国务院备案;省级政府可按规定程序对不同主体、不同地区、不同类型住房的权属转移确定差别税率。

四、契税的减免

1. 免征契税

(1)国家机关、事业单位、社会团体、军事单位承受土地、房屋权属用于办公、教学、医疗、科研、军事设施;

(2)非营利性的学校、医疗机构、社会福利机构承受土地、房屋权属用于办公、教学、医疗、科研、养老、救助;

(3)承受荒山、荒地、荒滩土地使用权用于农、林、牧、渔业生产;

(4)婚姻关系存续期间夫妻之间变更土地、房屋权属;

(5)法定继承人通过继承承受土地、房屋权属;

(6)依照法律规定应当予以免税的外国驻华使馆、领事馆和国际组织驻华代表机构承受土地、房屋权属。

2. 国务院对居民住房需求保障、企业改制重组、灾后重建等情形可以规定免征或减征契税,报全国人大常委会备案;省级政府可以决定对下列情形免征或减征契税:

(1)因土地、房屋被县级以上人民政府征收、征用,重新承受土地、房屋权属;

(2)因不可抗力灭失住房,重新承受住房权属。

免征、减征契税的具体办法,由省级政府提出,报同级人大常委会决定,并报全国人大会常委会和国务院备案。

3. 纳税人改变有关土地、房屋的用途,或者有其他不再属于本法第六条规定的免征、减征契税情形的,应当缴纳已经免征、减征的税款。

五、契税的缴纳

契税的纳税义务发生时间,为纳税人签订土地、房屋权属转移合同的当天,或者纳税人取得其他具有土地、房屋权属转移合同性质凭证的当天。

纳税人应当自纳税义务发生之日起 10 日内,向土地、房屋所在地的契税征收机关办理纳税申报,并在契税征收机关核定的期限内缴纳税款。

纳税人办理纳税事宜后,契税征收机关应当向纳税人开具契税完税凭证。

纳税人应当持契税完税凭证和其他规定的文件材料,依法向土地管理部门、房产管理部门办理有关土地、房屋的权属变更登记手续。

纳税人未出具契税完税凭证的,土地管理部门、房产管理部门不予办理有关土地、房屋的权属变更手续。企业应按规定填写契税纳税申报表(见表 10-3)。

表 10-3 契税纳税申报表

填表日期: 年 月 日　　　金额单位:元至角分　　　面积单位:平方米

纳税人识别号

承受方信息	名称		□单位 □个人	
	登记注册类型		所属行业	
	身份证件类型	身份证□ 护照□ 其他□	身份证件号码	
	联系人		联系方式	
转让方信息	名称		□单位 □个人	
	纳税人识别号	登记注册类型	所属行业	
	身份证件类型	身份证件号码	联系方式	
土地房屋权属转移信息	合同签订日期	土地房屋坐落地址	权属转移对象	
	权属转移方式	用途	家庭唯一住房	□90 平方米以上 □90 平方米及以下
			家庭第二套住房	□90 平方米以上 □90 平方米及以下
	权属转移面积	成交价格	成交单价	
税款征收信息	评估价格	计税价格	税率	
	计征税额	减免性质代码	减免税额	应纳税额

以下由纳税人填写:

纳税人声明	此纳税申报表是根据《中华人民共和国契税暂行条例》和国家有关税收规定填报的,是真实的、可靠的、完整的。		
纳税人签章		代理人签章	代理人身份证号

以下由税务机关填写:

受理人		受理日期	年 月 日	受理税务相关签章	

注:本表一式两份,一份纳税人保存,一份税务机关留存

六、契税的会计处理

企业按规定计算应交契税后,应借记"固定资产""无形资产"等,贷记"应交税费——应交契税"。企业也可以不通过"应交税费——应交契税"账户核算,在实际缴纳契税时,借记"固定资产"

"无形资产"等,贷记"银行存款"。

【例10-15】某企业以1 000万元购得一块土地的使用权,当地规定契税税率为3%,应做如下会计分录。

应交契税=1 000×3%=30(万元)

借:无形资产——土地使用权　　　　　　　　　　　　　300 000
　　贷:银行存款　　　　　　　　　　　　　　　　　　　　300 000

【例10-16】M公司接受张某赠予房屋一栋,赠予契约未标明价格。经主管税务机关核定,房屋现值为460万元(假定评估价值与此相同),设契税税率为4%,则M公司应做如下会计分录。

应交契税=460×4%=18.4(万元)

借:固定资产　　　　　　　　　　　　　　　　　　　　4 784 000
　　贷:营业外收入　　　　　　　　　　　　　　　　　　　3 450 000
　　　　递延所得税负债　　　　　　　　　　　　　　　　　1 150 000
　　　　应交税费——应交契税　　　　　　　　　　　　　　　184 000

上交契税时。

借:应交税费——应交契税　　　　　　　　　　　　　　　184 000
　　贷:银行存款　　　　　　　　　　　　　　　　　　　　184 000

【例10-17】A企业以一栋房屋换取B公司一栋房屋,房屋契约上写明:A企业的房屋价值为5 000万元,B公司的房屋价值为3 800万元。经税务机关核定,认为A、B双方房屋价值与契约写明价值基本相符。此项房屋交换,B公司应是房屋产权的承受人,是多得的一方,应为契税的纳税人。假设B公司所在地契税税率为5%。B公司应做如下会计处理。

应交契税=(5 000-3 800)×5%=60(万元)

借:固定资产　　　　　　　　　　　　　　　　　　　　12 600 000
　　贷:应付账款——A企业　　　　　　　　　　　　　　　12 000 000
　　　　应交税费——应交契税　　　　　　　　　　　　　　　600 000

第六节　车辆购置税会计

一、车辆购置税的纳税人

2018年12月29日,第十三届全国人大常委会第七次会议通过了《中华人民共和国车辆购置税法》。在我国境内购置汽车、有轨电车、汽车挂车、排气量超过一百五十毫升的摩托车(以下统称"应税车辆")的单位和个人,为车辆购置税的纳税人。购置包括购买、进口、自产、受赠、获奖或以其他方式取得并自用应税车辆的行为。

二、车辆购置税的计税价格

车辆购置税的计税价格为纳税人购买应税车辆而支付给销售者的全部价款和价外费用(不包括增值税税款)。纳税人应如实申报应税车辆的计税价格,税务机关应按纳税人申报的计税价格征收税款。应税车辆的计税价格具体确认如下:

(1)纳税人购买自用应税车辆的计税价格,为纳税人实际支付给销售者的全部价款(不包括增值税税款)。

(2) 纳税人进口自用应税车辆的计税价格,为关税完税价格加上关税和消费税;

(3) 纳税人自产自用应税车辆的计税价格,按同类应税车辆(配置序列号相同的车辆)的销售价格确定;没有同类应税车辆销售价格的,按组成计税价格确定。组成计税价格计算公式如下:

组成计税价格=成本×(1+成本利润率)

属于应征消费税的应税车辆,其组成计税价格中应加计消费税税额。

(4) 纳税人以受赠、获奖或者其他方式取得自用应税车辆的计税价格,按照购置应税车辆时相关凭证载明的价格确定(不包括增值税税款)。

(5) 纳税人以外汇结算应税车辆价款的,按照申报纳税日的人民币汇率中间价折合成人民币计算缴纳税款。

(6) 原车辆所有人为车辆生产或销售企业,未开具机动车销售统一发票的,按车辆生产或销售同类应税车辆的销售价格确定应税车辆的计税价格;无同类应税车辆销售价格的,按照组成计税价格确定应税车辆的计税价格。

(7) 已办理免税、减税手续的车辆因转让、改变用途等不再属于免、减税范围的,应纳税额计算如下:

应交车辆购置税=初次办理纳税申报时的计税价格×(1-使用年限[①]×10%)×10%-已交车购税

规定使用年限为:国产车辆按 10 年计算,进口车辆按 15 年计算;超过规定使用年限的车辆,不再缴税。

(8) 已经缴纳车辆购置税的,纳税人向原征收机关申请退税时,应当如实填报《车辆购置税退税申请表》,提供纳税人身份证明,并区别不同情形提供相关资料。应退税额计算如下:

应退车辆购置税=已交车辆购置税×(1-使用年限[②]×10%)

三、车辆购置税的减免

纳税人在办理车辆购置税免税、减税时,应提供车辆合格证明和车辆相关价格凭证,并根据不同的免减税情况,分别提供相关资料的原件、复印件。

(1) 外国驻华使馆、领事馆和国际组织驻华机构及其有关人员自用车辆,提供机构证明和外交部门出具的身份证明。

(2) 中国人民解放军和中国人民武装警察部队列入装备订货计划的车辆。

(3) 悬挂应急救援专用号牌的国家综合性消防救援车辆,提供中华人民共和国应急管理部批准的相关文件。

(4) 城市公交企业购置的公共汽电车辆,提供所在地县级(含)以上交通运输主管部门出具的公共汽电车辆认定表。

(5) 设有固定装置的非运输专用作业车辆;

(6) 自 2018 年 1 月 1 日至 2022 年 12 月 31 日,购置新能源汽车(纯电动汽车、插电式混合动力汽车、燃料电池汽车)免征车辆购置税。

四、车辆购置税的税率和应纳税额的计算

车辆购置税实行从价定率方法计算应纳税额,计算公式为:

---

① 自初次办理纳税申报之日起,至不再属于免、减税范围的情形发生之日止。使用年限取整计算,不满一年的不计算在内。
② 自纳税人缴纳税款之日起,至申请退税之日止。

应交车辆购置税=计税价格×税率

车辆购置税税率为10%。纳税人购买应税车辆的计税价格，为购买应税车辆所支付的全部价款和价外费用，但不包括增值税税款。因发票上的价格含增值税，在计算车购税时，应先减去增值税，然后再乘以车购税税率，计算公式是：

$$应交车辆购置税 = \frac{含税价格}{1+增值税税率或征收率} \times 10\%$$

【例10-18】某公司9月份购买一辆进口轿车，关税完税价格50万元，消费税税率12%，关税税率15%。应交车辆购置税计算如下：

应交关税=50×15%=7.5（万元）

应交消费税=（50+7.5）÷（1-12%）×12%=7.840 9（万元）

应交车辆购置税=（50+7.5+7.840 9）×10%=6.534 1（万元）

五、车辆购置税的申报缴纳

（一）申报纳税地点

需要办理车辆登记的，向车辆登记地的主管税务机关申报纳税；不需要办理车辆登记的，单位纳税人向其机构所在地的主管税务机关申报纳税，个人纳税人向其户籍所在地或者经常居住地的主管税务机关申报纳税。

（二）纳税义务发生时间

（1）购买自用应税车辆的为购买之日，即车辆相关价格凭证的开具日期。相关凭证是指原车辆所有人购置或者以其他方式取得应税车辆时载明价格的凭证；无法提供相关凭证的，参照同类应税车辆市场平均交易价格确定其计税价格。

（2）进口自用应税车辆的为进口之日，即《海关进口增值税专用缴款书》或者其他有效凭证的开具日期。

（3）自产、受赠、获奖或者以其他方式取得并自用应税车辆的为取得之日，即合同、法律文书或者其他有效凭证的生效或者开具日期。

（三）申报缴纳

车辆购置税实行"一车一申报"制度，纳税人办理纳税申报时应当如实填报《车辆购置税纳税申报表》，同时提供车辆合格证明和车辆相关价格凭证。免减税车辆因转让、改变用途等原因不再属于免减税范围的，在办理纳税申报时，应如实填报《车辆购置税纳税申报表》。

纳税人购买自用应税车辆的，应自购买之日起60日内申报纳税；进口自用应税车辆的，应自进口之日起60日内申报纳税；自产、受赠、获奖或者以其他方式取得并自用应税车辆的，应自取得之日起60日内申报纳税。

车辆购置税为一次征收制，纳税人应一次缴清。纳税人应在向公安机关车辆管理机构办理车辆登记注册前，缴纳车辆购置税。缴税后，主管税务机关应给纳税人开具"车辆购置税完税证明"，纳税人需持"车辆购置税完税证明"到公安机关办理车辆登记注册手续；"完税证明"每车一证，随车携带，以备检查。

六、车辆购置税的会计处理

企业购买、进口、自产、受赠、获奖以及以其他方式取得并自用的应税车辆应缴的车辆购置税，或者当初购置的属于减免税的车辆在转让或改变用途后，按规定应补缴的车辆购置税，借记"固定资产"等,贷记"银行存款""应交税费"等。作为固定资产成本构成的车辆购置税,在车辆使用期间,采用计提折旧方式的,可以在税前扣除。

【例10-19】某公司8月购进一辆小汽车,增值税专用发票上所列的价款为22万元,增值税税额为2.86万元,9月到主管税务机关缴纳车辆购置税,并做如下会计分录。

应交车辆购置税=220 000×10%=22 000(元)

(1)购置时。

借:固定资产——小汽车　　　　　　　　　　　　　　　　242 000
　　应交税费——应交增值税(进项税额)　　　　　　　　 28 600
　　贷:银行存款或应付账款等　　　　　　　　　　　　　 248 600
　　　　应交税费——应交车辆购置税　　　　　　　　　　　22 000

(2)下个月公司缴纳车购税时。

借:应交税费——应交车辆购置税　　　　　　　　　　　　 22 000
　　贷:银行存款　　　　　　　　　　　　　　　　　　　　22 000

如果是执行《小企业会计准则》的企业,以收付实现制为会计基础,其缴纳的印花税、耕地占用税、契税、车辆购置税等,不通过"应交税费"科目,直接记入"税金及附加""在建工程""固定资产""无形资产"等相应科目。如本例,小企业购置小汽车,确认实际支付或应付价款及相关税费时,做会计分录如下。

借:固定资产——小汽车　　　　　　　　　　　　　　　　270 600
　　贷:银行存款或应付账款等　　　　　　　　　　　　　 270 600

本章重点与难点

各税种的计税依据和适用税率,尤其是车船税和车辆购置税计税依据的确认,相关会计处理和纳税申报。

思考题

1. 概述土地增值税的计算程序。
2. 主营房地产业务的企业与非主营房地产业务的企业,土地增值税的会计处理有何不同?
3. 简述城镇土地使用税、房产税的计税依据及其会计处理。
4. 概述印花税的特点及其会计处理。
5. 试述契税的特点及其会计处理。
6. 简述城市维护建设税的计税依据及其会计处理。
7. 试述车船税、车辆购置税的特点及其会计处理。

技能题

一、计算题

1. 位于市区的甲企业5月销售产品缴纳增值税和消费税共计50万元,被税务机关查补增值税15万元并处罚款5万元。

要求：计算甲企业5月应交城市维护建设税。

2. 某工业企业2月自建的厂房竣工并投入使用。该厂房的原值为8 000万元，其中用于储存物资的地下室价值800万元。假设房产原值的减除比例为30%，地下室应税原值为房产原值的60%。

要求：计算该企业应交房产税。

3. 某汽车贸易公司5月进口11辆小汽车，海关审定的关税完税价格为25万元/辆。当月销售8辆，取得含税销售收入240万元；2辆企业自用；1辆用于抵偿债务。合同约定的含税价格为30万元（小轿车适用的关税税率为25%，消费税税率为9%）。

要求：计算该公司应交车辆购置税。

4. 某机械制造厂拥有货车3辆，每辆货车的整备质量均为1.499吨；挂车1部，其整备质量为1.2吨；小汽车2辆。已知货车车船税税率为整备质量每吨年基准税额16元，小汽车车船税税率为每辆年基准税额360元。

要求：计算该厂年度应交车船税。

5. 某建筑公司与甲企业签订了一份建筑承包合同，合同金额为6 000万元（含相关费用50万元）。施工期间，该建筑公司又将其中价值800万元的安装工程转包给乙企业，并签订了转包合同。

要求：计算该建筑公司此项业务应交印花税。

二、会计核算题

1. 资料：位于市区的某企业，3月实际缴纳增值税45万元、消费税61万元，其中出口退税（增值税）2万元，进口货物由海关代征增值税8万元、消费税11万元。

要求：计算应交城市维护建设税和教育费附加，并做相应会计处理。

2. 资料：某企业1月与N公司签订了一份购货合同，总价值16万元；与B企业签订了一份设备购置合同，价值11万元。当月转让股票，转让额为450万元；将购置的车辆投保，保险费金额为2.5万元。

要求：计算应交印花税，并做相应的会计处理。

3. 资料：某公司6月以5 600万元购入楼房一栋，并以价值500万元的房屋换入价值530万元的房屋；接受捐赠房屋，价值300万元；当月出售楼房，收入4 100万元。设契税税率为5%。

要求：计算该公司应交契税，并做相应的会计处理。

4. 资料：某小型运输公司拥有并使用以下车辆：（1）商用货车5辆（整备质量10吨，每吨车船税60元）；（2）商用客车10辆（每辆车船税1 000元）；（3）乘用车5辆（每辆车船税500元）。

要求：根据上述资料，计算该公司应交车船税，并做相应会计处理。

5. 资料：某公司1月购进国产卡车2辆，增值税专用发票上注明价款450 000元、增值税58 500元；进口小轿车（排气量在3升以上）1辆，CIF价格折合人民币260 000元，关税税率为50.7%，消费税税率为8%，增值税税率为13%。当月已向主管税务机关、海关缴纳车辆购置税。

要求：计算应交车辆购置税，确认卡车、小轿车的入账价值，并做相应的会计处理。

税务筹划原理　　第十一章

1. 了解税务筹划的概念、意义和特点。
2. 理解税务筹划的成本与风险、目标和原则。
3. 掌握税务筹划的基本手段和方法。

不论是对法人还是对自然人，税收都是不可回避的现实。平心而论，"谁也不喜欢纳税，然而如果谁也不纳税，政府就无法运转"[①]。可见，从情感上，谁也不愿意纳税，但在理智上谁都知道应该纳税。

如何做到既依法纳税，实现税法遵从，同时又能够降低自己的税收负担呢？那就要事先对自己的经济行为进行合理安排，精心规划，即进行本书将要阐述的税务筹划。

第一节　税务筹划的概念、意义与风险

一、税务筹划的概念

税务筹划（tax planning）亦称税收筹划[②]、纳税筹划。学界对税务筹划概念的描述也不尽一致，其中有代表性的定义有以下几种。

荷兰国际财政文献局（IBFD）编写的《国际税收词典》中的定义为："税务筹划是指通过纳税人经营活动或个人事务活动的安排，达到缴纳最低的税收。"

印度税务专家 N.J.雅萨斯威在《个人投资和税务筹划》中所作的定义为，税务筹划是"纳税人通过财务活动的安排，以充分利用税务法规提供的包括减免在内的一切优惠，从而享得最大的税收利益"。

梁云凤在《所得税筹划策略与实务》一书中的定义为，税务筹划是"纳税人在税收法律许可的范围内，当存在多种纳税方案可供选择时，通过经营、投资、理财、组织、交易等事项进行科学合理的事前选择和策划，以达到税收负担最低或税收利益最大为目的的一种财务管理活动"[③]。

美国南加州大学 W.B.梅格斯、R.F.梅格斯在合著的《会计学》中，援引了知名法官勒尼德·汉德的一段名言："法院一再声称，人们安排自己的活动以达到低税负的目的，是无可指责的。每个人都可以这样做，不论他是富翁还是穷光蛋。而且这样做是完全正当的，因为他无须超过法律的规定来承担国家赋税；税收是强制课征的，而不是靠自愿捐款。以道德的名义来要求税收，不过是奢谈

[①] 罗纳德·杜斯卡，等. 会计伦理学. 北京：北京大学出版社，2005.
[②] 众所周知，税务会计与税收会计是两类不同的会计主体，因此，为了与会计的称呼一致，纳税人的会计是"税务会计"，纳税人的筹划应是"税务筹划"，而非"税收筹划"。
[③] 梁云凤. 所得税筹划策略与实务. 北京：中国财政经济出版社，2002：8.

空论而已。"之后,他们做了如下阐述:"人们合理而又合法地安排自己的经营活动,使之缴纳尽可能少的税款。他们使用的方法可称之为税务筹划。……少缴税和递延缴纳税款是税务筹划的目标所在。"作者接着说:"美国联邦所得税已变得如此之复杂,这使为企业提供详尽的税务筹划,成为一种谋生的职业。现在几乎所有的公司都聘用专业的税务专家,研究企业主要经营决策上的税收影响,为合法地少纳税制定计划。"另外还说:"在纳税发生之前,有系统地对企业经营或投资行为做出事先安排,以达到尽量减少缴纳所得税,这个过程就是筹划。主要如选择企业的组织形式和资本结构,投资采取租用还是购入的方式,以及交易的时间。"在美国的海文营诉格雷戈里一案中,勒尼德·汉德法官在陈述时有一句名言:"任何人都可以安排他的事务以使其税负尽可能的低;在选择缴税的最佳方式时,他不受约束,甚至也没有一种爱国的义务要求增加他的税负。"[①]

当代著名经济学家萨缪尔森在其著作《经济学》中分析美国联邦税制时指出:"比逃税更加重要的是合法地规避税负,原因在于议会制定的法规中有许多'漏洞',听任大量的收入不交税或以较低的税率交税。"

如果把时间追溯到更早一点,1935 年英国上议院议员汤姆林爵士针对税务局长诉温斯特大公一案做了有关税务筹划的声明:"任何一个人都有权安排自己的事业,依据法律这样做可以少缴税。为了保证从这些安排中得到利益……不能强迫他多缴税。"汤姆林爵士的观点赢得了法律界的认同,英国、澳大利亚、美国等国在以后的税收判例中经常援引这一原则精神。

本书认为,税务筹划是在遵守税法、尊重税法的前提下,纳税人为实现税后收益最大化而对其生产、经营活动中的涉税事项所进行的谋划、对策与安排。

税务筹划有狭义与广义之分。狭义的税务筹划仅指节税,广义的税务筹划既包括节税,又包括避税和税负转嫁。在税务筹划实务中,节税与避税往往难以严格划分,因此,本书所述税务筹划是广义的税务筹划。税务筹划的行为主体是纳税人(法人、自然人),其本身可以是税务筹划的行为人,也可以是委托人(即聘请税务顾问代理税务筹划)。

二、税务筹划的意义

税务筹划不仅对纳税人有积极意义,对立法机关,对政府部门,也有一定的积极意义。

(一)税务筹划有助于增强纳税人的法制观念,提高纳税人的纳税意识

企业要想进行税务筹划,只有深刻理解、正确掌握税法,才能领会并顺应税收政策导向,进行理性选择。企业税收意识增强的基本前提是学习税法、认识税法,实现税法遵从。税务筹划以经济利益为目标,能引导企业自行完成这一过程。一般情况下,税务筹划搞得好的企业往往也是纳税意识比较强的企业。税务筹划与纳税意识的一致性体现在以下几个方面。

(1)税务筹划是企业纳税意识提高的表现,是与深化改革相适应的。只有税制改革与税收征管改革取得明显成效,税法的权威才能体现,企业的纳税意识才能提高。

(2)企业纳税意识与企业进行的税务筹划具有共同点,即企业税务筹划所规划的经济行为不能违反税收法规,依法纳税更是企业纳税意识强的应有之义。

(3)设立完整、规范的会计账表和正确进行相关会计处理是企业进行税务筹划的基础,会计账表健全规范,其税务筹划的弹性应该会更大,它也为以后提高税务筹划效率奠定基础;同时,依法建账、留存备查资料也是企业依法纳税的基本要求。

(二)有利于实现纳税人财务利益的最大化

企业作为市场经济主体,在产权界定清晰的前提下,追求自身利益最大化符合经济人特征。在

---

① 墨菲,马克·希金斯. 美国联邦税制. 大连:东北财经大学出版社,2001:34.

总收入一定的情况下，要实现经济利益的最大化，就必须使总成本最小化。在税收契约执行过程中，理性的企业会充分利用其与征税方信息的不对称性以及契约的不完备性，对涉税会计事项进行管理控制，以谋求自身税收利益最大化。从这个意义上说，税务筹划的最大功效是满足了企业降低纳税成本的需要，也是国家会计政策和税收法规完善的市场动力。

（三）有助于提高企业的财务与会计管理水平

资金、成本、利润是企业经营管理和会计管理的三大要素，税务筹划有利于规范企业的行为，做出正确的财务决策，使企业的财务活动健康有序运行，即实现资金、成本和利润的最优效果，从而提高企业的经营管理水平。企业进行税务筹划离不开会计，会计人员不仅要熟知会计准则、制度，正确编报财务会计报告；更要熟知现行税法，按照税法要求设账、计税和填报纳税申报表及其附表，从而也有利于提高企业的财务与会计管理水平。

（四）有利于提高企业的竞争力

企业进行税务筹划，减轻了企业的税收负担，增强了企业活力，有利于提高企业的竞争力。从长远和整体上看，企业发展了，收入和利润增加了，税源丰盈，国家的收入自然也会随之增加。从长远看，税务筹划不仅不会减少国家的税收总量，甚至可能会增加国家的税收总量。

（五）有利于塑造企业的良好形象

随着我国法制建设的不断健全和完善，社会成员法律意识、平等竞争意识日益增强，逃税等违法行为不仅会受到法律的惩处，还会因其破坏了平等竞争环境而受到社会的谴责，使其名誉受损。在社会主义市场经济条件下，失去信誉的企业将无法在竞争中生存。因此，企业既要试图保持其在社会上的良好纳税形象，又要最大限度地增大自身税收利益，税务筹划是必然的选择。

（六）有助于优化产业结构和资源的合理配置

税务筹划有利于贯彻国家的宏观调控政策。纳税人根据税法中税基与税率的差别，根据税收的各项优惠政策，进行投资决策、产品结构调整等，尽管在主观上是为了减轻税负，但在客观上却是在国家税收的经济杠杆作用下，逐步走向优化产业结构和生产力合理布局的道路，体现了国家的产业政策，有利于促进资本的流动和资源的合理配置。

（七）有助于不断健全和完善税制

税务筹划有的可能是利用现行税制的疏漏和缺陷，这样，可以促使立法机构及时修订税法，不断健全和完善税制，提高税收征管水平。

三、税务筹划的风险与成本

（一）税务筹划的风险

在市场经济条件下，企业的任何经济活动都存在一定的风险，都需要一定的成本费用支出，企业纳税以及税务筹划也不例外，它可能给企业带来相应的风险。

1. 投资扭曲风险

建立现代税制的一项主要原则应是税收的中立性，即中性原则。纳税人不应因国家征税而改变其既定的投资方向。但在实务中都不一定如此，纳税人可能会因税收因素而放弃最优的甲投资方案而改为次优的乙投资方案，这种因课税而使纳税人被迫改变投资行为从而给企业带来机会损失的可能性，即为投资扭曲风险，这种风险源于税收的非中立性。可以说，税收非中立性越强，投资扭曲风险程度越大，相应的

税务筹划的风险和成本

扭曲成本也就越高。

2. 经营损益风险

政府课税（尤指企业所得税）体现为对企业既得利益的分享，但并未承诺相应比例经营损失风险的责任。尽管税法规定企业在一定期限内可以用以后实现的利润（税前利润）补偿前期发生的经营亏损，政府在某种意义上成为企业不署名的"合伙者"，企业盈利，政府通过征税获取一部分，企业亏损，政府因允许企业延期弥补亏损而相应承担了部分风险，但这种风险是以企业在以后限定期间内拥有充分获利能力为假定前提的，否则，一切风险损失将完全由企业自己承担（以税后利润弥补亏损）。即使是前一种情况，由于抵补损失的来源并非企业以前年度盈利时已缴税款的返还（我国税法不允许亏损前溯），而是企业以后年度实现的利润，这说明国家税收的立法意识在总体上是倾斜于政府的。因为已纳税款不能返还，意味着税款是预缴，也就是企业税负的相对加重，弥补前期亏损的结果，企业承担了大部分损失（若按现行25%的企业所得税税率，企业承担的则是75%）。

3. 税款支付风险

纳税作为企业对政府"负债"的偿还，具有单向、强制、完全现金（会计上广义的现金）支付的刚性约束。它不同于企业其他一般性债务的偿还，其他债务的偿还具有非完全现金支付的特点，有时不动用现金即可结清所欠债务，如双方互为债权债务、新旧债务调换、债务重组等。而企业所负的税收债务不可能采取与政府间债权债务互抵的途径予以结清，企业必须无条件履行纳税义务，按期申报缴纳税款，非经特别批准，不得展期缴纳，即使对已获纳税申报延期的企业，也必须按照税务机关核定的额度预缴税款。企业一旦现金不足而又无法融通时，不但要接受税务机关的经济惩罚（缴纳滞纳金、罚款，实行纳税抵押或提供纳税担保限制条件的纳税成本增加），而且还要承受因企业信誉的降低而可能导致其市场价值潜在的有形、无形损失。

（二）税务筹划的成本

税务筹划的成本是企业因进行税务筹划而增加的成本。税务筹划的成本可分为显性成本和隐性成本。显性成本是在税务筹划中实际发生的相关费用，隐性成本是纳税人因采用某一税务筹划方案而放弃的潜在利益，是一种机会成本。

企业要在有关法律的约束下，通过内在经营机制的优化而牟取最大限度的利益增值，这是企业经营理财（含税务筹划）的行为准则和根本出发点。税务筹划作为企业维护自身利益的必要手段，不能仅考虑税负的减轻，还应将减轻税负置于企业的整体理财目标中，为此，要充分考虑（分析）以下几个方面。

（1）企业采取怎样的行为方式才能达到最佳的税务筹划效果，即有利于企业财务目标的最大化。

（2）税务筹划的实施对企业当前和未来发展是否会产生现实的或潜在的损失。

（3）企业取得的税务筹划效应与机会成本配比的结果是否真正有利于企业内在经营机制的优化和良性循环。

（4）企业税务筹划行为的总体实施是否具有顺应动态市场的应变能力，即具有怎样的结构弹性、可能的结构调整成本及风险程度。

（5）企业进行的税务筹划是否存在受法律惩处的可能性，将给企业带来什么后果等。

如果单纯为筹划而筹划，就可能降低筹划的效果，甚至可能出现以下负效应。

（1）筹划的显性收益抵补不了筹划的显性成本（筹划费用过大，收不抵支）。

（2）筹划的显性收益虽然大于相应的显性成本，但其净收益却低于机会成本。

（3）筹划的净收益虽然超过了机会成本（损失），但因片面筹划动机导致的筹资、投资或经营行为短期化，使企业资金运动的内在秩序受到干扰，影响企业资金未来的获利能力，形成潜在损失。

（4）存在触犯法律的可能性，形成有形或无形的机会损失（隐性成本）。

由此可见，单凭主观动机或愿望并不一定就能减轻税负，降低税收成本，只有将主观动机与决策素质（水平）较好地融会于具体的经营理财行为中，并通过对客观条件（现行税制）的深刻理解与充分把握，在对未来国家经济政策、市场环境准确预测的基础上，才能实际有效地进行税务筹划。

第二节 税务筹划的动因和目标

众所周知，税收是随着国家和私有财产制度的产生而产生的。正如马克思指出的："国家存在的经济体现就是捐税。"[①]可见税收于国家之重要。但现代意义上的税收应该是在税法规范下的税收，即税收法定主义。这是社会经济发展到一定历史阶段的现实。在这个阶段，纳税人的经济活动和政府行为要求商品生产者依据一定规则和规范从事生产、经营活动，而这些规则和规范又不会十分完善，难以防止或杜绝生产经营者有效地规避这些规则、规范的管制和约束，从而规避某些应尽的义务或应承担的法律责任。

一、税务筹划的动因

在市场经济条件下，企业作为商品生产经营的主体，有自己独立的经济利益，而纳税无论在理论上对维护企业的共同社会利益定义得多么重要或多么必要，也无论税制本身制定得如何公正、公平与合理，对每个企业而言，纳税毕竟是其既得利益的一种直接减少或是政府对其财务成果的一种无偿占有。企业作为主要纳税人，必然要考虑在其纳税后是否确实有助于产生一种良好的社会效应，这种预期的社会效应何时、在何种程度上显现，即使产生了预期的社会效应（社会秩序、公共设施和服务、市场环境等），本企业是否因此得益，得益多少，这些都带有不确定性、隐秘性及非对等性。更大的问题还在于纳税的实际结果与税务理论的偏差，一旦纳税的预期效应未能实现，甚至在某种程度上扰乱了企业内在的运行机制，或因为时滞性而使企业久久感受不到社会秩序、市场环境的优化，纳税人就会对纳税的必要性产生质疑。况且，企业得益于社会秩序、市场环境的改善具有非计量性、隐秘性的特点，再加之其受益程度与其纳税的多少具有非对等性、非直接相关性，纳税人就会认为社会效应对于各个企业通常都是无差别的，对企业的市场地位具有决定意义的还是其自身的竞争实力。上述情况是诱发企业在主观意念中进行税务筹划的根本动机。

实际上，企业主观上减轻税负的意识在很大程度上取决于政府对税收杠杆的利用效果，征收税款能在多长时间、多大程度上给企业带来直接或间接的利益增值。如果这种积极作用能使纳税人在预期的时间内切实感受到，有助于经济和社会效益好、纳税多的企业因此而强化市场竞争能力，真正确立一种优胜劣汰的市场竞争机制，则必然有助于企业在强化纳税意识的同时淡化对履行纳税义务的抵触情绪。

二、税务筹划的目标

税务筹划可以在两个层面上进行：一是在企业既定的组织结构和经营条件下，在日常经营活动中，通过对收入、收益、资产、费用等的会计确认、计量和记录方法的选择以及通过对企业投资、融资活动的筹划，实现减轻税负、提高盈利水平的目标；二是利用税法及相关法律法规，通过企业兼并重组等方式，达到

税务筹划的目标

[①] 马克思，恩格斯. 马克思恩格斯全集：第4卷. 北京：人民出版社，1958：342.

减轻税负、增加企业营运资金和实现资本扩张的目的。

税务筹划的基本目标就是减轻税收负担、争取税后利润（财富）最大化，其外在表现是纳税最少、纳税最晚，即实现"经济纳税"。为实现税务筹划的基本目标，可以将税务筹划目标细化，具体内容如下。

（一）恰当履行纳税义务

恰当履行纳税义务是税务筹划的基础目标或最低目标，旨在规避纳税风险、规避任何法定纳税义务之外的纳税成本的发生。为此，纳税人应做到纳税遵从，即依法纳税，最大限度降低涉税风险。税收具有强制性，如果偏离了纳税遵从，企业将面临涉税风险。税制又具有复杂性、频变性，这就意味着纳税义务不能自动履行，纳税人必须不断学习，及时、正确掌握现行税法，并随之进行相应的筹划，才能恰当履行纳税义务。

（二）降低纳税成本

纳税人为履行纳税义务，必然会发生相应的纳税成本。纳税成本包括直接纳税成本和间接纳税成本。前者是纳税人为履行纳税义务而付出的人力、物力和财力，后者是纳税人在履行纳税义务过程中所承受的精神负担、心理压力等。直接纳税成本容易确认和计量，间接纳税成本则需要估算或测算。税制越公平，纳税人的心理就越平衡；税收负担若在纳税人的承受能力之内，其心理压力就小；税收征管越透明、越公正，纳税人对税收的恐惧就越少。纳税成本的降低，除纳税人应不断提高纳税能力、增强纳税成本意识等主观因素外，还与税制是否合理、征管人员素质、征管手段、征管方式等有直接关系。应该看到，纳税人纳税成本的降低会使企业利润增加，从而增加了应税所得额；对税务机关来说，增加了税收收入，降低了征管成本。可以说，没有纳税人纳税成本的降低，也就没有税收征管成本的降低。

（三）控制企业税务风险

企业税务风险是企业因涉税行为而引发的风险。企业的涉税行为要具有合规性，即涉税事宜均须符合税收法律法规的规定，诸如企业经济行为要符合税法规定的合理商业目的，符合独立交易原则；对企业涉税事项的会计处理要符合相关法律法规和制度；纳税申报和税款缴纳要符合税法规定；税务登记（变更、注销）、凭证账簿管理、税务档案管理以及税务资料的准备和报备等要符合税法规定等。

（四）综合考虑各种影响因素

税务筹划不能只考虑个别税种缴纳的多少，不能单纯以眼前税负的高低作为判断标准，而是以企业整体和长远利益作为判断标准。因此，有时可能会选择税负较高的方案。在考虑货币的时间价值时，还要考虑边际税率因素，因为边际税率的改变可能会抵消货币时间价值的作用。

税负最低化目标更多的是从经济观点而非税收角度来谋划和安排，税务筹划的焦点是现金流量、资源的利用收益、纳税人所得最大化等。

税务筹划的具体目标不是截然分开的，不同企业可以有不同的具体目标，不同时期的具体目标也可能有所不同，有所侧重。

第三节 税务筹划的原则和特点

一、税务筹划的原则

（一）守法原则

税务筹划的最基本原则是符合税法或者不违反税法，即一定要守法，而不能公然挑战税法，这是税务筹划区别于逃、欠、抗、骗税的本质区别。进行税务筹

税务筹划的原则

划，应该以现行税收法规及相关法律、国际惯例等为法律依据，要在熟知税法规定的前提下，利用税制构成要素中的税负弹性，选择合理的纳税方案。

（二）保护性原则

保护性原则即要体现自我保护。因此，企业的会计凭证要真实、完整，税务会计账簿处理要符合税法要求。例如，我国大部分税种的税率、征收率不是单一税率，有的税种还有不同的扣除率、出口退税率，纳税人要避免多缴税款，在兼营不同税种、不同税率的货物、服务时，在出口货物时，在同时经营应税与免税货物时，要按不同税率（退税率）分别设账、分别核算（与财务会计的设账原则不同）；在有混合销售行为时，要掌握计税原则。另外，由于增值税实行发票抵扣制，依法取得并认真审核、妥善保管发票是至关重要的，对纳税人来说，这都是保护性举措，否则，不但不能减轻负担，还可能加重税负。

（三）时效性原则

时效性原则体现在充分利用资金的时间价值上，如销售收入的确认、准予扣除项目的确认、增值税进项税额的确认与抵扣时间、销售与销项税额的确认时间、出口退税申报时间、税收优惠政策等，都有时效性问题。

（四）整体性原则

在进行一种税的税务筹划时，还要考虑与之有关的其他税种的税负效应，进行整体筹划，综合衡量，以求整体税负最轻、长期税负最轻，防止顾此失彼、前轻后重。从小的方面说，综合衡量就是眼睛不能只盯在个别税种的税负高低上，一种税少交了，另一种税是否可能多交？因而要着眼于整体税负的轻重。还要从另一个角度看，税款支付的减少不等于资本总体收益的增加。某些设在我国经济特区的外资企业，用转让定价的方法将利润逆向转移到境外高税区，目的是逃避外汇管制，实现外方投资人收益最大而非企业税负最轻。最理想的结果当然是节税增收，如果有多种税收政策选择，总体收益最多但纳税并非最少的方案，可能被视为最优方案。也就是说，税务筹划应算大账，弃劣选优，避害趋利，着眼整体利益。

二、税务筹划的特点

税务筹划的范围较广，与企业的财务活动密切相关，具有诸多特点。

（一）事前性

税务筹划一般都是在应税行为发生之前进行规划、设计和安排的，它可以事先测算税务筹划的效果，因而具有一定的前瞻性。在经济活动中，纳税义务通常具有滞后性。企业交易行为发生后，才缴纳有关流转税；收益实现或分配后，才缴纳所得税；财产取得或行为发生之后，才缴纳财产、行为税。这在客观上提供了纳税前事先做出筹划的可能性。另外，企业经营、投资和筹资活动是多方面的，税法规定也是有针对性的。纳税人和征税对象的性质不同，税收待遇也往往不同，这在另一方面向纳税人显示出可选择较低税负决策的机会。如果涉税行为已经发生，纳税义务已经确认，再去谋求少缴税款，则不是税务筹划，而是涉嫌违法。

（二）目的性

目的性表示纳税人要取得税务筹划的税收利益。这有两层意思：一是选择低税负。低税负意味着低税收成本，低税收成本意味着高资本回报率。二是延迟纳税时间（非指不按税法规定期限缴纳税款的欠税行为）。纳税期的推后，也许可以减轻税收负担（如避免高边际税率），也许可以降低资本成本（如减少利息支出）。不管是哪一种，其结果都是税款支付的节省。

（三）普遍性

各个税种规定的纳税人、纳税对象、纳税地点、税目、税率、减免税及纳税期限等，一般都有差别。这就给所有纳税人提供了税务筹划的机会，也决定了税务筹划的普遍性。

（四）多变性

各国的税收政策，尤其是各税种的实施细则等，随着政治、经济形势的变化会经常发生变化，因此，税务筹划也具有多变性。纳税人应随时关注国家税收法规的变动，进行税务筹划的应变调整。

（五）专业性

专业性不是指纳税人的税务筹划需要会计专业人员来进行，而是指面临全球经济一体化和国际经贸业务的日益频繁、规模越来越大，而各国税制也越来越复杂，仅靠纳税人自身进行税务筹划已经显得力不从心，作为社会中介的税务代理、税务咨询便应运而生。当今世界各国，尤其是发达国家的会计师事务所、律师事务所、税务事务所和税务咨询公司等纷纷开辟和发展有关税务筹划的咨询业务，这说明税务筹划呈越来越专业化的趋势。

第四节 税务筹划的基本手段和方法

本书将税务筹划界定为广义的税务筹划，即包括节税、避税与税负转嫁，其基本手段就是节税、避税与税负转嫁。每类税务筹划手段又有各自的具体筹划方法。在税务筹划实务中，这些手段与方法可能交叉运用或综合运用。因此，在第十二章中，不再刻意划分是哪类税务筹划手段。

一、节税手段

（一）节税的含义

节税（tax saving）是在税法规定的范围内，当存在多种税收政策、计税方法可供选择时，纳税人以税负最低为目的，对企业经营、投资、筹资等经济活动进行的涉税选择行为。

节税的含义与特点

（二）节税的特点

（1）合法性。节税是在符合税法规定的前提下，在税法允许甚至鼓励的范围内进行的纳税优化选择。

（2）符合政府政策导向。税收作为有力的宏观调控手段（杠杆），各国政府都会根据纳税人谋求利润最大化的心态，有意识地通过税收优惠、鼓励政策，引导投资、引导消费，纳税人在实现节税目的的同时，也实现了政府的政策导向。

（3）普遍性。各国的税收制度都强调中性原则，但其在不同纳税人、征收对象（范围）、征收期限、地点、环节等方面，总是存在差别，这体现了节税的普遍性。

（4）多样性。各国的税收法规不同，会计准则、制度也不尽一致；在每个国家的不同时期，其税收与会计法规也多有变动；而且不同地区、不同行业之间也存在差异。差异越大，变动越多，纳税人节税的余地越大，形式越多。

（三）节税方法

（1）利用税收照顾性政策、鼓励性政策进行的节税，这是最基本的节税方法。

（2）根据税法规定，在企业组建、经营、投资与筹资过程中进行的旨在节税的选择。

（3）在税法规定的范围内，选择不同的会计政策、会计方法以求节税。

二、避税手段

（一）避税的概念

我国唐代诗人杜荀鹤的诗中曾有"任是深山更深处，也应无计避征徭"，说明当时避税与反避税已是很普遍的行为，当然那时的情况是不能与现代避税同日而语的，因为在现代税制产生之前，法律是不可能认可纳税人权利的。关于避税（tax avoidance）的概念，有代表性的描述如下。

（1）避税是指在法律上利用税制来追求自身利益，运用法律内的手段减轻应当缴纳的税额。……避税具有两面性，一方面避税不道德地逃避了自己对社会的责任；另一方面，尽可能地寻求所有法律途径来减轻自己的税收负担，又是每个公民的权利。[1]

（2）避税是指纳税人通过个人或企业事务的人为安排，利用税法漏洞、特例和缺陷，规避或延迟纳税义务的行为。[2]

（3）"避税是使用税法允许的合法方法使纳税义务最小化。避税通常是筹划计划中的交易以便得到一种特殊的纳税待遇。进一步说，避税是建立在与一项交易的纳税处理有关的、公开的相关事实的基础上"[3]。

（4）"国际避税就是指跨国纳税人或征税对象通过合法方式跨越税境，逃避相关国家税收管辖权的管辖而进行的一种减少税收负担的行为"[4]。

（5）"避税是对法律企图包括但由于这种或那种理由而未能包括进去的范围加以利用。""避税可以定义为规避、降低或延迟纳税义务的一种方法"[5]。

（6）加拿大收入署和法院将某些税务筹划看作正当的避税，同时将一些情况，如股东利用外国公司转移所得等视为不正当避税。

由上可见，尽管避税定义各有不同，但大多强调了避税的合法性。英国经济学家西蒙·詹姆斯在他的《税收经济学》中指出："会计师们把避税称为税务筹划，以强调这种行为的合法性。"[6]

本书认为，避税是纳税人在熟知相关税境的税收法规的基础上，在不直接触犯税法的前提下，利用税法等有关法律法规的疏漏、模糊之处，通过对企业筹资活动、投资活动、经营活动等涉税事项的精心安排，达到规避或减轻税负的行为。

研究避税最初产生的缘起，不难发现，当初纳税人是为抵制政府过重的税政，维护自身的利益而进行各种逃税、骗税、抗税行为等受到政府的严厉制裁后，为寻求更为有效的规避办法的结果。纳税人常会发现：有些逃避纳税义务的纳税人受到了政府的严厉制裁，损失惨重，而有些纳税人则坦然、轻松地面对政府的各项税收检查，顺利过关，不受任何损失或惩罚。究其原因，不外乎这些聪明的纳税人（包括法律顾问）常常能够卓有成效地利用税法本身的纰漏和缺陷，顺利轻松地实现规避纳税或少纳税而又未触犯法律。这就使越来越多的纳税人采取避税措施，政府也

---

[1] 全国人大常务委员会预算工作委员会. 增值税法律制度比较研究. 北京，中国民主法制出版社，2010.
[2] 中国注册会计师协会. 税法. 北京：中国财政经济出版社，2019.
[3] 墨菲，等. 美国联邦税制. 大连：东北财经大学出版社，2001.
[4] 李九龙. 国际税收. 武汉：武汉大学出版社，1990.
[5] 国家税务局税收科研所. 偷税与避税. 北京：中国财政经济出版社，1992.
[6] Simon James.The Economics of Taxation,Pearson Education Limited,2000:100.

不得不将注意力集中到完善健全税制上。这种对税法的避与堵大大加快了税收法制建设，使税制不断健全、不断完善，有助于社会经济的进步与发展。因此，也可以说避税是一种有益的社会经济现象和经济行为。

避税是市场经济的必然产物，是历史发展的趋势，是早已存在、实际存在而且将继续存在的经济行为。

（二）避税的法律依据

虽然从法律的角度分析，避税行为可以分为顺法意识和逆法意识两种类型，但在实务中，很难找到真正"顺法意识"的避税，因为各种避税方法都是在千方百计地规避税法，而不是在"顺应税法"。既然是规避税法，就不可能是"顺法意识"。真正属于"顺法意识"的税务筹划手段只有节税。

避税实质上就是纳税人在履行应尽法律义务的前提下，运用税法赋予的权利，保护其既得利益的手段。避税并没有，也不会，更不能不履行法律规定的义务，避税不应是对法定义务的抵制和对抗。

应该指出，避税是纳税人应该享有的权利，即纳税人有权依据法律的"非不允许"进行选择和决策。国家针对避税活动暴露出的税法的不完备、不合理，采取修正、调整举措，也是国家拥有的基本权力。如果用非法律的形式去矫正法律上的缺陷，只会带来诸多不良后果。因此，国家不能借助行政命令、道德甚至舆论来反对、谴责纳税人避税。退一步说，即使不承认避税是合法的、受法律保护的经济行为，它也是不违法、不能受法律制裁的经济行为。对纳税人来说，"法无明文不为过（罪）"，这是法治的一项基本原则。

（三）避税的分类

避税可以从不同的角度进行分类，一般常见的分类如下。

1. 按避税涉及的税境分类

（1）国内避税。国内避税是纳税人利用国内税法所提供的条件、存在的可能进行的避税。

（2）国际避税。国际避税比国内避税更普遍、更复杂。纳税人的避税活动一旦具备了某种涉外因素，从而与两个或两个以上国家的税收管辖权产生联系，就构成了国际避税，即国际避税是在不同税境（国境）下的避税。国际避税产生的原因很多，从纳税人的角度，当然是为了追求企业（公司）利润。从客观条件看，主要是因为各国税制存在的差异（税收管辖权、税率、获利机会等），税收的国际协调不够，国家之间的政治、经济以及税收方面的合作、协定不同，有的国家为了吸引外资，推动本国经济发展，在税收上制定了一些特定的优惠政策，加之各国税收征管的力度不等，这些都为国际避税提供了机会。发达国家往往认为国际避税产生的原因是发展中国家为吸引外资、技术、管理经济等而制定的税收优惠政策，这种看法有失偏颇。因为企业的获利除税收因素外，还有资金及资源供给、管理基础、公共基础设施、公共服务等诸多因素，据联合国与世界银行资料，实际上，发达国家企业的获利能力和机会是发展中国家的40%~83%。

2. 按避税针对的税收法规制度分类

（1）利用选择性条款避税。它是针对税法中某一项目、某一条款并列规定的内容，纳税人从中选择有利于自己的内容和方法，如纳税期限、折旧方法、存货计价方法等。

（2）利用伸缩性条款避税。它是针对税法中有的条款在执行中有弹性，纳税人按有利于自己的理解去执行。

（3）利用不明确条款避税。它是针对税法中过于抽象、过于简化的条款，纳税人根据自己的理解，从有利于自身利益的角度去进行筹划。

（4）利用矛盾性条款避税。它是针对税法相互矛盾、相互冲突的内容，纳税人进行有利于自己的决策。

上述几种避税行为，有的可以使纳税人实现永久性避税（只要税法不变），给企业带来长远利益；有的则仅使纳税人利用时间差，暂时递延了纳税义务（在财务会计中先发生递延税款贷项），使纳税人获得资金营运上的好处（尽管是暂时的），因为这等于企业从政府获得了一笔无息贷款。而且，暂时性的避税利益也可能转化为永久性利益，如国家在该期间修改了税法，并对已实现的暂时性避税利益不再追溯。因此，企业要根据各种条件，随时注意变化的各种情况，运用可能运用的一切避税形式寻求企业利益。

（四）避税的基本方法

1. 税境移动法

凡主权独立国家都有其税收管辖权，即对本国居民、非本国居民，仅就其发生或来源于该国境内的收入征税，或者行使收入来源地管辖权与居民收入管辖权，即除对非本国居民仅就其来源或发生于该国境内的收入征税外，对本国居民来源于境内、境外的收入均要征税。前者的法律依据是涉税事项的发生地，后者则是纳税人的"身份"。因此，跨国经营企业可以通过对生产经营活动和居留时限的安排，回避税收管辖权。

避税的基本方法

2. 价格转让法

价格转让法亦称转让价格法、转移定价法，是最常见的避税方法。它是指两个或两个以上有经济利益联系的经济实体（关联企业）为共同获取更多利润和更多地满足经济利益的需要，以内部价格进行的销售（转让）活动，这是避税实践中最基本的技术。内部价格即转让定价，是关联各方之间在交易往来中人为确定的价格。

企业之间的经济往来有两种情况：一是没有经济利益联系的企业之间的经济往来；二是有经济利益联系的企业之间的经济往来。前者在购销活动中不易在价格方面做文章（一般由市场供求关系决定其价格），对后者经常发生的大量交易往来，为保证集团（公司）的整体利润最大化，其价格会有扭曲现象，可能高于或低于正常成本，甚至根本不考虑成本，这种价格一般称为"非正常交易价格""非竞争价格"或"非独立企业价格"，而局外人很难获得这种定价的全部真实资料。价格转让法一般都是在后者之间的业务往来中采用。经济合作与发展组织（OECD）的《转让定价指南》明确指出："转让定价对纳税人和税务部门均具有重要意义，因为它们在很大程度上决定了在不同税制国家中各关联企业的收入、支出以及应纳税利润。"

关联企业之间转让定价的动机有税务动机和非税务动机。前者如为减轻公司所得税、预提税、关税和增加外国税收抵免额等动机，后者如为打入和控制市场、调节利润、转移资金、避免外汇奉献、加速成本回收和利润汇回、侵占合资方利益等动机。

在不同情况下采用转让定价法，可以实现特定目的、发挥特定作用。不论是集团公司还是非集团公司，只要它们之间有经济利益关系，并且是非单一利润中心，也就是说，它们之间有互补性、合法性，既保持独立又进行联合，就能以转让定价方式进行避税。

3. 利用国际税收协定

鉴于国际税收协定一般都规定缔约国只能对常设机构的经常所得征税，在某些协定条款中，其原则的确定及其运用存在差异，税收协定会有一些税收庇护等。因此，跨国公司通过设置直接的传输公司、踏脚石式的传输公司、外国低股权的控股公司进行避税。

4. 成本（费用）调整法

成本（费用）调整是通过对成本（费用）的合理调整或分配（摊销），抵消收益、减少利润，以达到规避纳税义务的避税方法。应该指出，合理的成本（费用）调整和分摊，应是根据现行税收法规制度、会计准则、会计制度等，在允许的范围内所做的一些技术处理，它不是违反有关法规制度，不是乱摊成本、乱计费用。企业会计人员、管理人员业务素质的高低决定其财务管理水平的高低，其水平高低的一个重要标志就是如何最大限度地维护企业的利益，这是作为独立经济实体的必然要求。

成本（费用）调整法适用于各类企业、各种经济实体，在具体运用时，有发出或销售存货成本计算方法、库存存货成本计算方法、固定资产折旧计算方法、无形资产价值摊销方法、费用分配（摊）方法、资产减值准备计提方法以及技术改造运用方法等。

5. 融资（筹资）法

融资法即利用融资技术使企业达到最大获利水平和使税负最轻的方法。融资是关系企业生存和发展的一项重要理财活动。企业的融资渠道很多，但从避税的角度分析，企业内部集资（内部发行债券、吸收入股等）、企业之间资金拆借方式最好，向银行或其他金融机构贷款次之，而靠企业自我积累效果最差（自我积累资金的形成需时较长、归投资人所有的资金在企业内部使用也不会产生税前抵扣）。[1]

6. 租赁法

租赁可以获得双重好处，对承租方来说，它可以避免因长期拥有机器设备而增加负担和承担风险；同时，又可以在经营活动中以支付租金的方式冲减企业利润，减少应纳税额。对出租方来说，不必为如何使用这些设备及提高利用效果而费心，获得的租金收入通常比经营利润享受更优惠的税收待遇，因此，也是一种减轻税负的行为。

7. 低税区避税法

低税区避税法是比较常见的避税方法。低税区包括税率较低、税收优惠政策多、税负较轻的国家和地区。我国的新技术产业园区等就属于国内低税区。此外，世界上有些国家或地区，如巴哈马、瑙鲁、开曼群岛、维尔京群岛等都属于国际避税港或低税区，但各国税务当局对这些避税地也会给予特别关注（列入"黑名单""灰名单"）。

（五）避税可能面临特别纳税调整

《中华人民共和国企业所得税法》实施后，企业的避税可能面临特别纳税调整。《中华人民共和国企业所得税法》第四十一条规定："企业与其关联方之间的业务往来，不符合独立交易原则而减少企业或者其关联方应纳税收入或者所得额的，税务机关有权按照合理方法调整。"

特别纳税调整[2]是针对一般纳税调整而言的，是税务机关出于实施反避税目的而对纳税人特定纳税事项所做的税收调整，包括针对纳税人转让定价、资本弱化[3]、受控外国公司及其他避税情形而进行的税收调整。特别纳税调整的"特别"之处体现在对象、内容、方法等很多方面。原来我国的所得税法律法规更多的是关注调整的合理性与合法性，以及税务机关执法的准确性。而新税法的特别纳税调整没有局限于此，更多的是针对资本的国际流动，更多地强调企业经济行为在市场经济运行中的公平性、合理性问题，提升和拓展了反避税的理念和领域。凡因不合理的安排而减少企业的应税收入或应税所得额的行为，都将属于调整和规范的内容。

《中华人民共和国企业所得税法》第四十七条规定："企业实施其他不具有合理商业目的的安排而减少其应纳税收入或者所得额的，税务机关有权按照合理的方法调整。"这种调整属于"一般反避税条款"。[4]

---

[1] 其中通过增加债权性投资比例、减少权益性投资比例以达到增加税前扣除的方法称为资本弱化。
[2] 即个别反避税条款。
[3] 对于债务人与债权人同属于一个利益集团的跨国公司，有动机通过操纵融资方式，降低集团整体的税收负担，即所谓"资本弱化"。其结果是增加利息的税前扣除，从而减少对股息的征税。
[4] 见2014年12月2日国家税务总局令第32号《一般反避税管理办法（试行）》。

三、税负转嫁手段

税负转嫁（tax translation）可以视为避税的一种特殊类型，即税负转移避税。在一般情况下，流转税具有税负转嫁性，纳税人可能不是或不完全是该税的负税人。因此，税负转嫁主要是针对流转税。税负转嫁不是对缴税的回避，也不是对税法不完善及其缺陷的利用，而是纳税人设法将税负转移给他人，最终由他人负担。能否成功进行转移税负，关键在于其产品或服务在市场上的竞争能力与供求弹性。

（一）税负转嫁概念

1. 税负转嫁

税负转嫁指纳税人在缴纳税款之后，通过种种途径将自己的税收负担转移给他人的过程。也就是说，最初缴纳税款的法定纳税人不一定就是该项税收的最终负担者，他可以把所纳税款部分或全部转移给其他人。只要某种税收的纳税人和负税人非为同一人，便有可能发生税负转嫁。

2. 税负归宿

税负归宿指税收负担的最终归着点或税负转嫁的最后结果。税收经过转嫁过程，最终总要把负担落在某个（或几个）负税人身上。一旦税负转嫁过程结束，税负也就有了归宿，即有了最终承担者。

税负的转嫁过程，从纳税人到负税人，可以只经一次税负转移，也可能要经过数次税负转移。如果一笔税款从纳税人到负税人，其转嫁过程发生一次，可称作一次转嫁。如果同一税额从纳税人到最后负税人，其转嫁过程发生两次或两次以上，可称作辗转转嫁。

税收经过转嫁，可以把税负全部转移出去，也可能只把部分税负转移出去（甚至转嫁不出去）。如果纳税人通过转嫁将全部税负转移给负税人负担，可称为完全转嫁。如果纳税人通过转嫁仅把部分税负转移给负税人，则称为部分转嫁。

（二）税负转嫁特点

税负转嫁是在纳税人之间进行的，因此，它不会减少国家的税收总收入；税负转嫁一般仅适用于流转税（间接税）。

（三）税负转嫁方法

按照税负转嫁的不同途径，税负转嫁一般可以分为以下四种方式。

（1）前转（forward shifting），亦称"顺转""下转"。即纳税人将其所纳税款，通过提高商品或生产要素价格的方法，向前转移给商品或生产要素的购买者或最终消费者负担的一种形式。一般来说，前转是税负转嫁的最典型和最普遍的形式，多发生在商品和服务的应税上。

（2）后转（backward shifting），亦称"逆转""上转"。即纳税人将其所纳税款，以压低生产要素进价或降低工资、延长工时等方法，向后转移给生产要素的提供者负担的一种形式。后转一般是在市场供求条件不允许纳税人以提高商品销售价格的办法向前转移税收负担时发生的，而且大多发生在生产要素的应税上。

（3）消转（diffused shifting），亦称"税收转化"。即纳税人对其所纳税款，既不向前转嫁，也不向后转嫁，而是通过改善经营管理、改进生产技术、控制工薪支付额等方法，自己消化税收负担。因为消转并没有把税负转移给他人，也没有特定的负税人，因而严格地说，消转是一种特殊的税负转嫁形式。

（4）税收资本化（capitalization of taxation），亦称"资本还原"。即生产要素购买者将所购生产要素未来应纳税款，通过从购入价格中预先扣除的方法，向后转嫁给生产要素的出售者的一种形式。

税收资本化主要发生在某些资产的交易中。最突出的例子就是对土地交易的应税。政府征收土地税，土地购买者便会将预期应纳的土地税折入资本，将税负转嫁给土地出售者，从而表现为地价下降。此后，名义上虽由土地购买者按期纳税，但实际上税款是由土地出售者负担的。因此，土地税和土地价格的关系经常表现为：土地税增加，地价必将下降；土地税减少，地价必将上升。

税务筹划的合法性与减税形式的关系如图11-1所示。

图 11-1　税务筹划的合法性与减税形式的关系

本章重点与难点

税务筹划的目标和原则，税务筹划的基本手段和方法，尤其是避税的法律依据和基本方法。

思考题

1. 何谓税务筹划？税务筹划有何积极意义？
2. 试述税务筹划的目标、原则和特点。
3. 何谓节税、避税、税负转嫁？
4. 简述避税的基本方法（技术）。
5. 既然避税并不违法，为什么还会面临特别纳税调整，纳税人如何应对税务机关的纳税调整？

技能题

案例　中化巧用收购+贷款金融锚方式收购以色列最大农化企业

在全球金融风暴中，马克西姆阿甘（MA Industries）的母公司Koor Industries受到比较大的影响，2010年三季度大幅度亏损，不得不出售旗下资产。2011年2月22日，《21世纪经济报道》发表题为《中化收购以色列最大农化企业》的文章。文中写道，中化本来可以全部收购该公司，但在这次并购中却以特别的"金融锚"方式安排，即支付14.4亿美元收购款项，从而掌握其60%的控制性股权；此外，中化还为Koor Industries提供9.6亿美元（相当于40%的股权）贷款，以后者的剩余MA Industries公司股权作担保。按约定，贷款7年期满后，Koor Industries可以选择以现金方式归还贷款，也可以被抵押的股权作为偿付。

为什么要做这样的交易安排？因为转让方预测，以色列未来可能将现在24%的公司所得税税率降至18%，Koor Industries希望通过获得贷款的方式，延期获得出售MA Industries公司所有股权的所得，以此来降低其在当下可能要支付的所得税。

分析要求：做出这种交易安排，转让方出于何种考虑？收购方又是如何考虑的？

第十二章 税务筹划实务

1. 理解主要经营环节的税务筹划方法。
2. 掌握增值税、所得税等主要税种的税务筹划方法。

你可能知道世界媒体大王鲁伯特·默多克精于经营，但可能不知道他更为"精明"之处：他设在英国的新闻投资公司在1988~1998年，缴纳的公司所得税和退税额相抵后竟然为零！也就是说，11年间，他一分钱的所得税也没缴，但并未违反税法；而国内外一些体育、文艺界的名人，却因逃税而受到法律的惩罚，致使"星途"黯淡。为什么结果迥异？因为默多克是通过精心设计并实施税务筹划方案实现的，而那些逃税名人则是头撞南墙。

第一节 主要税种的税务筹划

一、税种税务筹划概述

按税种进行的税务筹划是对影响各税种应纳税额的因素进行分析，从而决定如何进行税务筹划。税基与扣除项目的筹划是指纳税人通过缩小税基或加大扣除项目来减轻税收负担甚至免除纳税义务，既可以实现应纳税所得额的最小化，也可以通过对应纳税所得额实现时间的安排，在递延纳税、适用税率、减免税等方面获取税收收益。税率的筹划是指纳税人通过降低适用税率的方式来减轻税收负担。税额的筹划是指纳税人通过直接减少应纳税额的方式来减轻税收负担或者解除纳税义务，常常与税收优惠中的全部免征或减征、部分免征相联系。税基和扣除项目、税率和税额的筹划之间可能会互相配合，如缩小税基后可以适用较低的税率，也可能会互相制约，因此要通盘考虑。

二、增值税的税务筹划

（一）增值税两类纳税人身份的税务筹划

增值税法规将增值税纳税人划分为一般纳税人和小规模纳税人。两类纳税人的增值税税率和计税方法不同，一般纳税人采用税款抵扣制。为了降低增值税税负，企业可以事先利用增值率判断法计算税负平衡点以决定纳税人身份的选择。

$$增值率=\frac{销售收入（不含税）-购进项目价款}{销售收入（不含税）}\times 100\%$$

税负平衡点在税务筹划中的运用

$$增值率 = \frac{销项税额 - 进项税额}{销项税额} \times 100\%$$

一般纳税人应纳增值税额 = 当期销项税额 - 当期进项税额
　　　　　　　　　　 = 销售收入 × 13% - 销售收入 × 13% × (1 - 增值率)
　　　　　　　　　　 = 销售收入 × 13% × 增值率

小规模纳税人应纳增值税额 = 销售收入 × 3%

当两类纳税人应纳增值税额相等时，则有

　　销售收入 × 13% × 增值率 = 销售收入 × 3%

即可求得两类纳税人税负平衡点的增值率，计算结果如表 12-1 所示。

表 12-1　　　　　　　　　　两类纳税人税负平衡点的增值率

一般纳税人	小规模纳税人	不含税纳税平衡点	含税纳税平衡点
13%	3%	23.08%	25.32%
9%	3%	33.33%	35.28%
6%	3%	50.00%	51.46%

当实际增值率等于税负平衡点的增值率时，小规模纳税人与一般纳税人的税负相同；当实际增值率小于税负平衡点的增值率时，小规模纳税人税负重于一般纳税人；当实际增值率大于税负平衡点的增值率时，一般纳税人税负重于小规模纳税人。因此，在增值率较低的情况下，一般纳税人比小规模纳税人较有优势，主要原因是前者可以抵扣进项税额，而后者不能。但随着增值率的提高，一般纳税人的优势越来越小，小规模纳税人就更具有降低税负的优势。除按增值率计算两类纳税人的税负平衡点外，还可用抵扣率、成本利润率等方法计算两类纳税人的税负平衡点。

尽管纳税人在选择一般纳税人或小规模纳税人身份时会受到有关规定限制，但可以采取合并分立等方式进行税务筹划。

【例12-1】某科研机构为非企业性单位，所研制的产品科技含量较高，某年度预计不含税销售额1 800万元，购进不含增值税的原材料价款为1 000万元，该科研机构如何进行增值税纳税人身份的税务筹划？

税法规定，年应税销售额超过小规模纳税人标准的个人、非企业性单位、不经常发生应税行为的企业，视同小规模纳税人，即该科研机构作为非企业性单位，只能被认定为小规模纳税人（适用3%的税率）。但该科研机构可以将产品制造环节独立出去，注册成立一个企业，即可申请为一般纳税人（适用13%的税率）。

$$该科研机构预计增值率 = \frac{1800 - 1000}{1800} \times 100\% = 44.44\%$$

由计算可知，预计增值率为44.44%，大于两类纳税人平衡点的增值率18.75%，注册企业并申请为一般纳税人后的增值税税负将重于小规模纳税人，因此，该科研机构将注册的企业选择为小规模纳税人身份更有利。

若为一般纳税人的应纳增值税税额 = 1 800 × 13% - 1 000 × 13% = 104（万元）

若为小规模纳税人的应纳增值税税额 = 1 800 × 3% = 54（万元）

选择小规模纳税人的增值税税负降低额 = 104 - 54 = 50（万元）

税法还规定，一般纳税人生产某些特定货物，可按简易办法依照3%的征收率计算缴纳增值税，也可不按简易办法而按有关对一般纳税人的规定计算缴纳增值税，所选择的计算缴纳增值税的办法至少3年内不得变更，如"用微生物、微生物代谢产物、动物毒素、人或动物的血液或组织制成的生物制品"。若上述科研机构是用微生物生产生物制品，也可以不必分立一个企业，而直接采取简易办法，依照3%的征收率计算缴纳增值税。

（二）购进价格的税务筹划

企业从不同的纳税人购进商品和劳务，将直接影响增值税税负和企业收益。假设在价格和质量相同的情况下，从一般纳税人购进可以索取 13%或 9%增值税税率的专用发票，抵扣的进项税额最大，则应纳税额最小，这是最佳选择；从小规模纳税人购进，通过其从主管税务机关代开的增值税专用发票，可索取 3%增值税征收率的专用发票进行税款抵扣；从个体工商户购进，则不能抵扣。但是这种假设不现实，因为价格相同，小规模纳税人和个体工商户将无法生存，若要在市场中生存，必然要降低销售价格，才能与一般纳税人竞争。这样，无论是一般纳税人购进，还是小规模纳税人销售，均要计算比较各自的税负和收益，从而确定各自的购进价格与销售价格，使本企业的利益最大化。

假设一般纳税人的含税销售额为 S，从一般纳税人购货的含税购进额为 P，适用的增值税税率为 T_1，从小规模纳税人购进货物的含税额与从一般纳税人购进货物的含税额的比率为 R_c，小规模纳税人适用的征收率为 T_2。因生产加工费用与原材料的来源关系不大，所以收益为销售收入扣除购进成本、应纳增值税额之差，则

从一般纳税人索取专用发票后的收益为：

$$S - P - \left(\frac{S}{1+T_1} \times T_1 - \frac{P}{1+T_1} \times T_1 \right) = \frac{S-P}{1+T_1}$$

从小规模纳税人索取专用发票后的收益为：

$$S - P \times R_c - \left(\frac{S}{1+T_1} \times T_1 - \frac{P \times R_c}{1+T_2} \times T_2 \right) = \frac{S}{1+T_1} - \frac{P \times R}{1+T_2}$$

当两者的收益相等时，则有

$$\frac{S-P}{1+T_1} = \frac{S}{1+T_1} - \frac{P \times R_c}{1+T_2}$$

$$R_c = \frac{1+T_2}{1+T_1} \times 100\%$$

因此，当一般纳税人选择是从小规模纳税人购进货物，还是从一般纳税人购进货物时，若实际的含税价格比小于 R_c，就应当选择小规模纳税人的货物；若实际的含税价格比大于 R_c，就应当选择一般纳税人的货物；若实际的含税价格比等于 R_c，两者的经济流入相同，就应当从其他角度考虑选择不同纳税人的货物。从销售定价而言，小规模纳税人在确定货物的价格时，应当依据一般纳税人货物的含税价格，使其货物含税价格略低于或等于一般纳税人货物含税价格的 R_c 倍。

依据上述公式，假设小规模纳税人在销售货物时，不愿或不能委托主管税务机关代开增值税专用发票而出具一般普通发票，则一般纳税人在购进货物时，小规模纳税人销售货物的含税价格与一般纳税人销售货物的含税价格比为：

$$R_c = \frac{1}{1+T_1} \times 100\%$$

在增值税一般纳税人适用税率为 13%、9%、6%，小规模纳税人征收率为 3%，以及不能出具增值税专用发票的情况下，R_c 比率的计算如表 12-2 所示。

表 12-2　　　　　　　　　　不同纳税人含税价格比率

一般纳税人适用的增值税税率	小规模纳税人适用的增值税征收率	小规模纳税人向税务机关申请代开发票后的含税价格比率	小规模纳税人未向税务机关申请代开发票的含税价格比率
13%	3%	91.15%	88.50%
9%	3%	94.50%	91.74%
6%	3%	97.17%	94.34%

【例12-2】某生产企业为增值税一般纳税人，适用增值税税率13%，预计实现含税销售收入232 000元，需要外购原材料10吨。现有A、B、C三个供货商提供货源，其中A为一般纳税人，能够开具增值税专用发票，适用税率13%；B为生产该原材料的小规模纳税人，能够委托主管税务机关代开增值税征收率为3%的专用发票；C为个体工商户，仅能提供普通发票。A、B、C所提供的原材料质量相同，含税价格不同，分别为每吨11 600元、11 000元、10 500元。企业应当如何进行购货价格的税务筹划，选择什么样的供应企业？

B与A的实际含税价格比率R=11 000÷11 600=94.83%>91.15%

C与A的实际含税价格比率R=10 500÷11 600=90.52%>88.50%

可以看出，选择从B、C购进原材料显然不合算，应当选择A。其应纳增值税额和税后现金流量计算如下：

方案1：从A企业购进。

$$应纳增值税税额=\frac{232\,000}{1+13\%}\times13\%-\frac{11\,600\times10}{1+13\%}\times13\%=13\,345.13（元）$$

税后现金净流量=232 000−116 000−13 345.13=102 654.87（元）

方案2：从B购进。

$$应纳增值税税额=\frac{232\,000}{1+13\%}\times13\%-\frac{11\,000\times10}{1+3\%}\times3\%=23\,486.38（元）$$

税后现金净流量=232 000−110 000−23 486.38=98 513.62（元）

方案3：从C购进。

$$应纳增值税额=\frac{232\,000}{1+13\%}\times13\%=26\,690.27（元）$$

税后现金净流量=232 000−10 500×10−26 690.27=100 309.73（元）

一般纳税人采购货物时除考虑获得的收益外，还应考虑由于增值税税负不同而导致的城市维护建设税、教育费附加和企业所得税的变化。采购货物涉及的增值税，在销项税额一定的情况下，能索取增值税税率13%的专用发票时，应纳税额最低；能索取征收率3%的专用发票时，应纳税额次之；不能索取专用发票时，应纳税额最大。同理，与增值税紧密相关的城市维护建设税、教育费附加随增值税的增减而增减。至于企业所得税则与企业税前利润的大小相关，不能索取13%基本税率的专用发票时，因多缴纳了增值税、城市维护建设税、教育费附加，企业税前可扣除的税费增加，企业所得税会相应减少。

（三）销售方式的税务筹划

企业在销售过程中，为了达到增加销售额而获得利润同步增长的目的，可以采取多种促销方式，如返还现金、礼券、红利卡、积分卡、抽奖、赠物等形式[①]。然而在不同促销方式下，企业取得的销售额是不同的，与之相关的税负也有差异。企业应根据自身的实际情况，选择适当的促销方式，以降低税负，获取税收利益。

【例12-3】某百货商场是一家服装专业零售企业，是增值税一般纳税人。公司以世界名牌服装零售为主，上年实现销售收入45 000万元，在当地拥有一定的知名度。公司销售部决定在当年春节期间展开促销活动，以提升该公司的盈利能力。公司决策层提出以下三种促销思路：

（1）采用让利方式，即折扣销售方式，可以减少税收负担。

---

① 与根据财政部、国家税务总局《关于企业促销展业赠送礼品有关个人所得税问题的通知》中的"赠送礼品"不同，"赠送礼品"是企业在商品展销、推介活动中发生的，它与日后商品销售没有直接关系，属于"偶然所得"。因此，应按规定代征代缴个人所得税。

(2) 采用赠送商品或优惠券方式，可以刺激消费，促进销售。

(3) 鉴于消费者越来越讲实惠，采用返还现金的方式进行促销。

假定所有促销方式消费者都接受，消费者都在当月完成所有的购买行为，以10 000元销售额、平均成本为6 000元为基数，提出以下三个具体操作方案。

方案1：购物就在商品原价的基础上打七折。

方案2：购物满100元赠送价值30元的商品（赠品成本18元，均为含税价）。

方案3：购物满100元返还30元现金。

仅考虑增值税、企业所得税和个人所得税，不考虑其他税费。

筹划方案分析：

方案1：此方案为折扣销售（商业折扣），是指销货方在销售货物或提供应税劳务时，因购货方购货数量较大等原因，而给予购货方的价格优惠。

如果销售额和折扣额在同一张发票上分别注明，按折扣后的销售额计征增值税；如果折扣额另开发票，不论其财务会计如何处理，均不得从销售额中扣除折扣额，需全额计征增值税。

假定1：该商场未将销售额和折扣额开在一张发票上，则

应交增值税=10 000÷（1+13%）×13%-6 000÷（1+13%）×13%=460.18（元）

应交企业所得税=[7 000÷（1+13%）-6 000÷（1+13%）]×25%=221.24（元）

税后利润=7 000÷（1+13%）-6 000÷（1+13%）-221.24=663.72（元）

缴税合计数=460.18+221.24=681.42（元）

假定2：该商场将销售额与折扣额开在同一张发票上，则

应交增值税=7 000÷（1+13%）×13%-6 000÷（1+13%）×13%=115.04（元）

应交企业所得税=[7 000÷（1+13%）-6 000÷（1+13%）]×25%=221.24（元）

税后利润=7 000÷（1+13%）-6 000÷（1+13%）-221.24=663.72（元）

缴税合计数=115.04+221.24=336.28（元）

在税后利润相同的情况下，该商场会选择缴税合计数最小的假定2的做法。

方案2：企业在商品促销中，以"买一赠一"、购物返券（代金券）、购物积分等方式组合销售货物的，应就其实际收到的货款计算增值税。

应交增值税=10 000÷（1+13%）×13%-6 000÷（1+13%）×13%-1 800÷（1+13%）×13%=253.10（元）

应交企业所得税=[10 000÷（1+13%）-6 000÷（1+13%）-1 800÷（1+13%）]×25%=486.73（元）

税后利润=10 000÷（1+13%）-6 000÷（1+13%）-1 800÷（1+13%）-486.73=1 460.17（元）

缴税合计数=253.10+486.73=739.83（元）

方案3：企业采取这种促销方式，表明企业并没有对其所出售商品进行降价，所以消费者有权要求企业按照购买商品的实际价格开具发票，最终企业必须就发票上开具的100元销售额计税，同时还要就另行赠送的30元代消费者缴纳个人所得税。显然，这种做法将大大增加企业的实际成本，降低税后利润。实践中，有些企业采用最后抵扣的办法最终完成赠送，即消费者在累积满100元后凭购物小票在购买下一件商品时直接抵扣30元，而且该件商品的发票按照抵除30元后的金额开具。实际上这种做法在消费者对开具发票金额没有异议的情况下是可以实行的，就相当于进行了30元的折扣销售。但是，如果消费者要求必须全额开具该商品的发票，企业也是无权拒绝的，因为企业并没有事先说明后一件商品属于折扣销售。所以，如果企业采用这种方式，必须在活动规则中明确说明30元的赠送方式以及开具发票的方式，否则会带来不必要的麻烦。下面的计算仅考虑直接返还现金的方式。

应交增值税=10 000÷（1+13%）×13%-6 000÷（1+13%）×13%=460.18（元）

应替顾客缴纳的个人所得税=3 000÷（1-20%）×20%=750（元）
应纳税所得额=10 000÷（1+13%）-6 000÷（1+13%）-750-3 000=-210.18（元）
因为-210.18<0，所以应缴纳的企业所得税为0。
税后净利润=10 000÷（1+13%）-6 000÷（1+13%）-3 000-750=-210.18（元）
缴税合计数=460.18+750=1 210.18（元）
将以上三个方案的计算结果编制比较表，如表12-3所示。

表12-3　　　　　　　　　　　　　纳税情况与获利情况比较表　　　　　　　　　　　　　单位：元

方案		增值税	企业所得税	个人所得税	缴税合计	税后利润
折扣销售	折扣金额未开在一张发票上	460.18	221.24	—	681.42	663.72
	折扣金额开在一张发票上	115.04	221.24	—	336.28	663.72
赠商品		253.10	486.73	—	739.83	1 460.17
返现金		460.18	0	750	1 210.18	-210.18

从表中的数据可以看出，第一，从税后利润角度看，在所有方案中，购物返现金是最不可取的，最优方案应是购物赠商品；第二，从缴税合计数来看，缴税数会直接影响企业的现金流出量，折扣销售（尤其是折扣额与销售额开在一张发票上）和购物赠商品比较可取，现金流比较小，对企业的生产经营不会造成太大的影响。

企业进行促销的税务筹划思路如下。

（1）购销差价是税务筹划需要考虑的重点问题。如果商品的购进成本较高，采用打折销售比较好；反之，如果商品的购进成本较低，则采用赠送商品或赠送购物券的方式比较好。赠送商品的价值越低，企业的成本利润率越高，企业获利面越大，同时现金流也比较小；赠送购物券，在一般情况下可以提高销售量，扩大企业的影响范围，提高市场占有率。而且，商场成本越低，折扣优惠越大时，赠送购物券促销方式的优势就更加明显；同时，企业也不用担心税后是否会亏损。

（2）进行促销活动的税务筹划需要关注促销活动的最终目的。商品零售企业在选择让利促销方式时，切不可只考虑节税效益，而要从企业整体的盈利能力加以考虑。对于不同的促销方式，纳税越少并不意味着税后获利越大，进行让利促销方式的选择，务必从企业的实际情况出发，事先做好筹划，选择较优的促销方式，这样才能确保企业利益最大化。

（四）农产品生产销售的税务筹划

若纳税人有自属的农业生产基地，可以将该农业生产基地独立出来成立一个企业，不仅该农业基地可以享受"农业生产者销售的自产农业产品免征增值税"的优惠，企业也可根据农业基地开具的普通发票计算抵扣进项税额，达到降低税负的目的。

【例12-4】某果汁企业有一自属的柑橘种植园，采摘的柑橘再送到本企业的果汁加工厂进行果汁生产。果汁的增值税税率是13%，而只有企业的水费、电费和购入包装物等按规定可以抵扣进项税额。全年允许抵扣的进项税额为10万元。全年果汁销售收入500万元。

应交增值税=500×13%-10=55（万元）

若该企业将柑橘种植园和果汁加工厂分立为两个独立核算的企业，分立后，柑橘种植园为农业生产者，销售其自产的柑橘免征增值税；而果汁加工厂从柑橘种植园购入的柑橘可以抵扣10%的进项税额。若柑橘园销售给果汁加工厂的柑橘售价为300万元，则

应交增值税=500×13%-10-300×10%=25（万元）

由计算可知，分立后比分立前节减税额30万元。

三、消费税的税务筹划

（一）转让定价的税务筹划

消费税的纳税行为发生在生产领域而非流通领域或终极的消费环节，关联企业中生产（委托加工、进口）应税消费品的企业，如果以较低的价格将应税消费品销售给其独立核算的销售部门，则可以降低销售额，从而减少应纳税销售额。而独立核算的销售部门由于处在销售环节上，只缴纳增值税，不缴纳消费税，这样做可以使集团的整体消费税负下降，但增值税税负不变。

【例12-5】某汽车集团，其汽车制造公司正常小汽车的出厂价为150 000元/辆，气缸容量为2.2升，适用税率为9%。而向集团的汽车销售公司供货时价格定为120 000元/辆，当月制造小汽车500辆。

若由汽车制造公司直接对外销售，应交消费税为：

150 000×500×9%=6 750 000（元）

若销售给集团的汽车销售公司再由汽车销售公司对外销售，应交消费税为：

120 000×500×9%=5 400 000（元）

由此，集团少交消费税为：

6 750 000-5 400 000=1 350 000（元）

需要指出的是，汽车制造公司向汽车销售公司出售应税消费品时，只能适度压低价格。由于独立核算的汽车制造公司与汽车销售公司之间存在关联关系，按照《中华人民共和国税收征收管理法》的规定，"企业或者外国企业在中国境内设立的从事生产经营的机构、场所与其关联企业之间的业务往来，应当按照独立企业之间的业务往来收取或者支付价款、费用；不按照独立企业之间的业务往来收取或者支付价款、费用，而减少其应纳税收入或者所得额的，税务机关有权进行合理调整"。因此，汽车制造公司销售给汽车销售公司的汽车价格应当参照独立销售给其他商家当期的平均价格确定。如果压低幅度过大，就属于税法所称"价格明显偏低"，此时，税务机关可以行使对价格的调整权。

（二）纳税环节的税务筹划

由于消费税是针对特定纳税人（特定环节）征收的，纳税环节关系企业消费税税负。如果两个企业之间存在原材料供应关系，即商品购销关系，按税法规定应以正常购销价格为计税依据缴纳消费税。如果两个企业合并，就由原来的供应关系转变为企业内部的原材料供应环节，按税法规定，不需要缴纳消费税，直至销售环节才需要缴纳消费税，这样就递延了消费税的纳税时间。

如果企业合并后的消费税税率较合并前的税率低，因合并前应当缴纳的消费税推迟到合并后征收，而合并后的消费税适用税率较低，则此前的销售额因适用了较低的税率而降低了企业税负。

【例12-6】多年来，某A酒厂一直从B酒厂购进散装粮食白酒，经过加工勾兑成新型酒销售，年购进量1 500吨，价格为8元/kg。A酒厂每年缴纳消费税：

1 500×1 000×8×20%+1 500×1 000×1=3 900 000（元）

如果A酒厂兼并B酒厂，每年将增加费用支出165万元。

A酒厂兼并B酒厂后，A与B成为一个企业，B生产的散装粮食白酒再由A勾兑新型酒，属于自产应税消费品连续生产应税消费品，前一环节可免征消费税。虽然每年将增加费用支出165万元，但还是可以获得税收收益225万元（390-165）。因此，A酒厂可以选择兼并B酒厂的经营方式。

（三）兼营不同税率的应税消费品的税务筹划

纳税人兼营多种不同税率的应税消费品，应当分别核算不同税率应税消费品的销售额、销售数量；

未分别核算销售额、销售数量，或者将不同税率的应税消费品组成成套消费品销售的，应从高适用税率。因此，企业在会计核算的过程中应该对不同税率消费品分别核算，以免蒙受不必要的损失。

【例12-7】某化妆品厂将生产的高档化妆品组成成套消费品销售。每套消费品由下列产品组成：高档化妆品包括一瓶香水300元（20ml），护肤护发品包括一瓶摩丝10元，上述价格均不含税。当月销售1万套。化妆品消费税税率为15%，护肤护发品税率为0%。

方案1：将产品包装后再销售给商家，厂家应交消费税为：

（300+10）×15%×10 000÷10 000=46.5（万元）

（300+10）×15%×1=46.5（万元）

方案2：将产品先分别销售给商家，再由商家包装后对外销售，厂家应交消费税为：

（300×15%+10×0%）×10 000÷10 000=45（万元）

（300×15%+10×0%）×1=45（万元）

方案2比方案1节减税额1.5万元。

方案2在实际操作中，只要换个包装地点，并将产品分别开具发票，账务上分别核算销售收入即可。

企业兼营不同税率应税消费品时，能单独核算，最好单独核算，没有必要成套销售的，最好单独销售，可以采取"先销售后包装"的形式，尽量减轻企业的税收负担。

（四）改变加工方式的税务筹划

应税消费品委托加工与自行加工税负有差异。委托加工的应税消费品收回后，又分为在本企业继续加工成另一种应税消费品和直接对外销售两种情况。

1. 委托加工方式的税负

【例12-8】甲公司委托乙公司将一批价值200万元的原料加工成A半成品，协议规定加工费150万元；加工的A半成品运回甲公司后，继续加工成B产成品，加工成本、分摊费用共计200万元，该批产成品售价1 500万元。假设A半成品消费税税率30%，产成品消费税税率50%。

方案1：委托加工的应税消费品收回后，在本企业继续加工成另一种应税消费品销售。

在计算消费税的同时，还应计算增值税（作为价外税，它与加工方式无关，这里不予涉及）。

甲公司向乙公司支付加工费的同时，向受托方支付其代收代缴的消费税为：

消费税组成计税价格=（200+150）÷（1-30%）=500（万元）

应交消费税=500×30%=150（万元）

甲公司销售产品后，应交消费税为：

1 500×50%-150=600（万元）

甲公司的税后利润为（设所得税税率25%）：

（1 500-200-150-200-150-600）×（1-25%）=150（万元）

方案2：委托加工的消费品收回后，直接对外销售。

如果委托加工收回的应税消费品运回后委托方不再继续加工，而是直接对外销售。仍以上例，如果甲公司委托乙公司将原料加工成B产成品，原料成本不变，加工费用为350万元；加工完毕，运回甲公司后，甲公司对外售价仍为1 500万元。

甲公司向乙公司支付加工费的同时，向其支付代收代缴的消费税为：

（200+350）÷（1-50%）×50%=550（万元）

由于委托加工应税消费品直接对外销售，甲公司在销售时不必再交消费税。其税后利润计算如下：

（1 500-200-350-550）×（1-25%）=300（万元）

两种方案相比较，在被加工原料成本相同、最终售价相同的情况下，后者显然比前者对企业有利得多，税后利润多150万元。即使后一种情况甲公司向乙公司支付的加工费等于前者之和350万元（150+200），后者也比前者税后利润多。而在一般情况下，后一种情况支付的加工费比前一种情况支付的加工费（向受托方支付加上自己发生的加工费之和）要少。对受托方来说，不论哪种情况，代收代缴的消费税都与其盈利无关，只有收取的加工费与其盈利有关。

2. 自行加工方式的税负

仍依上例，甲公司将购入的价值200万元的原料自行加工成B产成品，加工成本、分摊费用共计450万元，售价1 500万元。有关计算如下：

应交消费税=1 500×50%=750（万元）

税后利润=（1 500-200-450-750）×（1-25%）=75（万元）

由上述分析可以看出，在各相关因素相同的情况下，自行加工方式的税后利润最少，其税负最重；而收回后不再加工直接销售的方式又比委托加工收回后再继续加工的销售方式的税负要低。

3. 委托加工方式与自行加工方式的税负分析

委托加工的应税消费品与自行加工的应税消费品的税基不同。委托加工时，受托方（个体工商户除外）代收代缴税款，税基为组成计税价格或同类产品销售价格；自行加工时，计税的税基为产品销售价格。在通常情况下，委托方收回委托加工的应税消费品后，要以高于成本的价格售出以求盈利。不论委托加工费是大于还是小于自行加工成本，只要收回的应税消费品的计税价格低于收回后的直接出售价格，委托加工应税消费品的税负就会低于自行加工的税负。对委托方来说，其产品对外售价高于收回委托加工应税消费品的计税价格部分，实际上并未纳税。

企业在计算应税所得时，作为价内税的消费税可以作为扣除项目。因此，消费税的多少会进一步影响所得税，进而影响企业的税后利润和所有者权益。而作为价外税的增值税，则不会因增值税税负差异造成企业税后利润差异。

由于应税消费品加工方式不同而使纳税人税负不同，因此，纳税人进行消费税税务筹划时，可以利用关联方关系，压低委托加工成本，达到节税目的。即使不是关联方关系，纳税人也可以在估算委托加工成本上下限的基础上，事先测算企业税负，确定委托加工费的上限，以使税负最低、利润最多。

四、企业所得税的税务筹划

（一）会计政策选择的税务筹划

会计政策选择的税务筹划即利用会计处理方法的多种规定，选择适当的会计核算方法，以增加成本，达到减轻税负或延缓纳税的目的。例如，企业采用加速折旧法可以在固定资产使用初期多计折旧，加大企业初期成本而减少利润，从而减轻企业前期所得税负担，将企业缴纳所得税的时间大大推迟。税法规定，企业的固定资产由于技术进步等原因，确需加速折旧的，可以缩短折旧年限或者采取加速折旧的方法。

【例12-9】某企业的固定资产原值312.5万元，预计残值率4%，会计与税法规定的使用年限均为5年，使用平均年限法时，每年的税前利润都是200万元。所得税税率为25%。投资报酬率为10%，1~5年的复利现值系数分别为0.9 091、0.8 264、0.7 513、0.6 830、0.6 209。

（1）计算使用平均年限法时，该企业5年的应交所得税。

（2）计算使用年数总和法时，该企业5年的应交所得税。

（3）假如该企业前2年免税，计算使用平均年限法法时，该企业5年的应交所得税。

（4）假如该企业前2年免税，计算使用年数总和法时，该企业5年的应交所得税。计算结果如表12-4和表12-5所示。

表 12-4　　　　　　　无减免税期时平均年限法和年数总和法的比较　　　　　　　　　单位：万元

年份	折旧额		税前利润额		应纳税额		应纳税额的现值	
	（1）	（2）	（1）	（2）	（1）	（2）	（1）	（2）
第1年	60	100	200	160	50	40	45.46	36.36
第2年	60	80	200	180	50	45	41.32	37.19
第3年	60	60	200	200	50	50	37.57	37.57
第4年	60	40	200	220	50	55	34.15	37.57
第5年	60	20	200	240	50	60	31.05	37.25
合计	300	300	1 000	1 000	250	250	189.55	185.94

表 12-5　　　　　　　有减免税期时平均年限法和年数总和法的比较　　　　　　　　　单位：万元

年份	折旧额		税前利润额		应纳税额		应纳税额的现值	
	（1）	（2）	（1）	（2）	（1）	（2）	（1）	（2）
第1年	60	100	200	160	0	0	0	0
第2年	60	80	200	180	0	0	0	0
第3年	60	60	200	200	50	50	37.57	37.57
第4年	60	40	200	220	50	55	34.15	37.57
第5年	60	20	200	240	50	60	31.05	37.25
合计	300	300	1 000	1 000	150	165	102.77	112.39

可见，在不考虑减免税的情况下，企业采用加速折旧法与平均年限法在固定资产存在的纳税期间的应纳税额总额是相同的。但在加速折旧法下，可以在固定资产使用初期多计折旧，加大企业初期成本而减少利润，从而减轻了企业前期所得税负担，将企业缴纳所得税的时间大大推迟，因而企业可以提前取得部分现金净收入，促进资产的更新改造。企业推迟缴纳的部分所得税可以视同政府提供的无息贷款，这对企业是有利的。但是，如果企业在前几年可以享受减免税待遇，加速折旧法就不见得是最好的折旧方法。因为加速折旧法使得企业利润集中在后几年，使企业后几年的利润与前几年形成明显的差距，导致后几年必然要承担较高的税负而使企业纳税额增加，税负加重。

（二）广告费和业务宣传费的税务筹划

企业发生的符合条件的广告费和业务宣传费支出，除国务院财政、税务主管部门另有规定外，不超过当年销售收入15%的部分，准予扣除；超过部分，准予在以后纳税年度结转扣除。

广告费和业务宣传费是以销售收入为基数计算扣除限额的，如果纳税人将企业的销售部门设立成一个独立核算的销售公司，将企业产品销售给公司，再由公司对外销售，这样就多核算了一次营业收入，从集团整体来看，也就是扩大了广告费和业务宣传费的计提基数。

【例12-10】某公司某年度实现产品销售收入10 000万元，销售费用中列支广告费和业务宣传费2 500万元，税前会计利润总额为1 000万元。按税法扣除比例，其广告费和业务宣传费超支额为1 000万元。该公司总计应纳税所得额为2 000万元，应纳所得税额为500万元，税后净利润为500万元。

若该公司将自己的销售部门独立出去成立一个销售公司，将产品以8 000万元的价格销售给销售公司，销售公司再以10 000万元的价格对外销售。母公司与销售公司发生的广告费和业务宣传费分别为1 000万元和1 500万元。母公司的税前利润为800万元，销售公司的税前利润为200万元，则两公司分别缴纳公司所得税，各项费用均不超过税法规定的标准，整个集团应纳所得税额为250万元，税后净利润为750万元。

如果该公司的产品是消费税的应税消费品,设立销售公司还可以取得节省消费税的好处,因为消费税的课税环节在产制环节而不是销售环节,如果该产品的消费税税率是30%,那么可以节省消费税税额600万元(2 000×30%)。

企业实施不具有合理商业目的的安排而减少其应纳税收入或者所得额的,税务机关有权按照合理方法调整。因此,要在充分考虑商业目的的基础上,运用设立销售公司的税务筹划方案,并进一步在关联公司之间合理分摊广告费用。

设立销售公司除可以节税外,对于扩大产品销售市场、加强销售管理均具有重要意义,但也会因此增加一些管理成本。纳税人应根据企业规模的大小以及产品的具体特点,兼顾成本与效益原则,从长远利益考虑,决定是否设立分公司。

(三)研发费用加计扣除的问题

一般情况下,无形资产研发活动具有研发时间长、研发费用投入高的特点,这既对企业的税务管理水平提出了高要求,也给企业提供了税务安排的时间和空间。

研发费用加计扣除的节税效应

例如,企业研发活动主要分为研究阶段和开发阶段。在研究阶段,如果未能形成无形资产,则相应的研发费用中可计入当期损益,按照实际发生额的75%,在当期税前加计扣除,从而减少当期企业所得税应纳税所得额。开发阶段形成无形资产的,对应的研发费用应计入无形资产成本,按照无形资产成本的175%在税前摊销,这也能一定程度上降低企业的当期应纳税所得额。

此外,无形资产相关损益还包括技术转让收入以及无形资产外购费用。开发新技术、新产品、新工艺发生的研究开发费用,可以在计算应纳税所得额时75%加计扣除。同时,技术转让收入具有一定的免税限度与减税限度,企业可单独核算每项技术转让,用好用足这些税收优惠。

(四)高新技术企业研发项目管理的加计扣除问题

在实务中,高新技术企业被取消高新资格并被追缴税款的情况时有发生,导致不能享受15%的优惠税率。这些企业被取消高新资格的主要原因就是研发费用的归集不符合相关税收法规规定。

某公司是一家研制数码机械零配件的公司,研发实力较强,拥有数十项发明专利、实用新型专利,产品在行业领域内具有较强的创新性,技术处于行业领先地位。公司于上年通过了高新技术企业资格重新认定,继续享受15%的企业所得税优惠税率。但税务人员在审核企业报送的上年度企业所得税汇算清缴申报资料时,发现公司填报的研发费用加计扣除金额远大于其财务报表中"管理费用"金额,且与高新技术企业资格认定标准中的研发费用金额差异较大。

会计人员认为公司在研发项目管理上采取两级研发管理制度,即以综合方向研究为标准的一级研发项目(一级项目)和以精细子类研究为标准的二级研发项目(二级子项目),二级子项目在设置上均包含在一级研发项目中。公司在上年申报高新技术企业资格时,考虑到二级子项目太多、填报工作量巨大,故选择按照一级研发项目进行申报,但在申报研发费用加计扣除时,则按照二级子项目进行申报。

根据有关规定,不论是高新技术企业资格认定标准中的研发费用,还是加计扣除的研发费用,都应以研发项目为归集基点。公司未按规定对研发费用进行真实归集,在高新技术企业资格重新认定和研发费用加计扣除申报中,所涉研发项目差异较大,没有设立单独的研发费用辅助账等。

公司财务人员直接按填报的高新技术企业研发费用的60%填报了上年度研发费用加计扣除的金额。因此,税务机关初步判定公司的研发费用归集方法存疑,要求书面解释研发项目存在差异的原因,并规范研发费用的核算制度,完善研发费用辅助账。如果后续审查依然存疑,则可能向高新技术企业认定机构提请对其高新技术企业资格进行复核,公司就有可能被取消高新技术企业资格。

研发费用的归集有三个不同口径,分别是高新技术企业认定口径、加计扣除税收规定口径和财务会计的核算口径,符合会计准则(制度)要求,不一定符合加计扣除要求。税务筹划是否成功,应以税收法规为准。因此，企业应规范研发项目管理，确保研发费用加计扣除申报资料与高新技术企业申报资料的一致性；制定一套完整的研发费用核算体系，建立健全研发费用辅助账，明细记录项目名称、项目人员、费用发生日期及其金额等信息。

（五）企业集团汇总纳税的税务筹划

汇总纳税是指集团母公司和其子公司的经营所得，通过汇总纳税申报表，由母公司统一申报缴纳企业所得税。在税法许可的范围内，由集团企业通过将集团内部各具有法人资格企业的盈亏相抵后合并申报纳税，可以使企业的亏损提前得到抵补，实现递延纳税的利益。但需要注意的是，根据企业所得税法的规定，除国务院另有规定外，企业之间不得合并缴纳企业所得税。

【例12-11】某企业集团有一核心企业和100%控股的3个紧密层企业，4个公司以前年度均无亏损，所得税税率均为25%，就地预缴所得税比例为0。该企业集团所属各企业预测未来3年的盈利情况如表12-6和表12-7所示。请给出该企业的最佳纳税方案。

表12-6　　　　某企业集团预测3年所得额情况表　　　　单位：万元

企业名称	第1年所得额	第2年所得额	第3年所得额
核心企业	60	70	80
甲企业	20	30	40
乙企业	−15	10	25
丙企业	−40	30	30

表12-7　　　　某企业集团合并与分别纳税计算表　　　　单位：万元

纳税方案	第1年所得额	第1年所得税	第2年所得额	第2年所得税	第3年所得额	第3年所得税	所得税合计
合并纳税总额	25	6.25	140	35	175	43.75	85
分别纳税总额	80	20	100	25	160	40	85

如果分别纳税，乙企业第1年15万元的亏损到第3年才能弥补，丙企业40万元的亏损到第3年才能弥补完。如果合并纳税，乙、丙两个企业的亏损在第1年就可以全部弥补。无论是合并纳税还是不合并纳税，该企业集团3年的总体税负都是相同的，只是合并纳税后可以前期少缴税款后期多缴税款，考虑到货币的时间价值，相当于取得了递延纳税的利益。

五、个人所得税的税务筹划

（一）个人所得税法下的税务筹划思路

2018年8月31日，全国人民代表大会常务委员会表决通过关于修改《中华人民共和国个人所得税法》的决定，标志着我国将逐步建立综合与分类相结合的个人所得税制度。原来工资薪金是按月计算缴纳个人所得税，之后，工资薪金所得按月预扣预缴个人所得税，纳税人于次年3月1日至6月30日向主管税务机关办理汇算清缴，税款多退少补。因此，工资薪金个税的筹划应由发放方式、每次发放金额转向获取递延纳税的时间价值，其筹划空间大为缩减。

此次修法引入了专项扣除、专项附加扣除和其他扣除，这为个人所得税筹划提供了新的思路。要降低个人所得税税负，就要努力降低应纳税所得额，而居民个人综合所得的每月、每年免征额是固定金额，没有筹划空间。因此，作为个税代扣代缴义务人的企业就应在税收法规允许的限度内，尽可能增加对企业员工的"三险一金"的提取比例，实现专项附加扣除和其他扣除项目的充分足额扣除。

居民个人取得全年一次性奖金，符合规定的，在2021年12月31日前，可不并入当年综合所得，以全年一次性奖金收入除以12个月得到的数额，根据按月换算后的综合所得税率表，确定适用税率和速算扣除数，单独计算纳税。居民个人取得全年一次性奖金，也可以选择并入当年综合所得计算纳税。自2022年1月1日起，居民个人取得全年一次性奖金，应并入当年综合所得计算缴纳个人所得税。

在3年过渡期间，在全年收入的规划上，可在年终奖发放数额与个人所得税税负问题上进行税务筹划。当全年应纳税所得额小于0时，选择将年终奖收入合并到综合所得中计算缴纳个税比较合算；当全年应纳税所得额大于0小于36 000元（含）时，选择并入工薪所得与单独计算年终奖与综合所得的个税金额相同；当全年应纳税所得额大于36 000元时，选择年终奖单独计税，不并入工薪所得比较划算。在3年过渡期满后，就应改变筹划思路，主要从获取递延纳税的时间价值上考虑。

此次修法还增加了反避税条款。针对个人不按独立交易原则转让财产、在境外避税地避税、实施不合理商业安排获取不当税收利益等避税行为，税务机关有权按合理方法进行纳税调整。需要补征税款的，要补征税款，并加收利息。因此，对个人所得税进行筹划时，既要做到不违反税法，又要避免被认定为不合理避税，最大限度地降低税务筹划风险。

（二）工资薪金所得的税务筹划

在一般情况下，对低收入者（每月工薪所得不交个税者）来说，选择将全年一次性奖金并入当年工资薪金所得计算的应纳税额，比选择年终奖单独计税计算的应纳税额少；对中高收入者来说，则可能相反。

【例12-12】居民个人张一峰系某公司员工，每月工资7 000元，全年发放合计84 000元，年末一次性奖金34 800元。全年专项扣除合计1.5万元，子女教育和赡养老人两项专项附加扣除合计3万元。

（1）全年一次性奖金并入当年工薪所得计算纳税时。

全年综合所得=84 000-60 000-15 000-30 000+34 800=13 800（元）

全年应交个人所得税=13 800×3%-0=414（元）

（2）年终奖单独计税，不并入工薪所得时。

全年工薪所得=84 000-60 000-15 000-30 000=-21 000（元）

全年工薪所得不交个人税得税。

年终一次性奖金34 800元除以12得到=2 900元，适用税率为3%，速算扣除数为零元。

年终一次性奖金应交个税=34 800×3%-0=1 044（元）

全年合计应交个人所得税=0+1 044=1 044（元）

张一峰全年应纳税所得额为-21 000元，小于0，因此，选择将全年一次性奖金并入当年工资薪金所得计算的应纳税额，比选择年终奖单独计税计算的应纳税额少630（414-1 044）元。

假设张一峰系某公司经理，年薪48万元，每月平均发放工资25 000元，全年发放合计140 000元，年末一次性奖金180 000元。全年专项扣除合计3万元，子女教育和赡养老人两项专项附加扣除合计3万元。

（1）全年一次性奖金并入当年工薪所得计算纳税时。

全年工薪所得=300 000-60 000-30 000-30 000+180 000=360 000（元）

全年应交个人所得税=360 000×25%-31 920=58 080（元）

（2）年终奖单独计税，不并入综合所得时。

全年工薪所得=300 000-60 000-30 000-30 000=180 000（元）

全年工薪所得应交个税=180 000×20%-16 920=19 080（元）
年终一次性奖金180 000元除以12得到15 000元，适用税率为20%，速算扣除数为1 410元。
一次性奖金应交个税=180 000×20%-1 410=34 590（元）
全年合计应交个人所得税 =19 080+34 590=53 670（元）
作为公司经理的张一峰，其全年应纳税所得额180 000元，大于36 000元。因此，选择年终一次性奖金单独计税，不并入工薪所得，比选择将全年一次性奖金并入当年工资薪金所得计算的应纳税额少4 410（53 670-58 080）元。

（三）非量化收入的税务筹划

有些企业将购买的电话充值卡发给职工，将按职工就餐人数和定额标准计算的食堂伙食补助直接拨付给食堂，实际都是在变相给职工发放工资。根据规定，个人取得的应税所得，包括现金、实物和有价证券。所得为实物的，应当按照取得的凭证上所注明的价格计算应纳税所得额；无凭证的实物或者凭证上所注明的价格明显偏低的，由主管税务机关参照当地的市场价格核定应纳税所得额。所得为有价证券的，由主管税务机关根据票面价格和市场价格核定应纳税所得额。因此，凡是能够准确核算每个职工实际得到的补贴金额，形成量化的收入，就应并入职工当月工资薪金收入额计算扣缴个人所得税。如果不能量化到个人，每人实际享有的福利无法计量，才可能进行筹划。最典型的就是在扣除职工一定伙食费的基础上，以就餐人数和固定标准作为限额，实报实销，形成不可量化的收入，从而减少个人所得税。

【例12-13】 某建筑公司在外省有甲项目1月给员工发放600元的伙食补助，直接放在工资表中缴纳个人所得税。该项目职工刘永1月收入13 500元（含伙食补助），保险费用合计2 250元。不考虑专项附加扣除和其他扣除因素。

1月应交个人所得税=（13 500-2 250-5 000）×3%=187.5（元）

如果将伙食补助直接拨付给食堂，由食堂在标准限额内实行实报实销，即将食堂伙食补助非量化至个人，从现有收入总额中减除600元，则

1月应交个人所得税=（13 500-600-2 250-5 000）×3%=169.5（元）

经过筹划，刘永每月少交个人所得税18（187.5-169.5）元。

从本税务筹划方案中可以看出，对于"普惠制"的补贴补助，能不量化到个人的，尽可能不要量化到个人，以合理减少职工的应交个人所得税。

（四）住房公积金的税务筹划

财政部、国家税务总局《关于基本养老保险费、基本医疗保险费、失业保险费、住房公积金有关个人所得税政策的通知》（财税〔2006〕10号）规定，单位和个人分别在不超过职工本人上一年度月平均工资12%的幅度内，其实际缴存的住房公积金，允许在个人收入额中扣除。单位和职工个人缴存住房公积金的月平均工资不得超过职工工作地所在设区城市上一年度职工月平均工资的3倍，具体标准按照各地有关规定执行。超过规定比例和标准缴付的住房公积金，超过部分不得从工资薪金收入额中扣除。

目前部分企业住房公积金缴纳比例未达到12%的最高限额，没有用足国家给予的优惠政策，其原因是：（1）提高个人缴存比例，企业负担部分会同步增加，加重企业的负担；（2）住房公积金返还程序烦琐，提高缴存比例会减少职工眼前可支配收入。因此，利用住房公积金相关政策进行税务筹划，首先要分析企业的负担能力，特别是个人缴存比例提高后企业缴存部分的增加额，同时要考虑提高缴存比例对职工现时收入的影响。

【例12-14】 某企业高级工程师陈莫如，每月工资、薪金收入22 000元，每月扣除保险费合计4 850元，其中住房公积金1 820元，缴纳比例为9%。不考虑专项附加扣除和其他扣除因素。

陈工程师应交个人所得税计算如下：

应交个人所得税=（22 000-4 850-5 000）×3%=364.5（元）

根据有关规定，比例在12%以内的住房公积金可以据实扣除，该企业住房公积金扣除比例为9%，如果将住房公积金比例提升至扣除限额12%（暂不考虑企业同步应缴费部分的影响），需从工资薪金所得中增加扣除住房公积金635元（个人缴存住房公积金的月平均工资未超过职工工作地所在设区城市上一年度职工月平均工资的3倍），陈工程师应交个人所得税计算如下：

应交个人所得税=（22 000-4 850-5 000-635）×3%=345.45（元）

可见，在不考虑增加企业成本的情况下，通过调整住房公积金缴存比例，可少缴个人所得税19.05元（364.5-345.45）。

（五）年金的税务筹划

根据有关规定，为在本单位任职或者受雇全体职工缴付的企业年金或职业年金（以下统称年金）的单位缴费部分，在记入个人账户时，个人暂不缴纳个人所得税。个人缴费在不超过本人缴费工资计税基数4%标准内的部分，允许从个人当期的应税所得中扣除。

企业年金个人缴费工资计税基数为本人上一年度月平均工资。月平均工资超过职工工作地所在城市上一年度职工月平均工资300%以上的部分，不计入个人缴费工资计税基数。年金基金投资运营收益分配记入个人账户时，个人暂不缴纳个人所得税。当个人达到国家规定的退休年龄，按月（或季、年）领取的年金，全额按照综合所得适用税率计征个人所得税。因此，利用年金相关政策进行筹划时应尽可能用足4%的比例，提高税前扣除金额。利用年金进行筹划，只是延缓了个人所得税的缴纳时间，并非减免个税，但因减少了税基，扣缴的个人所得税也就相应减少。

【例12-15】某企业为增加职工个人收入，从当年1月开始实行企业年金制度，周爽为该企业正式员工，月收入15 000元，已在该公司工作12年，按照公司年金制度，每月需自行缴纳年金260元，各类保险费用扣除合计3 900元。不考虑专项附加扣除和其他扣除因素。

在执行年金制度前每月应交个人所得税=（15 000-3 900-5 000）×3%=183（元）

开始执行年金制度后每月应纳个人所得税=（15 000-3 900-5 000-260）×3%=175.2（元）

相比执行企业年金制度之前，周爽每月少缴纳个人所得税7.8元（183-175.2）。

年金基金投资运营后，在收益分配记入个人账户时，暂不征收个人所得税。待退休后实际领取时，才需要缴纳个人所得税，这样可以实现个人所得税的递延纳税。

第二节 企业经营活动的税务筹划

一、企业经营活动税务筹划概述

在企业的日常经营过程中，税收贯穿始终，虽说企业税负是在经营过程中发生的，但税负的轻重却是在企业做出有关经营决策时就已经决定的。因此，为了降低税收成本，企业要在做出经营决策之前就综合考虑不同决策可能导致的税负的不同。

企业在投资时，要考虑税收因素，因为不同的投资方案，税收因素对企业税后利润的影响是不一样的。一项有利的投资方案在考虑税收因素后可能变为不利的方案。反之，一项不利的投资方案在考虑税收因素后可能变为有利的方案。企业在进行筹资活动时，也要充分考虑税收因素，因为不同的筹资渠道可以使税前扣除的资金成本不一样。此外，由于税收因素，被投资企业不同的收益分配方式也影响其股东取得的税后收益。在企业兼并重组中充分利用税收优惠政策，可以达到减轻税负、增加企业营运资金和实现资本扩张的目的。

二、企业筹资的税务筹划

（一）长期债务成本与权益资本结构的筹划

资本结构是指企业各种长期资金筹集来源的构成和比例关系，通常指的就是长期债务成本和权益资本各占多大的比例。企业在进行筹资活动时，要充分考虑税收因素，因为不同的筹资渠道对税收的影响程度是不一样的。权益资本使用上具有长期性，无固定利息负担，使用起来比较安全；借入资金到期要还本付息，若企业不能按期还本付息还有破产的危险。但从资本成本角度上看，权益资金的成本是股息，从企业的税后利润支付；而债务资本的成本是利息，可以计入财务费用在税前扣除。因而，合理安排企业资本构成可以起到节税效果。权益资本收益率（税前）的计算公式为：

$$权益资本收益率（税前）=息税前投资收益率+\frac{负债}{权益资本}\times\left(\frac{息税前投资}{收益率}-\frac{负债}{成本率}\right)$$

只要企业息税前投资收益率高于负债成本率，增加负债额度，提高负债比重，就会带来权益资本收益水平提高的效应。但是随着负债比率的提高，企业的财务风险及融资的风险成本必然相应增加，以致负债的成本水平超过息税前投资收益率，权益资本收益率就会随着负债额度、比例的提高而下降。因此，企业必须确定负债的总规模，将负债控制在一定的范围内，即以负债融资带来的利益抵消由于负债融资的比重增大所带来的财务风险及融资的风险成本的增加。

【例12-16】某企业有五种负债筹资方案（见表12-8）。

表 12-8　　　　　　　　　　筹资方案比较表金额　　　　　　　　　　单位：万元

项目	方案A	方案B	方案C	方案D	方案E
负债额	0	6 000	8 000	9 000	9 600
权益资本额	12 000	6 000	4 000	3 000	2 400
负债比率	0	1∶1	2∶1	3∶1	4∶1
负债成本率	—	6%	9%	10%	12%
息税前投资收益率	10%	10%	10%	10%	10%
普通股股数（万股）	12 000	6 000	4 000	3 000	2 400
年息税前利润	1 200	1 200	1 200	1 200	1 200
减：负债利息成本	—	360	720	900	1 152
年税前利润	1 200	840	480	300	48
所得税税率	25%	25%	25%	25%	25%
应纳所得税	300	210	120	75	12
年税后净利润	900	630	360	225	36
权益资本收益率					
其中：税前	10.00%	14.00%	12.00%	10.00%	2.00%
税后	7.50%	10.50%	9.00%	7.50%	1.50%
普通股每股收益额（元）					
其中：税前	0.1	0.14	0.12	0.1	0.02
税后	0.075	0.105	0.09	0.075	0.015

方案B、方案C由于利用了负债融资，在其财务杠杆作用下，权益资本收益率以及普通股每

股收益额无论税前还是税后的水平均全面超过未使用负债方案A，充分体现负债的杠杆效应，但同时该例中也蕴涵着这样一种规律。

（1）随着负债总额的增加，负债比率的提高，利息成本呈现上升趋势；

（2）权益资本收益率及每股普通股收益额也并非总是与负债比率的升降正向相关，而是有一个临界点，超过该临界点，则表现为反向杠杆效应。

负债成本具有挡避应税所得额的效应，而且负债比率与成本水平越高，其节税作用越大。例如，未使用负债的方案A与使用50%负债的方案B，相同的息税前利润之所以实际纳税负担相差90（300-210）万元，原因就在于，方案B的负债利息成本360万元挡避了相应的应税所得额，使应纳税额减少了90（360×25%）万元。依此类推，由于方案C负债成本的应税所得挡避额更大，故节税效果更加明显。负债总额超过临界点时，节税利益超过风险成本的增加，企业的所有者权益将下降，这不符合税务筹划的目标。本例中，尽管方案E节税效应最大，但因此导致企业所有者权益资本收益率水平的降低，亦即节税的机会成本超过了节税的利益，导致企业最终利益的损失。

企业通过加大债权性投资而减少权益性投资的比例的方式增加税前扣除以降低税负的行为称为资本弱化。为了防止企业利用资本弱化任意避税，我国企业所得税法及实施条例规定，企业从其关联方接受的债权性投资与权益性投资的比例超过规定标准而发生的利息支出，不得在计算应纳税所得额时扣除。债权性投资，是指企业直接或者间接从关联方获得的，需要偿还本金和支付利息或者需要以其他具有支付利息性质的方式予以补偿的融资。企业间接从关联方获得的债权性投资包括：关联方通过无关联第三方提供的债权性投资；无关联第三方提供的、由关联方担保且负有连带责任的债权性投资；其他间接从关联方获得的具有负债实质的债权性投资。权益性投资，是指企业接受的不需要偿还本金和支付利息，投资人对企业净资产拥有所有权的投资。

【例12-17】A公司（母公司）于某年1月1日投资设立了全资子公司B。A公司适用的企业所得税税率是15%，B公司适用的企业所得税税率是25%。B公司的注册资本为1 000万元。假定税法关于债权性投资与权益性投资的比例标准为3∶1。

A公司当年的应纳税所得额为2 000万元，B公司当年的应纳税所得额为400万元（假定税前利润等于应纳税所得额）。

A公司和B公司当年的应纳所得税为400（2 000×15%+400×25%）万元，A公司和B公司当年的税后利润为2 000（2 000+400-400）万元。

如果B公司当年1月1日向A公司借款2 000万元，双方协议规定，借款期限一年，年利率10%。假定同期同类银行贷款利率是8%。

B公司可以税前扣除的利息为160（2 000×8%）万元。上述业务的结果是，B公司支付利息200万元，A公司得到利息200万元。

A公司当年的应纳税所得额为2 200万元，B公司当年的应纳税所得额为240万元。

A公司和B公司当年的应纳所得税为390（2 200×15%+240×25%）万元，A公司和B公司当年的税后利润为2 010（2 200+200-390）万元。

应当指出，企业与其关联方之间的业务往来不符合独立交易原则而减少企业或者其关联方应纳税收入或者所得额的，税务机关有权按照合理方法调整。因此，尽管B公司实际支付给A公司利息200万元，但是只能税前扣除160万元。

（二）企业之间资金借贷——无偿借款并非"无税"

根据有关税收法规规定，无偿借款也要视同销售贷款服务，从借款之日起，按照同期贷款利率计息并计算缴纳增值税和企业所得税等,纳税义务的发生时间为金融商品所有权转让的当天,利息收入按合同约定的时间确认。如果认为无偿借款不缴税,就会给企业带来税务风险。从税务筹划的角度分析,"无偿借款"不如"有偿借款",借贷双方应该签订有偿借款合同或协议,在合同中约定利率和付息日,并将收取利息的期限适当延长。因为在约定的付息日之前,可不确认利息收入,也就没有纳税义务。

三、企业投资的税务筹划

(一)企业组织形式的税务筹划

1. 个人独资企业、合伙企业与公司制企业的筹划与选择

企业的组织形式可以分为独资企业、合伙企业和公司制企业三种类型。我国对个人独资企业、合伙企业,比照个体工商户的生产、经营所得,只征收个人所得税,税率适用五级超额累进税率。公司制企业要缴纳企业所得税,同时,在向自然人投资者分配股利或红利时,还要代扣个人所得税(投资者个人分回的股利、红利,税法规定适用20%的比例税率)。

一般来说,企业设立时对企业组织形式的选择,应考虑以下几点。

(1)从总体税负角度考虑,合伙制一般要低于公司制。合伙制企业不存在重复征税问题,只征收一次所得税;而公司制企业和个人都要缴纳所得税,存在两个层次的纳税。

(2)在比较两种企业组织形式的税负大小时,不能仅看名义上的差别,更重要的是看实际上的差别。

(3)比较合伙制、公司制的税基、税率结构和税收优惠待遇等多种因素,因为综合税负是多种因素起作用的结果,不能只考虑一种因素。

(4)合伙制构成中如果既有本国居民,又有外国居民,出现合伙制跨国现象,在这种情况下,合伙人由于居民身份国别的不同,税负将出现差异,特别是在预提所得税方面要充分考虑这一因素。

【例12-18】某人自办一企业,年应税所得额为500 000元,该企业如按个人独资企业或合伙企业缴纳个人所得税,依据现行税制,税收负担实际为:

500 000×35%-6 750=168 250(元)

若该企业为公司制企业,其适用的企业所得税税率为25%,企业实现的税后利润全部作为股利分配给投资者,则该投资者的税收负担实际为:

500 000×25%+500 000×(1-25%)×20%=125 000+75 000=200 000(元)

可见,该情况下投资于公司制企业比投资于独资或合伙企业多负担所得税31 750元。

从以上举例和分析可见,所得税计算都是在投资的公司制企业不享有任何税收优惠政策的基础上进行的,而事实上,公司制企业在某些地区或行业会享有个人独资公司及合伙企业所不能享有的税收优惠政策,在进行具体税务筹划操作时,必须把这些因素考虑进去,然后从总额上考察实际税收负担的大小。另外,在进行税务筹划时,不应抛开企业的经营风险、经营规模、管理模式及筹资额等因素而单纯讨论税收负担的大小,而应综合权衡各方面的因素,最后决定所投资的企业组织形式。

2. 子公司与分公司的筹划

按照公司之间的控制或从属关系,可将公司分为母公司与子公司。当一个公司拥有另一个公司一定比例以上,并足以将其控制的股份时,该公司即为母公司;而受控制的公司即为子公司。就法律地位而言,子公司与母公司均为各自独立的法人,各自以其名义独立对外进行经营活动。在财产责任上,母公司与子公司各自以其独立的财产承担责任,互不连带。在控股权基础上,母公司基于

对子公司的控股股权行使权利，享有对子公司重大事务的决定权，实际上控制子公司的经营。

母、子公司分别是两个资产相互独立的法人，母公司不会承担子公司的义务，所以子公司的亏损不能冲抵母公司的利润，在进行税务筹划时，这一点是设立子公司的不利之处。

按照公司分支机构的设置和管辖关系，可将公司分为总公司和分公司。总公司指依法首先设立的管辖全部组织的总机构；分公司则指受总公司管辖的分支机构。分公司可以有自己的名称，但没有法人资格，因此没有独立的财产，其经营活动所有后果由总公司承担。

在进行税务筹划时，还可以通过把分公司与子公司进行转换来达到减轻企业税负的目的。一般来说，当外地的营业活动处于初始阶段时，母公司可在外地设立一个分支机构（分公司），使外地的开业亏损能在汇总纳税时减少母公司的应纳税款。此后，当外地的营业活动开始盈利时，为保证外地利润仅缴纳低于母公司所在地的税款，这时就有必要建立一个子公司。

【例12-19】假设A公司在国内拥有两家分公司B和C，某一纳税年度A公司本部实现利润1 000万元，其分公司B实现利润150万元，分公司C亏损200万元，企业所得税税率为25%，则该公司该年度应交税额为：

（1 000+150-200）×25%=237.5（万元）

总分公司的整体税负为237.5万元。

如果上述B、C是子公司，总体税负就不一样。

A公司应交所得税=1 000×25%=250（万元）

B子公司应交所得税=150×25%=37.5（万元）

C子公司由于当年亏损200万元，该年度无须缴纳所得税。

母子公司整体税负287.5万元，高出总分公司的整体税负50万元。

设立子公司与设立分公司的节税利益孰高孰低并不是绝对的，它受到国家税制、纳税人经营状况及企业内部利润分配政策等多种因素的影响，这是投资者在进行企业内部组织结构选择时必须考虑的因素。

（二）企业注册地的税务筹划

对于国家支持发展的地区，政府往往制定比较优惠的税收政策以扶持原有的企业，并吸引新企业的投资。企业要充分利用这些税收优惠政策，在企业其他设立条件相同的情况下，尽可能地在这些地区注册，达到减轻企业税负的目的。

目前，我国国内注册地的税务筹划主要如下。

（1）利用经济特区和浦东新区新设高新技术企业的所得税优惠政策进行税务筹划。

（2）利用西部大开发的所得税优惠政策进行税务筹划。

（3）利用民族自治地方的所得税优惠政策进行税务筹划。

（4）利用东北地区和中部六省老工业基地城市扩大增值税抵扣范围的优惠政策进行税务筹划。

【例12-20】某投资者计划在西部投资一个交通企业并兼营其他业务，预计全年交通业务收入4 500万元，非交通业务收入2 500万元，利润率均为30%。

西部大开发的企业所得税优惠政策规定，在西部地区新办交通、电力、水利、邮政、广播电视基础产业的企业，且上述项目业务收入占企业总收入70%以上的，实行企业自行申请，税务机关审核的管理办法。经税务机关审核确认后，纳税人自取得第一笔收入之日起，第1~2年免征企业所得税，第3~5年减半征收企业所得税。

由于该企业的交通业务收入占全部业务收入的比例为64.28%，小于70%，因此，不能享受免税优惠，也不能享受15%的税率。

第1年应交所得税=7 000×30%×25%=525（万元）

如果投资者分别投资两个企业，一个从事交通业务，一个从事其他业务。从事交通业务的企业收入全部为交通收入，超过了70%的比例，享受免税待遇，免税期后也可以享受15%的优惠税率。

第1年应交所得税=2 500×30%×25%=187.5（万元）

比较两种方案，后者比前者节税337.5万元。

（三）投资方向的税务筹划

对国家支持的产业和项目，税法规定了比较优惠的税收政策。因此，在决定企业的投资方向时，要考虑税收因素。

（1）依据所设立企业的具体情况，结合国家对不同产业的税收倾斜政策，选择并确定要投资的产业。

（2）在某一产业内部，利用税收优惠政策，选择不同的项目，使企业的经营范围尽可能避开一些税种的征税范围。

（3）在某些税种的征税范围内，选择有税收优惠政策的项目作为企业的经营范围，并对各种所涉及的税种实际税负情况进行测算，使企业的实际整体税负达到最低。

（4）在企业主要经营范围确定以后，依据税法对兼营和混合销售的规定，在经营范围内，确定合理的兼营项目和混合销售行为，避免额外的税收负担。

我国国内投资方向的税务筹划主要如下。

（1）利用鼓励科技进步的优惠政策进行税务筹划。

（2）利用从事农、林、牧、渔业项目的优惠政策进行税务筹划。

（3）利用公共基础设施项目的优惠政策进行税务筹划。

（4）利用环境保护、节能节水项目的优惠政策进行税务筹划。

（5）利用综合利用资源的优惠政策进行税务筹划。

本章重点与难点

增值税、企业所得税的税务筹划点和相应的筹划方法，注意两个主体税种筹划的连带效应；企业筹资、投资等主要经营活动的税务筹划方法（结合案例）。

思考题

1. 在主要税种的税务筹划中，如何处理各税种不同税收优惠政策的关系？

2. 企业经营活动中如何进行税务筹划？税收对企业经营活动有无影响？

3. 试以案例说明"税务筹划旨在实现税后收益最大化"。

4. 企业为职工购买口罩等防疫物资，是以职工福利，还是以劳保用品发给职工，应如何进行税务筹划？

技能题

案例：天缘投资有限公司与其在境外投资设立的全资子公司RS有限公司存在业务往来。主管税务机关审查天缘投资有限公司会计账簿和市场调研计划等资料时，发现RS有限公司委托天缘投资有限公司派员在境内做投资和市场调查，会计账簿记录成本费用共计112 000元。双方未确定收付费用，即天缘投资有限公司未向其子公司收费，也未进行关联申报。

经调查取证、谈判磋商，税务机关确认，天缘投资有限公司应按独立企业之间公平交易原则确定服务价款，补缴税款、滞纳金和利息。

分析要求：天缘投资有限公司未收费也要纳税吗？税务机关的结论有无法规依据？如果正确，税务机关应该用什么方法确认天缘投资有限公司向子公司提供的劳务价款？

参考文献

1. 中华人民共和国税收法规公告.
2. 中华人民共和国个人所得税法（2018年8月31日第七次修正）.
3. 中华人民共和国个人所得税法实施条例.
4. 国家税务总局公告2016.4～2020.6.
5. 财政部、国家税务总局（财税〔2016〕36号）：关于全面推开营业税改征增值税试点的通知.
6. 财政部．企业会计准则应用指南（2018年版）．上海：立信会计出版社，2018.
7. 财政部（财办会〔2016〕27号）：关于征求《关于增值税会计处理的规定（征求意见稿）意见函.
8. 财政部、国家税务总局（财税〔2017〕84号）：关于完善企业境外所得税收抵免政策问题的通知.
9. 财政部、国家税务总局、海关总署公告2019年第39号：关于深化增值税改革有关政策的公告.
10. 财政部、国家税务总局（财税〔2018〕33号）：关于统一增值税小规模纳税人标准的通知.
11. 财政部、国家税务总局、科技部（财税〔2018〕64号）：关于企业委托境外研究开发费用税前加计扣除有关政策问题的通知.
12. 财政部、国家税务总局（财税〔2018〕77号）：关于进一步扩大小型微利企业所得税优惠政策范围的通知.
13. 盖地．税务会计与纳税筹划．第14版．大连：东北财经大学出版社，2019.
14. 盖地．避税的法理分析．会计之友，2013（9）.
15. 盖地，等．税务筹划理论研究——多角度透视．北京：中国人民大学出版社，2013.
16. 盖地．全面推出"营改增"及其对会计与税务筹划影响探析．会计之友．2016（14）.
17. 盖地．税务筹划．第7版．北京：高等教育出版社，2019.
18. 盖地．税收与会计——依存与共生．北京：中国财政经济出版社，2018.
19. 财政部（财会〔2016〕22号）：增值税会计处理规定.
20. 财政部、税务总局（财税〔2018〕54号）：关于设备器具扣除有关企业所得税政策的通知.
21. 财政部．企业会计准则（合订本）[M]．北京：经济科学出版社，2017.
22. 财政部．企业会计准则应用指南（2018年版）[M]．上海：立信会计出版社，2018.
23. 盖地．税务会计原则、财务会计原则的比较与思考[J]．会计研究，2006（2）.
24. 盖地．增值税会计：税法导向、还是财税分离[J]．会计研究，2008（6）.
25. 盖地，孙雪娇．税务会计计量属性及其与财务会计计量属性的比较[J]．会计研究，2009（4）.
26. 盖地．税务会计概念框架构想[J]．会计研究，2014（10）.
27. 盖地．税务会计理论研究[M]．北京：清华大学出版社，2015.